거대한 신,
우리는 무엇을 믿는가

거대한 신, 우리는 무엇을 믿는가

1판 1쇄 발행 2016. 9. 19.
1판 2쇄 발행 2020. 2. 10.

지은이 아라 노렌자얀
옮긴이 홍지수

발행인 고세규
발행처 김영사
등록 1979년 5월 17일(제406-2003-036호)
주소 경기도 파주시 문발로 197(문발동) 우편번호 10881
전화 마케팅부 031)955-3100, 편집부 031)955-3200 | 팩스 031)955-3111

값은 뒤표지에 있습니다.
ISBN 978-89-349-7578-6 03200

홈페이지 www.gimmyoung.com   블로그 blog.naver.com/gybook
페이스북 facebook.com/gybooks   이메일 bestbook@gimmyoung.com

좋은 독자가 좋은 책을 만듭니다.
김영사는 독자 여러분의 의견에 항상 귀 기울이고 있습니다.

이 도서의 국립중앙도서관 출판시도서목록(CIP)은 서지정보유통지원시스템 홈페이지
(http://seoji.nl.go.kr)와 국가자료공동목록시스템(http://www.nl.go.kr/kolisnet)에서
이용하실 수 있습니다.(CIP제어번호 : CIP2016021734)

거대한 신, 우리는 무엇을 믿는가

아라 노렌자얀 | 홍지수 옮김 | 오강남 해제

김영사

| 차례 |

| 1장 | 종교의 진화 007

| 2장 | 초자연적 감시자 029

| 3장 | 위로부터의 압력 065

| 4장 | 우리는 거대한 신을 믿는다 105

| 5장 | 자유사상가는 무임승차자 143

| 6장 | 진정한 신도 175

| 7장 | 거대 집단에 필요한 거대한 신 217

| 8장 | 협력과 경쟁을 부추기는 신들 255

BIG GODS

9장	종교를 통한 협력에서 종교로 인한 갈등으로	283
10장	신 없는 협력	311
해제	거대한 신, 그리고 그 너머(오강남)	352
주석		361
참고문헌		387
색인		415

〈거대한 신, 우리는 무엇을 믿는가〉에서 말하는
주요한 여덟 가지 믿음

이 책의 모든 주장은 상호연관된 여덟 가지 믿음으로 요약된다.

❶ 보는 눈이 있으면 언행을 삼간다.

❷ 종교의 효과는 개인에 따라 다르게 나타나는 게 아니라
   상황에 따라 다르게 나타난다.

❸ 지옥은 천국보다 훨씬 설득력이 강하다.

❹ 신을 믿는 사람들을 믿는다.

❺ 신앙심은 말보다 행동으로 증명된다.

❻ 숭배 받지 못하는 신은 무력한 신이다.

❼ 거대한 집단에는 거대한 신이 필요하다.

❽ 종교집단들은 다른 집단과 경쟁하기 위해
   자기 집단 내에서 서로 협력한다.

1장

–

종교의
진화

1844년 6월 27일, 미국 일리노이 주 카시지Carthage의 드넓은 초원이 펼쳐진 마을에서 조지프 스미스Joseph Smith가 서른여덟의 나이로 사망했다. 그는 죽기 15년 전에 영적인 체험을 하고 뒤이어 종교운동 단체를 만들었다. 스미스가 창설한 종교운동 단체는 19세기 미국에서 신도를 모으려고 서로 경쟁하며 우후죽순 생겨난 수백 개의 종교운동 단체 가운데 하나에 불과했다. 19세기 미국에서는 종교적인 혁신이 왕성했다. 1844년 세상을 떠날 때만 해도 그는 자신이 창설한 종교가 미국 역사상 가장 생명력이 강한 종교운동이 되리라고는 생각하지 못했을 것이다.

그의 종교운동은 초기에 '말일성도운동Latter Day Saints Movement'이라고 불렸고, 신도는 아주 헌신적인 추종자 몇 명뿐이었다. 세월이 흐르면서 이 교회는 본부를 유타 주로 이전했고, 하루가 다르게 성장세가 일취월장했다.[1] 그의 종교는 오늘날 '모르몬교Mormon Church'로 알려졌으며 미국뿐만 아니라 전 세계에서 가장 가파른 성장세를 보이는 종교로 손꼽힌다. 아무도 알아주지 않는 종파로서, 시작은 미미했으나 170년이라는 짧은 기간에 모르몬교는 아르헨티나에서 짐바브웨까지 세계 곳곳으로 뻗어나갔다. 현재 모르몬교 신도수는 전 세계적으로 1천5백만 명을 넘고 있다. 어림잡아도 10년마다 40퍼센트라는 놀라운 성장률을 보이고 있는데, 로마제국 초기 그리스도교 세력이 확장하던 속도에 맞먹는다고 추산되기도 한다. 이 성장추세가 계속된다면, 신도수는 기하급수적으로 늘어나 앞으로 몇십 년 만에 1억 명에 달하게 될 것이다.[2]

모르몬교의 급격한 성장은 보다 폭넓은 역사적인 경향을 보여주는 비근한 예에 불과하다. 20세기 초 로스앤젤레스에서 무명의 종교운동으로 시작한, 성령의 초자연적 힘을 믿는 개신교 종파인 오순절주의Pentecostalism는 전 세계적으로 1억 2천5백만 명 이상의 신도를 거느리며 그리스도교 계열 종교들 가운데 천주교와 개신교에 이어 '세 번째' 경쟁자로 떠오르고 있다. 머지않아 오순절주의는 유서가 깊지만 확장세가 정체된 정통 그리스도교 신앙을 제칠 것으로 예상된다[한국에서는 기독교와 개신교가 동일한 의미로 쓰이지만, 기독교(또는 그리스도교 Christianity)는 공식적으로 천주교Catholicism, 개신교Protestantism, 동방정교회 등을 포괄하는 의미이다. 따라서 의미의 혼동을 피하기 위해 이 책에서는 '기독교'라는 용어 대신 포괄적인 의미는 '그리스도교'로, 신교를 뜻하는 용어는 '개신교'로 구분해서 쓴다—옮긴이].

모르몬교와 마찬가지로 오순절주의도 세계에서 가장 빠르게 성장하는 종교로 손꼽힌다. 13억 신도를 자랑하는 이슬람교도 세력을 확장 중이고, 아브라함 계통의 종교인 그리스도교, 이슬람교, 유대교 등세 가지 종교 모두에서 근본주의 종파들이 새롭게 입지를 넓혀나가고 있다. 특히 그리스도교 근본주의는 중국과 동남아시아 그리고 그 어느 지역보다도 사하라사막 이남 아프리카 지역에서 들불처럼 번지고 있다.[3] 기이하게도, 세계에서 가장 막강한 경제대국인 동시에 첨단과학의 선두주자인 미국은 가장 신앙심이 투철한 나라로 손꼽힌다. 미국인의 90퍼센트 이상이 신의 존재를 믿고, 93퍼센트와 85퍼센트가 각각 천국과 지옥이 있다고 믿으며, 두 명 가운데 한 명꼴로《창세기》를 있는 그대로 해석하고 믿는다.[4]

이런 사실과 수치들을 통해 종교의 진화와 관련한 첫 번째 결론에 이르게 된다. 지난 2백 년 동안 종교가 사라질 것이라는 예언이 수없이 나왔지만, 전 세계 대부분의 나라에서 대다수 사람들은 한결같이 믿음을 유지해왔고 여전히 독실한 신앙을 간직하고 있다는 사실이다.[5]

종교의 진화와 관련한 두 번째 결론도 첫 번째 결론 못지않게 중요하다. 종교는 빠른 속도로 그 수가 늘어나고 성장하고 변해왔다는 사실이다. 하루 평균 두세 개의 신흥종교가 생겨난다는 추산도 있다.《마태복음》22장 14절에는 "청함을 받은 자는 많되 택함을 입은 자는 적다"라고 되어 있다. 종교의 진화를 이런 '마태복음 효과'로 설명해도 좋을 듯하다. 즉, 수많은 신흥종교들이 탄생하지만 대부분 도태되고 오직 소수만 살아남아 번창하게 된다.

오늘날 전 세계적으로 1만여 개의 종교가 있다고 추산한다.[6] 하지만 세계 인구의 절대다수는 극소수 몇 개의 종교를 믿는다. 즉 몇몇 종교들이 전 세계 신앙인들 대부분을 차지하고 있다는 소리이다. 이 점이 앞서 밝힌 두 가지 결론에서 자연스럽게 도출할 수 있는 세 번째 결론이다. 오늘날 지구상에 살고 있는 대부분의 신앙인들은 문화시장에서 살아남은 극소수 종교운동들을 계승한 문화적 후손들이라는 사실이다. 장기적으로 볼 때 거의 모든 종교운동들은 실패로 끝이 난다.

인류학자 리처드 소시스Richard Sosis는 19세기에 만들어진 2백 여개의 종교적, 세속적 이상향을 꿈꾸던 공동체의 생존율을 조사했는데,[7] 놀라운 경향이 관측되었다. 종교 공동체의 평균수명은 겨우 25년이었다. 80년 만에 열 개의 종교 공동체 가운데 여덟 개가 해체되었다. 세속적인 공동체(대부분 사회주의 공동체)의 수명은 더 짧았다. 평균수명이 6.4년에 불과했고, 열 개 공동체 가운데 아홉 개가 생긴 지 20년도 못되어 사라졌다.[8]

역사적으로 볼 때, 세월이 흐름에 따라 종교가 문화적으로 도태되는 현상은 분명히 나타나며 지금도 날마다 일어나고 있다. 우리는 주로 역사적으로 끈질기게 생명을 이어온 종교운동들을 보기 때문에 이런 역동적인 과정을 간과하기가 쉽다. 이런 오류를 '생존자 편향'이라고 일컫는다. 집단, 실체 또는 개인들이 경쟁이라는 과정을 통해 선택적으로 살아남으면, 우리에게는 경쟁의 과정에서 '살아남은' 사례들만 보이고 살아남아 번성하지 못한 사례들은 과거의 뒤안길로 사라지고 만다. 그러므로 우리는 이를 간과하게 된다. 종교가 어떻게 전파되는지 이해하려면 생존에 성공한 종교들을 면밀하게 살펴볼 필요가 있지만 생존에 실패한 종교들도 잊어서는 안 된다. 그런 종교들이 생존에 실패한 이유도 성공한 이유 못지않게 시사하는 바가 크기 때문이다.[9]

목표는 창대했으나 문화적으로 강한 생명력을 보여주지 못한 전형적인 사례가 뉴욕에서 탄생한 오나이더Oneida 공동체의 '완전주의자Perfectionists들'이다. 완전주의자들은 예수 그리스도가 이미 1세기에 재림했고, 따라서 하나님 왕국에서의 삶을 현세에서 누릴 수 있다고 믿었다. 이들은 모든 성인 남성이 모든 성인 여성과 혼인관계를 맺는 복합혼Complex Marriage을 실천했다. 완경完經에 이른 여성들은 청년들에게 성의 쾌락을 알려주었다. 하지만 그런 쾌락주의는 '상호비판'으로 견제했다. 공동체 구성원은 누구나 정기적으로 위원회로부터 공개적인 비판을 받았고, 때로는 공동체 전체의 비판을 받아야 했다. 오나이더 공동체는 33년 동안 지속되다가 공동체 지도자였던 존 험프리 노이즈John Humphrey Noyes가 자신의 아들에게 후계를 물려주려다가 실패하면서 분열되었다. 완전주의자들이라면 이름에 걸맞게 공동체를 더 완벽하게 유지했을 법도 한데 말이다. 오나이더 완전주의자들의 공동체는 오래가지 못했지만, 이들이 추구한 '완전함'이라는 기준은 오늘날 식탁 위에서 살아 숨 쉬고 있다. 오나이더 일부 구성원들은 식기류를 제조하는 거대 기업 오나이더 리미티드Oneida Limited를 창립했다(이 회사의 모토는 '식탁에 생명을 불어넣자'이다).[10]

　역사적으로 볼 때 압도적이던 다수의 종교운동들은 그다지 완전하지 않았던 오나이더 공동체와 같은 운명을 맞았고, 모두의 기억에서 잊히고 말았다. 하지만 경쟁자들을 물리치고 살아남아 오랜 세월의 시련을 견뎌내고 번창한 몇몇 종교들도 있다. 이렇게 생존경쟁에서 승리한 종교들의 이면에는 심오한 의문이 존재한다. 인류는 어떻게 익명성에도 불구하고 수천 년 동안 구성원들 간에 결속력이 강하고 고도로 협조적인 거대 사회를 조직하고 유지해올 수 있었을까?

거대 집단에 관한 의문

정확히 추산하기는 어렵지만, 전 세계 인구를 축구경기를 보러 온 모든 관중이라고 치면, 그 가운데 수렵채집인은 한두 명에 불과하다. 거의 모든 인류가—99.9퍼센트라고 해도 무방하다—이름 모를 낯선 사람들로 구성된 대규모 공동체 생활을 하고 있다.[11] 생면부지의 남남들이 서로에게 의지해 생계를 유지하고 경제적 교환을 하고, 안식처를 제공받고 위험을 방어한다. 시간을 거슬러 올라가 보면, 현대사회의 이런 특징은 놀라운 현상으로서 설명이 필요하다.

그 기원은 충적세(沖積世, 약 11,700년 전부터 현재까지의 시기—옮긴이) 초기에 비옥한 초승달지대(Fertile Crescent, 이집트의 나일강에서 시리아, 팔레스타인을 거쳐 티그리스강과 유프라테스강 유역의 메소포타미아에 이르는 초승달 모양의 지대—옮긴이)와 나일강 유역에 형성된 초기 마을들에서 발견된다. 이는 불과 1만 2천 년 전 농업혁명이 일어난 시기로, 인류의 진화라는 방대한 시간의 척도상에서 보면 눈 깜짝할 시간에 불과하다. 오늘날 수백만 개에 달하는 거대 사회는 말할 것도 없고, 수천 개에 달했던 이런 공동체들의 존재 방식은 인류가 탄생한 뒤 대부분의 세월 동안 존재해온 방식과는 극명하게 대조된다. 인류는 대부분의 세월을 가까운 혈연관계인 구성원들끼리 비교적 소규모 집단을 형성해 채집과 수렵 활동을 하며 서로 직접 대면하면서 관계를 유지했고, 이따금 낯선 이들과 제한적으로 교류를 했다.[12]

현존하는 수렵채집 공동체들이 사멸할 위기에 있다는 점은 우려스럽다. 이들의 삶의 방식이 완전히 사라지면 인류의 기원에 대한 방대한 지식도 함께 사라지기 때문이다. 그들의 존재를 통해 우리는 인류의 기원에 관해 비록 완전하지는 않으나 중요한 단서들을 얻을 수 있다. 이들 집단은 대부분 구성원의 신분이 유동적이며 상황에 따라 다른 집단들과 서로 교역도 하고 교류도 하였지만, 낯선 이들에 경계심을 지녀왔고 지금도 그러하다. 하지만 충적세 초기에, 아니 어쩌면 그보다 훨씬 일찍, 인간 집단의 규모가 놀라울 정도로 계속 확대되었다. 이런 변화의 과정을 거치며 인간은 생태계에서 자신의 지위를 급격히 변모시켰고, 직접 대면하던 교류를 바탕으로 한 수렵채집 생존방식을 버리고 인구가 밀집된 농경사회를 건설했고, 뒤이어 기계와 대량생산으로 상징되는 산업혁명을 일으켰으며, 즉각적이고 대중적인 의사소통 방식이 특징인 정보화 시대에 이르게 되었다.

이런 현상이 얼마나 낯선 것인지 파악하려면, 진화생물학으로 협력의 기원을 설명하는 두 가지 원칙을 살펴보면 된다. 이 두 가지 원칙은 우리가 소중히 여기는 두 부류의 사람들, 지기知己와 친족에 공감하는 방식을 통해 나타난다.

첫째는 혈연선택이다. 해밀턴의 법칙Hamilton's Rule에 따르면, 유전적으로 연관된 개인들은 서로 협력하고, 그럼으로써 서로 공유하는 유전자의 번식을 유리하게 만든다. 사회성 곤충부터 사회성 유인원에 이르기까지, 개체들은 도움을 받는 쪽과 주는 쪽의 혈연관계가 어느 정도나 가까운지, 또 도움을 주어 얻는 이득이 비용을 초과하는지 여부에 따라 다른 개체를 돕는다. 이런 논리는 인간에게도 적용된다. 따라서 전 세계적으로 헌혈, 장기기증, 돈·식량·시간을 나누는 행위는 대부분 유전적 혈연관계가 가까울수록 빈번하며, 그러므로 대부분 가족

들 간에 발생한다는 사실은 전혀 놀랍지 않다.[13]

둘째 원칙은 지기들 간의 우호적인 행동이다. 유전적으로 무관한 개인들이 서로 협력하는 현상은 진화론적으로 볼 때 전혀 엉뚱한 현상은 아니다. 단, 우호적인 행동이 쌍방에게 모두 이득이 되고, 개인들이 장시간에 걸쳐 상대방의 평판을 추적할 수 있고, 배신자를 색출해 사회적으로 소외시키거나 처벌하겠다고 위협할 수 있어야 한다. 이를 '호혜성reciprocity'이라고 하는데 친구, 이웃, 동맹과의 관계는 대부분 이 원칙에 의해 규정된다. 일정한 조건들이 충족되는 한 호혜성은 인간이 사회생활을 하는 데 필요한 초석이다. 먼저 협력적인 태도를 취하고, 다른 사람들이 나를 대우하는 대로 나도 다른 사람들을 대하면 사회생활을 순탄하게 할 수 있다(가장 성공적인 호혜성 전략으로 손꼽히는 것이 '눈에는 눈, 이에는 이tit for tat' 전략이다).[14]

일상적인 상호작용을 본뜬 한 경제게임(economic games, 사회적 경제적 문제를 개체들 간의 게임으로 보고 분석하는 수학적 모델—옮긴이)에서 서로 전혀 모르는 사람들에게 일정 액수의 돈을 주고 다른 사람들과 나눌지 혼자 다 가질지 결정하도록 했다. 서로 협력하면 모두에게 이득이 돌아간다. 하지만 협력하고도 그에 상응하는 보답을 받지 못하게 되는 상황을 피하려면 어떻게 해야 할까? 실험에 참가한 사람들은 미래에 동일한 상대방과 반복적으로 교류하게 된다고 예상할 경우 더 협조적인 태도를 보였으며, 이런 태도는 첫 번째 실험부터 나타났다. 즉, 사람들은 호혜성의 대가에 반응을 보였다. 사람들은 시행착오를 통해 협력을 학습하는 게 아니다. 그렇다고 남남인 사람들이 서로 협력하는 이유가 단순히 미래에 그 사람을 다시 만난다고 기대하기 때문만도 아니다. 상대방이 내가 아닌 다른 사람과의 관계에서 보인 행동이라 할지라도 상대방이 과거에 보인 행적이나, 평판을 알고 있으면 협력의 수위가 급격하게 변하며, 배신하면 처벌을 받게 된다는 위협 또한 마찬가지 효과를 낳는다. 우호적인 관계와 제휴관계가 제대로 작동하도록 하는 요인은 평판, 미래에 서로 교류하게 된다는 기대, 필요하다면 상대방의 이기적인 행동에 보복을 가할 기회가 있다는 사실 등이다. 사회적인 협력을 이루려면 사람들이 상대방의 평판을 주기적으로 열심히 평가하고 상대방이 상대할 가치가 있는 사람인지 엄격하게 선별해야 한다.[15]

무임승차freeriding—남의 덕을 입고 보답은 하지 않는 행동—를 하면 그에 상응하는 대가를 치른다고 믿게 되면 무임승차할 가능성 있는 사람들이 이기적으로 행동하려는 욕구를 자제할지도 모른다. 이기적 행동을 처벌하는 것은 협력관계를 안정적으로 유지하는 데 효과적인 전략이지만, 처벌하겠다는 위협만으로는 충분하지 않다. 무임승차자들을 감시하고 처벌하는 행위는 비용이 많이 들기 때문에, 개인들은 자신이 아닌 다른 이들이 이기적인 개인들을 처벌해주기를 바라고 자기는 협력적인 집단이 유지됨으로써 생기는 이득만 누리려고 한다. 따라서 반칙을 범한 개인들을 처벌하는 의무는 다른 사람들에게 떠넘기고 자신은 그 의무를 지지 않으려는 무임승차자가 될 기회가 조성된다.[16] 이 문제를 해결하는 한 가지 방법은 제3자에 의한 처벌, 즉 감찰기구를 두는 것이다. 스위스에서 실시한 한 연구 결과를 보면, 유전적으로 동질성이 강한 사람들이 거주하여 친족관계가 강한 지역의 사람들은 경찰에 덜 의존한다. 하지만 유전적 다양성이 높은 지역의 사람들은 경찰에 대한 의존도가 높았다. 남남이 서로 협력하도록 만드는

감찰기구에게 기대하는 것이 바로 그런 역할이다.[17]

하지만 믿을 만한 현대적인 감찰기구가 없는 여건에서 처벌의 의무를 다하지 않는 사람들을 누가 처벌할 것인가? 이는 결국 무한회귀infinite regress로 귀결된다는 사실을 쉽게 알 수 있다. 경찰이나 사법부 같은 효과적인 근대적 기구들이 출현하기 전에 인간사회는 어떤 방식으로 (비록 완벽하지는 않으나) 효과적인 처벌을 했을까? 초자연적 존재가 지켜보고 있다는 믿음이 그런 문제를 해결하는 사회적 도구였을까?

협력하는 거대 집단의 출현은 두 가지 난제를 던진다. 낯선 이들과 마주칠 기회가 점점 늘어나면서 구성원들 간의 유전적 연관성은 급격히 줄어들고, 추가적인 안전조치가 없으면 호혜성 이타주의는 급격히 이기주의로 돌변한다. 혈연선택도 호혜성 이타주의도 협력하는 거대 집단의 출현을 설명하지 못한다. 오히려 의문은 더욱 풀기 어려워진다.

협력하는 집단의 규모가 확장하는 현상은 인류의 진화과정에서 매우 최근에 발생했다. 겨우 1만 2천 년 전부터 진행되어왔고, 오직 한 종류의 동물에서만 발생했다. 인간을 제외하고 그 어떤 종류의 동물에게서도 이러한 초사회성ultra-sociality은 발견되지 않았다. 물론 개미나 벌 같은 사회성 곤충들은 가까운 친족들 간에 이타주의가 존재하고, 경우에 따라서는 서로 혈연관계가 없는 개체들 간에도 제한적으로나마 협력이 이루어지는 사례들도 있다. 이를테면, 흡혈박쥐는 친족이 아니어도 먹이를 나누어 먹고, 침팬지는 감정에서 우러나와 남의 새끼를 입양하는 이타심을 발휘하기도 한다.[18] 그렇다고 해도, 결속력이 강한 소규모 집단(게마인샤프트Gemeinschaft 또는 공동사회)에서 유전적으로 무관한 익명의 낯선 이들을 대상으로 대대적인 규모로 지속적으로 협력을 실천하는, 익명의 거대한 사회(게젤샤프트Gesellschaft 또는 이익사회)로 급격히 변모하는 과정을 겪었다고 알려진 동물 종은 인간밖에 없다.[19] 바로 이 점이 거대 협력집단이 품고 있는 의문이다.[20]

이 책을 통해 밝히겠지만, 이런 의문은 감찰능력을 지닌 초자연적 존재에 대한 투철한 종교적 믿음과, 그 믿음을 실천하는 행위가 확산된 이유를 이해할 수 있는 중요한 단서를 제공한다. 게마인샤프트를 게젤샤프트로 변화시킨 강력한 힘은 거대한 신들Big Gods을 섬기는 친사회적 종교였다.

친사회적 종교라는 의문

내가 제시한 첫 번째 의문으로 돌아가 보자. 왜 역사적으로 거대 집단이 출현한 충적세에 친사회적 종교가 세계적으로 확산되었을까. 당신이 그리스도교도, 이슬람교도, 유대교도, 힌두교도, 불교도라면, 아니 이런 종교를 믿은 사람들의 후손이지만 불가지론자거나 무신론자라고 해도, 여러분은 이름 모를 문화적 실험에서 시작하여 엄청난 성공을 거둔 종교운동을 이어받은 상속인이다. 거대 집단의 출현과 친사회적 종교의 출현이라는 두 가지 의문이 본질적으로 서로 연결되어 있는 이유를 알아보려면 모든 종교가 지닌 특징을 살펴볼 필요가 있다. 바로 신, 영혼, 악마와 같은 초자연적 존재에 대한 믿음 말이다.[21] 이런 믿음과, 지난 1만 2천 년에 걸쳐 이런 믿음에서 일어난 극적인 문화적 진화는 그 자체로도 의문인 동시에 거대 협력집단의 출현이라는

의문을 풀어줄 단서를 품고 있다.[22]

수렵채집 사회에 존재한 영靈과 신격체(神格體, deity, 전지전능하고 무소부재하고 자비로우며, 인간사에 일일이 개입하여 도덕적 심판을 내리는 신과는 구분되는 개념―옮긴이)들에는 한 가지 놀라운 점이 있다. 대부분 포괄적인 도덕적 관심이 결여되었다는 것이다. 얼핏 보면 이해가 가지 않을지도 모른다. 아브라함 계통의 신앙을 믿는 사람들은 당연히 종교는 도덕성과 밀접하게 관련된다고 보는 시각에 매몰되어 있기 때문에 종교와 도덕의 연관성이, 상당히 최근에 그것도 일부 지역에서만 나타난, 문화적으로 독특한 혁신적 현상이라는 점을 인식하지 못한다. 하지만 인류학자들에 따르면, 인간의 조상들이 형성했던 집단과 유사한 소규모 집단에서 숭배하던 신격체는 제물을 바치고 의식을 통해 달래야 하는 대상이었지, 현재 세계 주요 종교의 거대한 신들이 집착하는, 절도나 착취와 같은 비도덕적인 범죄행위에는 관심이 없었다. 이런 소규모 집단들이 믿은 신격체나 영은 대부분 도덕적인 행동을 제대로 감시할 만한 전지적인 능력도 완벽히 갖추지 못한 존재였다. 그런 신격체나 영은 마을의 테두리 안에서 일어나는 일들만 인지했고, 인간에게 속거나 경쟁상대인 다른 신들에 의해 조종당하기도 했다. 종교의 뿌리를 거슬러 올라가 보면 초기 종교는 분명 도덕적인 영역을 폭넓게 다루지 않았다.[23]

구성원들끼리 서로 친밀하고 투명한 관계인 이런 소규모 집단에서는 친족과의 교류가 흔하고 개인의 평판을 감시하기가 쉬우며 사회적인 범죄를 숨기기 어렵다는 사실을 알면 그 이유를 이해하게 된다. 그렇기 때문에 이런 소규모 집단들이 믿는 영이나 신격체는 사람들의 도덕적인 삶에 관여하지 않는지도 모른다. 이처럼 수렵채집 사회에서 숭배하는 초자연적 존재들에게서는 비교적 흔하게 나타나지 않는 특징이지만, 막강하고 전지적이며 인간사에 일일이 개입하고 도덕성에 관심이 지대한 신들, 친사회적 종교에서 숭배하는 이른바 거대한 신들은 지난 1만 2천 년의 충적세 기간 동안 문화적으로 확산되어 신도수가 늘어나고 군사적 정복을 통해 개종자들을 확보하면서 번성했다.[24]

거대한 신들이 그토록 수많은 사람들의 정신을 지배하게 된 이유는 무엇일까? 친사회적 종교를 전 세계적으로 확산시킨 얽히고설킨 이유들 가운데에는 거대한 신에 대한 믿음도 포함될까? 오늘날 세계 대부분의 신앙인들이 이런 독특한 문화적 특징인 초자연적 존재를 숭배하는 이유는 무엇일까?

해답의 개요

한 의문이 다른 의문의 해답이 된다는 점에서 앞서 제시한 각 의문에 대한 해답은 단순하다.[25] 친사회적 종교와 거대 규모의 협력집단이 동시에 출현했다는 점을 고려해 이 책에서 나는 두 개의 의문을 동시에 풀어줄 답을 제시한다. 인간의 행동을 감시하고, 인간사에 개입하고, 거짓으로 꾸미기 어려운 방식으로 신앙심을 표현하라고 요구하는 거대한 신을 숭배하는 친사회적 종교들은 이름 모를 낯선 이들로 구성된 거대 집단 내에서 구성원들 간의 협력을 촉진시켰다. 또한 그 집단들은 규모가 커지면서 친사회적 믿음과 관행들을 전파했고, 문화적 진화가 가속화되는 과정에서 대규모 협력을 한층 더 강화했다.

다양한 개념적 실마리들을 엮어보면 큰 그림의 윤곽이 드러난다. 종교적 믿음과 관행들은 종교에 앞서 평범한 인지기능이 진화하면서 나타난 부산물이다.[26] 이들 인지적 기능은 종교적 직관을 낳았다. 예컨대, 정신과 육체는 독립적인 실체이며, 정신은 육체가 없이도 존재 가능하다고 생각하는 직관이 있다. 이런 직관들은 널리 퍼져 있는 종교적인 믿음과 신, 영, 다양한 형태와 특성을 지닌 영혼 등 그 믿음과 관련한 관행들을 뒷받침한다.[27] 일단 이런 직관이 형성되면 급속한 문화적 진화—유전적으로 무관한 사회 구성원들 사이에 변형된 믿음과 행동이 전파되는 현상—가 일어날 여건이 조성되고, 이는 결국 거대한 신을 숭배하는 거대 사회의 출현으로 이어진다.

그 방식은 다음과 같다. 인간사에 일일이 개입할 의향을 가지고 인간을 감시하는 거대한 신들은 이런 문화적 진화 초기에 나타난 돌연변이였다. 이런 신들을 두려워한 신앙인들은 전지적 능력이 없는 신들이나 인간의 도덕성에 무관심한 신들을 믿는 사람들보다 자신이 속한 집단을 위해 구성원들과 서로 협력하고 신뢰하고 희생을 감수했다. 금식, 특정 음식에 대한 금기, 과도한 종교의식과 같이 거짓으로 꾸미기 어려운 방식으로 독실한 신심을 표현하도록 한 관행들은 이런 신들을 향한 진정한 믿음을 다른 이들에게 전파하는 데 한층 도움이 되었다. 이런 방식 덕분에 믿음을 가장한 이들이 이들 집단에 침투해 신앙을 훼손하기가 어려웠다. 이와 같은 방식을 비롯해 집단의 결속력을 강화하는 여러 기제들로 인해 거대한 신을 숭배하는 종교들은 비록 서로 이름 모를 낯선 이들로 구성되었더라도, 공동의 초자연적 존재의 지배를 받는 성스러운 결속력의 거대한 도덕 공동체를 만들어냈다.

물론 거대한 신들은 일부 집단을 사회적으로 확장시키는 중요한 원인이기는 하나, 유일한 원인은 아니다. 거대한 신 말고도 대규모 협력이라는 의문을 풀어줄 해답들은 분명히 있다. 더군다나 문화적으로 확장하는 데 성공했다고 해서 도덕적으로 우월하다는 의미도 아니다. 하지만 거대한 신을 믿는 집단들이 규모도 더 커지고 구성원들 사이의 관계도 훨씬 협조적이었을 것이다. 사회적 결속력이 강한 이들 집단은 높은 출산율 덕분에 집단의 규모가 끊임없이 확장되었고 개종자들을 양산해냈을 뿐만 아니라 다른 집단들의 세력을 축소시키면서 몸집을 키웠다. 더불어 규모가 확장되자 이들이 지닌 신앙과 관행들도 전파되었고, 궁극적으로 세계 주요 종교들이 숭배하는, 인간의 도덕성에 관여하는 거대한 신들이 탄생하게 되었다.

그렇다면 오늘날의 세속적인 사회는 어떻게 설명할 것인가? 최근에 와서야 그리고 일부 지역에 형성된 일부 사회들은 개인들 간의 계약이 제대로 잘 지켜지는지 감시하는 기제, 경찰, 사법부 같은 제도를 통해 대규모 협력을 유지하는 데 성공했다. 북유럽, 특히 스칸디나비아 반도 같은 지역에서는 이들 제도가 공동체를 건설하는 종교의 기능을 빼앗으면서 종교가 급속도로 쇠퇴했다. 인구 대다수가 무신론자인 이들 사회는—이들 가운데에는 사회 구성원 간에 가장 협력이 잘 이루어지고 평화로우며 풍요를 누리는 사회들이 포함되어 있다—종교라는 사다리를 오른 뒤 그 사다리를 걷어차 버렸다.

자연종교

물론 종교가 인간사회를 구체화한다는 개념은 새롭지 않다. 잠깐이기는 하지만 사회과학에서 이런 사상이 나타난 때가 있었는데 에밀 뒤르켐Émile Durkeim, 빅터 터너Victor Turner, 로이 라파포트Roy Rappaport가 그런 사상을 제시한 대표적인 인물들이다. 뒤르켐, 라파포트를 비롯한 학자들은 종교에 협력을 촉진하는 기능이 있다는 점을 인식했다. 하지만 그들은 종교의식에 사회적 결속력을 강화하는 기능이 있다는 데 초점을 두었을 뿐, 종교가 공동체의 삶을 공고히 하고 유기적인 결속력을 조성하는 기능을 하는 데 신에 대한 믿음이 중요하다고 보지는 않았다. 최근 진화생물학자 D. S. 윌슨Wilson은 저서《종교는 진화한다Darwin's Cathedral》에서 다윈 진화론의 틀을 통해 현 시대 종교의 사회적인 기능을 해석했다.

앞으로 제시할 내 이론도 인지과학으로 종교를 해석하는 종교이론가들뿐만 아니라 윌슨 같은 학자들의 주장을 바탕으로 한다. 그 학문적 기원이 흄Hume까지 거슬러 올라가는 인지적 관점에서 보면, 종교적 믿음은 인간의 인지적 구조가 형성되는 과정에서 우발적으로 나타난 부작용이다. 종교에 대한 인지적 관점의 해석은 인간의 정신이 어떻게 신을 인식하는지를 설득력 있게 설명할 토대가 되었다. 하지만 인지적 관점은 종교의 친사회적 효과에 대해서는 거의 침묵으로 일관해왔다. 이 책에서는 현재 서로 맞서고 있는 이런 두 가지—사회적 관점과 인지적 관점—관점을 통합해보려고 한다.[28]

이 두 가지 관점의 핵심적인 주장을 그대로 유지하되, 제3의 관점에서 종교의 기능을 살펴볼 계획이다. 일종의 초자연적 감시자―거대한 신―의 존재에 대한 믿음은, 종교의식과 그 밖의 사회적 결속을 유지하는 각종 장치들과 더불어, 지난 1만 2천 년에 걸쳐 문화적 진화가 속도를 내면서 서로 완전히 남남인 구성원들을 결속시켜 점점 규모가 확장된 도덕 공동체를 유지하는 데 기여한 필수적인 요소이다. 따라서 흄의 관점과 뒤르켐의 관점 사이에서 양자택일을 할 필요가 없다. 오히려 믿음과 소속감은 종교에서 하나로 통합되어 존재한다.[29]

이 책은 진화론, 인지과학, 사회과학을 통해 얻은 증거를 바탕으로 친사회적 종교는 유전적 진화와 문화적 진화가 복합적으로 작용해 탄생되었다는 제3의 해법을 제시한다. 이런 주장은 세 가지 근거를 바탕으로 한다. 첫째, 특정한 직관과 인지적 편향성이 어떻게 초자연적 존재를 향한 믿음을 뒷받침하는 사고의 틀을 만들고, 이 사고의 틀이 되풀이되도록 하는지에 대해 중요한 단서를 제공하는 인지적 접근방식을 기반으로 한다. 둘째, 인지적 접근방식과 문화적 진화를 복합적으로 이용해 어떻게 이런 믿음을 지닌 문화적 돌연변이들이 경쟁상대인 돌연변이들을 도태시키고 많은 인구에게 전파되었는지를 설명한다. 셋째, 서로 다른 집단들이 문화적 경쟁[30]을 하도록 만드는 동력을 이해하면 경쟁에서 성공한 돌연변이를 얻게 된 집단들이 확산되고 확장된 이유를 설명하는 데 도움이 된다. 따라서 '제3의 길'이 지닌 한 가지 장점은 사회과학적 접근방식과 인지적 접근방식 두 가지 모두에서 얻은 중요한 관측 결과들과 깨달음을 통합하고 조정할 수 있다는 점이다.

이 책의 구성

　2장부터 6장까지는 친사회적 종교의 등장을 심리학적 관점에서 살펴본다. "보는 눈이 있으면 언행을 삼간다"라는 말이 있다. 2장에서는 다른 사람들의 평판을 감시하고 자신의 평판을 관리하려는 기본적인 사회적 직관이 어떻게 사람들로 하여금 서로 예의를 지키도록 하는지 살펴본다. 이를 바탕으로 이런 사회적 직관들이 어떻게 초자연적 감시자를 탄생시켰는지 논의한다. 2장과 3장에서는 신이 지켜본다고 믿는 사람들이 어떤 과정을 통해 서로를 선하게 대하는지 설명한다. 초자연적 감시자의 존재를 믿으면 누가 감시하지 않아도 언행을 조심하고 남남 간의 협력도 가능해진다.

　4장에서는 친사회적 종교와 신뢰의 관계를 분석한다. 신이 감시한다고 생각해 사람들이 서로 협력한다면, 신에 대한 믿음이 투철하다는 사실을 겉으로 드러내 보이면 같은 종교를 믿는 사람들 사이에 상호신뢰의 수준이 훨씬 높아진다. 그렇다면 초자연적 감시자가 지켜본다는 생각을 하지 않는 비신앙인들은 어떻게 되는 걸까? 구성원 대다수가 신앙인인 사회에서 결속력도 없고 눈에 띄는 집단을 형성하지도 않는 무신론자들이 불신을 사는 이유는 무엇일까? 4장과 5장에서는 이 책에 제시된 주장을 바탕으로 종교와 관련해 널리 퍼져 있지만 그동안 간과되어온 편견을 다룬다. 6장에서는 종교적 관행과 의식들이 (진화론적 관점에서 볼 때) 지나치게 화려하고 과도한 이유는 무엇이고, 이런 관행과 의식들이 신뢰를 구축하고 열렬한 믿음을 전파하는 데 어떤 역할을 하는지 알아본다.

7장부터 9장까지는 지난 1만 2천 년에 걸쳐 친사회적 종교와 대규모 협력 공동체가 출현하도록 만든 역사적 동향에 대해 살펴본다. 2장부터 6장에 걸쳐 논의한 심리적 기제들이 서로 보강작용을 하면서 친사회적 종교집단들이 사회감시 의무를 초자연적 감시자에게 맡기고, 신앙심이 투철한 남녀들 간에 신뢰를 구축하고, 경쟁관계인 집단들을 도태시키면서 전 세계로 확장되고 퍼져나간 이유가 분명해진다. 7장에서는 거대한 신을 숭배하는 친사회적 종교와 지난 1만 2천 년에 걸쳐 거대 협력 공동체가 출현하게 된 현상 간의 연관성을 살펴본다. 8장에서는 전쟁을 비롯해 집단 간의 경쟁이 어떻게 친사회적 종교를 출현시켰는지 살펴본다. 9장에서는 다음과 같은 여러 의문을 다룬다. 종교가 규정한 도덕 공동체에서 이탈한 사람들은 어떻게 되는가? 종교는 성스러운 가치들을 전파함으로써 어떤 식으로 고질적인 갈등을 일으키는가? 어떤 경우에 종교적 친사회성이 집단 간 적개심과 폭력으로 변질되는가? 갈등을 해소하는 데 종교를 임의로 이용할 수 있는가?

사람들은 보통 종교와 세속주의를 정반대의 개념으로 생각하지만, 역사와 심리학을 살펴보면 이 두 개념은 뜻밖에도 연속선상에 있다는 사실이 드러난다. 마지막으로 이 책은 세속 사회가 종교에서 비롯되었다는 놀라운 이론을 제시하는데, 이것이 10장의 주제이다. 지난 몇백 년 만에 어떻게 거대한 신을 믿지 않는 거대 집단들이 출현하고 번성하게 되었는가? 스칸디나비아 반도에 위치한 복지국가들이 종교와 신의 도움 없이도 협력사회를 만들 수 있었던 특수한 제도와 관행과 사회적 여건은 무엇이었는지에 대해 놀라운 단서를 제공한다.

미래를 향해

오랜 세월 부진을 겪은 끝에 마침내 종교를 과학적 관점에서 설명하는 데 속도가 붙었다. 물론 우리의 지식은 여전히 매우 제한적이며, 의문을 푸는 데 필요한 단서들 가운데 아직 발견하지 못한 단서들도 많다. 그럼에도 여러 다양한 분야에서 매우 흥미로운 단서들이 나타나고 있다. 하지만 학문영역의 특화와 학계의 분열로 이들 단서는 따로따로 논의되며 상호연관성은 간과되고 있다.

나는 E. O. 윌슨Wilson이 '통섭'이라고 일컫은 모든 지식의 궁극적인 통합을 지지한다.[31] 특정분야에 대한 지식이 축적되는 동시에 미지의 영역도 늘어나는 이 시대에는 나무가 아니라 숲을 보려는 노력이 절실하다. 그런 점에서 가장 오래되고 가장 심오한 인간 염원의 원천인 종교를 이해하려면 마땅히 통섭이 요구된다. 이 책은 서로 다른 학문 영역들이 제시한 핵심적인 이론들을 한데 모아 통합적인 이론을 제시하려는 소박한 시도이다. 물론 여느 이론들과 마찬가지로 이 책에서 제시한 종교에 대한 해석에도 결함이 있을 것이다. 그럼에도 이 책이 현재 알려진 것 이상의 가치가 있다면 종교적 믿음과 행태를 여러 다른 학문의 관점에서 해석한 내용들을 통합했다는 점이다. 인류의 가장 큰 두 가지 과학적 의문에 대해 동시에 해답을 제시한 것이 이 책의 기본적인 개요이다. 두 가지 의문은 다음과 같다. ①일부 종교적 믿음과 관행들은 지난 1만여 년 동안 어떻게, 왜 대규모 협력사회를 출현하게 했는가? ②이런 과정을 통해 친사회적 종교는 어떻게 문화적으로 전파되었고 세계 대다수 사람들의 마음을 지배하게 되었는가?

2장

–

초자연적
감시자

지으신 것이 하나도 그 앞에 나타나지 않음이 없고,
우리의 결산을 받으실 이의 눈앞에 만물이 벌거벗은 것같이 드러나느니라.
《히브리서》(신국제판) 4장 13절

–

신이 없다면 만들어내기라도 해야 한다.

볼테르

시간을 거슬러 9세기와 13세기 사이—지금으로부터 20세대에서 30세대 전이다—의 중세 유럽으로 되돌아간다면, 요즘 상식으로는 도저히 이해할 수 없는 제도나 관행과 수없이 마주치게 될 것이다. 하지만 그 무엇보다 신성재판(神聖裁判, trial by ordeal)만큼 세속화된 인간에게 기이하게 느껴지는 제도는 없을 것이다.

당시는 물론 유전자검사 기술도, 전화 통화기록도, 보안카메라도, 심지어 믿을 만한 증인의 증언도 없던 시절이었다. 판사들이 증거를 조사하고 범행 동기나 범행을 저지를 기회가 있었는지를 밝혀낼 방법들이 거의 없었다. 따라서 난해한 사건들을 만나면 판사들은 신성재판을 명령했다. 끓는 물을 담은 솥에 벌겋게 달군 쇠막대나 돌을 던져 넣고 피고에게 그 솥 안에 팔을 집어넣었다가 빼보라고 명령했다. 피고가 화상을 입지 않으면 무죄를 선고했고, 그렇지 않으면 유죄 판결을 내렸다. 알몸인 피고를 결박하여 수심이 깊은 성수에 던져 넣어 피고의 몸이 가라앉으면 유죄를 선고하고, 몸이 물에 뜨면 무죄 방면하는 방식도 있었다.

오늘을 살아가는 우리가 보기에 신성재판은 중세의 후진성과 비효

율성이 집약된 제도처럼 느껴진다. 하지만 경제역사학자 피터 리슨 Peter Leeson의 생각은 달랐다. 그는 신성재판이 놀라울 정도로 제 기능을 했다고 지적한다. 사실 신성재판은 고문으로 자백을 받아내는 방식보다 훨씬 우월한 기법이었다는 것이다. 고문을 가해 자백을 받아내는 기법은 지금도 있지만 잔인할 뿐만 아니라 그렇게 해서 얻은 자백은 신뢰할 수 없는 경우가 대부분이다. 실제로 신성재판은 신의 개입 없이도 누가 유죄이고 누가 결백한지를 상당히 정확하게 가려낼 수 있었을지도 모른다. 어떻게 가능했을까?

당시 사회에서는 신은 결백한 피고는 해치지 않고 구원해주며 죄인은 죽도록 내버려둔다는 믿음이 팽배했다. 리슨은 다음과 같이 설명한다. "핵심은 신성재판이 널리 시행되었다는 게 아니라 사람들이 신성재판이 진실을 가려낸다고 믿었다는 사실이다. 바로 이런 믿음, 신에 대한 두려움 덕분에 신성재판이 효과적으로 기능할 수 있었다." 다시 말하면, 신성재판을 집행하겠다고 위협만 해도 진짜 범죄자와 억울한 피해자를 가려낼 수 있었다는 것이다. 숨길 만한 일을 저지른 사람은 신성재판에서 신이 자신을 해치면 자기 죄가 드러나리라고 생각했다. 따라서 신성재판을 기꺼이 받겠다고 나서는 피고는 결백한 피고들뿐이었다. 범죄를 저지른 피고들은 자기 범행을 자백하고, 원고와 합의를 하거나 도망쳤다. 이를 아는 성직자들과 판사들은 신성재판 절차를 운용하는 데 상당히 폭넓은 재량권을 발휘했고, 피고가 신성재판을 받을 의향을 어느 정도나 보이는지에 따라 유죄나 무죄 선고를 내렸다.[32]

물론 신성재판이 결백한 사람과 죄를 지은 사람을 구분하는 데 얼만큼 효과적이었는지 정확히 알 길은 없다. 하지만 이런 문화적 기법이 작동했다면, 그 이유는 오로지 신을 믿는 사람들이 막강한 초자연적 감시자가 모든 것을 지켜보고 있고 인간의 도덕성 문제에 직접 개입한다고 진심으로 믿기 때문이었다. 신성재판은 중세의 기이한 관행의 잔재처럼 보이지만, 이 기법을 작동하게 하는 핵심적인 특징은 친사회적 행동을 조장하는, 오래전부터 진화해온 기제에 뿌리를 두고 있다. 오늘날에도 전 세계 수십억 명의 삶에 영향을 미치고 있는 사회적으로 감시를 받으면 사람들은 행동거지를 조심한다는 원리이다.

신이라는 개념을 생각해내려면 어떤 종류의 정신적인 능력이 필요할까? 일부 신들은 어떻게 사람들을 감시하고 그들의 삶에 개입하는 초자연적 감시자가 되었을까? 이런 신에 대한 믿음의 이면에 있는 심리는 무엇인가? 사회적으로 감시를 받고 있다는 느낌이 어떻게 협력적인 행동을 야기하는 걸까?

이런 의문에 해답을 제시하면서 이따금 경전 구절, 샤먼, 신부, 목사 들의 말이 인용된다. 하지만 인간 본성에 각인된 종교의 자취는 경전 구절이나 가르침과 같은 교리에서 발견된다기보다 자연종교(신, 영혼, 영, 초자연적인 모든 객체들이 자연의 일부이며 자연과 별개가 아니라고 여기는 종교―옮긴이)―신앙인의 생각과 행동―에서 발견된다는 점을 잊어서는 안 된다. 교리가 중요하다면(교리는 종교적 집단들 가운데 일부에만 존재하고 그것도 역사적으로 최근에 와서야 존재하게 되었다) 신앙인들이 그 교리를 나름대로 해석하고 이해했다는 점에서 중요할 뿐이다. 따라서 일상생활이나 통제된 조건하에서 사람들이 실제로 하는 행동을 면밀히 관찰할 수 있는 학문영역인 심리학, 경제학, 사회학, 인류학에서 최근에 실증적으로 이루어진 연구들을 집중적으로 다루었다.

인식능력은 어떻게 '신을 인식'할 수 있는 토대를 만들었는가

　신과 영에 대한 믿음은 애초에 어떻게 생겨났을까? 해답을 얻기 위해서는 시대와 문화를 막론하고 어린아이들에게서 확실하게 발달하는 인식능력을 잠깐 살펴봐야 한다. 몇몇 인식능력들은 인간의 정신이 종교적 믿음 쪽으로 기울게 하는 것으로 보인다.[33]

　우선 마음 헤아리기(metalizing, 'theory of mind'라고도 하는데 이를 대개 '마음이론'이라고 번역하고 있으나, 이는 이론이라기보다는 능력을 말하므로 '마음을 헤아리는 능력'이라고 번역하는 게 더 적절하다—옮긴이)를 살펴보자. 마음을 헤아리는 능력이란, 다른 사람들이 의도, 욕망, 감정, 지식을 지닌 주체라고 이해하는 능력이다.[34] 누군가 메리가 밥과 포옹하는 모습을 보았다고 하자. 사람의 마음을 헤아리지 못하는 심맹心盲인 화성인은 두 사람의 포옹을 개별적인 두 개의 몸뚱이가 잠깐 붙었다가 떨어지는 기계적인 현상으로 해석할지 모른다. 하지만 마음을 헤아릴 수 있는 사람은 메리가 밥을 갈구하고 있거나, 어쩌면 메리가 밥의 마음을 사로잡으려고 애쓰고 있거나, 메리가 밥도 자신을 갈구한다고 믿고 있다고 유추할지도 모른다.

　화가 난 게 분명한 아내를 보고 안절부절못하는 남편이 다음과 같이 말하는 만화가 있다. "물론 나는 내가 당신이 어떻게 느끼길 원하는지 당신 스스로 안다고 생각했다고 당신이 짐작했는지에 대해 신경이 쓰이지." 다행히 남의 마음을 헤아리는 일이 이 정도로 복잡하진 않지만, 다른 사람들의 믿음과 목표와 욕망을 이해하지 못하고서는 일상적인 사회적 교류를 하기는 불가능할지 모른다.

마음을 헤아리는 능력은 신과 유령을 향한 믿음이 어떻게 출현하게 되었는지를 밝혀낼 중요한 단서를 제공한다. 파스칼 보이어Pascal Boyer는 영령이나 신과 교감했다는 신앙인들의 말을 들어보면 이들이 이런 초자연적 주체들의 마음 상태가 어떤지 유추한다는 사실이 드러난다고 주장한다. 신에게 기도를 하는 사람들은 신이 무슨 생각을 하고 무엇을 바라는지 알고 싶어 한다. 조상의 영령을 달래려는 사람들은 제대로 예를 갖춰 제물을 바치지 않으면 조상의 영령들이 화를 내거나 보복을 할까 걱정한다. 힌두교 신화를 보면, 시바 신과 그의 배우자 샤크티의 불화에 대해 얽히고설키고 꼬인 뒷공론을 늘어놓는데, 이 이야기는 마음을 헤아리는 달인이 읽어도 이해하기 어렵다.

폴 블룸Paul Bloom은 여기서 한발 더 나아가 이런 유형의 마음 헤아리기는 정신-육체 이원론mind-body dualism—'정신'은 '육체'와 구분된다는 직관—의 인지적인 토대가 된다고 주장한다. 내 안에 나의 두뇌와 관계를 맺고 있는 '나'가 있고, 그 '나'는 내 두뇌가 아니라고 느낀다면 그 사람은 직관적인 이원론자이다. 정신-육체 이원론은 수많은 종교적 믿음을 뒷받침해주는, 자연발생적 직관이다. 이런 직관을 통해 신, 영혼, 영령같이 육신이 없는 초자연적 주체들에 대한 믿음이 팽배하게 되었고, 이 초자연적 주체들이 인간처럼 마음—믿음, 욕망, 감정—을 지녔다고 사람들은 믿게 되었으며, 그 덕분에 신앙인들은 신이나 초자연적 존재들과 개인적으로 교감을 하게 된다.[35]

정신-육체 이원론이 자리를 잡으면, 인간의 정신은 수많은 종교적 믿음의 아주 중요한 기반이 되는 또 다른 직관을 받아들일 여건이 조성된다. 정신이 육체와 분리된 비물질적 자율적 존재라고 믿으면, 정신은 육신이 사라진 뒤에도 계속 존재한다고 믿게 된다. 즉, 불멸의 영혼 또는 심리학자 제시 베링Jesse Bering이 말하는 '심리적 불멸psychological immortality'[36]이라는 개념이 뿌리내린다.

마지막으로, 종교적 사고를 촉진하는 데 핵심적인 역할을 하는 것으로 보이는 직관은 목적론teleology적 직관—자연현상과 사물들은 모두 존재하는 목적이 있다는 생각—이다. 목적론적 직관은 일찍이 어린아이들의 사고에서도 나타나는데, 배우지 않아도 생겨나는 것으로 보인다. 다섯 살만 되어도 아이들은 동물원에 가서 구경하기 위해 사자가 존재하고, 비를 뿌리기 위해서 구름이 존재하며, 오르기 위해서 산이 존재한다고 직관적으로 생각한다. 성인들도 이런 직관적인 사고를 한다. 때로는 겉으로 드러내놓고 하고 때로는 좀 더 은밀하게 한다. 과학 교육은 이런 직관을 뿌리 뽑기는커녕, 단순히 억누르는 효과만 있을 뿐이라는 증거가 있다. 이를테면, 과학자들조차도 시간에 쫓기면 목적론적 사고에 빠진다.

이런 주장들은 대부분 심리학자 데버러 켈러먼Deborah Keleman의 연구에서 제기되었는데, 켈러먼은 성인과 어린이의 목적론적 사고를 연구해왔다. 켈러먼은 이 현상을 '직관적인 유신론intuitive theism'이라고 일컫는데, 그 이유는 목적론적 사고 덕분에 창조론적 사고를 할 여건이 마련되었기 때문이다. 만물에 설계된 목적이 있다고 생각하면 그 만물을 설계한 창조주가 존재한다고 생각하는 게 타당하지 않겠는가?[37]

이런 직관의 강도는 사람에 따라 다르게 나타난다. 신에 대한 믿음도 마찬가지이다. 나는 아이아나 윌러드Aiyana Willard와 함께 통계적 기법을 이용해서 목적론적 직관을 지닌 사람들이 초자연적 존재도 믿는지 알아보았다. 먼저 개인들이 마음을 헤아리는 정도, 정신-육체 이원론을 받아들이는 정도, 세상을 목적론적으로 바라보는 정도를 측정했다. 그리고 이들이 어느 정도나 신을 믿는지도 측정했다. 이런 직관들이 신을 받아들일 정신적 토대를 마련해줄까? 우리는 그렇다는 결론을 내렸다. 이런 직관들이 강한 사람일수록 신이라는 개념에 더 수용적인 태도를 보였다. 이들 직관이 강할수록 미확인비행물체UFO나 초능력처럼 과학으로 설명할 수 없는 현상들을 믿을 가능성이 높아졌다. 마음을 헤아리는 경향이 강할수록 이원론을 수용하고 목적론적 사고를 할 가능성이 높았다. 그리고 이 두 가지 직관능력이 강할수록 신의 존재를 믿고 초자연적 현상들을 믿을 가능성이 높아졌다.[38] 직관적 편향성은 종교적 믿음을 수용할 가능성을 높이기는 하나 수용 여부를 결정하지는 않는다. 나중에 살펴보겠지만, 종교적 믿음이 뿌리내리도록 하는 데 필수적인 다른 요인들도 있다. 이 가운데 신심信心을 열광적으로 표현하는 문화에 노출되었는지 여부가 중요하다. 또 신격체의 존재를 믿으면 마음에 위안이 되는 삶의 여건에 처해 있는지도 중요하다.[39]

마음을 헤아리는 능력으로 돌아가서, 이제 이런 능력이 신적인 존재에 대한 믿음과 헌신을 가능케 하는 데 핵심적인 역할을 하는 이유가 분명해진다. 마음을 헤아리는 능력이 없다면 신앙인은 신이 무엇을 원하고 무엇을 못마땅해하는지 헤아리지 못하고, 그렇게 되면 신에게 기도하고 부탁을 하고 용서를 구하지 못한다. 마음을 헤아리지 못하면 신앙인은 신과 뜻 깊은 교감을 나누지 못하게 된다. 사람들은 신을 비롯한 초자연적 주체들이 비물질적 정신적 존재라고 직관적으로 이해하기 때문이다. 인간에게 마음을 헤아리는 능력이 없다면, 인간은 신을 초자연적 힘들을 동원해서 수많은 일들을 분주하게 하는 존재로 여기지 못하게 된다. 죽음이나 불확실성과 같은 실존적 고민거리에 대해 응답하고 불운을 모면하게 해주거나 누군가에게 불운을 초래하게 하고, 사회적 행동을 감시하고 감찰하는 일들 말이다.

신을 '인식'하는 행위는 본질적으로 인간이 다른 사람들의 마음을 헤아리는 능력과 연결되어 있다. 신에 대한 믿음이 인지적 능력에서 비롯되었다는 이런 가설을 뒷받침해주는 여러 증거들이 있다. 첫째, 신앙인들은 누가 가르치지 않아도 자발적으로 신이 인간과 같은 정신적 상태를 지녔다고 생각한다. 종교는 겉으로 신이 전지적인 능력을 지녔다고 내세우지만, 신을 인간과 마찬가지로 (그리고 신답지 않게) 정신적인 능력에 한계를 지닌 존재로 표현한다. 권위 있는 한 연구에서 심리학자 저스틴 배럿Justin Barrett과 프랭크 케일Frank Keil은 실험 참가자들에게 다양한 행동을 하는 신의 이야기를 들려주었다. 예컨대 신은 동시에 여러 가지 정신활동을 할 수 있고 감각을 통해 정보를 받아들이지 않고도 무슨 일이 일어나는지 인식할 수 있다는 식의 이야기였다. 이후 실험 참가자들에게 들려준 이야기를 기억해보게 했다. 그랬더니 연구자들에게 신이 전지적인 능력이 있음을 믿는다고 밝혔던 참가자들을 포함해 압도적인 다수가 전지적인 신을 인간처럼 정신능력에 한계가 있는 존재로 재해석했다. 이렇게 그들이 재해석한 신은 하나의 과업을 끝마쳐야 다음 과업에 착수할 수 있었고 직접 눈으로 목격해야 사건이 발생했음을 인지할 수 있었다.[40]

둘째, 사람들은 자연현상에서 물건, 애완동물, 신에 이르기까지 온갖 종류의 사물과 존재들에게서 '인간의 모습'을 본다. 인류학자 스튜어트 거스리Stewart Guthrie는 이를 보여주는 수많은 사례들을 저서《구름의 모습에서 사람의 얼굴을 보다Faces in the Clouds》에 소개하고 있다. 신도 예외가 아니다. 배럿과 케일의 독창적인 연구와 밀접한 관련이 있는 다른 연구들을 보면, 성경에서 금기시함에도, 사람들은 신을 믿음, 감정, 의도같이 인간의 정신적 특성들을 지닌 존재로 믿는다.

심리학자 애덤 웨이츠Adam Waytz, 니컬러스 에플리Nicholas Epley, 존 카치오포John Cacioppo는 여러 다양한 존재들이 의식, 인식, 감정 같은 정신적 상태를 어느 정도나 지니고 있다고 생각하는지 사람들에게 물어보았다. 그들은 실험 참가자들에게 흔히 의인화되는 네 종류의 존재들을 제시했다. 동물들, 바위나 산 같은 자연 존재, 컴퓨터나 자동차엔진 같은 기계, 신을 비롯한 초자연적 주체들이었다. 사람들이 신을 의인화하는 경향은 신의 존재에 대한 믿음과 매우 밀접하게 연관되어 있어서 신을 의인화하는 경향과 신의 존재에 대한 믿음을 구분하는 게 무의미했다. 내가 독자적으로 한 연구도 이런 결론을 확인해주었다. 신이 정신적인 상태를 지닌 인간 같은 존재라는 직관과, 신의 존재에 대한 믿음은 연관성이 높았다. 인간의 특징을 지니지 않은 추상적인 존재로서의 신은 이론적으로는 가능하지만 인간에게는 심리적으로 설득력이 없다.[41]

셋째, 사람들이 신에 대해 생각할 때 활성화되는 뇌 신경망을 직접 파고든다. 신의 존재를 인지하는 행위가 일반적으로 마음을 헤아리는 기능에서 비롯되었다면, 사람들이 다른 사람들의 마음을 헤아릴 때 활성화되는 뇌 부위가 신의 마음을 헤아릴 때도 활성화되어야 한다. 신경영상연구 결과들은 바로 이 점을 입증한다. 미국과 덴마크의 그리스도교도들에게 신에 대해 생각하거나 신에게 기도를 하게 했더니 일반적으로 마음을 헤아릴 때 사용되는 뇌 부위가 활성화되었다.[42]

넷째, 마음을 헤아리는 능력이 사람에 따라 다르다는 사실은 종교적인 믿음이 어디서 비롯되었는지 알아낼 단서를 제시한다. 어떤 사람들은 다른 사람보다 '마음을 헤아리는' 능력이 떨어진다. 이 능력의 연장선상에서 가장 낮은 수준은 현재 자폐증이라고 알려진 증상과 겹친다. 자폐증의 원인은 복잡하고 다양하다. 하지만 자폐증의 핵심적인 특징 가운데 하나는 이 증상이 있는 사람들은 다른 사람들의 마음을 헤아리는 데 어려움을 겪는다는 점이다. 즉, 다른 사람의 얼굴에서 감정을 읽거나, 다른 사람의 행동을 통해 그 사람의 믿음과 욕망을 유추해내거나, 말이 지니는 문자 그대로의 의미와 그 말을 한 사람이 의도한 의미의 차이를 구별하는 데 어려움을 느낀다.

마음을 헤아리는 능력이 신의 존재를 인식하는 능력을 뒷받침한다면, 마음을 헤아리는 능력이 부족한 사람은 신을 인식하는 능력의 토대가 흔들려야 옳다. 실제로 커트 그레이Kurt Gray와 그의 동료 학자들은 자폐증이 심한 사람일수록 신을 사람처럼 마음을 지닌 존재로 보기보다는 인간이 아닌 추상적인 존재로 인식한다는 사실을 보여주었다. 신을 비롯해 초자연적 존재들과의 교감을 가능하게 하는, 마음을 헤아리는 능력이 없다면 신이나 초자연적 존재를 믿는 독실한 신자가 되기 어렵다. 게다가 신을 마음을 지닌 존재로 여기지 않으면 신과 교감하기가 어렵다.

월 저베이스Will Gervais, 칼리 트리제스니에프스키Kali Trzesniewski 와 함께한 연구에서도 이와 똑같은 결과가 나왔다. 마음을 헤아리는 직관적인 능력이 낮을수록 신을 믿는 강도가 낮았다. 종교적인 믿음과 관련한 다른 모든 요인들을 통제한 경우에도 말이다. 즉 마음을 헤아리는 능력이 곧 신을 믿는 능력을 발휘할 여건을 조성한다.[43]

이와 같은 증거들을 통해 내릴 수 있는 결론은 한 가지이다. 추상적이고 보편적 존재, 존재의 근거[44] 또는 만물의 총체로 신을 보는 일부 신학적인 교리들과는 달리, 신앙인들의 일상적인 생각 속에 존재하는 신은 마음을 지닌 인간 같은 존재이다. 신을 '인식'하는 능력은 마음을 헤아리는 능력에 편승한다. 마음을 헤아리는 능력 덕분에 신앙인들은 신을 정신적 상태가 있는 의도를 품은 존재로 여기지만, 이런 능력은 신의 마음에 담긴 특정한 내용까지 결정하지는 않는다. 신의 마음이라는 공간에 담길 내용물은 문화적 진화를 통해서 채워진다. 그 내용물이 진화하는 인간의 심리에서 너무 벗어나지만 않는다면 말이다. 역사적으로 볼 때, 그리고 현재에도, 신이 인간사에 대해 알거나 관심이 있는지, 알거나 관심이 있다면 어느 정도나 알고 있고 어느 정도나 관심이 있는지, 특히 인간의 어떤 활동영역에 관심이 있는지에 대한 인식은 문화마다 다르게 나타난다. 앞으로 보겠지만, 인간사에 개입하는 막강하고 거대한 신이라는 개념이 경쟁자인 다른 개념들을 물리치고 문화적으로 널리 전파된 이유는 이런 유형의 신들이 인간을 감시하는 초자연적 능력을 발휘한다는 믿음을 받아들인 사회들이 협력적인 공동체의 범위를 넓혀나갔기 때문이다.

감시의 눈길 아래

인간은 다른 사람의 마음을 헤아리는 일반적인 능력으로써 초자연적 존재의 정신적 상태를 유추한다는 사실을 살펴보았다. 이런 유추능력을 통해 신앙인들은 자신이 믿는 신과 교감할 수 있었고, 신에게 인간과 같은 마음이 있다고 믿었기 때문에 신에게 강력한 초자연적 감시자 역할이 주어질 수 있었다. 이제 거대한 신에 관한 첫 번째 원칙을 살펴봐야 한다.

보는 눈이 있으면 언행을 삼간다.

일상생활에서 이 기본적인 원칙이 적용되는 사례는 수없이 많다. 운전자들은 후시경(後視鏡, rear view mirror)을 통해 경찰차가 보이면 속도를 늦춘다. 쇼핑몰에 감시카메라와 거울을 설치하면 물건을 훔치려는 유혹이 줄어든다. 정치인과 기업들은 각각 유권자와 주주들의 심판을 받아야 덜 부패한다. 공직자와 재계 거물들은 소득과 씀씀이가 공개되면 편법을 쓰려는 유혹을 덜 받게 된다. 사람들은 다른 사람들이 보고 있으면 훨씬 인심이 후해지기 때문에 자선단체들은 공개적으로 모금을 한다. 모금함이 자기 앞에 있고 모두가 지켜보고 있다면 어떻게 하겠는가?

물론 이런 유인책이 없으면 사람들이 친사회적인 행동을 하지 않는다는 뜻은 아니다. 철저히 신분을 숨긴 채 익명으로 선한 일을 하는 사람들도 많다. 경제학은 협력이라는 게임에서 사람들이 자신의 이익을 추구하는 방향으로 행동한다고 예측하지만, 실험하는 주체들이 철저히 피실험자들의 익명을 보장하기 위해 만전을 기하는 경우에도 사람들은 친사회성을 보이기도 한다(이를 강력한 호혜성이라고 일컫는다).[45] 익명성이 보장된다고 해서 인간이 이기적이고 반사회적 정신병자로 돌변하지는 않지만, 사회적 감시가 친사회적 행동을 유도하는 강력하고 믿을 만한 기제임에는 의문의 여지가 없다.

심리학과 경제학 분야에서는 사회적 감시가 친사회적 행동을 유발하는 데 얼마나 강력한 유인책인지를 보여주는 증거들이 널려 있다. 경제학 분야에서 실시한 게임 실험을 보면, 익명성이 보장되지 않는 경우나,[46] 게임을 한 상대방과 다시 만날 일이 없는 경우보다 되풀이해서 접촉하게 된다고 생각할 경우[47] 더 많은 사람들이 더 강력한 친사회적 태도를 보이는 것으로 나타났다. 사회심리학 분야의 실험들에서도 실험 참가자들을 카메라, 거울, 청중에게 노출하여 감시당한다는 느낌이 들게 하면 친사회적인 성향이 증가하고, 주위가 어둡거나 짙은 색 안경을 쓰는 등 다른 사람들의 시선에서 벗어나 있다는 느낌이 들게 하면 이기적인 행동과 속임수가 증가함을 볼 수 있다.

천보 중Chenbo Zhong, 버네사 본스Vanessa Bohns, 프란체스카 지노Francesca Gino는 한 기발한 실험에서 다른 사람의 시야에서 벗어나 있다고 착각하는 경향인 이른바 '착시적 익명성illusory anonymity'을 일으키는 환경을 조성했다. 그들은 실험에 참가한 토론토 대학교 학생들을 무작위로 두 집단으로 나누어 신상품을 평가한다는 명목하에 각각 렌즈가 짙은 색인 안경과 렌즈가 투명한 안경을 쓰게 했다. 그리고 겉으로 보기에는 신상품 평가와 무관해 보이는 또 다른 임무를 실험 참가자들에게 부여했다. 참가자들에게 6달러를 주고 이름 모를 낯선 사람과 재량껏 나누어 가지도록 했다(이는 단발성 독재자게임one-shot Dictator Game으로 잘 알려져 있는데, 이에 관해서는 나중에 좀 더 상세히 다루도록 하겠다).

실험 결과, 투명한 안경을 쓴 참가자들은 평균 2.71달러를 나누어 가진 반면, 짙은 안경을 쓴 참가자들은 평균 1.81달러를 나누어 가졌다. 이는 상당한 차이인데, 이 실험결과가 흥미로운 이유는 나누어 가진 돈의 액수 차이 때문만은 아니다. 짙은 안경을 쓰면 나누어 가진 돈의 액수만 줄어드는 게 아니라 행동규범까지 변했다. 즉, 투명한 안경을 쓰면 공평한 분배라는 규범을 준수하게 되는 반면(2.71달러는 통계학적으로 볼 때 3달러와 동일하다. 즉, 돈을 똑같이 배분했다는 뜻이다), 짙은 안경을 쓴 경우에는 좀 더 이기적인 행동규범을 따랐다. 이 학자들이 실시한 또 다른 실험들에서는 조명이 환한 방보다 어둑어둑한 방에서 사람들이 속임수를 쓸 확률이 높아진다는 결과가 나왔다. 시쳇말로 '환한 등불이 최고의 경찰'인 셈이다.[48]

누군가 두 눈을 부릅뜨고 감시하는 방법보다 더 효과적인 사회적 감시기제는 없을지 모른다. 우리는 직접 자기 눈으로 다른 사람들을 감시한다. 또한 다른 사람들이 두 눈으로 우리를 감시한다는 사실을 염두에 두고 있다. 사회에서 살아가려면 타인의 얼굴을 식별하는 능력이 매우 중요하기 때문에, 얼굴을 식별하는 기능에 특화된 방추상 영역fusiform areas이라는 뇌 부위도 있다.[49] 사람들은 자신을 지켜보는 눈길을 매우 신속하고 자동적으로 의식하기에 남의 시선에 신경 쓰지 말라는 지시를 받아도 남의 눈을 의식하고 싶은 유혹을 떨쳐버리기 어렵다.[50] 남의 시선에 민감한 경향은 오랜 세월 진화를 거치면서 적응해온 결과로 보인다. 이는 일부 조류와 어류에서도 발견된다.[51] 인간처럼 문화적인 공동체를 이루고 군집생활을 하는 동물 종들은 남의 평판을 감시하고 자신의 평판을 보호하는 데 이 기능을 십분 활용해왔다. 과연 사람들은 보는 눈이 있으면 언행을 삼가게 될까?

케빈 헤일리Kevin Haley와 댄 페슬러Dan Fessler는 이를 검증하기 위한 실험을 했고 분명한 결과를 얻었다. 이들은 익명성을 없앤다거나 접촉을 반복하는 것처럼 기존의 실험에서 사용한 명명백백한 방법에서 한발 더 나아가 누군가 지켜보고 있다는 아주 미묘한 느낌만 들게 해도 사람들의 행동거지가 조신해진다는 사실을 밝혀냈다. 감시의 눈길을 흉내 낸 그림에 사람들을 노출시켜 강력한 감시의 눈길이 지켜보고 있다고 '속이는 것'도 가능했다.

실험 첫 단계에서 그들은 실험에 참가한 사람들 가운데 일부는 컴퓨터 스크린세이버로 위장한 사람 눈 그림에 노출시켰고, 통제집단[독립변인의 효과를 검증하는 실험에서, 독립변인의 처치를 받은 실험집단(처치집단)과 비교하기 위해 구성하는, 처치를 받지 않은 집단—옮긴이]은 아무런 자극도 주지 않거나 사람 눈과는 무관한 자극을 주는 스크린세이버에 노출시켰다. 그런 다음 참가자들로 하여금 첫 번째 실험과 무관하다고 생각하게 만드는 두 번째 실험에서(천보 중을 비롯한 학자들이 앞서 실행한 게임과 유사한) 단발성 독재자게임을 시켰다. 실험 참가자들에게 일정 액수의 돈을 주고 보복을 할 수 없는 익명의 상대방에게 돈의 일부를 나누어줄 수 있는 기회를 주었다. 그 결과, 눈 그림에 노출된 사람들의 인심이 55퍼센트 더 후해졌다.[52]

사람들은 사회적 감시에 매우 민감하기 때문에 사람 눈을 그린 그림만 보여줘도 훨씬 친사회적으로 행동한다. 감시에 대해 극도로 민감한 경향은 사람 얼굴처럼 보이도록 그린 세 개의 점(뾰족한 꼭지 부분이 아래로 향한, 역삼각형 형태)만 보아도 발휘된다. 심리학자 메리 릭든Mary Rigdon과 동료 학자들은 그런 그림이 얼굴을 인식하는 뇌 부위(방추상 영역)를 미약하나마 한결같이 활성화한다는 사실을 이용해 실험을 했다. 그들은 실험 참가자들을 무작위로 나누어 한 집단은 역삼각형 그림을 보게 하고, 통제집단은 똑같은 모양의 세 점으로 이루어졌지만 사람 얼굴이나 지켜보는 눈처럼 보이지 않는, 정상적인 삼각형 그림을 보게 했다. 그러고서 모든 참가자들에게 독재자게임을 하게 했다. 아주 미묘한 자극임에도 사람 눈을 연상케 하는 역삼각형 형태에 노출된 경우, 이기적인 행동을 자제하는 경향이 나타났다. 사람 얼굴처럼 보이는 세 점을 본 참가자들 가운데 겨우 25퍼센트만이 가진 것을 독차지(이기적 전략)한 반면, 다른 집단에서는 40퍼센트가 이기적 전략을 택했다. 이런 경향은 특히 남성들에게서 두드러지게 나타났는데, 남성들은 독재자게임에서 이따금 여성들보다 훨씬 이기적인 행동을 보인다.[53]

단순히 눈을 그린 그림에 노출되었을 뿐인데도 이런 실험결과가 나왔다는 사실은 무척 놀랍다. 보상을 해준다는 약속도 없었고 처벌한다는 위협도 없었다. 단지 감시를 받고 있다고 느끼기만 해도 사람들은 스스로에게 가능한 한 선하게 행동하겠다는 동기를 부여했다. 다음과 같은 말을 한 토머스 제퍼슨은 선견지명이 있었다. "무슨 일을 하든 온 세상이 지켜보고 있는 듯이 행동하라."

사람들은 누군가 지켜보고 있다고 생각하면 반칙을 덜 저지를까? 한 현장실험에서 연구자들은 어느 대학건물 복도에 무인 커피판매대와 돈을 넣는 '정직함honesty box'을 설치해놓고, 지나가는 사람들이 커피를 마시면 알아서 돈을 상자에 넣게 했다. 그리고 무작위로 어떤 주에는 판매대 위에 감시하는 사람의 눈이 있는 포스터를 걸어놓았고, 어떤 주에는 여러 가지 꽃이 담긴 포스터를 걸어놓았다. 어느 포스터가 걸려 있든 상관없이 커피 소비량은 비슷했는데 사람 눈이 그려진 포스터를 벽에 걸어둔 주에 훨씬 많은 돈이 모였다. 사람 눈 포스터가 걸린 주에는 평균 2.76배 많은 돈이 모였다. 벽에 걸린 포스터 속의 사람 눈처럼, 감시받는다는 느낌을 주는 아주 사소한 단서만으로도 실제 아무도 감시하는 사람이 없는데도 사람들은 반칙행위를 자제했다. 벽에 걸린 사람 눈 포스터가 그 역할을 했다.[54]

감시당한다는 느낌을 주는 가장 미묘한 단서(사람 얼굴처럼 보이도록 역삼각형으로 배치한 세 개의 점)에도 사회적 행동이 바뀐다면, 실제로 감시하는 사람이 있는 경우 친사회적 경향이 강화된다고 해도 전혀 놀랄 일이 아니다. 다양한 형태의 사회적 감시는 낯선 사람들이 서로 우호적으로 행동하도록 유도하는 핵심적 요인임은 분명하다. 앞서 살펴본 바와 같이 사람들은 초자연적 감시자─신과 그 밖의 초자연적 존재들─가 인간을 감시하는 방식이 인간 자신이 다른 사람을 감시하는 방법과 비슷(물론 동일하지는 않지만)하다고 생각한다. 사회적 감시는 초자연적 감시자가 출현하는 데 필요한 선행조건이고, 친사회적 종교의 핵심적인 특징들 가운데 하나로 손꼽는다.

사회적 감시에서 초자연적 존재의 감시로

　사회적 감시가 친사회적 교류의 강력한 동기임을 살펴보았다. 하지만 사회적 감시에는 한계가 있다. 다른 사람들이 실제로 지켜보든가 지켜본다는 암묵적 동의가 있어야 한다. 다른 사람들의 평판을 계속 추적할 수 있어야 하는데 이는 집단의 규모가 커지면 상당히 힘들어진다. 사람들 간에 교류하는 횟수가 증가하면 익명성이 침투하고 평판을 추적할 수 있는 기제는 와해된다. 이 점이 바로 익명성으로 골머리를 앓는 대규모 집단들이 안고 있는 문제이다. 그리고 바로 이 점 때문에 대규모 집단들은 점점 몸집이 커져가는 과정에서 추가적인 조치들로써 높은 수준의 협력을 회복하고 유지하지 않는 한 언제든 분열하거나 와해될 위험에 처할 수 있다. 사회적 감시는 오랜 세월 진화를 거치며 생겨났고, 어느 모로 보나 종교보다 먼저 출현했지만, 익명성 문제를 초자연적 존재의 감시로 해결할 수 있는 토대를 마련해주었다.

　문화가 진화하면서 시행착오를 거쳐 초자연적 존재의 감시라는 해결책을 마련했는데, 이는 이미 존재하고 있던 사회적 감시능력에 편승한 해결책이었다. 보는 눈이 있으면 사람들이 언행을 삼간다고 할 때, 눈을 부릅뜨고 내려다보는 신격체―하늘의 감시자―가 있으면 아무도 지켜보지 않아도 사람들로 하여금 서로 협력하게 만들 수 있다. 도덕성을 판단하는 주체―인간이든 초자연적 존재이든―가 감시한다고 생각하기 때문에 종교는 협력을 촉진하게 된다. 그렇다면 '신을 떠올리는 뇌 부위가 따로 있다'라는 가정이 필요 없다. 사회통제를 가능하게 만드는 사회적 감시라는 직관능력이 초자연적 감시자의 존재를 떠올리게 할 수 있기 때문이다. 다음 장에서 살펴보겠지만, 최근에 실시된 심리학 실험들을 보면, 사람들은 신을 떠올릴 때 더 너그러워지고 협력도 더 잘하며, 익명성이 보장되는 상황에서도 부정행위를 덜 저지른다는 사실이 드러났다. 사람들은 신을 떠올릴 때 초자연적 감시 기제가 작동한다고 생각할 때와 마찬가지로 감시받고 있다고 느낀다.[55]

하늘에서 내려다보는 커다란 두 눈

세계 각지에서 대규모 사회들을 감시하는 초자연적 주체들은 문자 그대로 초자연적 감시자로서 두 가지 역할을 한다. 다음 사항들을 생각해보자(그림 2.1 참조).

- 아브라함 종교들이 숭배하는 신은 비범한 감시능력이 있다.《구약성경》《신약성경》《코란》모두 신은 곳곳에서 모든 것을 보고, 심지어 아무도 보지 않을 때조차도 지켜본다고 강조한다. 이런 종교적 전통에서 신심을 가늠하는 가장 큰 특징은 신이 24시간 지켜보고 있다는 믿음이며, 따라서 아무리 사소한 행동이나 몰래 한 행동이라도 감시하는 신의 눈길을 벗어나지 못한다는 믿음이다.[56]
- 티베트나 네팔에 있는 불교 마을 어디를 가든 휘날리는 기도 깃발과 더불어 도처에서 볼 수 있는 것이 '부처의 눈'이다[그림 2.1(B) 참조]. 보통 수도원이나 마을 중심가에는 둥그런 원 중심에 '스투파stupa'라고 불리는 기둥처럼 생긴 탑이 서 있는데, 이 탑에도 부처의 눈이 새겨져

[그림 2.1]
아브라함 종교들이 숭배하는 신은 막강한 초자연적 감시자로 잘 알려져 있지만, 친사회적 종교에서 감시하는 신은 흔히 존재한다. (A)고대 이집트 호루스의 눈, 기원전 6세기 말~4세기. (B)네팔 카트만두, 스와얌부나트 사원에 있는 스투파에 새겨진 부처의 눈. (C)볼리비아 티아우아나코, 잉카제국의 제1신 비라코차의 석조물. (D)하늘의 눈, 16세기 유럽 문서에 수록된 목판화. 보통 "쿠오 모도 데움(Quo Modo Deum. '이것이 신의 방식이다'란 뜻의 라틴어)"이라는 경구가 쓰여 있다.

A
B
C D

있다. 불교 경전에서 '세상의 눈'이라고 일컫는 부처는 하늘에서 세상을 내려다보고 있다. 사람들은 이 눈이 사방을 지켜본다고 믿으며, 이 눈은 부처의 전지적 능력을 상징한다.[57]

■ 고대 이집트에서 가장 오래되고 가장 중요한 신격체로 꼽히는 것이 하늘의 신 호루스Horus로서, '두 눈의 호루스'라고도 알려져 있다. 호루스의 머리는 날카로운 눈을 지닌 매로 묘사되는데, 한쪽 눈은 태양, 다른 한쪽 눈은 달을 상징한다. 오른쪽 눈이 '라의 눈Eye of Ra'이라고 주장하는 학자들도 있지만, 두 눈이 각각 독립적인 신격체일 가능성도 있다. 호루스 혹은 라는 강력한 협동심이 절실히 필요했던 초기 농경문명사회였던 이집트의 마을과 도시에서 사람들을 감시했다.[58]

■ 잉카제국을 결속시킨 중심 신격체로 꼽히는 것은 비라코차 [Viracocha, 그림 2.1(C) 참조]이다. 그는 인간과 문명의 창조주로 여겨졌다. 턱수염이 덥수룩한 큰 얼굴에 꿰뚫어보는 듯한 눈을 가진 키 큰 남자로 묘사되는 그는 태양을 왕관으로 쓰고 손에는 번개를 쥐고 있으며 눈에서 흘러내리는 눈물은 비를 상징한다. 그에게 어떤 능력이 있는지 기록한 자료는 기껏해야 단편적인 내용들뿐이지만(가톨릭을 믿는 스페인에 정복당한 뒤 스페인 사람들이 믿는 거대한 신으로 교체되었다), 비라코차 자체도 막강한 감시능력을 지닌 거대한 신이었다.[59]

■ 솔로몬제도의 퀘이오Kwaio족은 마을 사정을 꿰뚫어보고 있고 심지어 은밀한 곳에서 일어나는 사건들까지도 아는, 조상의 혼령인 아달로adalo에게 날마다 경배를 드린다. 인류학자 로저 키싱Roger Keesing이 조사한 바에 따르면, 퀘이오족은 아달로가 제물을 바치길 원하며 사회적 규범을 따르는 사람은 도와주고 이를 위반하는 사람을 벌준다고

믿는다. 어느 혼령이 화가 났고, 그 화를 달래주려면 어떻게 해야 하는지 알기 위해서 점괘를 본다.[60]

'초자연적 감시자'라는 개념이 훨씬 앞서 출현한 개념이자 인간들이 일상생활에서 집착해온 사회적 감시라는 개념에서 비롯되었다는 사실은 쉽게 알 수 있다. 막강한 감시능력이 있는 주체라는 개념을 이미 직관적으로 수용한 사람들에게는 아무나 보지 못하는 것까지 보는 막강한 능력이 있는 신이라는 개념을 받아들이는 데 논리적 비약이 필요 없다. 그럼에도 물리적, 생물학적, 심리적 한계를 초월하는 전지적 존재라는 개념은 어떻게 보면 직관에 반하는 개념이다.

앞서 여러 실험에서 신이 전지적 존재라고 믿는 사람들도 신의 여러 가지 행동에 대해 논할 때는 신의 관찰능력이 인간과 마찬가지로 한계가 있다고 재해석한다는 사실이 드러났다. 또한 성경에서는 금하고 있지만, 가장 신심이 깊은 신앙인들도 신을 믿음, 감정, 의도같이 인간이 지닌 정신적 특징들을 소유한 존재로 여긴다는 사실도 실험에서 드러났다.[61] 직관에 반하는 다른 개념들과 마찬가지로 이 개념도 진화하는 인간의 심리에 스며들었고, 문화적 관행과 제도를 통해 재생산되고 반복해서 되새겨지며 유지되어왔다. 신 또는 신들이 인간과 비슷한 존재라는 개념—신(들)은 인간의 정신적 육체적 한계를 초월하기는 하지만 완전히 초월한 존재는 아니라는 개념—이 그런 개념 가운데 하나이다.[62]

그렇다면 아이작 뉴턴이나 알베르트 아인슈타인이 말하는 신—인간사에 일일이 개입하지 않는 추상적이고 보편적인 힘—은 어떻게 해석해야 할까? 이런 추상적 신은 지식인의 취향에서 볼 때 신학적으로 올바르고 철학적으로 훨씬 바람직한 개념이다. 하지만 대부분의 신앙인들에게 이런 신은 심리적으로 무의미하고 감성에 호소하는 힘도 없다. 인간과 유사한 초자연적 존재들이 인간을 감시하고 인간의 기도에 응답하고 인간의 행동을 보상하고 처벌하는 존재로서 훨씬 설득력이 있다. 사람들은 자신의 기도에 귀 기울이고, 용서하고 자비를 베풀고 청탁도 들어주는, 자신의 삶에 깊이 관여하는 '인격화된' 신을 원한다. 추상적이고 인간사에 무심한 신보다 인격화된 신에게 훨씬 열렬한 추종자들이 몰리는 현상이 놀랍지 않은 이유이다. 유대교, 이슬람교, 개신교 일부 종파들은 공식적인 교리에서는 신을 인격화하는 그 어떤 행위도 금지하지만, 실제로 가장 독실한 신도들이 신을 의인화할 가능성이 가장 높다.[63]

그렇지만 인격과 완전히 일치하는 신은 신이 아니다. 어느 정도 전지전능함을 지니지 않으면 신은 막강한 초자연적 감시자가 되지 못한다. 초자연적 존재의 감시라는 개념의 요체는 사회적 감시의무를 신에게 위탁하여 도덕적 감시가 사회 전반으로 확대되도록 하는 데 있다―아무도 감시하지 않을 때도 감시하고, 아무도 관심을 두지 않을 때도 관심을 보이고, 아무도 위협하지 않을 때도 위협할 수 있는 존재이다. 따라서 문화적으로 전파되는 데 성공한 거대한 신들은 두 개의 상반된 심리적 요건들 간에 적절하게 균형을 이루었다. 즉, 감시도 하고 도덕적으로 개입도 하는 등 인간의 능력이 지닌 한계를 초월하는 초자연적 힘을 행사할 능력이 있어야 하는 동시에, 인간이 직관적으로 파악하고 감성적으로 납득할 수 있을 정도로 마음을 헤아리는 인간의 특징들을 일정 부분 공유해야 한다.

　초자연적 감시자가 설득력 있는 사회적 감시자가 되려면 또 다른 심리적 요건이 충족되어야 한다. 바로 도덕적 문제에 대한 관심이다. 인류학자 파스칼 보이어가 지적한 바와 같이, 신학적 관점에서 보면 이런 초자연적 존재들은 전지적 능력이 있다고 여겨지지만, 신앙인들은 직관적으로 이런 신들이 잘 아는 것도 있고 그리 잘 알지 못하는 것도 있는 존재로 여긴다. 파스칼 보이어의 말을 빌리면, 이런 초자연적 존재들은 도덕적으로 중요한 행동들을 관장할 특권을 행사하는 '모든 것에 접근할 권한이 있는 중요한 사회주체'이다.[66] 신앙인들은 신이 도덕과 무관한 비사회적 사실들에 대해서는 상대적으로 덜 안다고 직관적으로 유추한다. 이론상으로 신은 '빌'이라는 사람에 대해 모든 것을 알고 있어야 한다. 하지만 신앙인들은 빌이 자기 아내를 두고 바람을 폈는지에 대해서는 신이 알지만 그가 출근하기 전에 무슨 색깔 양말을 신었는지는 모를 수도 있다고 생각한다.

　벤저민 퍼지키Benjamin Purzycki와 그의 동료 학자들은 이 점을 증명하기 위해 아주 기발한 실험을 했다. 이들은 신앙이 있는 미국인 학생들에게 컴퓨터 화면으로 신에 관한 일련의 질문들을 한 번에 하나씩 보여주고 읽게 한 다음, 예/아니요로 답하게 했다. 질문들 가운데는 도덕적 판단과 무관한 다음과 같은 질문도 있었다.

　　신은 앨리스가 만든 케이크의 조리법을 알까?
　　신은 베리가 당근을 몇 개나 먹었는지 알까?

도덕적으로 분명히 선행이라고 판단할 수 있는 다음과 같은 질문들도 있었다.

신은 앤이 노숙자에게 온정을 베푼다는 사실을 알까?
신은 프랭크가 어린이들에게 자상하다는 사실을 알까?

그리고 마지막으로 도덕적으로 분명히 잘못된 행동이라고 판단할 수 있는 다음과 같은 질문들도 있었다.

신은 존이 소득신고를 하면서 편법을 쓴 사실을 알까?
신은 젠이 어머니에게 거짓말을 한 사실을 알까?

아브라함 계통의 전지적 신을 믿는 사람들은 분명히 모든 질문에 그렇다고 대답할 것이다—'신학적으로 볼 때는 옳은' 답이다. 하지만 이 실험을 한 연구자들은, 신이 인간에 대하여 도덕과 무관한 사실보다 도덕과 관련 있는 사실을 상대적으로 더 잘 안다고 생각하고 신이 도덕적인 선행보다 부도덕한 언행에 더 관심을 기울인다고 생각하는 게 얼마나 직관적인지를 알아보는 데 관심이 있었다. 특정 정보에 직관성이 있는지 여부는 그 사람이 해당 정보에 반응하는 속도를 보면 알 수 있다. 사람들은 직관적으로 이해하는 개념을 의식적으로 심사숙고해야 이해할 수 있는 개념보다 빨리 파악한다.

퍼지키와 동료 학자들은 이 실험에서 참가자들—신은 전지전능하다고 분명하게 주장한 사람들을 포함하여—이 대체로 도덕과 무관한 질문보다 도덕과 관련된 질문에 더 빨리 대답한다는 사실을 알아냈다. 게다가 바람직한 도덕적 행동보다 부도덕한 행동과 관련한 질문에 훨씬 더 빨리 대답했다. 신앙인들은 신이 타인에게 영향을 미치는 부도덕한 행동에 특히 관심이 있는 전지전능한 존재라고 직관적으로 인식하고 있는 것으로 보인다. 사람들이 신을 인간들 사이에 협력적이고 정직한 교류가 이루어지는지 감시하는 초자연적 감시자라고 여길 경우에 나오리라고 예상할 만한 그런 결과였다.[65]

무엇보다도 신은 인간이 부도덕한 행동을 저지르는지에 관심이 있는 듯 보이는데, 그렇다면 부도덕한 행동을 생각만 하는 것에도 관심을 보일까? 예컨대 인간이 간음할 생각을 한다면 실제로 생각을 실행에 옮기지 않는다고 해도 신의 심판을 받게 될까? 〈플레이보이 매거진Playboy Magazine〉과의 유명한 인터뷰에서 지미 카터 전 미국 대통령은 다음과 같이 말했다. "나는 수많은 여인들을 보면서 욕정을 느꼈다. 나는 마음속으로 여러 번 간음을 했다."[66]

위의 질문에 대한 대답은 어떤 종교를 믿으면서 성장했는지에 따라 다르다. 애덤 코언Adam Cohen과 폴 로진Paul Rozin이 미국 개신교도들과 유대교도들을 대상으로 카터 대통령과 같은 사례, 예컨대 간음을 하거나 노령의 부모를 방치하는 등과 같은 부도덕한 행동을 저지를까 생각은 해보되 결국 실행에 옮기지는 않은 사례들을 조사해보았다. 그 결과 개신교도들은 유대교도들보다 부도덕한 생각을 하는 사람들에 대해 훨씬 비판적인 태도를 보였다. 개신교 집안에서 자란 사람들은 생각을 도덕적으로 단죄하는 경향이 훨씬 높고, 따라서 신은 행위뿐만 아니라 생각도 심판한다고 생각할 가능성도 더 높은 것으로 보인다.

마지막으로, 막강하고 거대한 신이 지닌 세 번째 특징은 공간적인 위치이다. 인간을 감시하고 도덕적으로 심판하는 신들은 '저 밑'보다 '저 높이' 존재하는 게 더 그럴듯하고 막강해 보인다. 유럽에서 중세 고딕시대에 지어진, 하늘을 찌를 듯이 치솟은 성당들은 신이 높은 곳에서 강림하는 막강한 존재라는 분위기를 조성했다. 사람들은 신을 논할 때 신이 위에서 내려다보고 있다고 말한다. 《시편》 113장 4절을 보면, "여호와는 모든 나라보다 높으시며, 그의 영광은 하늘보다 높으시도다"라는 구절이 있다. 이 세 번째 특징 또한 신학적으로 볼 때 말이 되지 않는다. 신이 무소부재無所不在하다면, 어디에나 있다는 뜻인데, 사람들은 왜 신이 밑이 아니라 위에 존재한다고 생각할까?

연구결과들을 보면, 사람들은 신을 떠올릴 때 수직적으로 높은 곳에 위치하고 있다고 당연하게 생각한다. 한 연구에서 심리학자들은 실험 참가자들에게 신, 거룩함, 주님과 같은 단어들을 컴퓨터 화면으로 보여주되, 한 집단에게는 해당 단어들이 컴퓨터 화면 하단에 나타나도록 하고 다른 집단에게는 화면 상단에 나타나게 하였다. 그랬더니 해당 단어들이 화면 상단에 나타났을 때 훨씬 더 빨리 인식했다. 이는 신앙인들이 직관적으로 신은 높은 곳에 존재한다고 생각한다는 뜻이다. 협력사회를 건설하려는 사회공학적 관점에서 볼 때 시야를 가로막는 장애물이 많은 '낮은 곳'에 위치한 신보다 높은 곳에 위치한 신이 문화적으로 초자연적 감시자가 될 공산이 더 큰 이유를 이해하기는 어렵지 않다. 높은 곳에서 내려다보면 인간의 영역인 '저 밑'에서 무슨 일이 벌어지는지 더 쉽게 볼 수 있는 것이다.[67]

문화적 유전적 진화를 통해 본 초자연적 감시자의 기원

인간의 사고가 작동하는 방식에는 유전형질뿐만 아니라 문화적 형질도 영향을 미친다는 사실을 이해하면 종교라는 현상을 과학적으로 설명하는 데 큰 진전을 이룰 수 있다. 초자연적 감시자가 존재한다는 믿음도 예외는 아니다. 친사회적 종교를 믿는 독실한 신앙인들은 인간의 사고기제에 의존해 신을 직관적인 개념으로 이해한다. 하지만 그들은 신이라는 개념을 이해할 때 종교적 믿음의 문화 변형체들이 신속하게 전파되도록 해주는 문화적 학습기제에도 크게 의존한다.

진화론적으로 종교를 설명해온 이론들은 대체로 종교를 이루고 있는 보편적인 구성요소들에 초점을 맞추어왔고, 다양한 종교들에서 한결같이 보이는 이런 공통적인 성향은 분명히 매우 중요하다. 하지만 종교적 믿음과 관행은 문화에 따라 큰 편차를 보이며 이런 다양성은 보편적인 구성요소 못지않게 중요하고 의미심장하다.

피트 리처슨Pete Richerson과 로버트 보이드Robert Boyd는 기념비적인 저서 《유전자만이 아니다Not by Genes Alone》에서 인간의 진화의 특징을 이해하는 데 문화적 형질체계가 얼마나 중요한지 보여준다. 그들이 설명한 바와 같이, 인간의 심리구조는 정교하고 다양한 문화적 학습들과 유전적 적응이 복합적으로 작용하여 진화해왔다.

이와 같은 학습을 통해 두 가지 핵심적인 사항을 설명할 수 있다. 먼저 인류가 진화의 유구한 역사를 기준으로 볼 때 단 1초도 되지 않는 짧은 기간에 다양한 서식지에 적응해 지구 전체를 지배하는 데 성공했다는 사실이다. 두 번째는, 다른 경쟁자 집단을 제치고 지구 곳곳에 퍼져나간 특정한 인간 집단들이 자기 집단의 안정성, 생존력, 확장을 가능케 한 문화적 특징들을 지니고 있다는 점이다.[68] 친사회적 종교적 믿음과 관행들이 어떻게 촉발했고, 어떻게 신속하게 지구 곳곳으로 퍼져나갔는지도 같은 논리로 설명한다. 친사회적 종교는 문화적 진화와 유전적 진화가 동시에 복합적으로 작동하여 생긴 산물로 이해하는 게 가장 타당하다.[69]

(불완전하나마) 어느 정도 복제능력이 있는 개체 내에는 다양한 특질들이 존재하고 이 특질들이 선택적으로 보존되면 생존에 유리한 특질들이 그렇지 않은 경쟁자들을 제치고 확산된다는 이론은 다윈주의적 진화론의 철칙이다. 이것이 유전적 진화를 일으키는 원동력이다. 마찬가지로 문화적 진화에서도, 다양한 문화적 특질들이 존재하고 선택적인 보존도 발생한다(물론 이 경우에 진짜 복제가 발생하는 경우는 거의 없고 주로 변형이 일어난다).[70] 앞서 유전적으로 진화해온 인간의 뇌가 만들어낸 인지적 부산물이, 정신이 육체 없이 존재할 수 있다는 생각과 같은 직관들을 촉진한다는 점을 살펴보았다. 문화적 진화는 이와 같은 직관들에 편승하여 여러 가지 방식으로 직관들을 이용한다. 이런 문화적 학습 편향성이 어떻게 종교적 믿음을 형성하는지 잠깐 살펴보겠다. 이 개념들은 이 책 전반에 걸쳐 자세히 다루어진다.

첫째, 특정한 믿음은 그 믿음에 심리적으로 '전염되는' 특질들이 있을 경우 경쟁상대인 다른 믿음들을 제치고 확산된다. 기억에 남는 개념이나 감성적으로 호소력이 강한 개념들이 확산될 가능성이 높은 것처럼, 초자연적 존재라는 개념들 가운데에도 어떤 것은 다른 것들보다 훨씬 막강한 전파력을 발휘한다.[71] 이를테면, 인간이 초자연적 주체,

생명의 유형, 물리적 사물들에 대해 지닌 직관에 완전히 반하거나 직관적으로 완벽하게 이해되는 초자연적 개념들보다는 인간의 직관을 아주 조금만 위반하는 초자연적 개념들이 장기적으로 볼 때 훨씬 기억에 남는다는 연구결과가 있다.

파스칼 보이어는 민족지학民族誌學과 관련한 사료들에 보이는 신과 영령들을 살펴본 결과 초자연적 믿음의 종류가 헤아릴 수 없이 많다는 사실을 발견했다. 하지만 세계적으로 널리 알려진 초자연적 믿음의 종류는 소수에 불과하다(보이어는 초자연적 존재로 인정받을 가능성이 그리 높지 않은 흥미로운 사례들을 거론하는데, 그 가운데에는 다음과 같은 사례도 있다: 신은 하나뿐이다! 그는 전능하다. 하지만 그는 수요일에만 존재한다!). 현존하는 믿음들은 인간이 초자연적 존재, 생물, 무생물에 대해 지니는 직관적인 생각에 적합한 몇 가지 기본적인 틀에 꼭 들어맞는다.

초자연적 존재에 대한 믿음을 문화적으로 확산시키는 데 성공한 다양한 개념들을 유형별로 분류해보면 사실 몇 가지에 지나지 않는다. 인간의 경우, 직관에 반하는 물리적 특징들(예를 들어, 유령 또는 신)이나, 직관에 반하는 생물적 특징들(신은 대부분 성장하지도 않고 죽지도 않는다)이나, 직관에 반하는 심리적 특징들(막힘없는 지각능력, 예지능력)을 지니는 것으로 묘사된다. 동물도 이런 특징들을 지닐 수 있다. 도구나 다른 사물들도 생물적 특징(피를 흘리는 조각상)이나 심리적 특징(인간이 하는 말을 들을 수 있다)을 지닌 것으로 묘사된다. 수없이 많은 신화, 동화, 기담, 만화, 종교문서, 공상과학소설들을 살펴보면 이루 헤아리기 힘들 만큼 다양하고 기발한 개념들을 만나게 되지만, 이들을 유형별로 분류해보면 그 유형의 수는 매우 제한

적이라는 사실을 알게 된다.[72]

둘째, 어떤 믿음들은 내용이 설득력 있어서 전파될 뿐만 아니라 우연히 그 믿음을 용인하게 된 문화가 지닌 특징들 덕분에도 널리 전파된다. 사람들은 보통 의구심이 들 때 믿음의 내용은 제쳐두고 다수의 의견으로 눈길을 돌린다(예를 들어 '로마에 가면 로마사람처럼 행동하라'). 사람들은 또한 자기가 사는 지역사회에서 존경받거나 성공한 인사들이 어떤 믿음을 가졌는지에 지대한 관심을 보이며, 이런 설득력 있는 문화적 여론 선도자들의 믿음이나 행동을 따라 하는 경우가 많다. 종교적 믿음이나 행동도 이 보편적인 원칙에서 예외가 아니다. 초자연적 감시자 개념은 그 개념을 ①다수가 이미 믿거나 ②집단 내에서 존경받는 여론 선도자들이 믿는 경우 문화의 시장에서 선택되고 확산될 가능성이 높아진다.[73]

초자연적 감시자에 대한 믿음이 문화적으로 확산되는 세 번째 경우는 그 믿음을 지닌 신도가 큰 비용을 치러야만 할 수 있는 과도한 행동들을 통해 독실한 신앙심을 제3자에게 설득력 있게 증명해 보이는 경우이다. 인류학자 조지프 헨릭Joseph Henrich은 문화적 학습자들이 딜레마에 처한다는 점을 다음과 같이 지적했다. 특정 정보를 다른 사람들이 믿는다는 사실은 그 정보의 적합성을 높여주는 소중한 단서인데, 바로 이 점 때문에 애초에 인간을 문화적 동물이라고 한다. 하지만 한편으로는 심리학자 마치에크 추데크Maciek Chudek가 말하는 '사악한 스승evil teacher' 문제가 있다. 문화적 여론 선도자들이 실제로 본인은 믿지도 않으면서 말만 번지르르하게 하여 학습자들을 조종하거나 기만하거나 착취할 가능성에 직면할 수 있음을 뜻한다. 이와 같은 속임수에 넘어가지 않기 위해 문화적 학습자들은 특정한 믿음을 내세우는 문화적 여론 선도자의 행동이 말과 일치하는지를 가늠할 몇 가지 전략들을 진화를 통해 발전시켜왔다. 댄 스퍼버Dan Sperber와 동료 학자들이 주장하듯이, 인식적 경계심epistemic vigilance은 인간심리의 중요한 측면이라고 볼만하다. 학습자들이 쓸 수 있는 한 가지 전략은, 특정한 믿음을 표방하는 여론 선도자들이 그 믿음과 상반되는 믿음을 지닌 사람이 보아도 대단한 희생을 한다는 생각이 들게끔 행동을 하는지 유심히 살피는 방법이다. 그런 행동을 한다면 학습자는 여론 선도자가 실제로 그 신앙을 믿는다고 좀 더 확신할 수 있고, 따라서 학습자들이 여론 선도자가 지닌 믿음을 채택할 가능성이 높아진다. 이와 같이 신앙심을 믿을 만한 방식으로 표현하면 믿는 척하는지도 모른다는 의구심을 해소한다. '말보다 행동으로 실천하는 게 더 설득력 있기 때문이다.'[74]

이 전략과 관련은 있으나 별개의 사항이 있는데, 일부 종교적 행위들이 '고비용 신호costly signals'를 보내는 역할을 한다는 점이다. 인류학자 리처드 소시스와 동료 학자들의 설명에 따르면, 종교적 집단이 협력집단이고 신앙심이 그 집단에 대한 충성도를 가늠하는 신호 역할을 하는 경우, 가식적으로 하기 힘들 뿐만 아니라 큰 희생이 뒤따르는 종교의식과 행동이 협력공동체 내에 존재하여 그런 종교의식과 행동은 준수하지 않고 이에 대한 혜택만 누리려는 무임승차자들이 공동체에 침투하기 어렵게 만든다(이와 같은 주장들에 대해서는 6장에서 더 자세히 다루고 비판하겠다).[75]

그렇다면 오로지 신에 대한 믿음이라는 개념에만 특화된 특별한 두 뇌작동 기제가 있다는 가정이 불필요해진다. 또한 인간의 심리적(인지적) 표상을 '문화적' 표상과 '종교적' 표상으로 구분할 필요도 없어진다. 인간의 사고는 통상적인 작동방식만으로도 한정된 유형들 내에서 다양한 믿음을 만들어낼 수 있고, 이 가운데 일부를 기본적인 존재방식에 대한 인간의 직관에 반한다는 이유로 '초자연적'이라고 칭할 뿐이다. 문화적 학습전략을 통해 인간은 내재적인 직관들을 구체화하고 수정하고 정교하게 다듬는다. 문화적 학습과 기본적으로 내재된 직관들은 공통적으로 '초자연적 감시자'라는 개념이 어떻게 전파되고 정착하는지를 이해하는 열쇠이고, 둘 다 나름대로 이런 개념들 가운데 어떤 특징들이 널리 전파되고 어떤 특징들이 문화적으로 생명력을 얻는지에 대해 시사하는 바가 있다. 그런 문화적 특질―초자연적 감시자, 또는 친사회적 종교가 숭배하는 거대한 신들―이 어떻게 생면부지의 남남인 사람들을 서로 협력하도록 만드는지가 다음 장의 주제이다.

3장

–

위로부터의
압력

초자연적 감시자들은 정확히 어떻게 사람들이 서로 관용을 베풀고 협력하고 정직하게 행동하도록 만들까? 어떤 조건이면 초자연적 감시가 제대로 작동할까? 제대로 작동하면 이득을 보는 사람은 누굴까? 이 장에서는 서로 연관된 세 부분으로 나누어 이 질문에 대한 해답을 제시한다.[76]

첫째, 초자연적 감시가 너그럽고 정직한 행동을 야기하는가? 둘째, 신앙인들은 자신이 초자연적 존재의 감시를 받는다고 느끼면 행동에 영향을 받을까? 셋째, 초자연적 감시자의 존재를 상기시켜주면 비신앙인들은 어떤 반응을 보일까?

서로 다른 다양한 종교적 신념을 지닌 사람들을 조사해보았더니 기도를 자주 하고 예배에 자주 참석하는 사람들이 친사회적 행위—자원봉사도 더 많이 하고 자선단체에 기부도 더 많이 한다—를 더 많이 하는 것으로 나타났다. 그러나 이런 조사결과를 액면 그대로 받아들이지 말고 새겨들어야 한다. 수많은 방법론적 문제점에 취약하기 때문이다.[77] 위의 질문들에 대한 해답은 과학적 방법을 금과옥조로 삼아 찾는 것이 훨씬 적절하다. 실험 참가자들을 '종교'적 처치를 한 집단과 통제집단에 무작위로 배치하여 다른 변인들의 영향이 통제된 여건하에서 실제로 친사회적 행동을 측정할 수 있는 실험을 고안하면 결정적 해답을 얻을 수 있다. 물론 사람들을 신을 믿는 집단과 아무것도 믿지 않는 집단에 무작위로 배치하거나, 종교 모임과 테니스 모임에 닥치는 대로 아무렇게나 가입시킬 수는 없지만, 훨씬 간단한 방법이 있다. 사람들로 하여금 잠시 신에 대해 생각하거나, 신이나 종교와는 무관한 대상을 생각하게끔 유도할 수 있다. 그러고서 신에 관한 생각이 여러 가지 행동에 어떤 영향을 미치는지 측정해보면 된다.

이런 실험들에 내포된 논리는 단순하다. 종교에 관한 생각이 친사회성을 야기한다면, 실험을 통해 신을 생각하도록 유도할 경우 익명성이 보장되는 상황에서 친사회적 행동이 증가한다는 논리이다. 이런 결론을 뒷받침해주는 두 가지 증거가 있다. 첫째, 종교를 상기시키거나 종교적인 자극을 주면 부정행위를 저지르고 싶은 유혹을 덜 느낀다. 둘째, 그런 종교적인 자극은 관용, 공정성, 협력, 대가를 치르는 한이 있어도 비협력자를 처벌하겠다는 의지 등 여러 가지 친사회적 성향들을 증가시킨다. 이런 종교적 사고가 비신앙인들에게도 효과가 있는지 여부는 나중에 살펴보겠다.

통상 부정행위에 관한 실험에서는 참가자들을 컴퓨터 앞에 앉혀놓고 난해한 수학문제를 풀게 하거나 애매한 일반상식 문제에 답하게 하는 등 따분한 작업을 시킨다. 참가자들은 답을 맞힐 때마다 보상(보통 금전적 보상)을 받거나 점수를 딴다. 부정행위를 하는지 여부는 다양한 방법으로 측정한다. '조작된 컴퓨터' 실험 방법에서는 컴퓨터 오작동으로 간혹 문제의 정답이 화면에 나타난다고 참가자들에게 알려주고, 정답을 보지 않으려면 특정한 버튼을 눌러야 한다고 지시한다. 부정직성은 실험 참가자들이 이 버튼을 누르지 않는 횟수로 측정한다. 또 다른 형태의 실험에서 참가자들은 시험지 문제를 푼 뒤 무작위로 두 가지 조건에 각각 배치된다. '부정행위' 조건에서는 참가자가 직접 자기 시험지를 채점하고 정답률을 기록한 뒤 시험지를 제출하는 자율체제가 적용된다. '비부정행위' 조건에서는 실험 진행자가 직접 정답을 확인하고 점수를 매긴다. 참가자에게 부정행위를 저지를 기회가 있는 여건하에서 정답률이 얼마나 높게 나오는지에 따라 부정행위가 어느 정도나 발생했는지 판단한다. 이런 실험에서 부정행위를 할 기회가 조성된다. 부정행위를 하지 않을 이유나 동기는 무수히 많다. 문제는 다른 모든 조건들이 동일할 때 참가자들이 초자연적 감시자를 떠올리면 부정행위를 하지 않게 되느냐의 여부이다.

부정행위를 연구한 한 실험에서 제러드 피아차Jared Piazza, 제시 베링Jesse Bering, 고든 잉그램Gordon Ingram은 아이들에게 상자 속을 들여다보지 말라고 지시한 뒤 방 안에 아이들과 상자만 남겨두고 나왔다. 이에 앞서 가상의 초자연적 존재인 '앨리스 공주'가 지켜보고 있다는 이야기를 들었던 어린이들은 상자 안을 들여다볼 확률이 훨씬 낮았다. 비슷한 또 다른 연구에서는 대학생들을 대상으로 실험을 했는데 유사한 결과가 나왔다. 실험 진행자는 무작위로 학생들을 나눈 뒤 한 집단에게만 슬쩍 지나가는 말로 실험이 진행되는 방 안에서 죽은 학생의 유령이 목격되었다는 이야기를 흘렸는데, 이 집단의 학생들은 조작된 컴퓨터 시험에서 부정행위를 훨씬 덜 저질렀다.[78]

다른 연구에서도 똑같은 효과가 나타났다―하지만 이번에는 참가자들의 잠재의식 속에 신을 상기시켜주었다. 심리학자 브랜든 랜돌프 셍Brandon Randolph-Seng과 마이클 닐슨Michael Nielsen은 한 실험에서 참가자들에게 신과 동의어들을 보여주거나 중립적인 단어들을 1백 밀리세컨드(millisecond, 1/1,000초)—뇌가 인식하기에는 충분하나 의식적으로 인지하기에는 짧은 시간—동안 보여주었다. 그러고서 부정행위를 저지를 기회가 충분한 여건에서 과업을 수행하도록 했다. 방에서 혼자 눈을 가린 채 작은 원 안에 특정한 숫자를 적어 넣는 일이었다. 높은 점수를 얻으면 추가로 학점을 딸 수 있었기 때문에 부정행위의 유혹이 매우 컸다. 실험결과, 과업 수행 전에 신에 관련된 단어를 본 참가자들은 의미 없는 단어에 노출된 참가자들보다 부정행위를 덜 저질렀다. 이 실험에서 통제조건에 놓인 참가자들의 경우, 종교적 성향의 개인차는 부정행위 수준을 예측하는 지표가 되지 못했다.[79]

또 다른 연구에서, 실험에 참가한 매사추세츠 공과대학교MIT 학생들은 객관식 50문항으로 된 일반상식시험을 치렀다. 참가자들은 정답을 맞힐 때마다 돈을 벌었다. 시험을 치기에 앞서 무작위로 일부 학생들은 부정행위를 저지를 기회가 많은 여건에 배치되었고, 다른 학생들에게는 그런 기회를 주지 않았다. 일부 학생들은 십계명을 떠올리게 했고, 또 다른 (통제조건에 배치된) 학생들은 자신이 읽은 책 열 권의 제목을 떠올리게 했다. 부정행위를 할 수 있는 여건에 배치된 참가자들은 부정행위 발생률이 증가했다. 하지만 종교를 상기시키는 여건에 놓이자 이런 부정행위 발생률은 완전히 제거되었다. 시험을 보기 전에 MIT 학생들에게 십계명을 떠올리게 하기만 해도 MIT의 학생품위유지서약을 상기시키는 경우(실험에 참가한 학생들은 몰랐지만, 사실 MIT에는 학생품위유

지서약이라는 게 없다!) 못지않게 부정행위를 저지하는 효과가 있었다.[80]

1장에서는 거대한 신이라는 개념이, 익명의 개인들로 구성되어 있어서 좋은 평판이나 호혜성을 유지할 유인책이 불충분한 대규모 집단 내에서 협력의 수위를 안정적으로 유지해준다고 하였다. 그렇다면 신을 상기시키면 부정행위가 줄어들 뿐만 아니라 이기적인 행동도 줄어들고 낯선 사람들에게 너그러운 태도가 증가해야 한다.

아짐 샤리프Azim Shariff와 나는 관용과 협력을 과학적으로 연구하는 학자들 사이에서 연구방법의 '금과옥조'로 손꼽히는 경제게임을 통해 이 가설이 검증되는지 알아보았다. 우리는 캐나다 밴쿠버에서 단어게임을 한다는 명목으로 실험 참가자들을 모집했고, 참가자들을 무작위로 세 집단으로 나누어, 첫째 집단의 뇌리에는 의식적으로 인지하지 못하는 방식으로 신에 대한 생각(신성, 신, 영)을 심어주었다. 둘째 집단은 종교와 관련한 생각을 심어주지 않고 단어게임을 하게 했다. 셋째 집단도 똑같은 단어게임을 하게 하되 시민, 배심원, 경찰 등과 같은 단어들을 다루게 해서 세속에서 도덕적 심판을 할 권한이 있는 주체들을 생각하도록 자극을 주었다. 그런 뒤 모든 참가자들은 이른바 '독재자게임'에 참가했다. 각 참가자들은 10달러를 원하는 액수만큼 익명의 낯선 이와 나누어 가짐으로써 독재자처럼 자의적으로 행동할 수 있었다. 연구자들은 참가자들에게 그들이 어떤 결정을 하든지 비밀에 부치겠다고 다짐했고, 돈을 나누어 갖게 될 익명의 낯선 상대방을 다시 만날 일이 없도록 하여 참가자들이 자신이 내린 결정에 대해 비난을 받거나 낯선 이가 보복할지 모른다고 우려할 가능성을 최소화했다. 널리 쓰이는 이런 실험은 호혜성이라는 유인책의 영향을 전혀 받지 않은 '순수한' 관용의 정도를 측정하는 데 사용된다. 참가자들은 무의식적으로 '신이 지켜보고 있다'고 생각하면 다르게 행동할까? '그렇다'는 결과가 나왔다.

- 얼마를 나누어 가질지 결정하기 전에 신에 관한 단어를 접한 사람들은 중립적인 단어를 본 사람들보다 두 배 많은 액수의 돈을 나누어 가졌다.

- 실험결과를 보면 나누어 가진 돈의 액수만 양적으로 증가한 게 아니라 돈을 나눌 때 적용되는 규범에서도 질적인 변화가 나타났다. 중립적인 단어를 접한 통제집단에서는 순전히 이기적인 행동이 가장 많이 나타났다. 즉, 10달러 전부를 본인이 가졌다. 신에 관한 단어를 접한 집단에서는 돈의 분배에 적용되는 규범이 공정성이라는 규범으로 전환되었다. 즉, 돈을 똑같이 나눈 사람들이 많았다.

- 세속에서 도덕적 심판을 내리는 존재들과 관련한 단어에 노출된 사람들 또한 통제집단보다 훨씬 너그러운 태도를 보였다―사실상 신과 관련된 단어에 노출된 사람들만큼 너그러운 태도를 보였다. 이 책의 다른 부분에서도 다루겠지만, 이는 거대한 신들만이 친사회적 행동을 촉진하는 요소가 아니라는 사실을 보여주는 중요한 연구결과이다. 신뢰할 만한 세속의 기제들이 제대로만 작동만 해도 사람들을 친사회적으로 행동하도록 만들 수 있다는 이야기이다.

- 참가자들이 신을 믿는지 여부, 자신이 얼마나 너그럽다고 생각하는지에 대해 스스로 내린 평가는 그들이 익명의 수혜자에게 나누어준 돈의 액수와 아무런 관련이 없었다. 이런 결과는 이 책에 소개된 대부분의

실험에서 똑같이 나타난다. 따라서 사회학적 연구결과들과는 반대로, 본질적으로 신앙인들이 친사회적이라고 볼 만한 증거는 없다.

시사점이 큰 또 다른 연구에서 라이언 매케이Ryan MacKay와 동료 학자들은 한발 더 나아가 신이라는 개념을 무의식에 투영하면 친사회적 종교집단의 중요한 특징으로 꼽히는 또 다른 친사회적 태도, 즉 자신이 대가를 치르더라도 다른 사람의 부당한 행동을 처벌하겠다는 의지에 영향을 미치는지 알아보았다.

이 실험에 참가한 스위스인들은 일정한 액수의 돈을 받고, 이 돈을 본인이 가질지, 다른 사람과 나눌지 결정하는 게임을 했다. 신앙인인 참가자들에게 신을 떠올리게 하고 이기적인 행동을 보이는 사람들을 처벌할 기회를 주자, 자신이 금전적 손해를 보더라도 무임승차자들을 처벌하겠다는 의지가 강해졌다. 이 연구결과는 매우 중요하다. 친사회적 종교집단의 구성원들은 비협력자를 처벌하기 위해 대가를 치를 의향이 있다는 점을 시사하기 때문이다. 또한 공정성이라는 규범이 대규모 집단에서 안정적으로 작동하는 데 관여하는 중요한 기제가 무엇인지에 대해 하나의 사례를 보여준다.[81]

일요일 효과

이와 같은 실험들이 중요한 이유는 다른 모든 요인들을 통제한 상황에서 실험의 관심사인 변인들을 따로 떼어내 이들이 낳는 효과만을 측정하기 때문이다. 하지만 이런 실험들은 현실세계의 일을 직접 보여주는 게 아니기 때문에 한계가 있다. 따라서 실험실에서 얻은 결과들과 현장조사 결과들을 복합적으로 살펴보아야 한다. 현장조사에서는 실험여건처럼 실험대상이 아닌 변인들이 엄격하게 통제되진 않지만 말이다. 그렇다면 이런 통제된 실험에 상응하는 상황이 현실에 존재할까? 미국을 비롯해 국민 대다수가 그리스도교도인 국가들에서는 매주 일요일마다 많은 그리스도교도들이 종교적인 자극을 흠뻑 받는다. 그렇다면 그리스도교도들은 일요일에 더 조신할까?

디팍 말호트라Deepak Malhotra는 온라인상에서 자선활동기금 모금을 위한 경매에 참가해달라고 8주에 걸쳐 요청을 하고 사람들이 어떤 반응을 보이는지 살펴보는 현장조사를 실시했다(종교나 교회와는 무관한 자선활동이었다). 실험 참가자들에게 다음과 같은 메시지를 보냈다. "여러분이 이 경매에 참가하시어 저희가 자선활동을 계속 해나가는 데 도움을 주셨으면 합니다. 여러분이 경매에 응하는 돈 한 푼 두 푼이 저희가 벌이는 중요한 사업을 이행하는 데 도움이 됩니다."

그리스도교도들은 경매에 참가해 자선활동을 지원해달라는 요청을 받고 과연 다른 어느 날보다 일요일에 더 큰 호응을 보였을까? 실험결과는 분명히 그런 것으로 나타났다. 비신앙인들과 비교해보면 일요일에 그리스도교도들의 호응이 3백 퍼센트 넘게 증가했다. 자선단체들의 귀가 솔깃할 만큼 엄청난 차이이다. 하지만 일요일을 제외한 다른 날에는 비신앙인들의 반응과 그리스도교도들의 반응 사이에 전혀 차이가 없었다. 두 집단이 비슷한 수준이었다. 게다가 일요일 효과는 자선기부가 목적인 경우에만 나타났다. 자선기부에 호소하지 않고 다음과 같은 문구로 경쟁을 부추기자 일요일 효과는 사라졌다. "열기가 뜨거워지고 있습니다! 경매에서 이기려면 다시 입찰하세요. 도전해볼 준비가 되었나요?"

죄를 짓고 싶은 유혹을 뿌리치는 의지는 어떨까? 벤저민 에덜먼Benjamin Edelman은 미국에서 그리스도교 성향이 강한 주들과 그렇지 않은 주들 사이에 성인오락물 소비율을 비교해보았다. 성인오락물 소비는 신앙인들과 그렇지 않은 사람들을 확실히 구분하는 지표가 되리라고 생각할지 모르지만, 뜻밖에도 다양한 인구학적 변인들을 통계적으로 통제하자 그리스도교 성향이 강한 주들과 그렇지 않은 주들 사이에 성인오락물 소비율은 차이가 없었다. 평균적으로 볼 때 일요일마다 꼬박꼬박 교회에 나가는 그리스도교도들이 많은 주에서 성인오락물 사이트에 가입한 회원 수는 그렇지 않은 주들에서 가입한 회원 수보다 적지 않았다. 하지만 에덜먼이 밝혀낸 또 다른 사실은 죄를 짓는다는 행위에 새로운 반전을 더한다. 그리스도교 성향이 강한 주에서 성인오락물 소비율이 상승하락하는 추세가 독특하게 나타났다. 즉, 일요일에는 소비율이 줄어들었다가 주중에는 다시 상승했다. 평균적으로 교회에 출석도장을 찍는 사람들은 그렇지 않은 사람들과 비슷한 양의 성인오락물을 소비했다. 다만 그리스도교도들은 일요일에는 성인오락물 소비를 좀 자제했고 그 대신 다른 날에 소비를 늘렸다.

신앙인들이 일요일에는 온정을 더 베풀고 죄를 덜 지을 확률이 높다는 뜻이다. 그렇다면 왜 일요일에 그런 바람직한 행동이 증가할까? 윌 저베이스와 나는 이런 일요일 효과가 부분적으로는 일요일에 초자연적 감시가 한층 강화되기 때문인지 궁금했다. 우리는 다른 날보다 특히 일요일에 신에 대한 생각을 하게 될 확률이 높기 때문에 유독 일요일에 그리스도교도들이 더 온정적으로 행동하고 죄를 덜 저지른다고 생각했다.

우리는 그리스도교도들과 비신앙인들에게 몇 주에 걸쳐 일주일 내내 '공적 자기인식public self-awareness'을 측정하는 설문을 완성하도록 했다. 실험 참가자들은 이 실험이 종교와 관련한 것인지 전혀 몰랐다. 참가자들은 사회적으로 감시당하고 있다는 느낌을 측정하는 설문에 답했다. 그들은 다음과 같은 문장에 동의하는지를 표시했다. '지금 나는 내 외모에 신경이 쓰인다' 또는 '지금 나는 사람들이 나를 어떻게 생각하는지 걱정이 된다'. 평균적으로 볼 때 그리스도교도들과 비신앙인들은 공적 자기인식 정도에서 차이를 보이지 않았다. 일요일을 제외하고 다른 날들에는 아무 차이도 없었다. 하지만 일요일에는, 그리고 오직 일요일에만, 그리스도교도들은 비신앙인들과 비교하여, 또 일요일이 아닌 다른 날 이런 설문에 답한 경우와 비교했을 때, 감시당한다는 느낌을 더 강하게 받았다. 이 실험에서도 자선기부와 성인오락물 소비 실험에서 보인 일요일 효과가 똑같이 나타났다. 중요한 사실은 이런 효과가 단순히 그리스도교도들이 일요일에 예배에 참석하기 때문은 아니라는 점이다. 예배 참석빈도와 상관없이 실험 참가자들은 일요일에 감시당한다는 느낌을 더 강하게 받는 경향을 보였다.[82]

얼핏 보면 믿음을 상기시키면 부정직한 행동을 덜 하고, 더 너그러워지고, 대가를 치르거나 자기희생을 해도 규범을 위반하는 자를 처벌하겠다는 의지가 강해진다는 사실이 묘하게 생각될지 모르겠다. 신앙인이라면 비신앙인들보다 한결같이 더 너그럽고 협조적이어야 하지 않을까? 거대한 신들이 전지전능하고 무소부재한 존재여서 사람들을 24시간 지켜본다면 신앙인들은 신을 상기시키지 않아도 자기 신앙의 교리에 맞게 행동해야 하지 않을까?

이런 의문에서 거대한 신과 관련한 두 번째 원칙이 도출된다.

> 종교의 효과는 개인에 따라 다르게 나타나는 게 아니라 상황에 따라 다르게 나타난다.

이 의문을 풀 열쇠는 인간의 생각이 일상적으로 작동하는 방식(또는 작동에 실패하는 방식)에 있다. 신은 전지전능하고 인간을 24시간 감시할지 몰라도, 인간은 24시간 내내 신을 생각하고 살지는 않는다. 신앙이 신앙인들의 행동에 영향을 미치려면 신앙인들이 특정한 행동을 하는 순간에 신을 생각하거나 신이 전지전능하다는 생각을 해야만 한다. 심리학의 관점에서 볼 때, 종교와 친사회성 사이에 일괄적이고 무조건적 연관성이 있다고 생각할 이유가 없다. 비단 종교만 그런 것이 아니라 사람들이 소중하게 생각하는 대부분의 가치나 태도에도 똑같이 적용된다. 예컨대, 환경보호에 진정으로 헌신하는 사람들이라고 해서 늘 재활용을 하거나 대기오염을 줄이기 위해 기꺼이 비용을 치를 것이라고 믿을 이유가 없다.

사회심리학의 창시자로 손꼽히는 저명한 학자 쿠르트 레빈Kurt Lewin은 유명한 말을 남겼다. 인간의 행동을 이해하려면 그 행동이 사회라는 '장(場, field)'에서 일어난다는 사실을 염두에 두어야 한다고 말이다. 이 장을 형성하는 데는 여러 가지 힘이 작용하고 이 힘들은 경쟁적으로 인간의 사고에 영향을 미치려고 한다. 가치든, 목적이든, 동기든, 문화적 규범이든, 이런 힘들은 매우 복잡하지만 예측 가능한 방식으로 인간의 행동에 영향을 미친다. 그러나 주어진 특정한 순간에 이 힘들이 모두 동일하게 영향을 미치지는 않는다. 특정한 힘이 다른 힘들보다 우선적으로 작용하게 하는 다양한 요소들 가운데 한 가지 중요한 요소는 어떤 행동이 이루어지는 그 순간에 그 힘이 다른 힘들을 누르고 인간에 의해 인지될 가능성이 높은지, 즉 인지적 우월성cognitive advantage이 있는지 여부이다.[83] 따라서 부정직한 행동이 옳지 않다는 믿음이나 남들에게 너그럽게 대해야 한다는 신념이 중요한 게 아니라 부정직하거나 이기적으로 행동하려는 유혹을 받게 되는 바로 그 순간에 그런 사회적 규범들을 떠올리는지 여부가 중요하다.

인간행동에 대한 이런 시각은 우리가 일상적으로 하는 직관적인 생각들, 즉 사람들은 각기 성품이 다르기 때문에 행동도 다르다고 생각하는 경향과 정면으로 충돌한다. 이런 직관의 오류를 사회심리학자들은 '기본적 귀인 오류fundamental attribution error'라고 부른다.[84]

종교적인 이유에서 하는 행동도 예외는 아니다. 신앙인들도, 주어진 순간에 종교적 동기가 다른 목적이나 가치들과 경쟁해야 하고, 행동을 하는 바로 그 순간에 종교가 다른 목적과 가치들을 제치고 돌출규범salient norm으로 인식되어야 행동에 영향을 미치게 된다. 다시 말해서, 신앙인이 깨어 있는 동안 한순간도 빼놓지 않고 자신을 감시하는 신을 의식하지 않는 한, 감시하는 신에 대한 인식은 특정한 순간에 인간이 하는 행위에 영향을 미치는 수많은 힘들 가운데 하나에 불과하며, 행위 당사자에게 인식되기 위해서 이 힘들과 경쟁해야 한다. 신앙인이 처한 상황에 존재하는 무언가가 그로 하여금 종교적 신념에 따라 행동하도록 만드는 게 틀림없다.

두 가지 주목할 만한 현장실험이 있다. 하나는 모로코에서 무슬림을 대상으로 실시되었고, 다른 하나는 모리셔스에서 힌두교도들을 상대로 실시되었다. 이 두 실험은 개인이 종교적인 성향인지 여부보다 종교가 두드러지게 인식되는 상황에 놓였는지가 훨씬 중요하다는 사실을 보여준다. 에릭 듀하임Erik Duhaime은 모로코 마라케시에 있는 상인들에게 다음 세 가지 선택지 가운데 하나를 선택하게 하였다.

① 나는 당신에게 20디르함(약 2.50달러)을 주겠다.
② 나는 자선단체에 60디르함을 기부하겠다.
③ 나는 당신에게 10디르함을 주고 자선단체에 30디르함을 기부하겠다.
※이는 앞서 소개한 독재자게임을 변형한 것이다.

듀하임은 이슬람 사원에서 무슬림 기도시간을 알릴 때도 상인들을 방문하고, 그렇지 않을 때도 찾아갔다. 사원의 첨탑에서 기도시간을 알리는 소리가 도시에 울려 퍼질 때 상인들은 1백 퍼센트 ②번을 선택했다. 가장 인심이 후한 선택이었다. 하지만 기도시간을 알리는 소리가 들리지 않을 때는 ②번을 선택한 상인이 60퍼센트 정도밖에 되지 않았다.[85]

또 다른 현장실험에서 디미트리스 시갈라타스Dimitris Xygalatas는 한발 더 나아가 종교적 상황과 종교적 성향이 각각 이기적 행동에 미치는 영향을 비교해보았다. 그는 모리셔스의 힌두교도들을 무작위로 두 집단으로 나누어 한 집단은 종교적인 상황(사원)에서 경제게임을 하게 했고, 한 집단은 세속적인 상황(식당)에서 게임을 하게 했다. 실험 참가자들에게 공동기금에서 돈을 꺼내 가도록 했는데 개별적으로 꺼내지 않으면 집단 전체에게 이득이 될 돈이었다. 사원에서 이 게임을 한 참가자들은 170루피를 꺼내 간 반면, 식당에서 이 게임을 한 참가자들은 평균 231루피를 꺼내 갔다. 이 현장실험에 참가하기 전에 참가자들은 자신의 신앙심이 얼마나 투철한지 스스로 점수를 매겼다. 그런데 참가자들이 자체적으로 평가한 신심의 강도는 공동기금에서 꺼내 간 돈의 액수와 아무 관련이 없었다. 오직 참가자들이 어느 장소에서 게임을 했는지만이 꺼내 간 돈의 액수에 영향을 미쳤다.[86]

이기적으로 행동할지 너그럽게 행동할지를 결정해야 할 때 동정심, 탐욕, 절박함, 죄책감 등에 의해 동기가 부여된다. 유혹을 받는 순간에 인식하는 대상이 무엇인지에 따라 정직하고 너그럽게 행동할지 여부가 결정된다면, 결정하는 그 순간에 종교가 인간의 인식 전면에 돌출되어야 속임수와 이기적인 행동이 줄어든다. 이런 사실은 통제된 실험실 상황과 현장실험을 막론하고 수많은 연구에서 일관되게 나타나는 결과이다. 바로 이런 이유 때문에 친사회적 종교집단들은 구성원들이 정직하고 서로 협력하며 살도록 그들에게 끊임없이 종교를 상기시킨다.

마라케시와 모리셔스에서 실시한 현장실험과 자선단체 기부, 성인 오락물 접속, 자신이 감시당하고 있다는 느낌 등 다양한 현장실험에서 나타난 일요일 효과는 통제된 실험상황에서 종교적 자극을 줄 때 보이는 결과들과 놀라울 정도로 일치한다. '신앙심'보다 일시적으로 종교적 규범을 상기시키는 방법이 친사회적 행동을 유발하는 훨씬 중요한 동인이다. 이 사항은 다음과 같은 새로운 질문, 즉 '비신앙인들도 종교적 자극에 반응을 보일까?'와 더불어 이 장 말미에 다시 다루도록 하겠다. 우선, 어떤 심리적 기제가 종교와 친사회적 행동을 연결시키는지에 대해 심층적으로 살펴보겠다. 다시 말해서 종교적 자극이 친사회적 행동을 증가시키는 이유는 무엇이고, 초자연적 존재의 감시가 이 두 가지를 연결하는 핵심적인 고리임을 어떻게 알 수 있는가, 하는 점이다.

초자연적 감시를 해부하다

일요일 효과 연구를 비롯해 앞서 다룬 실험들을 보면 일시적으로 신을 떠올리기만 해도 관용, 협력 및 비싼 대가를 감수하더라도 이기적인 행동을 처벌하겠다는 의지가 증가하고, 부정행위를 하려는 유혹이 억제된다는 결과가 나왔다. 나는 초자연적 존재의 감시가 이런 결과가 나타난 중요한 이유라고 해석했다. 신이 지켜보고 있다는 생각이 머리를 묵직하게 누르면 사람들은 감시당한다고 느끼고, 그 결과 객관적으로 볼 때 익명성이 보장되는 상황이라도 낯선 사람들에게 더 친절하게 대하게 된다. 하지만 다른 해석도 살펴볼 필요가 있다. 바로 환상운동(幻想運動, ideomotor. 상상만으로도 신체가 반응을 일으키는 현상—옮긴이)이다. 초자연적 존재의 감시와 환상운동, 이 두 가지 해석은 서로 모순되지는 않지만(둘 다 사실일 수도 있다) 분명 구별되는 해석이다. 여기서 나는 초자연적 감시를 주장하는 해석을 뒷받침하는 증거를 살펴보고, 이를 환상운동을 주장하는 해석과 비교해보겠다.

행동을 환상운동으로 해석하는 주장에 따르면, 특정 개념이나 편견과 관련한 자극을 무의식 속에 주입하면 이런 개념에 상응하는 행동이 발생할 확률이 높아진다. 특정한 개념에 대해 떠올리면 그 개념과 관련한 특정 행동을 할 가능성이 높아지는데, 실제로 환상운동 효과를 보여주는 심리학적 연구는 수백 가지에 이른다. 한 유명한 실험에서 젊은 참가자들의 무의식에 '노인'에 대한 고정관념(빙고게임, 플로리다, 은퇴 등과 같은 단어)을 넣어 자극했다(빙고게임은 노인들이 주로 하며, 플로리다 또한 노인들이 여생을 보낼 정착지로 주로 선택된다—옮긴이). 그러고서 참가자들이 실험실을 나설 때 그들의 모습을 은밀히 관찰했다. 그랬더니 노인에 대한 고정관념을 떠올리는 개념들로 자극을 받은 참가자들은 중립적인 단어에 노출된 참가자들보다 훨씬 더 천천히 걸었다! 또 다른 실험에서는 '무례함'(무례하다, 예의 없음, 참을성 없음)을 불러일으키는 단어로 무의식을 자극했다. 그러자 참가자들이 남의 대화 중간에 끼어들 확률이 높아졌다. 그렇다면 신이라는 개념은 관용, 자비, 정직과 관련이 있기 때문에, 무의식 속에 이타적 생각을 주입하면 친사회적 행동이 증가하고, 이런 생각을 활성화시키면 친사회적 생각에 관한 행동도 자동적으로 증가하게 된다.

그러면 초자연적 감시자 효과와 환상운동의 효과는 어떻게 구분할까? 이를 알아볼 수 있는 몇 가지 방법이 있다. 첫째, 인간의 무의식에 종교를 상기시키면 초자연적 감시자가 존재한다는 느낌을 불러일으키는 동시에 친사회적 성향이 촉진된다. 종교적 자극이 일으키는 이런 효과는 오로지 환상운동이 야기한 결과라고 설명할 수 없다. 즉, 종교적 자극에 의해 감시당하고 있다는 느낌이 생긴다면 이는 초자연적 감시자 기제가 작동하고 있다는 뜻이다. 그 어떤 친사회적 행동이든 상관없이 말이다. 둘째, 종교적 자극의 효과가 비신앙인들에게는 약하게 나타나거나 전혀 나타나지 않으면, 이 효과는 순전히 환상운동의 효과일 수가 없다. 환상운동의 효과는 본래 지니고 있는 믿음이나 태도와는 무관하게 나타나야 하기 때문이다(예컨대, 노인에 대한 고정관념과 관련된 자극을 주면, 실험 참가자의 나이와 상관없이 걸음걸이가 느려진다. 무례함과 관련된 자극을 주면 실험 참가자가 인성 테스트에서 예의 바른 성향에 높은 점수를 받았든 낮은 점수를 받았든 상관없이 무례한 행동이 증가한다). 셋째, 가장 중요한 사항으로, 앞서 두 가지 해석은 어떤 종류의 신격체가 친사회적 성향을 가장 강력하게 불러일으키는지에 대해 서로 다른 예측을 한다. 환상운동 해석은 자비롭고 다정다감한 신이 인간으로 하여금 친사회적 행동을 하게 만드는 친사회적 신의 유형에 훨씬 적합하다고 예측하는 반면, 초자연적 감시 해석은 복수심이 강하고 엄격한 신이 더 막강한 초자연적 감시자 역할을 하므로 바람직한 행동을 야기할 가능성이 훨씬 높다고 예측한다.

이제 이 세 가지 가능성을 각각 뒷받침하는 증거들을 살펴보도록 하자. 첫째, 몇 가지 실험에서 분명히 나타나듯이 감시하는 초자연적 존재는 친사회적 행동과 별개이다. 네덜란드의 심리학자 아프 데익스터르후이스Ap Dijksterhuis와 동료 학자들은, 앞서 살펴본 바와 같이, 신이라는 단어로써 인간의 무의식을 자극하면 (비신앙인과 달리) 신앙인들은 자신의 행동이 자기 의지의 산물이 아니라 외부자의 의지라고 여길 가능성이 높아진다. 마찬가지로, 나와 윌 저베이스가 함께 실시한 일련의 실험에서는 경제게임에서 피실험자들의 무의식에 종교적 자극을 주면 관용적 태도를 증가시켰을 뿐만 아니라 외부에서 감시당한다는 느낌 또한 강화시켰다. 하지만 이 실험에서도 역시 이런 현상은 주로 신앙인들에게서 나타났다(이는 앞서 살펴본 일요일 효과를 보여준 바로 그 척도이다).[87]

둘째, 무신론이 인간의 심리에 깊이 침투할 수 있는지 여부와 관련해서는[88] 나중에 더 자세히 다루겠지만, 적어도 종교적 개념으로써 일부 무신론자들의 무의식을 자극해도 그들은 반응을 보이지 않았다. 이는 환상운동 해석에 반하는 증거이다. 왜냐하면 비신앙인을 포함해 모든 사람은 (딱히 인정하지는 않는다고 해도) 종교적 개념과 자비를 연관해서 인식하기 때문이다. 따라서 환상운동만으로도 친사회적 행동이 유발된다면, 생각만으로도 자극이 효과를 발휘할 수 있어야 한다. 하지만 비신앙인들에게는 종교적 자극이 통하지 않는다. 따라서 다른 요인들이 작동하는 것이 틀림없으며, 앞서 살펴본 바와 같이, 대안으로서 가장 가능성이 큰 해석은 초자연적 존재의 감시이다.

초자연적 당근과 채찍

초자연적 감시자 효과를 뒷받침하는 세 번째 근거는 좀 더 심도 있게 논의해야 한다. 인간의 행동과 사회에 폭넓은 의미를 부여하기 때문이다. 또 신앙인들도 초자연적 존재가 내리는 처벌과 보상에 대해 각기 견해가 다르고, 한 개인의 견해도 때에 따라 변하기 때문이다. 성경에서도 신의 성정에 대해 서로 모순되는 주장들을 하고 있는 점이 바로 이런 사실을 반영한다. 예컨대,《야고보서》3장 17절을 살펴보자.

오직 위로부터 난 지혜는 첫째 성결하고 다음에 화평하고 관용하고 양순하며 긍휼과 선한 열매가 가득하고 편벽과 거짓이 없나니.

위에서 말한 자비롭고 인정 많은 신과《신명기》29장 20절에 나오는 신을 비교해보자.

여호와는 이런 자를 사하지 않으실 뿐만 아니라 여호와의 분노와 질투의 불로 그의 위에 붓게 하시며 또 이 책에 기록된 모든 저주로 그에게 더하실 것이라 여호와께서 필경은 그의 이름을 천하에서 도말하시되.

그렇다면 중요한 의문이 생긴다. 환상운동 해석이 주장하는 바와 같이 자상하고 너그러운 신의 개념이 사람들을 더 친절하고 너그럽고 정직하고 협조적이게 만드는가? 아니면 초자연적 감시자 개념이 주장하는 바와 같이 분노에 가득 찬 엄격한 신이 나쁜 행동을 저지하는 데 훨씬 효과적인가?

이 의문으로 우리는 거대한 신에 대한 세 번째 믿음에 도달하게 된다.

지옥은 천국보다 훨씬 설득력이 강하다.

아짐 샤리프와 나는 두 가지 연구를 통해 그 해답을 찾기 시작했다. 우선 브리티시컬럼비아 대학교 학생들이 신은 자상하고 인정 많고 너그럽다고 믿는지 아니면 무자비하고 분노에 차고 엄격하다고 믿는지 그 정도를 측정했다. 이 두 가지 인식은 서로 반비례 관계를 보이는 것으로 나타났다. 즉, 신이 무자비하다고 믿을수록 신이 너그럽다고 믿는 강도는 줄어들었다(이는 신이 두 가지 성정을 동시에 지닌다는 신학적인 가르침에 배치되지만 보통 사람들은 신학자들처럼 생각하지 않는다는 사실을 우리는 끊임없이 밝혀왔다).

실험 참가자들이 신이 어느 정도나 이런 성정들을 지니고 있다고 생각하는지 평가하고, 며칠 뒤 우리는 이들을 대상으로 또 다른 실험을 했다. 물론 이 실험이 이전에 실시한 신의 성정에 관한 평가실험과 관련이 있다는 사실을 참가자들에게는 비밀로 했다. 참가자들은 컴퓨터 화면을 통해 조작된 수학문제를 풀었는데, 방 안에 혼자 있었기 때문에 부정행위를 할 기회가 있었다. 실제로 컴퓨터는 참가자들이 부정행위를 얼마나 했는지 참가자들 몰래 기록했다. 종교적 믿음 자체는 신앙인들의 부정행위와 무관했지만—신앙인과 비신앙인이 부정행위를 저지를 확률이나 저지르지 않을 확률은 비슷했다—신이 무자비하다고 믿는 사람들은 신이 자비롭다고 믿는 사람들보다 부정행위를 할 가능성이 훨씬 낮았다. 간단히 말해서 우리는 수천 년에 걸쳐 인간이 문화적으로 진화해오면서 우연히 발견하고 이용해온 개념을 통제된 실험실에서도 확인했다. 즉, 무자비한 신이 사람들을 선하게 만든다는 사실 말이다.[89]

앰버 드보노Amber Debono, 아짐 샤리프, 마크 머레이븐Mark Muraven은 한발 더 나아가 실험 참가자들이 신의 성정을 긍정적 혹은 부정적으로 보는 시각을 일시적으로 바꾸고서 이들이 보는 사람이 없을 때 물건을 훔칠 의향이 어느 정도인지 측정했다. 참가자들을 무작위로 두 집단으로 나누어 한 집단에게는 자비로운 신에 대한 글을 읽고 쓰도록 했고, 다른 집단에는 무자비한 신에 대한 글을 읽고 쓰게 했다. 자비로운 신 쪽에 배치된 참가자들은 앞서 제시한《야고보서》3장 17절을 읽고서 질문들에 답했다. 무자비한 신 쪽에 배치된 참가자들은 앞서 소개한《신명기》29장 20절을 읽고 질문에 답했다. 그러고서 참가자들에게는 이와 관련한 실험이라고 알려주지 않고 또 다른 실험에 참여시켰다. 애너그램(anagram, 실제 단어를 구성하고 있는 알파벳의 순서를 무작위로 바꾸어 배치해놓은 단어—옮긴이) 문제들을 주고 하나를 맞힐 때마다 1달러를 번다고 공지했다. 실험 참가자들은 모르고 있었지만 열 개의 애너그램 가운데 다섯 개만 답이 있었다. 실험 진행자는 참가자에게 15분이 지나 종료를 알리면 번 돈을 다 가지고 방을 나가도 된다고 알려주고 떠났다. 참가자들이 답이 없는 애너그램 문제를 푼 척하고 가져가는 돈이 얼마인지가 부정행위를 측정하는 척도로 사용되었다. (답이 있는) 애너그램의 정답률은 두 집단이 크게 차이가 나지 않았다. 실험 진행자가 추궁을 하자, 참가자들은 돈을 훔치지 않았다고 부인했다. 그중에서 무자비한 신 쪽에 배치된 참가자들은 자비로운 신 쪽에 배치된 참가자들보다 평균적으로 더 적은 액수의 돈을 훔쳤다. 무자비한 신이 사람들을 정직하게 만드는 데 분명 더 효과적이다. 자비롭고 너그러운 신은 정반대 효과를 낳는다고 볼 수 있다. 오히려 비리를 저지르도록 부추기는 효과를 낳을지도 모른다(너그럽고 인정 넘치는 신이라면 용서해줄 텐데 유혹을 뿌리칠 이유가 없지 않겠는가?).

초자연적 존재에게 처벌받을지 모른다는 두려움이 친사회적 행동을 하게 만든다는 증거는 더 있다. 자비로운 초자연적 존재는 반사회적 행동을 억제하는 도구로는 역효과를 낳는다. 크리스틴 로린Kristin Laurin, 아짐 샤리프, 조지프 헨릭, 애런 케이Aaron Kay는 일시적으로 종교적 개념을 상기시키는 경우와, 본래 믿고 있는 신앙이 자기가 손해를 보더라도 무임승차자를 처벌하겠다는 의지에 어떤 영향을 미치는지 알아보았다. 사람들에게 신을 상기시키면, 누군가 협력이라는 규범을 위반하는 광경을 목격했을 때, 자신이 대가를 치르더라도 무임승차자를 처벌할 의향이 더 강해지는가? 아니면 정반대 효과가 나타나는가? 이 실험의 결과는 여러 가지 면에서 주목할 만하다.

첫째, 신을 상기시키는 데 따르는 효과는 신앙인들에게서만 나타났다. 비신앙인들은 대부분 종교적 자극을 주어도 영향을 받지 않는다는 사실이 다시 한 번 입증된 셈이다.

둘째, 라이언 매케이 외 다수가 행한 다른 연구에서와 마찬가지로, 신앙인들에게서 무임승차자를 처벌하겠다는 의지가 더 강하게 나타났고 특히 그들에게 믿음을 상기시키면 그런 경향이 두드러졌다. 자, 여기까지는 납득이 간다. 그렇다면 신이 무자비하다고 믿는 신앙인들의 경우는 어떨까? 환상운동 해석과는 반대로 무자비한 신을 믿는 신앙인들이 처벌하겠다는 의지를 덜 보였다. 이들은 처벌하는 의무를 신에게 위임했다. 인간이 아니라 신에게 규범파괴자를 처벌할 의무가 있다고 생각한 사람들이 처벌을 행하는 데 수동적이었다. 간단히 말해서, 신이 처벌한다고 믿으면 자신이 손해를 보더라도 처벌을 하겠다는

동기가 줄어들었다.[90]

무자비한 신은 사람들을 친절한 이웃으로도 만드는 것으로 보인다. 위와 같은 연구결과를 바탕으로 아짐 샤리프와 마이크 렘튤라Mijke Rhemtulla는 지옥에 대한 믿음(초자연적 처벌)과 천국에 대한 믿음(초자연적 자비)이 각각 한 나라의 범죄율에 미치는 영향이 다른지 알아보기로 했다. 이들은 절도, 살인, 강간, 인신매매 등 다양한 범죄율을 나라별로 비교해보았다. 그다음 각 나라마다 인구의 몇 퍼센트가 천국, 지옥, 신을 믿는지 알아보았다. 그 결과 다른 모든 조건들이 동일할 때, 신을 믿는 인구비율이 높은 나라들에서 범죄율이 낮게 나타났다. 하지만 신을 믿는지 여부보다 어떤 종류의 신을 믿는지가 훨씬 중요했다. 지옥을 믿는 비율이 높고 천국을 믿는 비율이 낮은 나라가 가장 낮은 범죄율을 보였다. 반대로 지옥보다 천국을 더 믿는 나라들은 범죄의 천국이었다. 이런 결과는 그리스도교, 힌두교, 몇 가지 신앙체계를 혼합한 형태의 종교들을 비롯해 모든 주요 종교에서 거의 일관성 있게 나타났다.

그렇다면 천국이라는 개념은 왜 생겼을까? 아짐 샤리프는 그 이유를 다음과 같이 설명한다.

지옥은 사람들이 좋은 사람이 되도록 하는 데 더 효과가 있지만, 천국은 사람들의 기분을 좋게 만드는 데 훨씬 효과가 있다. 사회가 구성원들의 말과 행동을 제어할 방법으로서 종교 말고 다른 방법을 찾을 수 있다면, 종교는 사회규범을 어기는 사람을 처벌해야 한다는 짐을 벗어던지고, 구성원들에게 무엇이든 원하는 대로 해줄 여유가 생긴다. 게다가 개

종자를 확보하려면 지옥불로 협박하는 방법보다는 사후에 낙원이 기다
린다고 유인하는 방법이 훨씬 효과적이다.[91]

자, 이런 연구결과들은 종교와 친사회성 간의 상관관계는 보여주
지만, 여기서 인과관계를 추론하려면 신중해야 한다. 그런데 샤리프
와 렘툴라는 여러 가지 가능한 다른 해석들을 성공적으로 걸러내었다.
그들의 연구는 국내총생산, 경제적 불평등 수준, 그 나라의 주요 종교
와 같이 범죄행동이나 신앙심에 관한 사회경제학적 변인들을 통계적
으로 제거한 뒤에도 같은 결과를 얻었다.[92] 이런 연구결과는, 앞서 살
펴본 실험결과들과 마찬가지로, 이와는 정반대 결론을 낳는 환상운동
과 양립시키기 힘들다. 환상운동에 따르면 자비롭고 인자한 신이 친사
회적 행동을 촉진하고 반사회적 행동을 억누른다. 그렇기 때문에 자비
롭고 인자한 신이 친사회성을 촉진시키는 신의 유형에 훨씬 적합하고,
자비로운 신을 상기시키면 처벌받을 만한 행동을 자제한다. 하지만 위
의 실험들에서는 정반대의 결과가 나왔다. 이는 무자비한 초자연적 존
재가 친사회성을 촉진한다는 해석과 훨씬 일치하는 결과이다.

마지막으로, 이런 실험결과들은 종교와 협력의 관계가 어디에서 비
롯되었는지에 대해 보다 근본적인 질문을 던진다. 환상운동은 종교와
친사회성의 연관성을 문화적 진화의 결과로 보지만, 초자연적 감시자
가설에서는 애초에 익명성이 보장되는 대규모 집단에서 종교가 친사
회성을 야기한 이유에 대해 보다 근본적인 질문을 던진다. 사람들이
감시당하고 있다고 느낄 때 규범을 어기고 이기적으로 행동할 가능성
이 줄어든다면, 아무도 감시하지 않을 때조차도 신이 인간들의 사회적

교류를 지켜보고 도덕적 심판을 한다는 믿음은 대규모 집단에서 인간들 간의 협력을 촉진하는 데 기여해왔다고 볼 수 있다.

이런 초자연적 감시자 가설이 인간들 사이에 문화적으로 확산되고, 이 가설을 전파하는 관행과 제도가 마련되고, 이 가설들에 관한 생각을 구성원들에게 반복해서 상기시킨 결과, 습관적이고 무의식적으로 이런 생각들과 친사회적 행동을 연관 지어 생각하게 되었을지도 모른다. 이는 바로 환상운동 가설이 예측한 대로이다. 따라서 환상운동을 통해 형성된 신과 친사회성 간의 연관성이 초자연적 감시자에 대한 믿음을 야기했다기보다는, 초자연적 감시자에 대한 믿음이 신과 친사회성 간의 연관성을 야기했다고 보는 게 훨씬 개연성이 있다. 신(들)을 인간사에 도덕적으로 관여하는 초자연적 감시자로 볼 경우 '신'과 '자애' '자비'와의 연관성을 훨씬 납득하기 쉬워진다.[93]

초자연적 감시자를 상기시키면 무신론자도 반응을 보일까

지금까지는 사람들이 스스로 평가한 자신의 신앙심 문제를 거의 다루지 않았다. 실제로 다루는 경우에는 다음과 같은 두 가지 사실을 언급했다. ① 적어도 일부 무신론자들은(신의 존재를 믿지 않는다고 밝힌 사람들) 종교적 개념으로써 무의식을 자극해주어도 반응을 보이지 않는다. ② 사람들이 자신에 대해 평가한 신앙심보다는 종교적 자극이 친사회적 행동을 예측하는 데 훨씬 더 효과적이다. 이제 이 두 가지 문제를 보다 깊이 살펴볼 때가 되었다.

무신론자와 비신앙인들은 일반적으로 종교적 자극에 반응을 보일까? 이 질문에 대한 답은 무신론의 심리적 근원을 이해하는 데 중요한 단서를 제공한다. 질문은 단순하지만 답은 복잡하다. 이 질문에 답하려면 다음 세 가지 기준을 충족시키는 연구들을 살펴보아야 한다. 첫째, 종교적 자극은 의식적으로 인지하지 못하는 방식으로 이루어져야 한다. 무신론자란 정의상 의식적으로 신을 믿지 않는 사람이므로 노골적 자극에 반응하지 않기 때문이다. 둘째, 실험 참가자들이 신앙인인지 여부는 종교적 자극과는 무관하게 독립적으로 측정해야 한다. 하나마나 뻔한 이야기지만 유감스럽게도 일부 연구에서는 연구자들이 표본을 추출할 때 비신앙인 표본을 제대로 구축하는 데 실패하는 경우가 있다. 셋째, (협동성, 감시당한다는 느낌 등과 같이) 종교적 자극에 대한 반응이라고 알려진 척도들로써 자극의 효과를 측정해야 한다.

이 세 가지 기준을 바탕으로 무의식에 종교적 자극을 주면 신앙인들의 경우 효과가 나타난다는 사실을 우리는 알아냈다. 흥미롭게도 비신앙인들 사이에서는 효과가 엇갈리게 나타났다. 비신앙인에게도 자극이 효과를 보인 연구가 있고 그렇지 않은 연구도 있었다. 그러나 이런 연구결과들을 면밀히 살펴보면 일관된 경향이 나타난다. 다는 아니지만, 앞의 세 가지 기준을 충족시키는 연구들은 대부분 학생들 가운데서 표본을 추출했는데 이는 문제를 야기한다. 학생들은 믿음, 태도, 사회적 정체성이 불안정하기 때문에 아직 성인으로 가는 전환기에 있는 학생들의 종교적 믿음이나 정체성의 측정치에 대한 신뢰도에 의문을 제기할 수 있다. 즉, 자칭 무신론자라고 하는 학생은 무신론이라는 신념이 투철하지 않은 '연성軟性무신론자'일지 모른다. 특히 북미지역에서 실험에 참가한 학생들은 더더욱 그렇다. 인구 대부분이 신앙인인 이 지역에서는 비신앙인이라는 게 일반적 사회규범에 어긋나기 때문이다. 이런 '연성무신론자' 또는 비신앙인 그리고 신념이 투철한 '강성強性무신론자'를 구분하는 게 매우 중요하다. 하지만 비신앙인들을 이렇게 두 가지로 구분하지 않는 연구들이 많다.

따라서 보다 엄격한 기준을 적용해 무신론을 정의한 경우, 무의식에 종교적 자극을 주면 적어도 일부 무신론자들에게서는 효과가 나타나지 않는다는 결과가 나온다. 예컨대, 앞서 언급한 종교적 자극과 관련해 캐나다에서 연구를 실시했는데, 학생 표본보다 신념이 훨씬 확고한 성인 비신앙인의 경우 독재자게임을 통해 무의식에 종교적 자극을 줘도 성인인 신앙인들과 달리 더 너그러워지지 않았다.

데익스터르후이스, 프레스톤, 웨그너, 아르츠는 네덜란드에서 종교적 자극 실험을 실시했는데, 미국이나 캐나다와 달리 네덜란드는 세계에서 가장 종교색이 옅은 나라로 손꼽힌다. 이 실험에서 신앙인인 네덜란드 학생들을 대상으로 신이라는 단어로써 무의식을 자극했더니 자기 스스로 판단해서 한 행동의 결과를 두고 무엇인가 외부의 힘이 관여해 나온 결과라고 생각하는 경향이 높아졌다. 네덜란드인 무신론자들에게서는 그런 경향이 나타나지 않았다.

윌 저베이스와 내가 함께 캐나다에서 행한 연구에서는 신앙인들의 무의식에 신이라는 개념을 주입하자 사회적으로 감시를 받고 있다고 느끼는 사람들의 수가 증가했다. 하지만 종교를 믿지 않는 사람들에게서는 통계적으로 신뢰할 만한 효과가 나타나지 않았다. 네덜란드 사람들처럼 캐나다 사람들도 북미지역에서는 가장 종교적 성향이 약한 사람들로 손꼽힌다는 점은 주목할 만하다. 앞서 살펴본, 크리스틴 로린과 동료 학자들이 캐나다에서 실시한 연구에서도 비슷한 경향이 나타났다. 이 학자들은 비신앙인의 무의식을 종교적으로 자극했지만, 비신앙인들의 이타적 처벌의지에는 아무런 효과도 나타나지 않았다. 왜 이런 결과가 나오는지에 대해 여전히 갑론을박이 있지만, 비신앙인들은 심리적 특징이 다를 가능성이 있다는 해석을 뒷받침하는 단서들이 점점 많아지고 있다. 무엇이 '연성'무신론자와 '강성'무신론자를 구분하는 것일까? 종교에 심리적 기원이 있듯이 무신론에도 독특한 심리적 기원이 있을까? 나중에 10장에서 세속적 사회의 출현에 대해 살펴볼 때 이와 같은 의문들을 다시 살펴보고 해답을 제시하도록 하겠다.

신앙심이 중요한 역할을 할까?

이제 또 다른 중요한 의문―사람들이 스스로 평가한 신앙심의 강도를 바탕으로 그 사람의 친사회적 행동을 예측할 수 있는지 여부―에 대해 살펴보겠다. 유신론자인지 무신론자인지 여부에 대한 본인 스스로의 판단을 바탕으로 그 사람이 종교적 자극에 반응할지를 어느 정도 예측할 수 있지만, 이와 같은 변수로써 보다 일반적으로 친사회적 행동을 예측할 때는 엇갈린 결과가 나온다. 앞서 살펴본 대부분의 종교적 자극실험은 참가자가 스스로 평가한 신앙심이 그 사람의 친사회적 행동을 예측하는 지표가 될 수 있는지 밝혀내지 못했다. 이런 결과는 새로운 것이 아니다. 예컨대, 저 유명한 '선한 사마리아인' 실험을

들 수 있다. 사회심리학자 존 달리John Darley와 댄 뱃슨Dan Batson은 성경에 나온 이 이야기를 바탕으로 익명성이 보장되는 상황을 설정했다─고통스러워 보이고 누군가의 도움이 필요해 보이는 사람이 보도에 널브러져 있는 상황을 설정했다. 실험 참가자들은 프린스턴 신학대학교 학생들이었다. 같은 신학대학교 학생들이라도 신앙심이 얼마나 깊은지 알아보는 여러 가지 지표에서는 학생마다 각기 다른 점수를 얻었다. 참가자들이 실험에 참가하러 가는 길에 도움이 필요한 사람(이 사람은 연구자들과 한통속이다) 곁을 지나치도록 유도했다. 그 결과 익명성이 보장된 상황에서 도움의 손길을 내미는 행동과 신앙심의 강도 사이에는 아무런 연관성을 발견할 수 없었다. 오직 상황적인 변수─참가자들이 서두르라는 이야기를 들었는지 천천히 와도 된다는 이야기를 들었는지 여부─만이 도움을 줄 확률에 영향을 미치는 것으로 나타났다.[94]

또 다른 실험에서 뱃슨과 동료 학자들은 신앙심이 있는 사람들이라고 해서 일반적으로 더 선하게 행동하지는 않는다는 사실을 발견했다. 종교가 있는 사람들은 자신의 선행이 남에게 돋보일 기회가 있을 때만 낯선 사람에게 더 친절을 베풀었다.[95]

하지만 또 다른 실험에서는, 비록 제한된 조건이기는 하지만, 신앙심을 측정하는 다양한 지표들과 친사회성을 측정하는 지표들 사이에 통계적으로 신뢰할 만한 연관성이 있다는 결과가 나왔다. 리처드 소시스는 실험 참가자들에게 '공공재게임'을 시켰다. 이 연구를 통해 이스라엘의 세속적 집단농장에서의 협력 수준과 종교적 집단농장에서의 협력 수준을 비교할 수 있었다. 리처드 소시스는 같은 집단농장에 속한 구성원 두 명에게 상대방이 누군지는 알려주지 않고, 봉투에 일정액의 돈을 넣어 주며 나누어 사용하도록 했다. 두 실험 참가자는 각자 봉투에서 개인적인 용도로 얼마를 꺼내 쓸지를 결정했다. 참가자들이 꺼내 쓰겠다고 한 돈의 총합이 실제로 봉투에 든 총액과 같거나 그 이하면 참가자들은 자신이 요청한 액수의 돈을 가질 수 있었다. 꺼내겠다고 한 돈의 총액이 봉투에 든 총액보다 많으면 참가자들은 아무 보상도 받지 못했다. 다른 변수들을 통제하고 실험결과를 분석해보니, 세속적인 집단농장보다 종교적인 집단농장에서 개인적 용도로 꺼내 쓰겠다고 한 돈의 액수가 적은 것으로 나타났다. 종교적 집단농장과 세속적 집단농장 간에 이런 차이를 만들어낸 사람들은 날마다 공동기도회에 참석하는 신앙심이 투철한 사람들이었다. 이들이 공동기금에서 가장 적은 액수의 돈을 꺼내겠다고 한 것이다.

다른 두 가지 연구에서도 비슷한 결과가 나왔다. 노예 신분으로 남아메리카에 건너온 아프리카인들이 브라질에 전파한 칸돔블레Can-domblé 종교집단에서는 신앙심이 독실한 구성원일수록 공공재게임에서 공동체에 더 많이 기여했다. 인도 농촌지역에서는 이슬람 율법학교 마드라사madrasah에서 공부한 독실한 무슬림 학생들이 세속학교에 다니는 학생들보다 공공재게임에서 공동체에 더 많이 기여한 것으로 나타났다.[96]

따라서 선한 사마리아인 실험을 비롯해 이와 유사한 실험들과 달리, 위의 실험들에서는 신앙심이 공공선에 더 많이 기여할지 여부와 더 많이 협조할지 여부를 예측하는 지표가 되는 것으로 나타났다. 핵심적 차이 하나는 기도와 예배참여가 일상인 종교적 집단농장, 마드라사, 칸돔블레 공동체에서는 구성원들에게 끊임없이 신을 상기시킨다는 점이었다. 또 다른 핵심적 차이는 이런 공동체들에서 나타나는 친사회성은 (익명성이 보장됨에도 불구하고) 분명히 집단 내 구성원들에게 이득이 된다는 점이었다. 반면 선한 사마리아인 실험에서 도움이 필요한 행인은 생면부지의 남이었다. 집단적인 기도를 규칙적으로 하려면 공적인 종교의식에 참여해야 하는데, 이는 도덕적 심판을 내리는 신에 대한 믿음의 깊이와는 별개로 친사회성을 촉진한다.

게다가 어떤 종교를 믿는지가 특정 종교를 얼마나 독실하게 믿는지 여부보다 훨씬 중요할지도 모른다. 열다섯 개 농경사회를 대상으로 실시한 연구에서 조지프 헨릭과 동료 학자들은 구성원들이 믿는 종교의 형태와 친사회적 행동 간의 관계를 잘 알려진 세 가지 경제게임을 통해 측정했다. 이전의 연구들과 달리 이 연구에서는 거대한 신을 숭배하는 친사회적 종교들이 전지전능하지도 않고 인간의 도덕성에도 관심이 없는 신을 숭배하는 지역종교들과 비교할 때 훨씬 친사회적 행동을 촉진한다는 구체적인 가설을 검증했다.

앞서 거론한 독재자게임에서는, 서로 누군지 알지 못하는 두 사람에게 일정액의 진짜 돈(해당 지역에서는 일당에 해당하는 액수)을 주고 한 차례 게임을 시켰다. 참가자 1은 참가자 2와 얼마를 나누어 가질지 결정해야 한다. 그러면 참가자 2는 참가자 1이 정한 액수만큼 돈을 받고 게임은 거기서 끝이 난다. 참가자 1이 참가자 2에게 주는 액수가 너그러움이나 공정함을 가늠하는 척도이다. 최후통첩게임Ultimatum Game은 참가자 2가 참가자 1의 제안을 받아들이거나 거절할 수 있다는 한 가지만 빼고 독재자게임과 동일하다. 하지만 참가자 2가 참가자 1의 제안을 받아들이겠다고 하면 참가자 1은 상대방에게 제안한 액수를 빼고 나머지를 갖지만, 참가자 2가 제안을 거절하면 둘 다 한 푼도 받지 못한다. 참가자 1의 제안은 이 조건에서 공정성을 지키려는 내재적 동기와 참가자 2가 제안을 거부할 확률을 복합적으로 측정하는 척도가 된다.

열다섯 개 농경사회들의 친사회성 정도는 다양하게 나타났다. 일부 사회에서는 사람들이 거의 돈을 나누지 않았고 받는 사람들은 아무리 적은 액수라도 주는 대로 받았다. 경제학자들의 말대로 이 사람들은 '합리적으로' 행동했다. 주는 사람은 절반을 나누어주고 받는 사람은 공평하게 나누지 않으면 제안을 거절한 사회들도 있었다. 무엇이 이런 차이를 설명할 수 있을까? 헨릭은 사회 내 구성원들이 낯선 사람들을 상대해 생활을 꾸려가는 데 익숙할수록 친사회적 성향이 높다는 사실을 발견했다. 또 다른 중요한 요인은 종교였다. 여러 가지 인구학적 경제적 변수들을 통제한 뒤, 거대한 신을 숭배하는 (그리스도교나 이슬람교와 같은) 세계적인 종교를 믿는 경우 (돈의 액수를 100으로 표준화했을 때) 상대방에게 나누어주는 돈의 액수가 독재자게임에서 6퍼센트 증가했고, 최후통첩게임에서는 10퍼센트 증가했다.[97]

자, 이런 실험결과에서 분명히 모순된 점을 발견했으리라 생각한다. 거의 모든 종교적 자극실험에서 참가자 스스로 평가한 신앙심과 친사회적 성향은 무관한 것으로 나타난 반면, 종교적 자극은 상당한 효과를 낳았다. 선한 사마리아인 실험을 비롯해 미국, 캐나다, 유럽에서 실시한 유사한 연구들에서는 신앙심과 타인을 도와줄 확률이 무관한 것으로 나타났다. 그런데 열다섯 개 사회를 비교한 연구를 비롯해 북미와 유럽이 아닌 다른 지역에서 실시한 몇몇 연구에서는 신앙심과 친사회성 사이에서 분명한 연관성이 발견되었다. 이와 같은 명백한 의문을 어떻게 설명해야 할까?

헨릭의 비교연구에서 한 가지 설명이 눈에 띈다. 단순히 어떤 종교든 종교를 믿는지 여부가 아니라, 거대한 신을 숭배하는 친사회적 종교를 믿는지 여부에 따라 이런 차이가 나타난다는 설명이다. 하지만 친사회적 종교의 영향을 받은 문화권에서 신앙심의 깊이가 중요하지 않은 이유는 무엇일까? 가능성이 있는 또 다른 설명은, 신앙심이 아무 효과도 없다고 드러난 심리학 연구조사에 참여한 표본들이 그다지 신앙심이 깊은 사람들이 아니었을지도 모른다는 점이다. (모두는 아니지만) 이런 연구들 대부분은 대학생들 가운데서 표본을 추출한다. 어쩌면 표본으로 추출된 학생들이 아직 신앙심을 깊이 내면화하지 못했는지도 모른다. 어쩌면 종교적 자극 없이도 친사회적 반응을 보일 가능성이 특히 높은 가장 독실한 신자들은 심리학 실험에서 표본으로 뽑힐 가능성이 낮을지도 모른다. 이는 우리가 별일 아닌 것처럼 가볍게 치부해서는 안 되는 방법론적 문제이다. 특히 더 신앙심이 깊은 사회를 대상으로 한 연구에서는 신앙심과 친사회적 행동 사이에 관계가 있다는 결과가 나타난다는 점에 비춰볼 때 더더욱 그러하다. 하지만 종교와 친사회성이 무관하다는 연구결과에 대한 또 다른 해석은 일부 세속적 사회에서 종교 없이도 어떻게 구성원들 사이에서 높은 수준의 협력관계가 유지되는지를 이해할 단서를 제공한다. 이 수수께끼를 풀고 단서를 밝혀내려면 여기서 잠깐 심리학 연구를 할 때 고질적으로 등장하는 문제를 살펴볼 필요가 있다. 이 문제는 심리학자들이 무엇을 연구하는지가 아니라 누구를 연구대상으로 하는지 때문에 발생한다. 연구자들이 어떤 표본을 추출하느냐에 따라 인간의 행동에 대해 어떤 추론을 내리는지가 결정된다.

WEIRD의 사고방식과 세속적 제도

독자 여러분은 지금 종교의 진화라는 난해한 주제에 대해 영어로 쓰인 이 책을 읽고 있는데, 그렇다면 여러분은 WEIRD일 가능성이 높다. 아니다, 'Weird'라는 단어의 뜻처럼, 이 책을 읽는 사람이 이상하다거나 비정상이라는 뜻은 아니다. 오히려 그렇지 않을 가능성이 훨씬 높다. 내 말은 사고방식이 서구적Western이고, 고학력이며Educated, 선진국에 거주하고Industrialized, 부유하고Rich, 민주주의Democratic 성향일 가능성이 높다는 뜻이다. 서양인(즉, 유럽이나 북아메리카 또는 영어권 문화의 영향을 받은 국가에 거주하는 사람)이 아니더라도, 학식과 교양이 있고 대학 학력소지자이며 사회적 경제적 제도들이 잘 갖춰진 선진사회에서 거주하고 있으며, 세계적 기준으로 볼 때 비교적 유복한 사람일 가능성이 높다. 심리학 연구실험에 참가하는 사람의 대다수가 여러분 같은 WEIRD라는 점이 문제이다.

심리학자 제프리 아넷Jeffrey Arnett이 추산한 바에 따르면, 모든 연구실험 참가자의 96퍼센트가 서구 선진국 거주자인데, 선진국 인구는 세계 인구의 12퍼센트밖에 되지 않는다. 게다가 실험에 참가한 사람들 가운데 세 명당 두 명은 대학생인데, 한 사회에서 대학에 진학하는 인구는 그리 많지 않다. 내가 조지프 헨릭, 스티브 하인Steve Heine과 함께 계산을 해보았더니, 미국 대학생이 심리학 실험의 대상으로 뽑힐 확률이 서구 외의 지역에서 무작위로 누군가가 실험 대상으로 뽑힐 확률보다 4천 배가 높았다.

심리학자들이 연구하는 대상은 대부분 WEIRD 사고방식을 지닌 사람들이다. 그렇다면 이게 왜 문제가 될까? 인간의 뇌가 한결같이 똑같다면 크게 문제가 되지 않는다. 하지만 화학작용이나 물리적 법칙과 달리, 뇌는 장소에 따라 달리 작동한다. 태어나는 순간부터, 아니 심지어는 태어나기 전부터, 인간의 뇌는 매우 구조적인 문화적 경험을 하게 되는데 이런 구조화된 문화적 경험은 역사적 시대에 따라 장소에 따라 천차만별이다. 따라서 인간의 행동, 사고, 감정, 동기 등 수많은 측면들에 있어서 사람마다 편차가 크다. 인간이 지닌 대부분의 심리학적 특징들은 특징의 유무가 아니라 특징이 어느 정도나 있는지 스펙트럼(범위)으로 표시된다. 내가 동료 학자들과 발견한 놀라운 사실은 조사를 해보는 족족 WEIRD 성향인 사람들은 심리적 특징들의 스펙트럼상에서 한쪽 끝을 차지하고 있다는 점이었다. WEIRD 성향이 강할수록, 세계 전체 인구와 비교해볼 때, 심리적으로 정상분포의 범위를 벗어난 아웃라이어outlier일 가능성이 높다.

WEIRD 성향의 몇 가지 핵심적인 특징들을 열거해보면 교양 있고, 대규모 익명의 집단사회에 거주하고, 시장경제 활동에 참여하고, 낯선 사람들과 협력해야 한다는 규범을 내면화한 사람이다. WEIRD 집단에 속하는 하부 집단인 서양인들의 경우, 대단히 분석적인 사고를 하고 자기 자신을 자율적이고 독립적인 존재로 여기며, 개인의 선택과 자제력을 소중하게 생각하며, 도덕이라는 개념을 타인을 배려함/타인에게 해를 끼치지 않음, 공정성, 정의 등을 바탕으로 협소하게 정의하는 경향이 있다. WEIRD 성향인 사람들은 그렇지 않은 사람들과 매우 다르기 때문에, 이들을 표본 삼아 실시한 실험결과들에서는 일반 사람들이 지닌 심리적 경향과 다소 다른 경향들이 나타날지도 모른다.[98]

다시 우리가 다루던 의문으로 돌아가서, 신앙심과 친사회적 행동 간의 연관성과 관련해 엇갈리는 실험결과가 나오는 이유도 바로 이 WEIRD 문제로 설명할 수 있다. 신앙심과 친사회성 사이에 별로 연관성이 없거나 통계적으로 신뢰할 만한 연관성이 발견되지 않은 연구는 거의 다 WEIRD 사회에서 실시되었다. 반대로 신앙심과 친사회성 사이에 통계적으로 신뢰할 만한 연관성이 발견된 연구는 모두 WEIRD 가 아닌 사람들을 대상으로 실시되었다. WEIRD 집단의 핵심적인 특징들은 다음과 같다. 그들이 속한 사회는 강력한 세속적 제도와 법치, 높은 수준의 공공신뢰, 낮은 수준의 부정부패 등이 특징이다. 이는 바로 모든 사람들이 친사회적 규범을 준수하도록 하는 사회적 특징들임을 잘 알 수 있다. 이는 실험을 통해서도 증명된다. 나와 아짐 샤리프가 실시한 한 독재자게임 실험에서 세속적 권위를 상기시키는 자극이 신을 상기시키는 자극 못지않게 친사회적 행동을 유발하는 데 효과적인 것으로 나타났다. 다시 말해서 개개인이 신앙심이 있든 없든 상관없이 사람들로 하여금 높은 수준의 친사회성을 보이도록 하는 데는 강력한 세속적 유인책도 효과적이며, 이런 유인책들은 종교가 그런 역할을 할 여지를 줄인다는 사실이다. 따라서 WEIRD 성향인 사람들에게는 신앙심보다 세속적 권위를 상기시키는 자극을 주거나, 상황적으로 그런 개념이 돌출되도록 하면 종교적 자극만큼 효과적으로 친사회적 행동을 보인다. 이와는 대조적으로 WEIRD 성향이 아닌 사회에서는 세속적 제도나 기관(경찰, 사법부, 배심원제도, 계약)이 존재하지 않거나, 존재한다고 해도 신뢰할 수 없고 부패하였다. 이런 사회의 구성원들은 세속적 기관이나 제도를 거의 신뢰하지 않는다. 대신 종교를 신뢰한다. 인류 역사상 대부분의 시기에, 대부분의 문화권에서, 대부분의 사람들에게 의지할 만한 권위—낯선 사람들이 서로에게 친사회성을 보이도록 동기를 부여하는 주체—는 오로지 종교였고, 현재도 그러하다.

이 점을 통해 신앙심과 친사회적 행동 간의 연관성에 대해 왜 엇갈리는 연구결과들이 나오는지 이해할 수 있다. 또한 세속적 사회가 어떻게 생겨나게 되었는지 그 단서를 제시한다. 세속적 제도와 기관들이 한 사회에서 구성원들 간에 신뢰와 협력을 성공적으로 증진시키면 종교의 역할이 축소되고 종교의 쇠퇴가 가속화된다. 세속적 제도와 종교 간의 이와 같은 역학관계는 10장에서 살펴보도록 하겠다.

2장에서는 지켜보는 눈이 있으면 언행을 삼간다는 단순하지만 강력한 원칙에 대해 살펴보았다. 친사회적 종교는 구성원들을 막강한 초자연적 감시자에게 끊임없이 노출시킴으로써 누군가 지켜보고 있다는 느낌이 들게 만든다. 이런 초자연적 감시자라는 개념은 중세에 신성재판이라는 기발한 문화적 관행을 낳았다. 인간 감시자만 있어도 올바른 행동을 촉진하기에 충분하다면, 거대한 신을 숭배하는 독실한 신앙인들이 익명성이 보장되는 듯한 상황에서조차도 협력을 하게 되는 이유를 이해할 수 있다. 게다가 신앙인들은 초자연적 감시자에 대한 믿음을 믿을 만한 방식으로 증명해 보인 사람들을 선택적으로 신뢰하고 그들과 협력하게 된다. 이는 익명성이 보장되는 대규모 집단들을 늘 괴롭혀온 핵심 문제들 가운데 하나—낯선 사람들 가운데 믿을 만한 사람을 식별해내는 문제—를 부분적으로나마 해결해준다. 다음 장에서는 종교, 신뢰 그리고 친사회적 종교의 또 다른 기본 요소인 사회적 결속력 간의 관계를 살펴보도록 하겠다.

4장

–

우리는 거대한
신을 믿는다

인도 오리사(Orissa, 2011년 공식명칭이 오디샤Odisha로 바뀜—옮긴이) 지역에는 마 타리니Maa Tarini 여신을 섬기는 사원이 있는데, 인도 전역에서 수백만 명이 찾아온다. 종교적 성향이 매우 강한 이 나라에서 힌두교 순례자들이 사원에 모여드는 것은 전혀 놀라운 일이 아니다. 하지만 이 여신이 코코넛을 무척 좋아한다는 점이 흥미롭다. 코코넛을 향해 만족할 줄 모르는 식탐을 보이는 이 여신 때문에 이 맛난 과일의 수요가 매일 엄청나게 많다. BBC 기자인 산자야 제나Sanjaya Jena에 따르면, 신들에게 바치는 코코넛은 다양한 종교의식에 사용되고, 마을 주위에서 싼 가격에 유통되고 팔리며, 지역에서 달달한 주전부리를 생산하는 업자들에게 공급된다. 날마다 1만 5천여 개의 코코넛이 이 사원으로 운송된다. 사회 기간시설이 매우 취약한 인도 같은 나라에서 이는 물류운송의 측면에서 볼 때 엄청나게 골치 아픈 문제이다. 마 타리니 사원의 성직자들은 어떻게 이 엄청난 양의 코코넛을 날마다 제대로 배달되도록 할까?

이는 인도 전역의 힌두교도들이 뒷받침하는 놀라운 운송체계에 의존하는 것으로 보인다. 인도 전역의 힌두교도들이 도처에 설치된 코코넛 수집상자에 코코넛을 넣거나 버스 운전사에게 주면, 이들은 자기가 갈 수 있는 곳까지 코코넛을 배달하고 거기서 다시 사원 방향으로 간 다음 배달꾼에게 전달한다. 마치 계주에서 선수들이 바통을 넘겨받듯이, 1만 5천여 개의 코코넛이 여러 사람의 손을 거쳐 마침내 종착지인 신전에 도달한다. 산자야 제나는 이를 다음과 같이 설명한다.

> 마 타리니 여신에 대한 버스 운전사들의 신심은 독실하다. 운전석 뒤편에 코코넛을 산더미처럼 쌓아놓은 모습을 흔히 볼 수 있다. 버스 노선에서 벗어나더라도 운전사는 수집상자에 코코넛을 떨구거나 마 타리니 사원이 있는 가트가온Ghatgaon 마을로 향하는 버스 운전사에게 넘겨준다.

대부분 가난한 이 사람들은 왜 코코넛을 운반하는 일을 그만두지도 않고, 자기가 착복하지도 않는 걸까? 한 버스 운전사와의 인터뷰가 그 이유를 말해준다. 그는 이렇게 대답했다. "사원에 코코넛을 운반하지 않겠다고 하면 운전하다가 무슨 화를 당할지 모른다."[99]

사원에 코코넛을 운반하는 체계는 수천 년 전에 시작되어 지금까지 살아남은 관행의 한 사례이다. 고도의 신뢰와 사회적 결속이 필요한 무역과 협력의 사회적 조직망을 구축하는 데 친사회적 종교가 중요한 역할을 해왔다. 이런 조직망은 구성원들이 서로 협력하는 대규모 사회를 구축하는 원동력이 되었고, 이는 다시 종교적 신념과 관행을 널리 전파시켰다. 사법부, 계약이행을 강제하는 법, 경찰과 같은 근대적인 문화적 제도와 관행이 존재하지 않는 여건에서 거대한 신들은 인류가 존재해온 역사 대부분의 기간에 걸쳐 세계 대다수 집단들 속에서 익명의 낯선 사람들을 서로 연결하는 사회적 매개체 역할을 해왔다.

장거리 교역을 뒷받침한 신들

장거리 교역은 대규모 협력을 연구하기에 안성맞춤인 사례이다. 교역에 관여하는 상인 공동체들은 익명성, 책임 소재 규명이 어려운 집단적 행동이라는 문제를 극복하고 지리적으로 멀리 떨어진 지역들과 서로 다른 문화적 경계를 넘나들면서, 빼앗기거나 사기를 당해 잃어버릴 가능성이 매우 높은 값진 물건들을 주고받아야 하기 때문이다. 따라서 이런 교역망(그리고 그런 교역망을 뒷받침하는 세계적인 공동체들)을 유지하고 번성하게 하려면 높은 수준의 사회적 결속력을 담보할 방법을 찾아야 했다.

니컬러스 라우Nicholas Rauh는 저서 《교역이라는 신성한 유대The Sacred Bonds of Commerce》에서 고고학적 유물들을 분석해 델로스Delos 지역이 경제적 사회적으로 어떤 삶을 영위했는지 재구성했다. 이 지역은 기원전 2세기에서 1세기 사이에 노예와 값비싼 상품들의 교역이 이루어지던 로마 해상무역의 중심지였다. 로마의 상인들은 어떤 방식으로 신뢰관계를 구축하여 장거리 교역을 통해 수익을 창출했을까? 그들은 종교단체를 조직해 인간을 감시하는 신들, 특히 메르쿠리우스(Mercurius, 상인, 도둑, 웅변의 신—옮긴이)와 헤르쿨레스(Hercules, 강인한 체력을 지녔고 여러 가지 모험을 감행한 신—옮긴이)를 숭배했으며, 이를 통해 사람들이 서약을 하고 계약서 합의사항을 이행하도록 만들었다. 라우는 다음과 같이 말했다.

> 신들은 아고라(시장)에 필수적인 존재였을 뿐만 아니라, 아고라에서 이루어지는 상거래를 촉진시키기도 했다. 신과 상거래가 무슨 관계가 있을까? 이 질문에 대한 답은 상인들이 서로 합의한 거래계약 사항을 준수하겠다고 맹세할 때 신을 증인으로 세웠다는 데 있다. 그 무엇보다도 신의 이런 기능은 그리스와 로마 시장에서 공공연하게 나타나는 공통적인 특징이었다.[100]

장거리 교역에서 대규모 협력과 신뢰 조성을 가능케 한 종교의 역할을 보여주는 보다 최근의 역사적 사례 두 가지를 소개하겠다. 하나는 17세기 초, 아르메니아 비단 상인들이 운영한 대단히 널리 퍼져 있던 교역조직망이다. 이 상인들은 페르시아제국(지금의 이란)에 위치한 이스파한Isfahan 지역의 마을 뉴 줄파New Julfa 출신이었다. 이 교역망은 최고 전성기에는 암스테르담과 런던 같은 유럽의 주요 도시들에서 멀리 인도, 티베트와 필리핀 같은 극동지역까지 뻗어 있었다. 뉴 줄파 출신의 아르메니아 상인들은 당시 주요 제국들에서 동시에 거의 3백년 동안 매우 정교한 교역망을 운영했다. 여러 대륙과 제국들을 넘나들고 먼 거리를 오가면서 비단 같은 귀중품을 제조하고 거래하려면 거래 당사자들 간에 매우 높은 수준의 신뢰와 협력이 필요했고, 계약을 위반한 자를 처벌하는 기제가 제대로 작동해야 했다. 아르메니아 상인들은 아르메니아 국가에서 정치적 군사적 혜택을 받지 않고도 자신들의 교역활동을 뒷받침하는 이런 체제를 구축했다. 비결이 뭘까? 세계 각지에 흩어져 있는 아르메니아 상인의 친족들은 아르메니아 사도교회와 얽힌 정교한 통신망 및 사회적 감시망에 의존했다. 역사학자 세부 아슬라니안Sebouh Aslanian은 다음과 같이 설명한다.

인도와 줄파를 중심으로 하는 동방지역에서 공동체들을 연결하는 정보망에 의존하는 사람은 상인들뿐만이 아니었다. 사도교회도 이 정보망에 의존해 인도에 있는 교구 주교들에게 정보를 전달했다. (사도교회 소재지인) 에치미아진Etchmiadzin에서 내려보내는 회칙, 교황의 서신, 축복, 자선기금, 교회 납부금, 인도와 뉴 줄파에서 교구를 관장하는 사제들 간의 서신 그리고 아주 드문 경우지만 줄파에 있는 중앙 교구인 구세주수도원All Saviors Monastery과 인도와 극동지역에 위치한 자매 교회들 간에 회람되는 파문 서신들도 똑같은 유통망을 통해서 전달되었다.

조직망의 한쪽 끝인 줄파에서 극동의 다른 지역까지 정보를 유통시키는 이 조직망은 사제들 못지않게 상인들에게도 중요했고, 이 조직망이 지닌 여러 가지 기능들 가운데에는 교역망이 제대로 작동하도록 하는 역할도 있었다. 그러기 위해서는 구성원들의 민족적 종교적 정체성을 확고하게 유지해야 했고, 따라서 상인들은 지속적으로 교회에 후하게 기부금을 냈다.[101]

세계 각지에 널리 퍼져 있는 민족적 종교적으로 동질한 공동체를 구성하는 아르메니아 상인들은 자신들의 공동체가 문화적으로 살아남도록 하는 데 온 힘을 기울였지만 선교활동에는 관심이 없었다.

11세기부터 12세기 사이에 지중해 지역 곳곳에 교역망을 구축한 마그레비Maghrebi 유대인 상인들과 마찬가지로, 이들의 경우에도 민족적 종교적 일체감이 복합적으로 작용해 신뢰를 바탕으로 한 결속력을 공고히 해주었다.[102] 사회적 위협에 끊임없이 직면하는 상황에서 이런 교역망이 제대로 기능하려면 신뢰는 반드시 필요했다.

하지만 종교가 민족적 이질감을 초월하는 경우 교역망을 통해 개종자들이 생기기도 했다. 가장 잘 알려진 사례가 이슬람교가 말레이시아와 인도네시아 같은 극동지역뿐만 아니라 아프리카 대륙에까지 전파된 일이다. 놀랍게도 인도네시아는 오늘날 세계 최대의 이슬람 국가이자 이슬람교의 요람인 사우디아라비아나 심지어 세계에서 가장 인구가 많은 아랍 국가인 이집트보다도 신도수가 더 많다. 중동, 소아시아, 발칸반도에서와 달리, 인도네시아에서는 고도로 훈련된 무슬림 군대가 아니라 무슬림 상인들의 교역망을 통해 이슬람교가 전파되었다(물론 상인들과 군대가 동시에 진출하는 경우가 많았고, 그런 경우에도 군사력이 일정 부분 역할을 했다).

아프리카를 집중적으로 살펴본 진 엔스밍어Jean Ensminger 교수의 주장에 따르면, 신앙심이 독실하고 서로 깊이 신뢰하고 협력하는 아랍 무슬림 상인들은 개종자들에게 혹할 만한 경제적 혜택을 제공했다. 이 상인들은 아프리카에 장거리 교역망을 구축했고 자신들의 전진기지가 구축된 지역사회에 이슬람교의 교리와 관행까지도 전파시키는 촉매 역할을 했다. 엔스밍어는 다음과 같이 말했다.

이슬람이 단순히 일련의 세속적 제도가 아니라 종교이기도 했기 때문에 교역에 있어서 거래비용(transaction costs. 협상. 정보 수집과 처리. 계약 이행 감시 등 거래행위에 수반되는 모든 비용을 말하는 경제학 용어—옮긴이)이 훨씬 줄어들었다. 이슬람교는 거래계약이 자율적으로 집행되도록 하는 데 상당히 기여한 자체적인 처벌기능이 내재된 강력한 이념이다.

독실한 신자들은 계약조건들을 지키는 것이 자신의 비물질적인 이해에도 부합했기 때문에 계약을 위반할 기회가 생긴다고 해도 위반하지 않았다. 그 결과 사하라사막과 전 대륙을 가로질러 엄청나게 긴 거리를 오가며 문화적 장벽을 넘나들려면 막대한 운송비용과 정보비용이 소요됨에도 같은 무슬림들과 거래를 하는 데 드는 거래비용은 줄어들었다.[103]

엔스밍어의 분석을 보면, 앞서 말한 이슬람 상인들의 교역망은 계약사항이 자율적으로 이행되도록 하고, 거래비용을 낮추고, 다른 사람들에게도 합류하는 편이 자신들에게 경제적으로 도움이 되겠다고 생각하게 만드는, 신뢰를 바탕으로 한 교역망이라는 사실이 드러난다. 그렇다면 장거리 교역에 종사하는 종교적 공동체들 내에서 상거래 계약이 자율적으로 이행되는 이유는 무엇일까? (유일한 이유는 물론 아니지만) 한 가지 강력한 이유는 의심의 여지 없이 신에 대한 두려움이다. 인간이 도덕적으로 행동하는지 여부를 모두 알고 있고 늘 인간을 감시하며, 보상과 처벌을 내리는 신에 대한 두려움 말이다. 초자연적 감시자를 믿는다 함은 365일, 24시간 막강한 심판관의 감시를 받는 데 동의한다는 뜻이다. 게다가 인간 심판관은 실수도 하고 심판을 하는 데 비용도 많이 들기 마련이지만, 초자연적 심판관은 절대로 오판하지 않고, 비용도 전혀 들지 않는다. 이방인들이라도 기꺼이 감시당하겠다는 진정 어린 신앙심을 증명해 보이면 이와 같은 교역망에 합류하라는 권유를 받을 확률이 높아지고 신뢰를 더 받을 수 있었다. 아무도 감시하는 사람이 없을 때도 사람들이 서로 신뢰하게 만들 수 있다면, 비용도 많이 들고 집행하기도 힘든, 인간이 감시하는 체제는 초자연적 감시자로 대체되기 쉽다.

이를 통해 거대한 신에 대한 네 번째 믿음이 나온다.

신을 믿는 사람들을 믿어라.

'신을 두려워하는 사람들을 믿는다'는 논리는 단순하며, 이 원칙은 보는 눈이 있으면 언행을 삼간다는, 초자연적 감시자에 대한 첫 번째 원칙에서 자연스럽게 도출된다. 이 믿음에 따라 초자연적 감시자의 존재를 상기시키면 낯선 사람들 간에 협력이 늘어난다는 사실은 앞서 입증되었다. 협력자는 또 다른 협력자를 물색하기 마련이기에, 다른 모든 여건들이 동일하다면, 신앙인들은 초자연적 감시자가 지켜보고 있다고 진정으로 믿는 또 다른 신앙인들을 신뢰할 가능성이 높다. 따라서 거대한 신을 믿는 독실한 신자라는 신호는 누구와 협력해야 할지를 가려낼 수 있는 믿을 만한 지표이다. 친사회적 종교집단이 협력할 상대를 까다롭게 고르지 않는다면 결속력이 생기지 않는다. 동일한 초자연적 신을 독실하게 믿는 사람들끼리는 감시비용이 줄어들고 협력이 증진되며 특히 지리적 민족적으로 널리 퍼져 있는 공동체의 경우 더더욱 그러하다.

이 장에서는 마 타리니 신전에 코코넛을 배달하는 체계와 유럽에서 인도까지 펼쳐져 있던 아르메니아 상인의 교역망, 아프리카와 동남아시아에 확산된 이슬람교, 델로스에 존재했던 교역이라는 '신성한 유대', 신뢰와 결속력을 바탕으로 구축한 다양한 형태의 종교적 협력적 조직망 사례들을 살펴보면서 떠오르는 세 가지 흥미로운 의문에 대한 답을 제시한다.

첫째, 어떻게 하면 사람들이 자신의 귀중품을 생면부지의 남에게 믿고 맡기며, 이 사람은 다시 그 물건을 자신과 생면부지의 남에게 맡길 수 있을까? 둘째, 사람들이 상당한 비용을 지불하면서까지 자신이 믿는 신에게 소중한 시간과 재물을 바치는 이유는 무엇일까? 셋째, 종교적 공동체는 어느 정도까지 확장될 수 있고, 어느 지점에서 와해되며, 이는 무신론자에 대한 편견과 관련해 어떤 의미가 있을까? 서로 연관된 이 세 가지 의문들을 통해 사람들이 어떻게 생면부지의 남남에서 독실한 신앙인들로 구성된 공동체로 변신하는지 알게 된다. 거대한 신을 믿는 친사회적 종교들이 신뢰를 구축하는 데 믿을 만한 기제 역할을 하는 이유는 무엇일까? 이런 종교들은 왜 신자들에게 엄청난 비용을 치르고 믿음을 증명하는 행동을 하라고 요구할까? 그리고 이런 행동들은 어떤 식으로 공동체 정신을 고취시킬까? 역사는 우리에게 이런 의문을 던진다. 그리고 이 의문에 대한 해답은 최근 인류학자들, 행동경제학자들 그리고 사회심리학자들의 연구를 통해 윤곽이 드러난다.

이 장과 다음 장에서는 몇 가지 심리적 기제들이 복합적으로 작동하여 생면부지의 남남들 사이에 신뢰가 구축된다는 사실을 이야기한다. 7장에서 자세히 다루겠지만, 이런 신뢰를 기반으로 대규모 친사회적 종교와 근대적 대규모 협력사회가 서로 상승작용을 하면서 동시에 출현했다.

이 현상이 발생하려면 두 가지 조건이 충족되어야 한다. 첫째, 신앙인은 초자연적 감시자―친사회적 종교의 거대한 신들―를 믿는다는 증거를 제시하는 사람들과 협력해야 한다. 이 때문에 친사회적 종교집단이 무신론자들에 대해 강한 반감을 보인다는 사실을 설명하겠다. 하지만 믿음은 거짓으로 꾸미기 쉽다. 신앙인으로 위장한 사람들에게 문호를 개방하면 이들은 집단이 주는 혜택은 누리면서 공동체에 기여를 하지 않거나, 더 심한 경우 체제를 악용하기도 한다. 이런 사기꾼들이 침입한 협력집단은 곧 와해되기 십상이다. 어떤 종교집단이든 가장 큰 위협으로 손꼽는 게 바로 종교적 위선인 이유이다(이는 6장에서 다루도록 하겠다). 따라서 친사회적 종교집단들은 한시도 경계심을 늦추지 말고 신심을 가장하고 침투해 집단이 제공하는 혜택을 누리려는 사기꾼들을 식별하고 걸러내는 작업을 해야 한다.

두 번째 조건은 바로 이 믿음을 신뢰할 수 있어야 한다는 점이다. 거짓으로 꾸미기 어려운 방식으로 믿음을 표현할 방법이 있어야 한다. 이 두 조건이 충족되면―즉, 개인들이 거대한 신에 대한 믿음을 신뢰할 수 있는 방식으로 증명해 보이면―사회적 교류를 감시하는 사람이 없어도, 서로 신뢰하는 신앙인들의 수가 더 늘어나고, 이들이 구축하는 사회적 조직망은 확대된다.

떠돌이 상인이 처한 딜레마

1904년 미국 전역을 철도로 여행하던 독일 사회학자 막스 베버Max Weber는 우연히 떠돌아다니며 장사를 하는 상인 옆에 앉게 되었다. 두 사람 간의 대화는 종교로 이어졌다. 그 상인이 다음과 같은 말을 했다는 일화는 유명하다.

"믿든 안 믿든 그건 그 사람 자유요. 하지만 어느 교회도 다니지 않는 농부나 사업가를 만나면 나는 그 사람과 단돈 50센트짜리 거래도 하지 않을 거요. 아무것도 믿지 않는 사람이 왜 내게 돈을 지불하겠소?"[104]

상인의 말은 베버의 호기심을 자극했고, 이는 두 사람 간에 미국에서의 종교와 신뢰에 대한 긴 대화로 이어졌다. 그런데 놀라운 점은 상인은 자기가 다니는 교회에 다니는 사람만 믿는다고 하진 않았다는 점이다. 낯선 사람들을 상대할 일이 없는 사람이야 같은 교회에 다니는 사람만 믿어도 상관없겠지만, 떠돌이 상인에게 같은 교회에 다니는지 여부는 그 사람을 믿을지 결정하는 근거로 무용지물이었다. 떠돌이 상인이 처한 딜레마는 낯선 사람들과 거래를 해야 먹고살 수 있다는 점이다. 그러니 날마다 생전 처음 만나는 수많은 낯선 사람들 가운데 믿을 만한 사람이 누군지 식별해내는 게 큰 문제였다. 내가 믿는 것과 똑같은 것을 믿지는 않더라도 뭔가 믿는 사람이면 그 사람은 신뢰할 만한 사람으로 여겨도 좋다. 그 사람이 믿는 그 '뭔가'가 그 사람에 대해 도덕적 구속력을 지니고 있다면 말이다. 20세기 초 미국에서는 서로 생면부지인 상인들 사이에 맺어진 사업적인 관계의 바탕에 이런 신뢰가 자리 잡고 있었다.

떠돌이 상인이 처한 딜레마는 낯선 사람들이 서로 교류할 기회가 발생하는 익명의 거대 사회들이 겪는 문제와 본질적으로 같다. 상호신뢰는 모두에게 이롭다. 모두가 협력을 통해 보상을 얻기 때문이다. 서로 전혀 신뢰하지 않으면 믿고 협력하는 경우보다 손해를 보지만 무임승차하거나 속이는 사람을 믿었을 때만큼 손해를 보지는 않는다. 이런 딜레마를 극복하기 위해 문화 공동체 구성원들은 사람을 선별적으로 신뢰해야 한다는 압박감을 느끼게 되었고, 이런 압박감 때문에 사람들은 협력자와 무임승차하거나 속이는 사람을 제대로 식별하는 기능을 하는 특정한 문화적 신호들을 학습하는 방향으로 심리기제를 정교하게 다듬게 되었다. 그중 강력한 신호 하나가 바로 초자연적 감시를 받고 있다고 믿는지 여부이다.

초자연적 감시자에 대한 믿음에서 비롯된 신뢰

구성원 대다수가 신앙인인 사회—즉, 세계에 존재하는 대부분의 사회—에서는 신앙인이 더 신뢰를 받는다(그리고 반대로 비신앙인은 불신을 받는다. 무신론자에 대한 불신에 대해서는 다음 장에서 더 자세히 다루겠다)는 사실을 보여주는 설문조사 자료들이 매우 많다. 보수성향의 평론가이자 방송인인 신앙인 로라 슐레신저Laura Schlessinger는 "신을 믿지 않는 사람은 도덕적일 수 없다. 신에 대한 두려움 덕분에 사람들이 바르게 산다"[105]라고 말한다. 이는 종교적 과격파나 근본주의자 목사나 텔레비

전 전도사의 주장이 아니다. 미국에서 설문조사를 할 때마다 슐레신 저의 주장이 보편적이라는 결과가 나온다. 대부분의 사람들이 신앙인에 대해 더 큰 신뢰를 표하고,[106] 종교가 있어야 도덕적이라는 주장에 동의한다. 예를 들어, 1998년 미국에서 전국적으로 실시한 설문조사에서는 '미국에서 종교의 영향력이 줄어들어야 더 나은 나라가 된다'는 항목에 동의하는 응답자가 겨우 15퍼센트에 불과했다. 퓨 리서치 센터Pew Research Center의 조사에 따르면, 대통령 후보의 특성 스물세 가지 가운데 응답자들이 호감을 느낀다는 특징으로 '그리스도교도'가 2위에 올랐다.[107]

미국사회에서만 이런 경향을 보이는 것은 아니다. 정도의 차이는 있으나 구성원 대다수가 신앙인인 세계 각지의 사회에서 나타나는 경향이다. 세계 총인구의 85퍼센트를 차지하는 81개국을 대상으로 1999년에서 2002년 사이에 실시한 조사에서는 전체 응답자의 3분의 2가 종교를 신뢰한다고 답한 반면, 정부를 신뢰한다는 응답자는 겨우 절반, 정당을 신뢰한다는 응답자는 3분의 1에 불과한 것으로 나타났다.[108]

설문조사의 결과들이 의미심장하기는 하나 그 결과를 해석할 때는 신중해야 한다. 우선, 설문 응답자들이 솔직하게 자기 의견을 말한다고 장담할 수 없다(사람들은 종종 말과 달리 행동하거나 자신의 행동을 정당화하는 주장을 만들어낸다). 게다가 설문조사 결과는 질문을 어떻게 만드느냐에 따라 달라진다. 어쨌든, 설문조사에 의존하지 않더라도 전 세계적으로 무신론자들을 백안시한다는 증거는 찾을 수 있다. 최근 국제인본주의와윤리연합International Humanist and Ethical Union, IHEU이 발표한 보고서에 따르면, 신앙인이 대다수인 수많은 나라들에서는 무신론자와 종교적 회의론자들을 차별하는 법과 관행이 만연해 있다.[109] 이런 분석 결과는 중요한 정보이지만, 무신론에 대해 불신과 적개심을 유발하는 핵심적인 요인이 종교적 신념인지, 아니면 그 나라의 신앙심의 수준과 연관된 다른 요인(전통, 저조한 경제적 발전수준 등) 때문인지를 말해주지는 않는다. 사람들의 실제 사회적 행동이나 태도를 통제된 조건에서 관찰할 수 있는 실험이 필요하다. 이 같은 실험은 매우 드물지만, 그나마 실시된 연구결과를 보면, 각 나라의 법을 비교분석한 설문조사 결과를 뒷받침해주고 종교적 신념과 신뢰 사이에 연관성이 나타난다.

일찍이 행해진 한 연구에서 존 오벨John Orbell을 비롯한 경제학자들은 종교적 다양성의 수준이 천양지차인 미국 내 두 개 도시에서, 낯선 사람을 상대로 '죄수의 딜레마Prisoner's Dilemma 게임'을 할 때 사람들이 어떤 식으로 협력하는지 알아보았다. 종교적으로 동질적인 모르몬 공동체(유타 주 로건 시)에서는 낯선 사람이라도 자신과 같은 신앙인이라고 확신할 수 있는데, 이 도시 사람들은 종교적으로 이질적인 공동체(오리건 주 유진 시) 구성원들보다 협력하겠다는 의지를 훨씬 강하게 표명했다. 더욱이 종교적으로 동질적인 로건 시민들에게서는 교회 출석과 협조적 행동 사이에 높은 상관관계가 있는 것으로 나타났지만, 유진 시민들에게서는 그런 상관관계를 발견할 수 없었다. 이는 종교적 특질이 친사회성을 이끌어낸다는 주장을 어느 정도 뒷받침하는 결과이다. 하지만 이 연구에서 응답자들이 종교적 신호에 반응하는 것인지 아니면 인종과 같은 다른 신호에 반응하는 것인지는 확인하기 힘들다. 게다가 신뢰수준을 직접 측정하지 않고 협력하는 행동을 바탕으로 유추한 결과이다.[110]

신뢰는 여러 가지 다양한 방식으로 정의하고 측정할 수 있다. 신뢰란 넓게는 다른 사람이나 기관에 대해 보이는 태도를 말한다. 샐리가메리를 신뢰한다고 말하거나, 밥이 경찰을 신뢰한다고 할 때 바로 이런 방법으로 정의한 신뢰를 말한다. 그런데 신뢰에 대한 정의와 더불어 그런 태도에 부합하게 행동하고자 하는 의지를 추가하면 훨씬 유용하다. 하지만 신뢰를 다른 주체를 신뢰하는 태도를 지니고 있고, 그런 태도에 부합하는 행동을 할 의지가 있는 상태로 정의한다고 해도이 정의가 신뢰라는 개념을 완벽하게 포착했다고 볼 수는 없다. 특히결정적 상황에서는 더더욱 그렇다. 신뢰는 서로 협력관계를 형성할 수는 있지만 보장되지는 않는 여건에서 발생한다. 따라서 상대방이 어느정도 협력하고 정직하게 행동하겠다는 의지를 지녔다고 믿는지도 신뢰의 개념에 포함시켜야 한다. 따라서 상대방이 미래에 협력하리라는기대를 갖고 사람이나 어떤 주체에 위험한 고비용 투자를 하는 행위가 가장 흔히 손꼽히는 신뢰에 대한 정의이다.

이런 식으로 정의된 신뢰를 이끌어내고 측정하는 다양한 경제게임이 고안되었다. 경제학자 조너선 탠Jonathan Tan과 클로디아 보겔Claudia Vogel은 태도에 관한 설문조사에서 한발 더 나아가, 어떤 요인이 어떤 효과를 낳았는지 분명한 인과관계를 알 수 없는 경우가 허다한 설문조사나 역사적인 사례들과는 달리, 통제된 실험실에서 신앙심이 신뢰와 연관되어 있는지 측정했다.

제대로 통제된 실험실 조건에서 참가자들은 무작위로 제안자(신뢰하는 자) 집단과 응답자(신뢰받는 자) 집단에 배치되었다. 첫 번째 단계에서제안자가 응답자에게 얼마를 줄지 결정하면, 그 액수는 세 배가 된다.

두 번째 단계에서, 응답자는 이 가운데 얼마를 제안자에게 돌려줄지 결정한다. 응답자에게 돈을 주는 경우 제안자는 이익을 본다. 물론 응답자가 보답을 할 경우에 한해서이다. 예컨대, 상대방을 전적으로 신뢰하는 제안자가 10달러로 시작하여 전액을 응답자에게 주기로 결정하면 이는 30달러로 늘어난다. 신뢰할 만하고 공정한 태도로 임하는 응답자라면 이 돈을 똑같이 반으로 나누어 15달러를 제안자에게 돌려줄 것이다. 그렇게 하면 둘 다 상당한 이득을 올리게 된다. 신뢰를 측정하는 이 실험을 약간 변형한 실험에서 탠과 보겔은 독일인 표본들을 대상으로 제안자와 응답자의 신앙심의 정도에서 개인차를 측정했다. 추가로 어떤 실험에서는 제안자들이 응답자의 신앙심 정도를 알고 있었지만 그 밖의 다른 사항에 대해서는 알지 못했다. 실험은 다음과 같은 결과를 낳았다.

- 응답자가 신앙인인 경우 제안자는 더 많은 액수의 돈을 준다는 사실로 미루어볼 때 신앙인이 비신앙인보다 훨씬 신뢰받는다는 결론이 나온다.
- 신앙인 응답자들을 신뢰하는 경향은 신앙인 제안자들에게서 특히 강하게 나타났다. 따라서 제안자와 응답자 모두 신앙인인 경우 강력한 신뢰관계가 관찰되었다.
- 신앙심을 바탕으로 한 신뢰에서는 흥미로운 비대칭현상이 나타났다. 신앙인들은 같은 신앙인을 매우 신뢰했지만, 비신앙인은 상대방의 신앙심에 무관심하거나 미약하나마 신앙인을 좀 더 신뢰하는 것으로 나타났다.

- 마지막으로, 제안자로부터 더 큰 신뢰를 받은 신앙인 응답자들은 신앙심이 덜한 응답자들보다 제안자의 제안에 상응하는 보답을 할 가능성이 훨씬 더 높게 나타났다.

초자연적 감시자에 대한 믿음은 친사회적 행동을 유발하는 강력한 동기부여 요인이다. 여러 가지 여건에서 이런 믿음은 또한 친사회적 의도를 전달하는 강력한 신호 역할을 한다. 특정 신앙을 믿는 이들이 같은 신앙을 믿는 사람들을 신뢰한다는 점은 이해할 만하다. 그런데 이런 신뢰는 같은 신앙집단을 벗어나면 얼마나 확장될 수 있을까? 예컨대, 특정 신앙을 믿는 사람들은 비신앙인보다 경쟁관계에 있는 다른 신앙을 믿는 사람들을 더 신뢰할까? 이는 또 다른 중요한 의문을 제기한다. 특정 종교를 믿는 신앙인들이 비신앙인보다 다른 종교를 믿는 신앙인들을 더 신뢰한다면, 모든 신앙인들로부터 철저히 배척당하는 집단이 과연 있을까?

신앙인들은 같은 종교를 믿는 신앙인들을 가장 믿을 것이다. 하지만 종교를 바탕으로 한 친사회성의 논리에 따르면 같은 종교집단 구성원이 아니라도 초자연적 감시자가 도덕적 심판을 내리는 종교를 믿는 외부인이라면 그 사람도 신뢰의 대상이 된다. 따라서 무슬림은 전지전능하고 인간의 도덕적 언행을 심판하는 신을 믿는 그리스도교도를 신뢰하고, 그리스도교도는 업보의 율법을 비롯해 온갖 초자연적 감시자들을 숭배하는 힌두교도를 신뢰할지 모른다. 종교가 다르더라도 협력을 촉진하는 초자연적 감시자를 믿는 사람이라면 협력의 상대로 신뢰할수 있다.

어떤 이들에게는 한 종교집단의 구성원들이 다른 종교집단의 구성원들을 신뢰한다는 주장이 추측일 뿐이고 직관에 반하는 주장으로 들릴지도 모른다. 하지만 이런 주장을 뒷받침하는 사례나 증거가 있다. 미국에서 실시한 조사에서 그리스도교도인 미국인은 같은 그리스도교도를 가장 신뢰하지만 유대교도나 힌두교도도 상당히 신뢰하는 것으로 나타났다. 인류학자 리처드 소시스의 주장에 따르면, 어떤 여건에서는, 같은 종교를 믿는 사람이 아니라도 신앙인은 신뢰할 만하다는 점을 다른 종교를 믿는 집단 구성원들이 이용하기도 한다. 어느 정도나 신뢰할 만한 사람인지 불확실한 두 명의 신앙인 가운데서 선택을 해야 할 경우 신을 진정으로 두려워하는 사람이 훨씬 더 신뢰를 받는다.[111]

경제학자 로버트 프랭크Robert Frank의 연구가 이를 뒷받침한다. 뉴욕에 사는 부유한 비신앙인들 가운데에는 보모를 구하는 광고를 솔트레이크시티에서 발간하는 신문에 내는 사람도 있다. 모르몬교도가 특히 보모로서 믿을 만하다고 생각하기 때문임이 분명하다.[112] 마찬가지로 시크교를 믿지 않는 사람들도 시크교도들을 믿을 만한 동업자로 여기기도 한다.[113] 사람들은 자기가 믿는 초자연적 감시자를 믿는 사람을 가장 신뢰하지만, 종교를 바탕으로 한 신뢰는 같은 종교집단을 벗어나 다른 종교집단에까지도 어느 정도 확장될 수 있다.

그렇다면 적어도 어떤 상황에서, 다른 단서가 없는 상태에서, 신앙인들은 자신이 믿는 신과 경쟁관계인 다른 신을 믿는다는 사실을 신뢰할 만한 사람이라고 판단하는 근거로 삼는 듯하다. 그렇다면 어떤 신도 믿지 않는 사람들은 어떨까? 이는 무신론자에 대한 불신 문제로 이어진다. 또 이것은 가장 불가해하고 가장 연구가 덜 이루어진, 종교와 관련된 편견이다.

우리는 무신론자를 불신한다

신의 존재를 부인하는 자들을 절대 용인해서는 안 된다. 인간사회를 지탱해주는 약속, 계약, 맹세는 무신론자에게는 구속력을 발휘하지 못한다. 신을 부인하는 생각만 해도 이 모든 게 와해된다.

– **존 로크** 《관용에 관한 편지Letter Concerning Toleration》(1689)[114]

2007년 3월 12일, 오랫동안 하원에서 일해온 캘리포니아 주 민주당 소속 하원의원 피트 스타크Pete Stark는 역사에 남을 업적을 세웠다. 일자리를 창출하거나 대기오염을 줄이거나 외교정책의 방향을 바꿀 만큼 파급력이 큰 법안을 발의한 것은 아니었다. 다만 그는 자신이 신(들)을 믿지 않는다고 공개적으로 밝힘으로써 역사에 족적을 남겼다. 이로써 그는 미국 의회에서 최초로 무신론자임을 공개적으로 밝힌 의원이 되었다. 2012년 선거에서 스타크는 같은 민주당원인 에릭 스월웰 주니어Eric Swalwell Jr.에게 패했는데, 그는 스타크가 무신론자라는 사실을 공개적으로 비판했다.

전미세속연합Secular Coalition of America에 따르면, 인구 3억 명이 넘는 미국이라는 나라에서 스타크는 공식적으로 자신이 무신론자임을 밝힌 최초이자 유일한 의회의원이다. 이 단체는 미 의회에서 무신

론자이거나 불가지론자임을 숨기고 있는 의원이 스물여섯 명에 이른다고 주장한다.[115]

2008년 미국 대통령 선거에는 미국 역사상 가장 다양한 배경을 지닌 후보들이 등장했다. 민주당 진영에서는 여성인 힐러리 클린턴과 흑인인 버락 오바마가 출마했다. 공화당 진영에서는 주류를 대표하는 존 매케인 의원이 있었지만, 역시 여성인 새라 페일린이 매케인의 러닝메이트인 부통령 후보로 나섰고, 모르몬교도인 미트 롬니가 매케인과 맞붙었다.

2007년 2월 갤럽조사를 보면 미국인들은 미국 최고공직에 이렇게 다양한 배경을 지닌 후보들이 나선 현상을 놀라울 정도로 기꺼이 받아들이고 있다. 대부분의 미국인들은 천주교도(95퍼센트), 흑인(94퍼센트), 유대인(92퍼센트), 여성(88퍼센트), 히스패닉(87퍼센트), 모르몬교도(72퍼센트), 두 번 이혼했지만 현재 세 번째로 결혼해 기혼인 사람(67퍼센트), 노령자(57퍼센트), 동성애자(55퍼센트) 후보에게 투표할 의사가 있다고 답했다. 후보의 성향으로 제시된 목록 가운데 유일하게 과반수의 지지를 받지 못한 특성은 무신론자(45퍼센트)였다.

2008년 퓨 포럼Pew Forum이 실시한 또 다른 설문조사에서는 미국인들에게 본인이 믿는 종교 외에 다른 종교들도 영생으로 인도한다고 생각하는지 물었다. 대다수 미국인(자신이 그리스도교도라고 응답한 사람 가운데 80퍼센트)이 유대교(74퍼센트), 이슬람교(52퍼센트), 힌두교(53퍼센트)가 영생으로 인도한다고 답했다. 백인 복음주의자들만 대상으로 질문하면 이런 비율이 좀 낮아진다. 물론 이 집단에서도 다른 종교 또한 영생으로 인도한다고 답한 비율이 놀라울 정도로 상당히 높게 나타났지만 말이다. 하지만 이 조사에서도 역시 무신론자(42퍼센트)는 응답자들이 영생으로 인도된다고 생각하는 집단들 가운데 가장 마지막 자리를 차지했다.[116] 미국인들은 어떤 신도 믿지 않는 사람보다는 '엉뚱한' 신이라도 그나마 믿는 사람이 영생을 얻을 기회가 훨씬 많다고 생각하는 듯하다.

미국에서 역사적 추이를 살펴보면 무신론자에 대한 불신은 놀라울 정도로 견고하게 유지되어왔다. 사회학자들은 흔히 "당신이 정치적으로 선호하는 대통령 후보, ___에게 투표할 의향이 있습니까?"라고 묻고 응답자들에게 흑인, 천주교도, 여성, 유대인, 무슬림, 무신론자 등 다양한 선택지를 준다. 시간이 흐르면서 과거에는 주변으로 밀려나 있던 거의 모든 집단에 대해 사회적인 포용이 확대되는 고무적인 경향이 나타났다. 1948년에는 미국인의 48퍼센트만이 흑인 대통령 후보에게 투표할 의향이 있다고 밝혔다. 1999년 즈음 이 수치는 거의 두 배인 90퍼센트 이상이 되었다. 이 수치가 사실임을 증명이라도 하듯, 2008년 미국인들은 미국 역사상 처음으로 흑인을 대통령으로 선출했다. 천주교도, 유대인 집단—동성애자 집단을 비롯해, 겨우 몇십 년 전만 해도 대다수 미국인들이 배척했던 거의 모든 집단들이 사실상—은 1999년에 50퍼센트 선을 넘어섰다. 그러나 오직 무신론자 집단만은 오늘날까지도 단순 과반수의 인정을 받지 못하고 있다. 이와 같이 무신론자를 배척하는 경향은 미국인의 사회적 태도를 알아보는 조사마다 한결같이 나타난다.[117]

설문방법론에 문제가 있어서 이런 결과가 나오지는 않았을까? 어쩌면 미국인들과 그 밖의 신앙인들은 설문 조사자에게는 무신론자에 대해 거부감을 느낀다고 응답했지만, 실제로는 거부감을 느끼지 않을 가능성도 있을까? 그럴 가능성은 없다고 볼 몇 가지 이유가 있다. 우선, 이런 종류의 설문에서는 사회적 배척 정도가 실제보다 과장되게 나타나지 않으며 오히려 그 정반대로 나타난다. 응답자들은 편협하다는 평가를 받을까봐 사회 주변부 집단들을 용인한다고 과장하는 경향이 있다. 따라서 오히려 무신론자를 수용한다는 비율이 더 높게 나와야 한다. 따라서 사회적 수용 태도를 알아보는 설문조사에서 무신론자들이 거의 어떤 집단보다도 뒤지는 결과가 나온 이유는 방법론상의 오류 때문은 아니다. 어쩌면 자신과 다른 인종이나 민족에 대해 부정적 태도를 드러내기를 꺼리는 신앙인들이 무신론자에 대해서는 태도를 삼가는 데 그다지 개의치 않기 때문인지도 모른다. 무신론자를 향한 반감과 편견은 인종적 종교적 소수집단에 대한 편견과 달리, 미국에서는 사회적으로 용인되는 편견인지도 모른다.

그렇다면 의문은 더욱 커진다. 왜 무신론자에 대한 편견은 사회적으로 용인될까? 더욱이 이런 설문조사 결과는 미국인들의 투표행위를 상당히 정확하게 예측하는 지표가 된다. 미국 유권자들은 공개적으로 무신론자임을 밝힌 사람을 대통령으로 선출한 적이 없다. 미국에서 공직자 가운데 스스로 무신론자임을 밝힌 사람이 거의 없다는 사실로 미루어볼 때, 무신론자에 대한 거부감이 미국사회에 얼마나 만연해 있는지 오히려 이 설문조사들은 과소평가하고 있는지도 모른다. 마지막으로, 우리가 자체적으로 실시한 실험의 연구조사에서는 설문 연구조사 방법의 이런 문제점들을 회피하기 위해서 불신과 편견을 간접적 방식으로 측정하는 척도들을 이용했는데도 미국과 캐나다의 신앙인들은 무신론자들을 불신하는 것으로 나타났다.

시민의 자유를 보장하지 않는 종교국가들에서 무신론자들을 박해한다는 사실은 그리 놀라운 일이 아니다. 국민 다수가 무슬림인 이집트, 사우디아라비아, 인도네시아, 이란 등과 같은 나라에서는 공개적으로 무신론자임을 밝히면 이슬람 율법상 '배교背教'에 해당하는 처벌 가능한 범죄로 간주한다. 물론 이런 나라에서 무신론자임을 공개적으로 밝히는 사람은 거의 없기 때문에 이 법이 적용되는 경우도 거의 없다. 하지만 사회적 관용이라는 계몽주의 이상을 이어받은 서구 민주주의 사회에서조차도 나타나는 무신론자에 대한 반감이 역사적으로 매우 뿌리 깊다는 사실은 잘 알려지지 않았다. 125쪽에 인용한 《관용에 관한 편지》는 미국에서 정치와 종교의 분리를 확립하는 데 크게 기여한 에세이이다. 이 에세이에서 로크는 종교적인 관용을 설파하지만, 관용이나 법적 보호를 받을 자격이 없는 집단으로 무신론자를 지목하는 모순을 저지르고 있다. 이런 논리는 다른 사람도 아니고 미국 건국의 아버지로 손꼽히는 벤저민 프랭클린의 글에서도 볼 수 있다. 1757년에 쓴 편지에서 그는 무신론자가 종교를 공격하는 것을 막으려고, 일부 소수는 종교의 영향 없이도 도덕적으로 살 수 있지만 대부분의 인간들은 종교가 있어야 선하게 산다고 주장하면서 다음과 같이 설명했다.

인류 가운데 나약하고 무지한 남성과 여성, 경험이 일천하고 생각이 깊지 않은 남녀 청년들이 얼마나 많은지 한번 생각해보시오. 이들이 악행을 저지르지 않도록 하려면 종교가 있어야 하오.

그러더니 그는 다음과 같이 걱정을 털어놓는다. "종교가 있는데도 인간이 이토록 사악하게 행동하는데 종교가 없다면 어떻겠소?"[118]

무신론자들을 배척하는 영역은 정치 분야뿐만이 아니다. 그리고 로크와 프랭클린—종교적 광신자가 결코 아니었고 실용주의적 지식인이었던 인물들—이 지닌 이런 정서는 오늘날에도 여전히 지속되고 있으며, 도덕성이 필요하다고 여겨지는 다양한 분야에 만연해 있다. 무신론자에 대한 미국인의 편견을 심층적으로 분석하기 위해 사회학자들은 2006년 실시한 조사에서 응답자들에게 자신이 속하지 않은 다양한 집단에 대한 태도를 물어보았는데, 응답자들은 미국에서 자신이 지닌 비전을 가장 공유하지 않는 집단으로 무신론자를 꼽았고, 자녀의 결혼상대로서 무신론자를 가장 못마땅하게 여긴다는 사실을 발견했다. 이는 충격적 결과였다. 이를 밝혀낸 저자들은 다음과 같이 말한다.

미국인들은 우리가 제시한 그 어떤 집단보다도 무신론자 집단을 용인하지 않았다. 위의 두 가지 척도에서 미국인들이 무신론자 다음으로 용인하지 않는 집단은 무슬림이었지만, 무슬림은 무신론자보다 한참 뒤지는 2위였다. 우리는 응답자들이 무슬림 집단을 상당히 배척하리라 예상했고, 결과도 분명히 그렇게 나왔다. 그렇기 때문에 응답자들이 무신론자에 대해 보인 태도가 더욱더 놀랍다. 많은 이들에게 무슬림은 수많은 인명을 앗아간 세계무역센터 공격과 이라크 전쟁으로 상징되는 거대한 외부 위협을 대표한다. 이와는 대조적으로 무신론자들은 대체로 묵묵하게 미국사회 내부에 존재하는 보잘것없는 소수 집단이다.[119]

2001년 9월 11일 세계무역센터와 펜타곤은 테러공격을 당했고, 최근 미국이 중동과 중앙아시아에서의 분쟁에 개입하면서 많은 미국인들의 머릿속에서 이슬람교와 무슬림 집단이 공산주의와 소련을 밀어내고 새로운 외부 위협으로 자리를 차지하게 된 점은 놀랄 일이 아니다. 그런데도 미국인들이 무슬림보다 무신론자를 더 큰 위협으로 여기는 이유는 무엇일까?

9·11 이후에도 무슬림보다 무신론자가 미국인들 사이에서 더 큰 반감을 불러일으킨다는 사실은 또 다른 흥미로운 현상으로 이어진다. 무신론자에 대한 미국인들의 태도는 동성애자나 흑인처럼 사회적으로 배척당하는 다른 집단에 보이는 태도와 큰 관련성이 없다. 무신론자를 향한 반감이 단순히 일반화된 편견이거나 외국인혐오증, 편협한 인성의 결과라면 이는 뜻밖의 사실이다.

어떤 분은 무신론자에 대한 반감과 편견이 미국─청교도 사상을 바탕으로 건국된 역사를 지닌 나라─에만 독특하게 나타나는 현상이라고 생각할지도 모르겠다. 실제로 전 세계적으로 이루어진 조사를 살펴보면 무신론자에 대한 반감과 편견의 정도는 나라마다 천차만별이다. 예컨대 덴마크나 스웨덴 같은 스칸디나비아 국가들에서 행해진 조사를 보면 무신론자에 대한 거부감이 사실상 존재하지 않는다(이에 대해서는 나중에 자세히 다루겠다). 하지만 같은 조사에서도 국민의 대다수가 신앙인인 나라─거의 세계 대부분의 나라들─의 경우 무신론자에 대해 강한 반감과 편견이 존재한다(이를 완화하는 요인들이 있긴 하지만 이는 나중에 살펴보겠다). 이를테면, 누군가에게 아랍어로 "신앙이 없다"라고 말하면 이는 대단한 모욕이다. 종교에 대한 신뢰와 신앙인에 대한 신뢰도는 전 세계적으로 상당히 높다. 반면 무신론자에 대한 신뢰도는 전 세계적으로 상당히 낮다.

전 세계적으로 상당한 수의 무신론자들이 존재한다고 볼 때 무신론자에 대한 이와 같은 반감과 편견은 주목할 만하다. 우리는 대부분이 신앙인인 세상에 살고 있지만, 무신론자의 수도 무시할 수 없다. 사회학자 필 저커먼Phil Zuckerman의 견해가 이런 사실을 극명하게 보여준다. 그는 전 세계에 있는 무신론자를 전부 세어서 이들을 하나의 '종교'집단으로 분류하면 그리스도교도, 무슬림, 힌두교도에 이어 네 번째로 규모가 큰 집단이 된다고 말한다. 그의 추산에 따르면, 신(들)을 믿지 않는 사람의 수가 모르몬교의 신도수보다 58배 많고 유대교 신도수보다는 41배, 불교 신도수보다는 두 배가 많다.

물론 무신론자의 수를 정확히 헤아리기란 아주 어렵다. 종교적 성향이 강한 사회에서는 무신론자의 숫자가 과소평가될 가능성이 높다. 이런 사회에서는 무신론자들이 공개적으로 자신의 성향을 밝히기를 꺼리기 때문이다. 반대로 무신론적 사회임을 공식적으로 표방하는 중국 같은 나라에서는 무신론자의 수가 과대평가될 가능성이 있다. 사람들이 문화적 규범을 어기지 않으려고 자신의 신앙심을 숨기고 거짓으로 무신론자라고 할 가능성이 높기 때문이다.

어휘를 어떻게 정의 내리느냐 하는 문제도 있다. 무신론자란 어떤 의미인가? 자신을 불가지론자라고 하거나 비신앙인으로 보는 사람도 무신론자로 봐야 할까? 세속적 유대인처럼 신을 믿지는 않지만 종교의식에 참여하는 사람들을 무신론자의 정의에 포함시켜야 할까? 덴마크인이나 스웨덴인처럼 신을 믿지는 않지만 '문화적으로는 그리스도교도'라고 말하는 사람들도 포함시켜야 할까? 종교에 반대하는 성향은 무신론자의 의미를 규정할 때 중요한 특징으로 간주되어야 할까? 공식적으로 무신론을 표방하는 사회에서 정부가 발표하는 통계치를 제외하고, 무신론을 '신(들)의 존재에 대한 믿음이 없는 상태'라고 직설적으로 정의하고, 이에 초점을 맞추어 엄격한 기준을 적용하여 저커먼이 조사한 추정치에 따르면 무신론자의 수는 세계 주요 종교들의 신도수와 견줄 만하다.[120]

무신론자들의 특성을 생각해보면 왜 무신론자에 대해 이런 뿌리 깊은 반감과 편견이 존재하는지 아리송해진다. 전 세계적으로 상당수의 무신론자가 존재하지만 무신론자들은 특별히 결속력이 강한 집단도 아니고 존재감이 부각되거나 막강한 영향력을 행사하지도 않는다. 자기 집단을 신앙이나 운명으로 뭉쳐진 공동체로 여기는 종교적 민족적 집단들과 달리 대부분의 무신론자들은 자신들을 하나의 공동체로 보지 않는다. 그들의 공통점은 특정한 종교가 없다는 사실뿐이다. 무신론자인 코미디언 리키 저베이스Ricky Gervais의 우스갯소리처럼, "무신론이라는 세계관은 스키를 타지 않는 게 취미라고 말하는 것과 같다."[121]

마지막으로, 얼핏 보면 무신론자에 대한 편견은 이질감을 느끼기 때문에 나타나는 결과로 보일 수도 있다. 어쩌면 신앙인들이 무신론자를 싫어하는 이유는 무신론자들이 자신들과 다르거나 낯설기 때문일 수도 있다. 그렇다고 이 주장이 무신론자를 향한 반감의 강도를 설명해주지는 못한다. 설문조사 결과가 신뢰할 만하다면, 신앙인들은 문화적으로 자신과 유사한 이웃집 무신론자보다 언어도 다르고 민족도 다르더라도 차라리 지구 반대편에 사는 다른 종교를 믿는 신앙인과 자신의 자녀를 결혼시키려 한다는 이야기가 된다.

그렇다면 전 세계를 통틀어 종교적 성향이 강한 사회에서 무신론자가 가장 신뢰받지 못하는 집단인 이유는 무엇일까? 신뢰를 구축하는 데 있어서 종교가 하는 역할이 무신론자에 대한 편견을 설명해줄까? 종교적 성향이 쇠퇴하는 상황 외에 무신론자에 대한 신앙인의 반감과 편견을 줄일 수 있는 상황이나 심리적 경향이 있을까? 다음 장에서는 바로 이런 문제들을 살펴볼 예정이다.

무신론자에 대한 반감과 편견이라는 의문을 풀 열쇠는 신뢰와 협력을 촉진하는 데 있어 종교가 하는 역할에서 찾을 수 있다. 무신론자들은 무신론을 형이상학적 문제에 대한 사적인 견해라고 볼지 모른다. 반대로 신앙인들은 무신론을 공적인 문제로서 신뢰와 협력을 위협하는 문제로 본다. 인간의 도덕성에 깊이 관여하는 신에 대한 진정한 믿음이 협력자라는 믿음을 주는 신호 역할을 한다면, 신의 존재를 명백히 부인하는 사람들은 본의 아니게 엉뚱한 신호—즉, 신앙인들로 하여금 무신론자들을 비협조적 집단전복세력으로 보게 만드는 신호—를 보내게 된다. 따라서 존 로크가 《관용에 관한 편지》에서 밝힌 정서는 옳지는 않지만 직관적으로는 설득력이 강한 개념, 즉, 자유사상가(freethinker, 진실은 권위, 전통, 계시, 도그마가 아니라 논리, 이성, 경험을 근거로 형성되어야 한다는 철학적 시각을 지닌 사람을 말한다. 17세기에 전통적인 종교적 믿음의 근원을 파고든 사람들을 일컫는 용어로 처음 쓰였다—옮긴이)는 사실상 무임승차자라는 신앙인들의 인식을 잘 포착하고 있다. 다시 말해서 무신론자를 향한 편견은 앞서 살펴본, 초자연적 감시자에 대한 네 번째 믿음이 낳은 직접적 결과이다. 본질적으로 이 믿음은 '신을 믿지 않는 사람은 신뢰하지 말라'고 말하고 있다.

비신앙인들은 신앙인들이 무신론자들을 위협적인 존재로 여기는 이유를 의아해한다. 신앙인들이 자기 신념에 투철한 것은 좋다, 하지만 믿음이 없는 사람들에게 이토록 위협을 느끼는 이유가 뭘까? 무신론을 그냥 무시해버리면 되지 않을까? 무신론을 향한 반감은 종교가 지닌 친사회적 효과를 알게 되면 이해가 간다. 무신론자에 대한 신앙인들의 반감의 이면에는 무신론자들이 친사회적 거대 집단에 존재하는 협력적 관계를 위협하는 존재라고 유추하는 심리가 깔려 있다. 이에 대해서는 다음 장에서 구체적으로 살펴보겠다.

무신론자들을 정말 믿어도 될까

우선 무신론자에 대한 반감이 편견의 한 유형인 이유를 설명할 필요가 있다. 종교가 협력을 촉진하는 중요한 힘이라면, 무신론자에 대한 불신은 편견의 결과라기보다는 합리적 기대의 산물로 봐야 하지 않을까? 그리고 종교와 친사회적 행동 간에 연관성이 있다고 볼 때, 신앙인들은 원칙적으로 무신론자를 불신하는 게 맞지 않을까?

이런 주장은 적어도 두 가지 측면에서 틀렸다. 첫째, 종교와 도덕성을 직관적으로 연계시키는 신앙인들은 친절을 베풀고 선행을 하는 이유와 동기가 종교 말고도 여러 가지가 있다는 사실을 이해하지 못한다. 우리가 지금까지 살펴본 바에 의하면 종교는 초자연적 감시자의 존재를 강조하고 공동체의 결속력을 공고히 함으로써 친사회성을 촉진시키는 힘을 지녔다. 하지만 친사회성을 촉진시키는 힘은 종교뿐만이 아니다. 예컨대, 사회적으로 감시를 받고 있다는 느낌은 신앙심과 상관없이 친사회적 행동을 촉진한다. 서로에게 이득이 된다고 생각하면, 종교적 의미가 없는 상황에서도 사람들은 상대방을 친절하게 대한다. 공감이나 동정심 같은 도덕적 감정 또한 친절한 행위를 하도록 동기를 부여한다. 공감과 동정심은 자신의 친족이나 같은 집단 내의 구성원들에게는 적용하기가 용이하다. 하지만 어린이든 성인이든 이런 감정들을 미덕으로 발전시켜 보다 폭넓게 인류에게 적용하도록 사회화시킬 수 있다.[122] 이렇게 도덕적 경계가 확장되면 우리는 생면부지의 남과도 교감을 느끼게 된다. 공동의 운명을 지녔다는 인식이나 동질감은 점점 더 이질적인 이방인들에게로 확장되어 적용된다. 도덕적 포용의 경계가 확대되어 도덕적 감정이 우러나면 더 많은 사람들이 도덕적 영역으로 편입되는 선순환이 일어난다. 이것이 바로 피터 싱어Peter Singer 교수가 도덕적 테두리를 확장해야 한다고 주장한 핵심이다.[123]

이런 논리는 흥미로운 가능성을 제기한다. 초자연적 감시자에게 의존하지 않는 비신앙인들이 보이는 친사회적 행동이 신앙인들의 친사회적 행동보다 훨씬 더 공감과 동정심에서 우러나온 행동이지는 않을까? 로라 새슬로Laura Saslow와 동료 학자들이 정확히 이 개념을 살펴보았다. 연구에 참가한 사람들은 현재 자신이 얼마나 동정심을 느끼는지 조사를 받은 다음, 낯선 사람들과 함께 친사회적 성향을 측정하는 몇 가지 경제게임을 했다. 그들은 과연 뜻밖의 횡재를 했을 때 이를 낯선 사람과 나누어 가질까? 그들은 낯선 사람을 어느 정도나 신뢰할까?

그들은 모두에게 이득이 되는 공동기금에 얼마나 기여할까? (이 연구에 참여하기에 앞서 참가자들은 자신의 신앙심의 정도에 대해 답을 했고, 이들의 행동에 독립적으로 영향을 미칠 가능성이 있는 성별, 사회경제적 계층, 정치성향 등 여러 가지 요인들은 통제되었다.) 연구결과 비신앙인들의 경우, 동정심을 강하게 느낄수록 더 친사회적 행동을 보였다. 신앙인들의 경우에는 동정심이 친사회적 행동과 무관한 것으로 나타났다. 또 다른 연구에서는 신앙인과 비신앙인들에게 빈곤한 처지인 어린이가 나오는 비디오를 시청하게 해 동정심을 유발했다(비교집단은 두 남자가 대화를 나누는 중립적인 내용의 비디오를 시청했다). 그러고 난 뒤, 참가자들은 익명의 독재자게임을 했다. 하지만 참가자들은 이 게임이 비디오 시청과 관련된 연구인지 알지 못했다. 이들에게 10달러 상당의 돈 일부를 생면부지의 낯선 사람과 나누어 가질 기회를 주었다. 동정심을 일으키는 비디오를 본 비신앙인들은 훨씬 후한 인심을 보였지만, 같은 비디오를 본 신앙인들에게서는 아무런 효과도 나타나지 않았다. 따라서 초자연적 감시자가 없을 경우 강한 동정심이 그 자리를 대체하는 것으로 보인다.[124]

친사회적 행동을 유발하는 세속적 경로가 또 하나 있다. 협력과 높은 수준의 신뢰를 촉진하는 효과적인 제도와 기관들이다. 이런 제도와 기관이 갖추어진 세속사회에서 사회화된 사람이라면 유신론자뿐만 아니라 종교에 의해 직접적으로 동기 유발되지 않는 무신론자도 친사회성을 보일 강력한 동기를 갖게 된다.[125] 공적 영역을 관장하는 강력한 제도가 존재하면, 즉, 계약이 이행되고 경쟁은 공정하게 이루어지고 부정행위자는 처벌받는다는 믿음이 있으면, 신앙인과 비신앙인이 공히 높은 수준의 신뢰와 협력의 태도를 보인다. 그리고 강력한 법치

(5장 참조)가 구축된 세속사회에 사는 신앙인들은 이런 환경의 영향을 받는 것으로 보인다. 즉, 법치가 자리 잡은 세속사회에 사는 사람들에게는 도덕성을 유지하려면 종교가 필요하다는 개념이 종교성향이 강한 사회에 사는 신앙인들에게만큼 설득력을 지니지 못한다. 따라서 세속사회에 사는 사람들은 무신론자를 불신해야 할 동기가 약하다.

둘째, 무신론자에 대한 불신이 근거 없는 두 번째 이유이자, 첫 번째 이유 못지않게 중요한 이유는 초자연적 감시를 하는 거대한 신의 두 번째 믿음 때문이다. 이 믿음에 따르면 종교적 상황이 종교적 성향보다 훨씬 막강한 영향력을 발휘한다. 3장에서 종교를 상기시키거나 종교적 상황에 놓인 경우 실제로 친사회적 행동이 증가했다는 실험실 연구와 현장연구 결과를 살펴보았다. 하지만 그런 연구들에서 참가자들이 스스로 평가한 신앙심의 존재 여부는 전혀 효과를 발휘하지 못했다. 자비심과 관련한 일요일 효과 연구에서도 마찬가지 결과가 나왔다. 그리스도교도들과 그리스도교도가 아닌 사람들은 월요일에서 토요일까지는 자비심의 정도에 차이가 없었다. 그리스도교도들에게 일요일에 해야 할 종교적 의무를 상기시키자 비로소 자비심이 증가했다.[126]

이런 새로운 연구결과들은 심리학자 대니얼 뱃슨과 동료 학자들이 수십 년 동안 실시해온 연구결과와 일맥상통하며, 다른 사람에게 좋은 인상을 줄 기회가 배제된 상황에서는 신앙인과 비신앙인은 이타적 태도의 수준에 차이가 나타나지 않는다는 사실을 보여준다.[127] 이렇게 신앙인과 비신앙인 간에 차이가 존재하지 않는다는 사실을 가장 잘 보여주는 연구가 3장에서 다룬 그 유명한 선한 사마리아인 실험이다. 이 실험에서는 상황적인 변수—참가자들이 서두르라는 지시를 받았는지 천천히 와도 된다는 지시를 받았는지 여부—만이 곤경에 처한 사람을 돕는 비율에서 차이를 낳았다.[128] 다른 연구들에서는 다른 사람에게 좋은 인상을 줄 기회가 있을 때만 신앙심이 이타주의를 촉진한다는 결과가 나왔다.

이는 종교적 성향보다는 종교적 상황이 신뢰를 촉진하는 요인이라고 보는 편이 더 타당하다는 점을 시사한다. 교회에서 예배를 드리고 있는 신앙인이 익명성이 보장된 건널목에 서 있는 신앙인보다 부정행위를 하거나 절도행위를 저지를 가능성이 낮다고 생각하는 편이 더 타당하다.[129] 또는 현장연구 결과에서 나타났듯이(3장에서 다룸), 모로코에서는 기도시간을 알리는 소리가 독실한 신자들에게서 친사회적 행동을 이끌어내는 '믿을 만한' 제도로 보는 게 타당하다. 이런 사실을 알고 있기 때문에 친사회적 종교들은 일정한 시간 간격을 두고, 또는 결정적 순간에—무슬림 공동체에서 기도시간을 알리는 제도, 티베트나 네팔에 있는 부처의 눈, 그리스도교 국가 도처에서 발견되는 교회 종과 십자가—신도들에게 종교를 상기시킨다.

신뢰를 촉진하는 요인은 종교적 상황뿐만이 아니다. 세속적 제도도 타인을 바람직한 태도로 대하도록 촉진할 수 있다. 하지만 세속적 제도는 비교적 최근에 출현했고, 그 전까지 인류는 초자연적 감시자라는 존재를 끊임없이 의식하고 되새겨 내면화하기란 도달하기 힘든 상태란 사실을 깨닫고 문화적 진화를 통해 종교적 상황이 발휘하는 위력을 이용하는 지혜를 사용해왔다.

신앙심—진정으로 깊은 믿음을 반영한다는 전제하에—이 영향력을 발휘하는 이례적인 사례는 생면부지의 남남끼리 교류해야 하는 상황에서 감시역할을 하는 기관들이 부패하고 취약하거나 거의 전무한 사회에서 나타난다. 북아메리카와 유럽에서 실시한 연구에서는 하나같이, 법이 강력하게 집행되는 사회에서는 개인의 특성으로서의 신앙심이 사람들을 더욱 친사회적으로 행동하도록 만든다는 증거가 없다는 결론이 나온다. 하지만 3장에서 살펴보았듯이, 인도나 브라질처럼 세속기관들이 부패하거나 취약한 나라에서 실시된 경제게임 실험에서는 신앙심이 친사회적 행동을 유발하는 데 통계적으로 신뢰할 만한 효과를 보인다는 결과가 나왔다.[130] 마찬가지로, 조지프 헨릭과 동료 학자들이 선진국이 아닌 나라들을 대상으로 실시한 연구에서도 거대한 신을 숭배하는 종교를 믿는 참가자들이 전지전능하지도 않고 보통 인간의 도덕성에 무관심한 토속 신을 믿는 사람들과 비교해볼 때 훨씬 너그러운 태도를 보였다.[131]

법치가 취약하고 낯선 사람들 간의 신뢰와 협력의 수준이 낮은 사회(인류 역사를 통틀어 대부분의 시기에 대다수 사람들이 이런 사회에 살았다)에서는 신을 두려워한다는 점을 설득력 있게 증명해 보이는 게 신뢰를 구축하고 협력을 촉진할 수 있는 유일한 방법이었고 지금도 여전히 그러하다. 그리고 그런 사회에서는 신앙심 배지badge를 달고 있으면 믿을 만한 사람이라는 증표로 여겼다. '신앙심 배지'라는 표현은 리처드 소시스[132]가 쓴 용어인데, 이런 사회들에서는 무신론이라는 게 거의 존재하지 않았고 신뢰할 만한 사람인지 판단할 수 있는 증거가 독실한 신앙심뿐이었다. 반면 현대사회에는 법치가 잘 구축되어 있고 전반적으로 높은 수준의 신뢰와 친사회적 행동을 유지하려는 강한 동기부여가 있으며, 무신론자들은 보통 이런 사회에서 살고 있기 때문에 무신론자에 대한 불신을 정당화할 수가 없다. 필 저커먼은 《신 없는 사회Society Without God》에서 전 세계에서 가장 종교적 성향이 약하고 인구의 압도적 다수가 신을 믿지 않는 덴마크나 스웨덴 같은 나라들이 견고한 법치, 낮은 수준의 부패, 높은 수준의 신뢰와 협력, 사회 전체적 복지 수준에서 세계적으로 가장 상위를 차지한다는 점을 지적한다.[133]

분명히 지적하고 넘어갈 점은, 친사회성을 촉진하는 유일한 요인이 종교가 아니듯이, 초자연적 감시도 종교에서 친사회성을 유발하는 유일한 요인이 아니다. 적어도 특정한 시기에 일부 신앙인들에게서도 공감과 동정심 같은 도덕적 감정이 나타난다. 이런 도덕적 감정은 마하트마 간디, 마틴 루서 킹, 부처가 말하는 만물에 대한 측은지심, 기독교 성인들 사이에서 발견되는 신과의 합일, 수피 신비주의자, 힌두교 현인 등 뛰어난 영적 지도자들과 그들의 가르침에서 발견된다. 하지만 이런 도덕적 감정은 세속사회에서 신앙과 관련 없는 가르침이나 철학(세속적 인도주의, secular humanism)에서도 발견된다.

친사회적 종교들이 단순히 도덕적 감정만으로 거대한 협력사회를 구축하지는 못했을 것이다. 초자연적 감시자의 눈길, 신의 심판을 받는다는 두려움, 영원한 저주, 지옥, 업보, 운명—간단히 말해서 초자연적 감시와 감찰을 기반으로 한 다양한 믿음들—은 친사회적 종교들이 신앙인들의 결속력을 강화하는 데 이용한 강력한 기제들이다. 이런 초자연적 감시와 이와 관련된 기제들 덕분에 인류의 집단들은 급속히 몸집을 키워 수렵채집 생활에서 벗어나 오늘날 수백만 명으로 구성된 거대 사회를 이루게 되었다. 이런 과정에 대해서는 7장에서 구체적으로 다룰 예정이다. 우선 다음 두 장에서는 무신론자를 향한 편견이 어떻게 형성되고 사라졌으며, 신앙인들이 무신론자에 이어 또 다른 위협으로 인식하는 종교적 위선자들에 대해서도 심리학적으로 보다 면밀하게 살펴보도록 하겠다.

5장
–
자유사상가는
무임승차자

내가 물었다.
"그렇지만 말이야, 그렇게 되면 인간은 어떻게 되는 거지?
신도 없고 내세來世도 없다면 말이야.
그럼 이제 모든 게 허락된다는 뜻이야?
무슨 짓이든지 할 수 있다는 거야?"
"몰랐어?"
그가 말했다. 그러더니 그는 웃음을 터뜨렸다.
"지적인 인간에게는 무엇이든 허락돼." 그가 말했다.

표도르 도스토옙스키 《카라마조프가의 형제들》(이반 카라마조프의 견해)[134]

무신론자들이 어떤 위협이 된다는 것일까? 앞 장에서 살펴본 설문 조사 결과를 비롯해 수많은 조사결과들을 보면, 무신론자에 대한 이와 같은 반감이 어디에서 비롯되었는지에 대해 흥미로운 사실이 드러난다. 이런 반감은 단순히 만연한 외국인혐오증이나 자기가 속한 집단이 아닌 '외집단(外集團, outgroup)'의 구성원들을 향한 일반적인 불신이 반영된 결과라고 보기 힘들다. 우선 설문조사 결과를 보면, 세월이 흐르면 전반적으로 특정 집단에 대한 편견이 줄어드는 것을 알 수 있는데, 유독 무신론자를 향한 편견에는 그리 큰 변화가 없다. 게다가 무신론자를 향한 편견은 보다 광범위하고 다른 집단에 대한 편견과는 거의 관계가 없다. 가장 의미심장한 사실은 자신과 다른 종교를 믿는 사람이 실제로는 무신론자 못지않게, 아니 오히려 무신론자보다 훨씬 더 낯선 외부인인 경우가 많다는 점이다. 하지만 여러 설문조사와 우리가 자체적으로 실시한 실험에서는 종교적 언어적 민족적으로 이질적인 외집단 구성원보다 문화적으로 동질적인 무신론자를 덜 신뢰한다는 결과가 나타난다.

　이런 관찰결과를 종합해보면 무신론을 향한 반감의 뿌리는 이질감,

외국인혐오증, 자기와 다른 것에 대해 느끼는 일반적 공포심 같은 흔한 논리로는 설명할 수가 없다.

이제 종교적 집단에 존재하는 무신론자에 대한 불신과 관련한 의문을 해소해줄 두 가지 사항을 복합적으로 살펴보겠다. 첫째, 특정 집단에 대한 편견을 제대로 이해하려면 이 집단이 어떤 위협으로 간주되는지 파악할 필요가 있다. 둘째, 인간의 행동을 감시하는 초자연적 주체들이 친사회적 행동을 유발하는 강력한 유인책이라는 사실을 살펴본 바 있다. 그리고 독실한 신앙심은 신뢰할 만한 사람이라는 신호 역할을 한다. 신앙인은 언행이 일치한다는 가정에서 말이다.

신앙인은 자신과 같은 종교를 믿는 사람들을 가장 신뢰한다. 하지만 떠돌이 상인의 딜레마가 보여주듯이, 신뢰는 자신이 속한 종교 공동체를 초월해 외부자들에게로 확장될 수 있다. 그 외부자들이 자신의 언행에 책임을 지도록 감시하는 초자연적 존재를 신봉한다고 인식되는 한 말이다. 따라서 무신론자에 대한 편견의 밑바탕에 깔린 논리는 다음 두 가지 믿음을 복합적으로 고려하면 분명히 드러난다. ①친사회적 종교에서 초자연적 감시자에 대한 믿음. ②무신론자들은 초자연적 감시자에게 자신의 언행을 해명해야 할 의무가 있다고 생각하지 않는다는 믿음.

이런 논리의 연장선상에서 무신론자를 향한 편견에는 어떤 심리적 근원이 있는지에 대해 여러 가지 구체적인 가설들이 있다. 윌 저베이스, 아짐 샤리프 그리고 나는 이런 가설들을 구체적으로 살펴보았다. 이 장에서 논의되는 심리학적 연구 대부분은 이런 연구의 결과물이다. 이런 가설들은 설문조사 결과를 넘어서 무신론자를 향한 편견의 기원과 형태에 대해 훨씬 구체적인 그림을 그려준다. 우선 몇 가지 핵심적인 사항들을 살펴보도록 하자.

- 어떤 편견인지에 따라 어떤 위협으로 인식되는지도 달라지며 이런 위협에 대한 반응도 다르다. 도덕적 심판을 내리는 초자연적 주체를 믿지 않고 신앙심이라는 분명한 신호도 보내지 않는 무신론자들은 '단순히' 불쾌감을 주는 사람이라기보다는 미덥지 않은 사람으로 여겨진다. 무신론자가 겪는 편견과 다른 종류의 편견을 겪는 집단들에게 보이는 사람들의 반응은 무신론자에 대한 반응과 다르다.
- 무신론자들이 종교집단에게 위협적인 존재로 여겨지는 이유가 무신론자들을 협력자로서 신뢰할 수 없기 때문이라면, 신을 믿는 사람이 무신론자에 대해 보이는 반응은 비호감보다는 불신과 훨씬 강한 연관성이 있어야 한다.
- 같은 논리로, 초자연적 감시에 대한 믿음이나 '사람들은 신이 지켜본다고 느끼면 행동을 조심한다'라는 믿음은 신앙인이 무신론자를 불신하는 핵심적 이유일 것이다.
- 무신론자에 대한 배척은 신뢰를 특히 중요시하는 사회적 여건에서 가장 두드러지게 나타난다. 반대로 지성과 같은 다른 특징들을 훨씬 가치 있게 여기는 사회적 여건에서는 무신론자에 대한 배척은 크게 두드러지는 문제가 아니거나 완전히 사라진다.

우리는 다양한 실험방법을 이용하여 이런 가설들을 비롯해 구체적 개념들을 실험해보았다. 이후 이런 연구를 자세히 살펴보겠지만, 무신론자에 대한 편견을 다른 집단들에 대한 편견과 비교해본 결과 중요한 사실을 발견하였다. 무신론자에 대한 반감은 초자연적 감시와 관련된 독특한 심리적 기제에서 비롯되며, 따라서 이런 반감은 여타 집단들에 대한 편견과는 구분된다는 게 핵심이다. 우리는 무신론자에 대한 편견을 동성애자, 유대인, 페미니스트, 무슬림, 그리스도교도 등 다른 집단들에 대한 편견들과 비교해보았다.

특히 무신론자를 향한 편견을 성적 취향에서 비롯된 편견과 비교해보았다. 동성애자에 대한 편견은 무신론자에 대한 편견에 시사하는 바가 크다. 왜냐하면 두 집단 모두 대개 종교적 가치관과 도덕성을 위협한다고 여겨지기 때문이다. 미국을 비롯해 종교적 성향이 강한 사회에서 행해진 수십 년 동안의 설문조사에서 무신론자와 동성애자는 문화적으로 가장 용인받지 못하는 집단으로 나타났고, 지금도 마찬가지이다.

무신론자처럼 동성애자도 종종 독실한 신앙인들과 많은 종교단체들의 공격대상이 되고 배척당해왔다. 이를 잘 보여주는 사례가 바로 미국 보이스카우트연맹인데, 내가 이 글을 쓰고 있는 지금도 이 단체는 무신론자와 동성애자를 회원으로 받아들이지 않고 있다(흥미로운 점은, 미국 대중은 보이스카우트에 동성애자 가입을 금지한 방침을 철회하라고 압력을 넣는 데는 집중했지만 무신론자에 대해서는 그다지 관심을 기울이지 않았다는 사실이다). 표면적으로는 이 두 집단이 비슷한 이유로 배척을 당하는 듯 보이지만, 우리가 세운 가설에 따르면, 이 두 집단에 대한 편견은 서로 다른 심리적 정서에서 비롯된다.

우리는 미국인 표본과 이보다 훨씬 세속적 성향의 캐나다 밴쿠버에 거주하는 대학생 표본들을 대상으로 가설을 검증해보았다. 앞서 실시한 연구결과들을 통해 미국인들은 대부분 무신론자에 대해 호감을 보이지 않는다는 사실을 알고 있었다. 미국인들이 캐나다인들보다 훨씬 무신론자들을 불신하리라는 점은 예측했지만, 종교적 성향이 상당이 약하고 대체로 세속화된 캐나다인들도 무신론자를 향해 강한 불신감을 표하리라고는 예측하지 못했다!

첫째, 우리는 다음과 같이 예상했다. 편견의 종류에 따라 어떤 위협으로 인식되는지도 달라지며 이런 위협에 대한 반응도 다르게 나타난다면, 무신론자에 대한 편견에는 다른 집단들에 대한 편견들과는 다른 심리적 정서가 깔려 있을 것이다. 우리 연구팀은 미국 성인들에게서 대표성 있는 대규모 표본을 추출해 바로 이 문제를 조사해보았다. 추출한 표본을 대상으로 인구학적 특성과 종교 등에 대한 정보를 입수하고 설문 참가자들에게 무신론자와 동성애자를 어느 정도나 불신하는지 또는 어느 정도나 혐오하는지 등급을 매기게 하였다. 우리가 예상한 대로, 무신론자에 대한 태도와 동성애자에 대한 태도는 확연히 갈렸다. 무신론자에 대한 불신감이 동성애자에 대한 불신감보다 높게 나온 반면, 동성애자들에 대한 혐오감이 무신론자에 대한 혐오감보다 높게 나왔다. 다시 말하면, 무신론자에 대한 편견은 불신에서 비롯된 반면, 동성애자에 대한 편견은 혐오감에서 비롯된다는 뜻이다.

신에 대한 믿음과 이런 반응은 어떤 연관성이 있는 것일까. 신앙심이 강할수록 무신론자와 동성애자 두 집단에 강한 반감을 표하는 경향이 있지만, 신앙심은 무신론자에 대한 혐오감보다는 불신감과 훨씬 강하게 연관되어 있는 반면, 동성애자에 대한 반감은 불신감보다는 혐

오감과 훨씬 강한 연관성이 있다는 사실이 나타났다.[135]

이 연구는 큰 의의가 있다. 신앙인들이 가장 비호감을 느끼는 집단이 무신론자 집단이라는 일반적인 연구결과를 넘어서 이런 비호감이 어디에서 비롯되는지를 밝혀낼 단서로서 다른 편견들과의 미묘한 차이까지 보여주기 때문이다. 하지만 이 연구의 결과는 몇 가지 반론에 취약하다. 우선 우리가 불신감을 측정하는 데 사용한 척도는 상당히 노골적이다. 사람들이 무신론자와 동성애자에 대해 똑같이 비호감을 느끼지만, 무슨 이유에서 동성애자보다는 무신론자에 대해 훨씬 거리낌 없이 공개적으로 불신을 표하는지는 모른다. 게다가 우리가 사용한 표본은 전체적으로 종교적 성향이 상당히 강한 미국 성인들이었다. 이런 우려를 해소하기 위해 우리는 종교적 성향이 다양하면서 대부분의 미국인들보다는 훨씬 종교적 성향이 약한 캐나다 밴쿠버 대학생들을 대상으로 추가연구를 실시했다. 어떤 편견을 지니고 있는지 노골적으로 묻는 경우에 거짓으로 꾸민 응답이 나올 가능성을 없애기 위해, 보다 은밀한 방식으로 불신감을 측정할 수 있는 실험을 계획했다. 우리는 연구자들이 폭넓게 사용하는, 판단을 요구하는 전형적 설문방식을 이용했다.

사람들은 판단을 내릴 때 대체로 심사숙고하기보다는 신속한 직관적 반응에 의존한다. 이런 직관적 반응은 최적의 판단이 아닌 경우가 종종 있고 따라서 논리적으로 틀린 선택을 하게 된다. 예컨대 에이모스 트버스키Amos Tversky와 대니얼 카너먼Daniel Kahneman이 만든 그 유명한 '린다 문제Linda Problem'를 살펴보자.

린다는 서른한 살에, 독신이며, 자기주장이 분명하고 매우 영리하다. 그녀는 철학을 전공했다. 학창시절에는 차별과 사회정의 문제에 깊이 심취했고 반핵시위에도 참가했다.

다음 중 어느 항이 더 가능성이 높을까?

1. 린다는 은행창구 직원이다.
2. 린다는 은행창구 직원이고 페미니스트 운동에 적극적이다.

　이 질문을 받은 사람들은 대부분 2번을 선택했다. 하지만 2번은 1번보다 확률이 낮다. 사람들이 2번을 선택한 이유는 직관적 수준에서 볼때 린다에 대한 묘사가 적극적 페미니스트에 대한 묘사처럼 보이기 때문이다. 이런 현상을 대표성 추단representativeness heuristic―어떤 사건이 발생할 확률이나 어떤 대상이 특정 범주에 속할 확률을 추정할 때, 실제 확률을 계산하지 않고 그 사건이나 대상의 대표성을 바탕으로 확률을 추정하는 현상―이라고 한다. 대표성 추단 효과는 대상에 대한 묘사(리버럴한 성향이고 차별 문제에 심취했다)와 그 대상이 소속되었다고 추정되는 집단의 특성(페미니스트)이 일치해야 나타난다. 2번이 '린다는 은행창구 직원이고 부자감세를 적극 지지하고 총기규제 법안을 완화해야 한다고 주장한다'라고 묘사되어 있다면 사람들이 직관적으로 2번을 선택할 확률은 상당히 줄어든다.[136]

　윌 저베이스는 이 유명한 실험을 이용해 다양한 집단들에 대한 암묵적인 편견들을 간접적으로 측정하는 아이디어를 생각해냈다. 우리는 이 실험의 내용을 수정해서 다음과 같이 전형적 무임승차자에 대한 묘사로 변형시켰다.

리처드는 서른한 살이다. 하루는 출근길에 차를 후진하다가 주차된 밴을 들이받았다. 길 가던 사람들이 지켜보고 있었기 때문에 그는 쪽지에 자기 연락처를 적는 척했고 아무것도 쓰지 않은 백지를 밴의 차창에 끼워 넣은 뒤 다시 자기 차에 올라타고 자리를 떴다. 같은 날, 리처드는 길을 걷다가 보도에서 지갑을 주웠다. 주위에 아무도 보는 사람이 없었기 때문에 그는 지갑에서 돈을 전부 꺼내 가진 뒤 지갑을 쓰레기통에 버렸다.

이 글을 읽은 뒤 실험 참가자들은 리처드가 ①교사일 확률이 높은지 아니면 ②무신론자인 교사일 확률이 높은지 선택했다. 이 실험에서 직관적 판단에 굴복해 2번을 선택한 사람의 비율을 통해 무신론자에 대한 편견을 간접적이고 피실험자가 눈치채기 힘든 방법으로 측정할 수 있다. 다른 참가자들에게는 무신론자 대신 동성애자, 페미니스트, 그리스도교도, 무슬림, 유대인 등 다른 비교집단을 집어넣어 제시하였다. 범죄를 저지른 믿지 못할 사람을 다른 비교집단이 아닌 무신론자와 연관시켰을 때, 신앙인들이 훨씬 더 논리적 오류를 범하는지 여부를 알아보는 실험이다.

이 실험을 이용한 몇몇 연구에서 대부분의 참가자들은 이 글이 그리스도교도, 동성애자, 무슬림, 유대인 또는 페미니스트를 묘사한 글이라는 직관적 판단을 내리지 않았다. 하지만 범죄를 저지른 못 미더운 사람에 대한 묘사가 무신론자를 말한다고 직관적으로 판단했다. 이런 연구들에서 나타난 무신론자에 대한 불신의 정도는 놀랍도록 높았고, 무신론자와 같은 수준의 불신을 받은 유일한 집단은 전과가 화려한 강간범 집단뿐이라는 결과는 충격적이었다.

이 실험에서 모든 참가자들이 똑같은 반응을 보인 것은 아니다. 신에 대한 믿음이 미온적인 참가자들 사이에서는 무신론자를 직관적으로 불신하는 정도가 상당히 약하게 나왔고, 신에 대해 강한 믿음을 내보인 참가자들 사이에서는 매우 강하게 나타났다. 그리고 우리는 결정적 증거도 찾아냈다. 즉, 신이 지켜보고 있다고 느끼면 사람들이 언행을 조심한다는 직관적인 믿음 말이다. 도덕적이고 협력적 행동을 신앙심과 동일시하는 신앙인들(일부 비신앙인들조차도 이런 경향을 보인다)은 유독 무신론자를 불신하는 경향이 강하다. 신에 대한 믿음이 무신론자를 불신하는지 여부를 예상하는 강력한 척도가 되는 이유이다.

뒤이은 여러 연구들에서도 무신론자에 대한 편견은 일반적 부정적 평가보다 유독 불신에서 비롯된다는 증거가 추가로 나왔다. 한 연구에서 우리는 앞서 제시된, 범죄를 저지른 못 미더운 사람 못지않게 불쾌감을 준다고 판단되는 사람을 묘사하는 글을 보여주었다. 하지만 이 사람은 불신감을 주기보다는 불쾌감을 주는 인물이었다.

리처드는 서른한 살이다. 그는 희귀한 유전병을 앓고 있다. 이 병 때문에 피부가 건조하고 각질이 일어나며 진물이 나오기도 한다. 그는 결정적 순간에 피부의 각질이 벗겨지고, 거의 항상 콧물이 흐르며, 목에는 가래가 들끓는다. 하루는 출근길에 어깨가 가려워 긁었는데, 벗겨진 각질 때문에 재채기가 나왔고, 콧물과 가래가 넥타이에 묻었다. 그는 넥타이에 오물이 묻었다는 걸 눈치채지 못했다. 그는 하루 종일 그 더러운 넥타이를 그대로 맨 채 근무했다.

이 글을 읽고 리처드가 교사이자 무신론자일 확률이 있다고 생각한 참가자는 거의 없었다. 물론 무신론자가 위생관념이 희박하다는 특성과 관련 없다고 해서 무신론자에 대한 편견이 오직 무임승차자라는 편견밖에 없다는 증거는 될 수 없다. 무신론자에 대한 불신 외에 또 다른 편견과 위협으로 간주되는 다른 이유들이 있는데 단지 우리가 측정하지 못했을지도 모른다. 하지만 적어도 이 점만은 분명하다. 신앙인들은 못 미더운 개인을 묘사한 글을 읽으면 무신론자를 떠올리는 경향이 있지만, 단순히 불쾌감을 주는 개인을 묘사한 글에서 무신론자를 떠올리지는 않는다는 것이다.

표면적으로는 종교와 무관해 보이는 직관적 판단실험에서 참가자들이 무신론자를 못 미더운 범죄자와 연관시키는지 여부를 살펴보는 방법을 사용하면, 참가자들에게 무신론자를 불신하는지 노골적으로 묻는 설문조사 방법보다는 참가자들이 눈치채지 못하게 무신론자에 대한 불신 정도를 측정할 수 있다. 그럼에도 참가자들이 이 실험의 의도를 꿰뚫어볼 가능성은 여전히 열려 있다. 어쩌면 참가자들이 무신론자에 대한 자신의 진심을 드러냈다고 하기보다는 사회적으로 용인된다고 생각하는 대답을 했는지도 모른다(하지만 캐나다 서부 연안 지역의 대학에서는 세속적 문화 풍토가 강한 점으로 미루어볼 때 이 가능성은 극히 낮다). 아주 희박한 가능성이라도 배제하기 위해서 우리는 또 다른 연구에서 컴퓨터로 묵시적 연상검사Implicit Association Test, IAT를 실시했다. 이 검사를 통해 연구자들은 실험 참가자들이 특정 집단의 구성원들과 일련의 특징들을 연관시켜 생각하는 정도를 측정할 수 있다. IAT 검사는 참가자들이 직접 말로 표현하는 태도가 아니라 무의식적으로 연관시키는지 여부를 측정한다.[137] 이 검사에서 무신론자를 '적대적이다, 증오한다'와 같이 비호감을 나타내는 단어와 짝지었을 때와 '거짓말한다, 부정직하다'와 같이 불신을 나타내는 단어들과 짝지었을 때 실험 참가자들이 각각의 경우에 반응하는 데 걸리는 시간을 측정 비교했다. 이 실험에서도 신에 대한 믿음은 무신론자와 비호감의 연상작용보다 무신론자와 불신감의 연상작용을 훨씬 잘 예측하는 척도인 것으로 나타났다.

마지막으로 친사회적 종교에서 초자연적 감시자가 신뢰와 협력을 촉진한다는 논리에 따르면, 무신론자에 대한 편견은 신뢰가 특히 중요한 상황에서는 두드러지게 나타나고, 신뢰가 중요한 문제가 아닌 경우에는 최소화된다. 우리는 이 가능성을 조사해보았다. 직업선택 설문조사에서 두 직업을 정하고 저마다 신앙심의 깊이가 다른 다양한 참가자들에게 그 직업에 적합한 후보들을 선택하게 했다. 이 두 직업을 수행하는 사람에게서 요구되는 신뢰감의 정도에는 차이가 있었고, 참가자들에게는 후보들이 신앙인인지 무신론자인지 여부 등을 비롯해 제한된 정보만 제공했다. 우리는 직업을 수행하는 데 필요한 호감이나 친근감의 정도는 비슷하고 신뢰감의 정도는 다른 두 직업(예컨대, 보육원 교사와 식당 웨이트리스)과 관련해 실험 참가자들이 어떤 식으로 채용 결정을 내리는지 비교해보았다. 이를 통해 호감이라는 변수를 통제한 상태에서 신뢰감의 영향을 측정할 수 있었다. 예상대로 참가자들은 보육원 교사를 채용할 때는 무신론자를 배제하는 경향을 강하게 보였다. 비신앙인들보다 신앙인들에게서 이런 경향이 훨씬 강하게 나타난다는 사실이 다시 한 번 증명되었다. 하지만 참가자들은 신뢰감이 그다지 중요하지 않은 직업에서는 채용 결정을 내릴 때 그런 편견을 보이지 않았고, 신에 대한 믿음은 신뢰감이 중요하지 않은 상황에서는 채용 결정과 상관관계가 없었다.

우리가 실시한 모든 연구에서 '신앙인들은 무신론자를 불신한다'는 결과가 되풀이되어 나왔다. 그렇다면 그 반대의 경우는 어떨까? 무신론자도 신앙인을 불신할까? 물론 우리는 신앙인에 대한 비신앙인들의 불신 여부도 조사해보았지만 불신감을 발견하지 못했다. 우리 연구와 다른 사람들의 연구를 통해 보면, 신앙인들에 대한 비신앙인들의 태도는 철저한 무관심에서 미약한 신뢰까지 다양하게 나타났다.[138]

신앙인에 대한 경멸감은 분명히 존재한다. 지난 1백 년 동안 무신론이란 이름으로 종교를 박해한 수많은 사례들이 있다. 소련과 중국에서 그러했다. 공식적으로 무신론을 표방한 전체주의국가에서 조사를 했다면 유신론자에 대해 반감과 편견을 보이는 무신론자들을 발견했을지도 모른다. 하지만 우리 연구결과는 사회학자 필 저커먼의 관측 결과와 일맥상통한다. 그는 덴마크와 스웨덴에서—이 두 나라는 지구상에서 가장 무신론 성향이 강한 나라이다—실시한 인터뷰에서 신앙인에 대한 적개심이나 불신감을 발견하지 못했다. 그의 조사에 따르면 두 나라 사람들은 종교라는 문제에 대체로 무관심했고, 이는 우리 연구결과와도 일치한다.[139] 이와 대조적으로 대부분 세속적 문화경향이 강한 캐나다에서조차 심지어 온건한 성향의 신앙인들도 무신론자에게 강한 불신감을 보이는 것으로 나타났다.

이런 신뢰의 비대칭 현상—신앙인은 무신론자를 불신하지만 그 반대의 경우는 성립하지 않는 현상—은 얼핏 보면 뜻밖의 결과로 보인다. 특히 최근 들어 일부 무신론자 지식인들이 공개적으로 종교를 강하게 공격해온 사실로 미루어볼 때 말이다. 하지만 우리는 서로 다른 인종들 간의 반감이나 서로 다른 종교집단 간의 충돌처럼 내집단-외집단 간의 반감이 아닌 경우 정확히 이런 비대칭 현상이 나오리라고 예상했다. 대부분의 무신론자들은 자신들을 하나의 '집단'으로 여기지도 않고 종교집단의 세계관에 반하는 세계관을 지닌 사람들로 보지도 않는다(개별적 신앙인들에 대한 호감이나 존경심 문제로 넘어가면 좀 다를지도 모른다). 무신론자들 가운데는 벤저민 프랭클린이 주장한 바와 같이, 초자연적 감시자에 대한 믿음이 사람들을 올바르게 살게 만든다고 생각하는 사람들도 있다. 설사 그 주장이 틀리다고 해도 말이다. 이런 현실이 바로 철학자 대니얼 데닛Daniel Dennett이 "믿음에 대한 믿음"이라고 통탄해 마지않은 현상일지도 모른다. 일부 비신앙인들과 무신론자들도 이런 태도를 취한다. 즉, 믿음은 일부 사람들을 도덕적으로 살게 하고 삶에 의미를 부여하는 등 유익한 역할을 하므로 보존할 만한 가치가 있다는 태도이다.[140]

　이런 실험연구들과 설문조사 결과들을 종합적으로 고려해보면, 근현대 사회에서 가장 관심에서 벗어나 있고 가장 이해받지 못하는 무신론자에 대한 편견이 어디서 비롯되었는지 윤곽이 드러난다. 다양한 방법을 동원해 실시한 여러 연구에서 나타난 한결같은 결과는 무신론자들이 특정한 위협을 가하는 존재로 인식되고 있다는 사실이다. 그 위협은 두려움이나 혐오감, 일반적인 비호감이 아니라 도덕적 불신이다. 간단히 말해서 특정 종교의 교리나 믿음을 맹목적으로 좇지 않고 모든 것에 합리적 의문을 제기하며 이성적으로 사고하는 자유사상가는 공동체 존속에 기여하지 않고 혜택만 누리려는 무임승차자로 비친다. 더군다나 특정 대상이 무신론자를 불신하는 태도를 지녔는지 여부를 예측할 수 있는 가장 강력한 지표가 종교적 믿음이다. 반면, 민족적 인종적 편견에서 신에 대한 믿음은 신뢰할 만한 예측지표가 아니며, 어떤 상황에서는 신앙인의 편견이 덜하다는 결과도 나온다(종교의식 참석 빈도나 근본주의자 행태와 같이 더 강한 편견과 상관관계가 있는 종교적 관여도의 복합적 측면들을 통제했을 경우).[141] 이런 연구결과들은 무신론자에 대한 불신의 뿌리가 매우 깊고, 아주 협소한 상황에서 발현된다는 점을 다시 한번 강조한다. 즉, 무신론자에 대한 불신은 근본적으로 친사회적 종교에 대한 믿음에서 비롯되며, 상황에 따라 아주 제한적으로 발현된다.

무신론자를 향한 반감과 편견이 어디서 비롯되었는지에 대한 이견들

앞에서 말한 증거는 이 책에서 제시한 문화적 진화이론의 주장—무신론자에 대한 불신이 종교가 친사회성을 촉진한다는 논리에서 비롯되었다는 주장—과 거의 일치한다. 그렇다면 다른 이론들은 어떤가? 편견에 대한 심리학 연구들은 대부분 일반적 과정에 초점을 두고 있고 사람들이 다양한 집단들에 대해 어떤 생각을 하고 있는지 그 내용은 간과하는 경우가 많다. 이런 일반적 추세와는 다른 이론이 심리학자 수전 피스크Susan Fiske, 에이미 커디Amy Cuddy, 피터 글릭Peter Glick이 주장하는 이론이다. 이들은 편견을 서로 다른 두 가지 차원으로 분리하는 접근방식을 쓴다. 온정(친근감, 호감)과 경쟁력(지성, 능력)이다. 이런 접근방식은 일부 편견들과 관련해 나타나는 반응들을 구체적으로 보여주는 데 도움이 된다. 예컨대, 사람들은 인정 많고 따뜻하지만 경쟁력은 떨어지는 사람들—이를테면, 정신지체 장애인—을 측은하게 여기는 경향이 있다. 반면 경쟁력은 높지만 온정적이지 않은 사람들—이를테면 부자—은 부러워하는 경향이 있다.[142]

이런 접근방식이 내가 이 책에서 제시한, 무신론자에 대한 편견을 보여주는 다양한 증거들을 설명해줄 수 있을까? 이 접근방식에 따르면 다음과 같은 주장이 된다. 특정 집단에 대해 어떤 편견이 생기는지는 그 집단의 구성원들에 대해 얼마만큼 온정적이거나 경쟁력이 있다고 인식하는지에 따라 결정된다. 무신론자에 대한 편견은 종교적 친사회성 자체에서 비롯되는 게 아니라, 온정적 특성이 낮은 집단(또는 온정심은 낮고 경쟁력은 높은 집단)을 불신하는 일반적 정보처리 과정에서 비롯되는지도 모른다. 이것이 사실이라면 불신을 받는다는 특징은 경쟁력은 있지만 온정적이지는 않다고 여겨지는 외집단들의 특징이라고 보아야 한다. 한편 우리의 연구모델들을 보면 불신을 받는다는 특징은 다른 집단들—경쟁력과 온정이라는 두 가지 특성에서 무신론자 집단에 상응하는 정도의 특징을 지닌 집단들을 포함해서—보다 무신론자 집단이 지닌 특징으로 보아야 한다고 가정한다.

그렇다면 경쟁력과 온정심이 무신론자에 대한 편견을 설명할 수 있을까? 우리는 사람들이 무신론자에게 보이는 편견을 페미니스트와 유대인을 향한 편견과 비교함으로써 이 가설을 검증해보았다. 캐나다인 참가자들은 세 집단 모두 비슷한 정도의 경쟁력과 온정이 있다고 인식했다. 그럼에도 여전히 페미니스트나 유대인보다 무신론자들에 대해 '신뢰할 수 없음'이 더 강하게 나타났다.

이 이론은 올바른 방향으로 진일보한 이론이며, 어떤 편견을 지녔는지가 매우 중요하다는 사실과, 편견이 생긴 본질적인 이유는 편견에 따라 각양각색이라는 이론도 부분적으로는 맞는다는 점을 깨닫게 한다. 하지만 무신론자에 대한 불신이라는 독특한 편견을 설명하는 데는 부족하다. 그리고 이 이론은 문화적 진화이론이 아니기 때문에 대규모 협력이 종교에서 비롯되었다는 사실에 대해서는 아무것도 말해주지 못한다. 이 이론은 무신론자에 대한 편견과 페미니스트/유대인—무신론자와 비슷한 정도의 경쟁력과 온정심을 지니고 있다고 평가받음에도 무신론자보다 훨씬 신뢰를 받는 집단—에 대한 편견을 구분하지 못할 뿐만 아니라, 신뢰와 호감도 분명히 구분하지 않으며, 신뢰와 호감을 '온정심'이라는 항목 아래 뭉뚱그릴 가능성이 높다. 하지만 신뢰와 호감은 별개의 특징이며, 실제로 우리가 실시한 여러 연구에서도 이 두 특징은 서로 다른 반응을 낳는다는 결과가 나왔다. 게다가 더욱 중요한 사실은, 무신론자에 대한 반감이 종교에서 비롯되었음을 보여주는 다음과 같은 수많은 증거들이 나타났다는 점이다. ①무신론자에 대한 편견은 혐오감, 두려움, 일반적 비호감이라기보다 불신에서 비롯된다. ②종교적인 믿음의 여부가 무신론자에 대한 편견이 있는지 예측하는 강력한 지표이다. ③좀 더 정확히 말하자면, 무신론자에 대한 편견은 초자연적 감시자의 존재를 믿지 않는 사람은 도덕적으로 행동하지 않는다는 종교적 직관에서 비롯된다.

또 다른 시각도 살펴볼 만하다. 무신론자가 불신을 받는 까닭은 그들이 내집단(內集團, ingroup)의 도덕성을 위협하는 존재로 여겨지기 때문이라는 이론도 있다. 사회심리학자들은 오래전부터 사람들이 자신이 속한 집단을 도덕적 특징으로 규정하는 경향이 있다고 하였다. 이는 외집단에 대한 불신으로 이어지고 외집단이 내집단의 도덕성을 위협한다고 믿게 된다. 종교적 내집단의 정체성이 강력한 참가자들(예컨대 그리스도교도)은 내집단의 도덕적 기반을 위협한다고 보기 때문에 무신론자들을 불신할지도 모른다. 이 주장에 따르면, 무신론자에 대한 불신은 신앙심과 연관되어 있다. 우리의 연구결과와 같다. 하지만 이 접근방식은 전통적 그리스도교적 도덕관에 반한다고 여겨지는 무슬림이나 동성애자 등 다른 집단들보다 무신론자들이 더 불신을 받는 점을 분명히 예측하지는 못한다. 어쩌면 무슬림이나 동성애자의 믿음 및 생활방식보다 신의 존재를 부정하는 무신론자의 사고가 종교적 내집단의 가치에 더 직접적으로 위협이 된다고 여기고, 따라서 무신론자를 더 불신하는 결과가 나오는지도 모른다.[143]

이 가능성도 일리는 있지만, 우리가 제시한 이론은 예측한 반면 내집단의 도덕성에 대한 위협을 기반으로 한 이론은 예측하지 못한 두 가지 핵심적 결과가 있다. 첫째, 신이 있다고 믿지만 특정 종교에 속하지 않은 사람들(따라서 내집단의 도덕성을 수호할 이유가 없는 사람들)도 마찬가지로 무신론자를 불신한다는 사실이 우리 연구에서 나타났다. 특정 종교에 소속되지 않은 사람들 가운데 신을 믿는 정도가 강할수록 무신론자를 불신하는 정도가 강하게 나타났다. 둘째, 신앙인이 무신론자를 불신하는 이유는 초자연적 감시자에 대한 믿음에서 비롯된다는 사실이 우리 연구결과에서 나타났다. 신앙인들이 무신론자에 대해 의구심을 품는 이유는 초자연적 감시자의 존재를 믿지 않기 때문이지만, 이 점은 내집단의 도덕성에 대한 위협을 강조하는 접근방식에서는 나타나지 않는다.

　마지막으로 소개할 세 번째 시각은 역시 문화적 진화론 접근방식이다. 이 이론에 따르면, 종교적으로 전파되고 강화되는 친사회적 규범도 무신론자에 대한 불신을 낳는 데 기여한다. 종교적 유사성은 자신이 지닌 규범과 믿음을 상대방이 공유한다는 강력한 신호이므로 상대를 신뢰해도 괜찮은 대상으로 인식하기 때문이다. 이 관점에 따르면, 인종적 외집단, 동성애자, 무신론자 들이 지니고 있다고 여겨지는 규범들이 각각 다르다. 무신론자들이 지닌 규범(혹은 규범의 부재)으로 인해 신앙인들은 무신론자들을 불신하게 된다.

　무신론자가 지닌 규범은 다른 집단들보다 유독 종교적 집단에게 위협적으로 보일지도 모른다. 신앙인들은 인종적 외집단의 구성원이나 동성애자들은 단순히 자신의 규범과는 다른 규범을 준수한다고 여기지만, 무신론자들은 자신의 규범에 정면으로 배치되는 규범을 따른다고 여기기 때문이다. 아니면, 무신론자들이 정확히 어떤 규범을 지니고 있는지 분명하지 않기 때문에 무신론자를 불신하는지도 모른다. 예컨대 그리스도교도나 힌두교도는 무슬림이 어떤 규범을 지녔는지 유추할 수 있지만, 무신론자는 예측 불가능한 대상으로 여길지도 모른다. 신앙인들이 무신론자를 불신하는 이유는 무신론자가 추종한다고 여겨지는 규범 때문이기도 하고, 무신론자는 추종하는 규범이 없다고 여기기 때문이기도 하다.[144]

　이런 해석은 내가 이 책에서 제시한 이론에 배치되는 이론이 아니다. 오히려 내가 제시한 이론을 보완한다. 신앙인이 자신의 사회적 규범을 무신론자가 공유한다고 여겨도 무신론자는 신이 지켜본다고 믿지 않기 때문에 그 규범을 준수하지 않으리라고 생각할지도 모르기 때문이다. 초자연적 감시자에 대한 믿음 그리고 감시에 수반되는 초자연적 처벌의 위협 때문에 신앙인이 친사회적 규범을 준수한다고 할 때, 무신론자는 이런 동기부여가 되지 않는다고 여겨진다.

감시하는 신에서 감시하는 정부로

지금까지 나는 매우 암울한 분위기의 그림을 그렸다. 무신론자에 대한 편견이 존재하는 핵심적 이유가 거대한 신을 숭배하는 종교라고 하였다. 전 세계 대부분의 사람들은 이런 의미에서 종교적이라고 할 수 있다. 이런 문화적 전통을 공유하는 사람들은 대부분 무신론자들을 불신한다. 그뿐만 아니라 역사적으로 낙인찍힌 다른 집단들에 대한 편견은 세월이 흐르면서 눈에 띄게 완화되었는데, 무신론자에 대한 편견 만큼은 여전히 강고하다. 신뢰는 사회생활의 핵심요소이기 때문에 종교적 성향이 강한 사회에 살면서 자신이 무신론자임을 밝히는 사람들은 표적이 되고 배척당하는 위험을 감수해야 한다.

하지만 무신론자들에게도 한 가지 희망이 있다. 무신론자에 대한 불신을 눈에 띄게 해소시키는 결정적 조건이 있다. 사회의 세속화 자체를 말하는 것은 아니다. 물론 무신론자에 대한 편견은 친사회적 종교에 대한 믿음에서 비롯되기 때문에 종교가 사회를 장악하는 힘이 약해진다면 무신론자에 대한 편견도 약화된다(이 문제는 10장에서 다루겠다). 무신론자에 대한 불신은 종교의 물결이 잦아들면 쇠퇴한다. 국제적 비교연구 결과를 보면, 무신론자에 대한 불신은 스칸디나비아 반도와 북유럽처럼 고도로 세속화된 사회에서는 아주 미약하거나 전혀 존재하지 않는다. 하지만 이는 너무 뻔한 사실이다. 결국은 무신론자들이 자기 자신을 불신할 확률이 낮다는 이야기가 되니까! 더욱이 유럽을 비롯해 세계 일부 지역에서 세속화가 이루어지기는 했지만, 전 세계적으로 종교적 성향은 약해지지 않고 그대로 유지되고 있다.[145] 따라서 종교가 쇠퇴하면 무신론자에 대한 편견도 약화되리라는 기대는 당분간 하지 않는 게 좋다.

내가 염두에 둔 요인은 그보다 훨씬 흥미롭고 중요하다. 뜻밖에도 여기 제시된 분석방법, 즉 문화적 진화이론에서 직접 도출되는, 편견을 줄이는 방법이기 때문에 흥미롭다. 또 신앙인들 사이에 팽배한 무신론자에 대한 불신을 줄일 방법이기 때문에 중요하다. 애초에 무신론자에 대해 배타적인 태도를 보일 확률이 가장 높은 집단이 바로 신앙인들 아닌가.

그 뜻밖의 요인이란 효과적인 세속적 제도/기관이다. 사법부, 계약, 경찰 등과 같이 근대사회에 출현해서 인간의 행동을 감시하고 사람들이 자신의 행동에 대해 책임을 지도록 만드는 제도와 기제에 문화적으로 노출되는 방법을 말한다. 이 주장의 논리는 다음과 같다. 초자연적 감시를 믿지 않는다는 이유로 무신론자들이 불신을 받는다면, 이들을 불신하는 사람들이 세속적 감시에 노출되면 무신론자에 대한 불신의 뿌리—무신론자들은 어떤 사회적 감시의 제약도 받지 않으므로 도덕적으로 예측 불가능하다는 생각—가 잠식될지도 모른다.

이제 우리는 초자연적 감시가 세상에서 친사회성을 촉진하는 유일한 요소가 결코 아님을 알게 되었다. 일부 지역에서는 협력의 수호자로서 감시하는 신의 대열에 세속적 권위가 합류했다(아니, 어쩌면 신을 대체했는지도 모른다). 이는 심리학적으로 흥미로운 결과를 낳았는데 이에 대해서는 10장에서 자세히 다루도록 하겠다. 현장조사에서, 또 실험실 연구에서 이런 주장을 뒷받침하는 증거가 많이 나왔다. 경제학자와 사회학자들은 현장조사에서 강력한 제도가 뒷받침되는 사회의 구성원들이 제도가 취약한 사회의 구성원들에 비해 다른 구성원들을 훨씬 신뢰하고 친사회적 성향을 강하게 보이며 무임승차자를 처벌하려는 의지도 훨씬 강하다는 일관된 결과를 얻었다.[146]

3장에서 다루었듯이, 실험실 연구에서는 캐나다인들에게 세속적 개념(예컨대, 시민의 의무, 배심원, 경찰)을 떠올리게 하면 감시하는 신을 상기시키는 경우 못지않게 너그러운 행동을 보인다는 결과가 나타났다.[147] 이런 결과로 미루어볼 때, 협력과 신뢰를 촉진시키는 요인으로 치자면 신과 정부는 서로 대체가능한 역동적 관계라는 흥미로운 결론이 나온다.

이런 역동성은 무신론자에 대한 불신과 관련해 직접적으로 중요한 의미가 있다. 무신론자들이 자신의 행동을 신이 감시한다고 믿지 않기 때문에 신뢰하기 어렵다는 인식은 신이 아닌 다른—초자연적 힘은 아니지만—'고차원의' 권력이 사람들을 효과적으로 감시한다고 인식하면 그만큼 줄어든다.

이것이 사실이라면 두 가지 결론이 나온다. 첫째, 강력한 제도가 구축된 사회에 사는 신앙인은 세속적 제도가 취약한 사회에 사는 신앙인보다 무신론자에게 보이는 불신의 강도가 약해야 한다. 이를 통해 아주 단순한 가설이 성립된다. 신앙심의 수준과 다른 타당한 변인들을 통제했을 때, 세속적 법치가 강력히 실행되는 나라일수록 무신론자에 대한 불신이 낮다. 둘째, 세속적 권위에 노출되면 무신론자에 대한 불신이 줄어든다. 국가 간 비교분석 결과를 보면, 무신론자에 대한 불신을 줄이는 요인이 법치라고 단정적으로 결론 내리고 있진 않다. 하지만 실험실에서 사람들에게 일시적으로 세속적 제도를 생각하게 한 다음 무신론자에 대한 태도를 측정한 결과 다음과 같은 또 하나의 단순한 가설이 성립되었다. 친사회적 행동을 강화하는 세속적 권위를 상기시키면 무신론자에 대한 불신이 줄어든다. 더 나아가서 이런 효과는 편견의 일반적인 특징이 아니라 무신론자에 대한 편견인 불신이라는 특징에서만 나타난다. 윌 저베이스와 나는 문화 간 분석을 실험한 연구결과와 복합적으로 고려해 이런 가설들을 검증해보았다.

　세계 54개국을 대상으로 한 조사에서 우리는 무신론자에 대한 불신의 정도가 문화마다 차이가 난다는 점을 이용해 첫 번째 가설을 검증해보았다. 첫째, 우리는 각 나라에서 나타나는 무신론자에 대한 불신의 평균을 측정했다. 이는 사람들이 무신론자인 정치후보에게 투표할 의향이 어느 정도인지를 측정하는 표준척도를 이용해 측정했다. 그다음 세계은행이 개발한 '법치'의 척도를 빌려왔다. 이 척도는 효과적 제도를 구축하는 정부의 능력을 측정하는 척도이다. 법치 척도는 세속적 권위가 법을 제정하고 집행함으로써 개인 간의 의견을 조율하고 협력을 촉진하는 여러 가지 기제들을 보장하는 능력이 어느 정도인지를 측정한다. 여기에는 계약이행, 재산권의 보호, 경찰의 부패 정도가 낮다는 인식, 사법부에 대한 높은 신뢰수준과 같은 요인들이 포함되어 있다. 이 척도를 기준으로 보면 나라마다 법치 수준이 천차만별이다.

북유럽, 캐나다, 오스트레일리아, 칠레, 일본, 미국이 매우 높은 점수를 기록한 반면, 대부분의 개발도상국들의 점수는 낮았다. 마지막으로 우리는 사용한 표본에서 신앙인들만(자칭 무신론자는 제외) 포함시켰고, 통제 변인으로 다루어진 다른 여러 가지 변인들도 고려했다. 그 결과 다른 모든 조건이 동일하다면, 세속적 법치가 확고하게 구축된 사회에 거주하는 신앙인은 세속적 법치가 취약한 사회에 거주하는 신앙인보다 무신론자에 대한 불신이 현격히 낮은 것으로 나타났다. 다시 말해서, 두 신앙인이 똑같이 독실한 신자라고 해도 법치가 강한 사회에 거주하느냐, 약한 사회에 거주하느냐에 따라 이들이 무신론자에 대해 보이는 불신의 강도가 다르다는 결론이다.[148]

이런 결과는 두 가지 중요한 점을 시사한다. 첫째, 법치가 무신론자에 대한 불신을 낮춰주는 이유는 단순히 법치가 확고한 사회에 사는 사람들이 일반적으로 사람들을 신뢰하기 때문은 아니다. 우리가 사용한 통계적 모델에서 사람들에 대한 일반적 신뢰의 수준을 변인으로 포함시킨 뒤에도 이런 결과는 변하지 않았기 때문이다. 법치는 일반적 수준의 신뢰를 훨씬 초월해서 특히 무신론자에 대한 불신을 줄이는 효과를 낳았다. 둘째, 나이, 성별, 학력, 소득 등 개인이 지닌 인구학적 변인들을 통제한 뒤에도 법치는 무신론자에 대한 불신을 줄이는 것으로 나타났다. 더욱 중요한 사실은, 무신론자에 대한 불신을 줄인다고 알려진 국가 차원의 두 가지 요인들—유엔이 개발한 인간개발지수(경제적 부, 수명, 학력 등을 복합적으로 측정하는 지수)와 개인주의—의 영향을 제거한 뒤에도 여전히 법치는 무신론자에 대한 불신을 상당히 줄여주는 것으로 나타났다. 이런 결과로 미루어 보면, 법치가 강력한 나라에 사는 신앙인들이 무신론자를 불신하는 정도가 낮은 까닭은 단순히 이 나라들이 복지수준이 높아서도 아니고 개인의 자율을 존중하고 표현의 자유를 인정해서도 아니라는 결론이 나온다. 인간개발지수, 개인주의, 국민들의 신앙심이 비슷한 수준의 나라들이라도 강력한 세속적 제도가 뒷받침되는 나라에 거주하는 신앙인들이 무신론자를 불신할 확률이 훨씬 낮게 나타난다.

이 대목에서 여러분은 의아하게 생각할지 모른다. 그렇다면 미국은 왜 높은 수준의 법치가 구축되어 있는데도 무신론자에 대한 불신의 수준이 높은 것인가? 미국은 이례적이다. 21세기 초 미국인의 39퍼센트는 신을 믿지 않는 정치인은 공직에 적합하지 않다는 의견에 강력히 동의, 적어도 동의하고 있다. 이 수치는 종교적 성향이 강하지만 빈곤한 나라들, 예컨대 파키스탄(95퍼센트)보다는 낮지만 종교적 성향이 매우 강한 이웃나라 멕시코(39퍼센트)와는 비슷하다. 미국의 북쪽에 있는 이웃나라이자 문화적으로 매우 유사한 캐나다에서는 무신론자에 대한 불신(21퍼센트)이 미국보다 훨씬 낮게 나타난다. 하지만 캐나다에서 나타나는 무신론자에 대한 불신의 수준은 캐나다와 인간개발지수및 법치 수준이 비슷하지만 훨씬 종교적 성향이 약한 선진국들, 예컨대 영국(11퍼센트)이나 덴마크(8퍼센트), 스웨덴(4퍼센트)처럼 무신론자에 대한 불신감이 거의 존재하지 않는 나라들보다는 높다. 그렇다면 다른 선진국과 달리 미국에서 무신론자에 대한 불신의 수준이 특히 높은 이유는 무엇일까? 이는 매우 복잡한 문제이지만, 이 의문에 대한 해답은 미국이 지닌 두 가지 특이사항과 관련이 있다. 여러 가지 흥미로운 이유로 인해 미국은 경제 강대국임에도 기이할 정도로 강한 종교적 성향을 보이고, 앞서 살펴보았듯이 신앙심은 무신론자에 대한 불신을 결정하는 가장 중요한 요인이라는 사실이 작용하고 있다.

미국 같은 이례적인 경우가 있긴 하지만, 일반적으로 통계수치를 해석할 때 통상적으로 덧붙이는 단서조항인, '다른 모든 조건이 동일하다고 볼 때' 세속적 제도가 강력하게 뒷받침되면 신앙인들이 무신론자들에 대해 보이는 불신감은 상당히 줄어든다. 하지만 여기서 거론된 문화 간 비교연구는 중요한 점을 시사해주기도 하지만 큰 결함도 있다. 강력한 세속적 제도와 무신론자들에 대한 불신감 감소의 인과관계를 분명하게 밝혀주지 못한다는 점이다. 우리가 생각하지 못한 어떤 제3의 변인 때문에 사회들이 강력한 제도를 구축하게 되고, 그 사회의 구성원들이 무신론자를 신뢰하게 될 가능성이 상존한다. 인과관계가 성립되는지 알아보는 가장 확실한 방법은 참가자들을 처치집단과 통제집단에 무작위로 배치하는 실험이다. 윌 저베이스가 주도한 이런 일련의 실험에서 우리는 단순히 세속적 권위를 상기시키기만 해도 무신론자에 대한 불신이 줄어드는지 확인하기로 했다.

저베이스와 나는 세속적 권위를 상기시키면 신앙인들이 보이는 무신론자에 대한 불신이 줄어드는지 실험했다. 이에 덧붙여 세 가지 가능한 다른 해석들도 실험해보았다. 첫째, 무신론자에 대한 불신이 줄어든 현상은 세속적 권위를 상기시킴으로써 단지 무신론자뿐만 아니라 어떤 집단에 대한 편견도 줄어드는 보다 광범위한 효과의 일환일 가능성이 있다. 둘째, 앞서 살펴본 바와 같이, 진화적 접근방식으로 편견을 분석해보면 사람들이 어떤 편견을 지녔느냐에 따라 어떤 위협으로 인식하는지도 달라진다. 세속적 권위는 편견에 따라 다양하게 나타나는 특정 반응들을 일관적으로 제어할지도 모른다. 마지막으로, 세속적 권위를 상기시키면 모든 외집단에 대한 신뢰도가 증가할 가능성도 있다.

한 연구에서 우리는 밴쿠버 시에 거주하며 종교를 믿는 캐나다인들을 무작위로 처치집단에 배치해 2010년 밴쿠버 경찰국이 이룬 업적을 자세히 다룬 비디오를 보여주었다(이 자료는 밴쿠버가 동계올림픽을 개최한 바로 그해에 밴쿠버 경찰국장이 제출한 연말보고서의 일부이다). 무작위로 통제집단에 배치된 종교를 믿는 캐나다인들에게는 관광명소로서의 밴쿠버에 대해 어떻게 생각하는지 한 여행객이 밝힌 소감("시 전체가 야외활동하기에 적합하다." "건축물이 특성이 없고 밋밋하다.")을 보여주었다. 이런 처치를 하고 난 뒤 모든 참가자들에게 무신론자를 비롯해 다양한 집단들에 대해 어떻게 생각하는지 물어보았다. 그 결과, 세속적 권위를 떠올리는 비디오를 본 참가자들에게서는 무신론자에 대한 불신이 줄어들었지만, 다른 세 집단—남성 동성애자, 무슬림, 유대인—에 대한 감정에는 변화가 없었다.

두 번째 연구에서 우리는 참가자들이 인식하지 못하도록 은밀하게 자극을 주었다. 이 자극은 앞서 경제게임에서 너그러움을 증가시켰던 자극과 마찬가지로, 세속적 권위를 암시하는 자극이었다(법원, 경찰, 계약 등과 같은 단어들). 그 결과 세속적 권위를 암시하면 무신론자에 대한 불신은 감소했지만, 다른 집단에 대한 불신의 정도에는 영향을 미치지 못한다는 점을 알게 되었다.

이런 실험결과들은 문화 간 비교연구에서 나타난 유형과 통하는 점이 있으며, 세속적 권위가 신앙인들이 무신론자들에 대해 느끼는 불신을 감소시킨다는 사실을 보여준다. 하지만 이런 연구들이 캐나다에서 실시되었다는 점을 주목해야 한다. 캐나다는 강력한 정부가 나라를 이끌고 있고 세속적 제도나 기관에 대해 신뢰도가 높은 나라이다. 여기서 소개한 실험들을 국민들이 정부를 거의 신뢰하지 않는 나라에서 실시하였다면, 세속적 권위에 대한 자극을 주었다고 해도 실험 참가자들은 무능하고 부패한 정부를 떠올려 오히려 무신론자에 대한 불신이 증가했을지도 모른다. 그런 나라에서는 국민의 일거수일투족을 감시하는 정부가 있다고 해도 정부는 종교를 대체하지 못하고 무신론자에 대한 불신도 줄어들지 않는다. 파키스탄, 시리아, 벨라루스 같은 부패한 경찰국가들에도 감시하는 정부가 있지만, 국민들은 정부를 거의 신뢰하지 않으며 따라서 법치 수준도 낮다.

이 장을 마무리하기 전에 윌 저베이스가 밝혀낸, 무신론자에 대한 불신을 완화하는 다른 한 가지 요인을 살펴보겠다. 심리학자 고든 올포트Gordon Allport는 편견에 대한 연구에서 수적으로 우세한 집단들을 향한 편견이 훨씬 강하게 나타난다는 사실을 발견했다. 뒤이어 나온 연구에서도 학자들이 이 사실을 확인했다. 이를테면, 흑인에 대한 편견은 미국 내에서 흑인 인구가 타 인종 인구보다 많은 지역일수록 강하게 나타난다. 하지만 편견을 외집단의 규모와 관련시키는 연구는 미국에서 흑인에 대한 편견을 조사한 내용이 대부분이고, 흑인에 대한 편견에서 가장 두드러지게 나타나는 감정적 반응은 두려움이라는 사실을 우리는 알고 있다. 따라서 이 연구결과를 무신론자에 대한 편견의 특징인 불신에 적용하기는 어렵다.[149]

안전과 재산을 위협한다고 여겨지는 집단의 상대적 규모가 크면 클수록 편견이 강하다는 사실은 놀라울 게 없다. 하지만 편견의 토대가 되는 위협의 특성은 제각각이라는 사실로 미루어볼 때 외집단의 규모가 편견에 미치는 영향도 어떤 편견인지에 따라 다르다.[150] 외집단의 규모는 두려움이 특징인 편견을 강화하지만, 불신이 특징인 편견에는 정반대 효과를 나타낼지도 모른다. 그 이유를 이해하려면 무신론자가 겪는 불신의 정도에 비해 무신론자라는 집단으로서의 존재감은 부각되지 않는다는 사실에 주목해야 한다. 그렇게 믿지 못할 집단이라면 부도덕한 행동을 일삼아서 그 여파가 대단할 테니 실체가 분명히 드러나야 정상이다. 무신론자가 드물다면 이 두 가지 사실은 양립가능하다. 불신을 당하는 집단이라도 규모가 작다면 눈에 띄지 않을 수도 있다. 하지만 무신론자들의 수가 많은데도 눈에 띄지 않는다면 무신론자는 못 미덥다는 주장의 논리가 약해진다.

저베이스는 이런 예측을 뒷받침하는 증거들을 발견했다. 첫째, 국가 간 비교연구에서, 개인적 차이, 보수주의, 인간개발지수, 개인주의 등에 대한 국가 간 차이들을 통제한 뒤에도, 무신론자가 많은 지역에 사는 신앙인들에게서 무신론자에게 보이는 불신감이 낮게 나타났다. 이는 앞서 언급한, 외집단의 규모가 클수록 두려움이 특징인 편견은 강화되지만, 불신이 특징인 편견은 약화된다는 가정을 뒷받침해준다. 즉, 특정 공동체 내에 무신론자들 수가 많으면 그만큼 신앙인들이 무신론자들에게 많이 노출되고 이들과 접촉하게 되므로 무신론자에 대한 불신이 낮아진다. 둘째, 캐나다 대학생 표본에서는, 무신론자가 흔하다고 생각한 신앙인들 사이에서 무신론자에 대한 불신이 낮게 나타났는데, 특히 가장 독실한 신앙인들에게서 이런 현상이 두드러졌다.

마지막으로, 무신론자가 어떤 사람인지 일반적 성향을 상기시키자 무신론자에 대한 편견이 통계상으로는 없어졌다. 하지만 이는 무신론자와의 접촉에 대한 인식이나 사람들이 무신론자 외에 다른 집단들에 대해 지닌, 무신론자에 대한 편견과는 다른 종류의 편견에는 영향을 미치지 못했다.

이런 연구결과들에는 중요한 정책적 함의가 있다. 어쩌면 무신론자들은 동성애자 인권운동에서 교훈을 얻을 수 있을지 모르겠다. 저베이스는 다음과 같이 말했다.

> 동성애 성향과 마찬가지로 무신론자인지 여부도 숨기는 게 가능하다. 따라서 사람들은 무신론자나 동성애자가 얼마나 많은지 잘 알지 못한다. 도킨스Dawkins 박사는 바로 두 집단이 지닌 이런 유사점을 강조했다. 그는 무신론자들이 '커밍아웃'해 무신론에 대한 대중의 인식을 높이면 무신론자에 대한 편견이 극복될지 모른다고 주장했다. 게이 프라이드Gay Pride 운동이 동성애가 사회적으로 받아들여지도록 대중에게 폭넓은 지지를 이끌어내는 데 성공했듯이 말이다. 이런 운동을 전개하면 무신론자나 동성애자가 실제로 얼마나 많은지 널리 알려지게 된다. [151]

요약하자면, 우리는 이제 무신론자에 대한 편견을 줄인다고 믿을 만한 세 가지 요인들을 알게 되었다. ①친사회적 규범을 창출하는 강력한 세속적 제도에 노출시키거나 그런 암시를 주는 방법 ②무신론자가 많다는 사실에 노출시키거나 그런 암시를 주는 방법 ③사회에서 종교적 성향을 약화시키는 방법.[152]

이 세 가지 요인들은 나란히 작동하며 서로 효과를 강화한다는 사실을 주목해야 한다. 사회 구성원들 사이의 협력을 촉진하기 위해 세속적 제도에 점점 더 많이 의존하게 되면서 종교적 성향은 쇠퇴하고 무신론자에 대한 편견도 줄어든다. 세속화가 촉진되고 무신론자가 사회적으로 용인되면 무신론이 확산되고, 무신론자들이 더 많아지고 눈에 띄게 되면 무신론자에 대한 불신은 더욱 줄어들고 이는 다시 세속화를 한층 강화시킨다. 이런 단계에 도달한 사회가 바로 덴마크나 스웨덴 등 스칸디나비아 반도 국가들인데, 이런 사회들은 법치에서 세계 최고 점수를 받고 있고, 사회적 결속력과 구성원들 간의 신뢰수준도 매우 높으며, 종교적 성향이 매우 낮고 무신론자에 대한 불신감은 사실상 존재하지 않는다. 스칸디나비아 국가들 같은 일부 현대국가들은 강력한 정부와 제도들을 구축한 반면, 다른 나라들은 그러지 못한 이유에 대해서는 논란의 여지가 있다. 하지만 이런 제도들이 어디서 비롯되었든지 간에 대대적 전환을 일으키는 과정의 물꼬를 텄고 그 효과가 널리 확산되었을 가능성이 높다. 이런 과정들은 10장에서 보다 심층적으로 살펴보겠다.

6장
–
진정한
신도

세계 주요 종교들이 종교적 위선에 그토록 집착하는 이유는 무엇일까? 예를 들어 그리스도교의 가르침에서 교회는 협력공동체이기 때문에 항상 그 가운데 '나쁜 종자bad seeds'가 끼어들 수 있다는 사실을 받아들이는 것으로 보인다. 《마태복음》 13장 24절~30절에서 예수는 우화의 형식을 빌려 다음과 같이 말한다.

천국의 좋은 씨를 제 밭에 뿌린 사람과 같으니 사람들이 잘 때에 그 원수가 와서 곡식 가운데 가라지를 덧뿌리고 갔더니. 싹이 나고 결실할 때에 가라지도 보이거늘. 집주인의 종들이 와서 말하되, "주여, 밭에 좋은 씨를 심지 아니하였나이까? 그러면 가라지가 어디서 생겼나이까?" 주인이 가로되, "원수가 이렇게 하였구나." 종들이 말하되, "그러면 우리가 가서 이것을 뽑기를 원하시나이까?" 주인이 가로되, "가만두어라. 가라지를 뽑다가 곡식까지 뽑을까 염려하노라. 둘 다 추수 때까지 함께 자라게 두어라. 추수 때에 내가 추수꾼들에게 말하기를, 가라지는 먼저 거두어 불사르게 단으로 묶고 곡식은 모아 내 곳간에 넣으라 하리라."[153]

문학작품을 보면 혐오스러운 등장인물은 주로 종교적 위선을 떠는 사람으로 설정된다. 몰리에르Molière의 걸작 희곡인《타르튀프Le Tartuffe》에서 부유한 가문의 가장인 오르공은 타르튀프에게 속아 넘어간다. 타르튀프는 독실한 신자인 척하는 사기꾼이다. 타르튀프는 오르공을 꼬드겨 온갖 선물을 받고 사회적 특혜를 누리고, 심지어 오르공을 설득해 그의 딸과의 결혼 승낙까지 받아내려고 한다. 타르튀프를 조심하라는 경고를 여러 번 들었음에도 무시하던 오르공은 타르튀프가 자신의 아내를 유혹하려는 대화를 엿듣게 되고 마침내 타르튀프가 위선자임을 알게 된다. 오르공의 처남 클레앙트는 종교적 위선에 대한 깊은 혐오감을 다음과 같이 표현한다.

> 내가 그 누구보다도 존경하는 사람이
> 믿음이 확고하고 진실한 사람이다.
> 내가 그 무엇보다 소중히 여기고 경탄하는 성품이
> 정직한 열정과 진심에서 우러나오는 뜨거운 믿음이다.
> 따라서 내가 그 무엇보다도 경멸하는 것이
> 신심은 허울뿐인 부정직한 인간의 얼굴이다.[154]

　　앞에서 나는 다음과 같이 주장했다. ①사람들은 보는 눈이 있으면 언행을 삼간다. ②감시당하고 있다고 진심으로 믿는 사람들이 더 신뢰를 받는다. 이 두 가지 사실은 유전적으로 무관한 남남들 간에 어떻게 협력적 관계가 형성되는지를 상당 부분 설명한다. 하지만 이런 해석에서 빠진 사항이 있다. 초자연적 감시자에 대한 믿음이 신뢰와 협력을 증진시킨다면 종교적 위선자들이 초자연적 감시자를 믿는 척하고 집단에 침투해 집단에 기여는 하지 않고 혜택만 누리는 사태를 어떻게 막을 수 있을까? 이런 사기꾼들에게서 집단을 보호할 안전장치가 없다면 친사회적 종교집단에는 이기적인 종교적 위선자들이 침투하게 되고 이들이 곧 집단 내에서 신앙인의 수를 넘어서게 된다. 그렇게 되면 집단 구성원들 간의 결속력은 곧 와해된다.[155]

종교적 위선의 문제에서 초자연적 감시에 대한 다섯 번째 원칙이 도출된다.

> 신앙심은 말보다 행동으로 증명된다.

다섯 번째 원칙에 대한 설명을 마무리하기 위해 수많은 종교적 관행과 행동에서 나타나는 가장 흥미롭고 의아한 한 현상을 살펴보겠다. 바로 자신에게 분명히 손해가 되는 줄 알면서도 과도하고 터무니없는 행동을 하는 이유이다.

종교적 사치와 낭비를 잘 보여주는 역사적 사례로 아나톨리아(Anatolia, 옛 소아시아, 현재의 터키 —옮긴이)에서 키벨레Cybele 여신을 숭배한 사제들을 들 수 있다. 키벨레 여신을 섬기는 사제들은 종교의식 중 직접 자신을 거세하고 여성의 정체성을 얻는다. 로마제국 초기에 이런 공개적이고 자발적인 자기 거세행위를 보고 키벨레를 섬기는 추종자가 급증했고, 키벨레 여신을 섬기는 종교진영은 초기 그리스도교 진영에서 확보한 신도들을 두고 경쟁을 벌이는 경우도 종종 있었다. 키벨레 여신 숭배자들은 흥분한 상태에서 밤에 난교파티를 열어 가무를 즐기고 북을 두드리면서 떠들썩하게 어울렸다고 알려져 있다. 이런 관행은 키벨레 여신 추종자들 사이에서는 인기가 있었지만 신심이 깊지 않은 이웃들은 잠을 설쳐 못마땅해했을 가능성이 높다.[156]

자기 거세라는 극단적 관행을 행한 집단은 키벨레 추종자들뿐만이 아니었다. 19세기 러시아에는 '스콥치Skoptsy'라는 그리스도교 종파가 있었는데, 이들도 자기 거세를 했다. 남녀 모두 성적 순수함에 도달하고 그리스도의 재림을 앞당기기 위해서 성기를 제거했다. 이들은 제정 러시아 정부로부터 박해를 받았지만 농부, 귀족, 공직자 들을 비롯해 사회 각계각층에서 상당한 수의 추종자들을 끌어 모았다. 이들 중 상당수가 시베리아로 유배되었다. 스콥치 추종자의 수가 얼마나 되었는지를 보여주는 믿을 만한 통계자료를 얻기는 힘들지만, 체포된 신도수로 미루어 짐작하건대, 이 집단이 쇠락의 길에 접어들기 시작한 20세기 초쯤 10만 명에 달했을 것으로 추정한다.[157]

말레이시아, 싱가포르를 비롯해 여러 지역에 있는 타밀계 힌두교 공동체들이 해마다 여는 타이푸삼Thaipusam이라는 축제에서는 독실한 힌두교도들이 '카바디Cavadee'라고 하는 다양한 자기희생 행위를 공개적으로 선보인다. 그들은 이런 행위를 통해 타밀족이 섬기는 전쟁의 신 무루간Murugan의 노여움을 달래고 소원이 성취된다고 믿는다. 이런 행동들은 삭발을 하고 가벼운 짐을 짊어지는 비교적 온건한 행위부터 축제가 열리기 전 며칠 동안 금식을 하거나, 못이 박힌 바닥을 맨발로 걷거나 피부, 혀, 뺨을 꼬챙이로 뚫는 등 잔혹한 행위까지 다양하다[그림 6.1 참조]. 고통이 심할수록 무루간 신에게서 더 큰 은혜를 받으며, 이런 행위를 한 사람은 공동체 내에서 사회적 지위가 상승한다.[158]

[그림 6.1]
(A) 모리셔스에 사는 타밀계 힌두교도들의 축제 타이푸삼에서 카바디라는 자기희생 행위를 하는 힌
두교 신도의 모습. (B) 필리핀에서 해마다 열리는 십자가 처형 재연 행위. 독실한 로마가톨릭 신자들
이 자원해서 채찍질을 당하고 십자가에 못 박힌다. (C) 해마다 열리는 하지Hajj(무슬림의 성지순례).
메카를 향한 성지순례에서는 일련의 정교한 의식이 열리는데, 금식, 의복에 대한 제약, 육체적 고통
의 감내 등이 수반된다. 이런 과도하고 터무니없는 신앙심 과시행위들은 친사회적 종교에서 흔히 발
견되는데, 신자들과 잠재적 개종자들에게 자신의 신심을 입증하는 역할을 하며 문화적으로 확산될
가능성이 높다.

독실한 신자들은 왜 이런 자학적인 행위를 할까? 진화학자들은 일부 종교집단에서 시간과 노력과 재산의 희생이 필요한 이런 과도하고 터무니없는 관행과 의식, 때로는 목숨을 잃거나 사지가 절단되는 이런 의식들을 하는 이유가 무엇인지 오랜 세월 동안 의아하게 생각해왔다. 이런 행위들―공포감을 불러일으키는 의식들, 행동에 대한 다양한 제약(성행위·물질적 소유에 대한 제약, 희귀한 동물들을 제물로 바치는 행위), 섭식의 제약(장기간 금식, 특정한 음식 섭취 금지), 생활의 제약(엄격한 결혼규정, 복장규정)―을 과시하는 행태는 친사회적 종교에서만 나타나는 독특한 현상은 아니지만 친사회적 종교에서 보편적으로 보이는 현상이다. 이런 행위를 하려면 대개 엄청난 대가를 치러야 하고, 감정적 소모가 많으며, 외부자의 눈에는 비이성적 행위로 비친다. 하지만 비이성적 행위인 사랑에 빠짐으로써 연인 사이에 진정으로 헌신적 관계가 성립되듯이,[159] 열광적 신앙에도 같은 논리가 적용될지도 모른다. 거짓으로 꾸미기 어려운 행위들을 함으로써 종교집단에게 신심을 증명해 보이는 효과가 있다.

인류학자 조지프 헨릭은 문화진화론 관점에서 이런 과도하고 터무니없는 행위들을 설명한다. 그의 주장은 매우 중요한 단서이고 초자연적 감시를 바탕으로 거대한 신에 대한 믿음이 문화적으로 전파되었다고 설명하기 때문에 더 구체적으로 살펴볼 것이다. 또한 이런 종교적 행위가 '고비용 신호전달 행위costly signaling'라는 설명에 대해서도 살펴보겠다. 진화론에 바탕을 둔 이 두 가지 설명은 양립가능하다. 아니, 오히려 복합적으로 작용해서 집단의 결속력을 강화한다. 하지만 두 설명은 사뭇 의미가 다른데, 이런 행위들을 좀 더 자세히 살펴보고 이해하면 왜 다른 의미를 지니는지 그 이유가 분명해진다.

문화적 동물인 인간은 자기 신상에 유용한 정보를 얻기 위해 타인에게 크게 의존한다. 따라서 강력한 문화적 학습기제들을 통해 학습자들은 신뢰할 만한 문화적 귀감들―다수의 내집단 구성원들이나 집단 구성원들에게 엄청난 사회적 영향력을 행사하는 지위가 높거나 출세한 개인들―로부터 유용한 믿음과 행동들을 습득한다. 단, 문화적 귀감들은 신뢰할 만해야 하는데, 신뢰감은 거저 얻어지지 않는다. 거짓으로 믿음은 꾸미기 쉽고, 따라서 문화적 귀감들은 실제로 B를 믿으면서도 겉으로는 A를 믿는다고 생각하도록 문화적 학습자들을 속일 수 있다.

이런 딜레마를 해소하기 위해, 이런 귀감들은 본인들이 진정으로 믿지 않는다면 하지 않을 행동들을 함으로써 신심을 증명해 보이면 사람들이 그들의 신앙을 받아들이는 인지적 편향성을 진화론적으로 발달시켜왔다고 헨릭은 주장한다. 간단히 말해서, 우리는 사람들의 언행이 일치하기를 바란다는 뜻이다. 이런 의미에서 과도하고 터무니없는 종교적 과시행위들을 헨릭은 '신뢰증진 행위Credibility-Enhancing Displays, CREDs'―종교집단 내에서 행해지는 행동들로서, 직관에 반하는 특징을 지니며 신에 대한 진정한 믿음과 관련이 있다고 믿을 만한 행동들, 그 믿음이 진실하다고 유추할 근거가 되는 행동들―라고 부른다.[160]

이런 터무니없이 과도한 행위들을 과시하는 사람들은 주로 영향력 있는 종교 지도자들이고, 이들은 이런 행위를 통해서 자신의 추종자들에게 믿음을 전파한다. 예를 들어 키벨레 여신을 숭배하는 남성 사제들이 공개적으로 자신을 거세하는 의식을 행하면서, 로마제국 초기에는 키벨레 종교가 부활해 문화적으로 확산되었다. 신심을 공개적인 행동으로 과시해 보이면 키벨레를 숭배하는 다른 신도들에게 믿을 만하다는 신호를 보낼 뿐만 아니라 비신도들에게 포교하는 수단도 된다는 뜻이다. 즉, 문화적으로 키벨레 종교를 비신도들에게 전파하는 수단이 된다. 초기 그리스도교 성인들에게서도 비슷한 행태가 나타났다. 그들은 기꺼이 순교를 택하여 문화적인 귀감이 되었고, 그리스도교에 대한 믿음이 문화적으로 전파되는 데 기여했다. 자신의 믿음을 위해 기꺼이 목숨을 바치는 행위만큼 신앙심을 잘 증명하는 방법이 있을까? 믿음을 전파하는 데 있어서 비신도들에게 자신의 신심에 대해 반박할 수 없는 증거를 제시하는 방법보다 더 나은 방법이 있을까?

신뢰증진 행위들이 친사회적 종교 형성에 어떤 도움이 되는지, 그 역학관계를 이해하는 데 중요한 세 가지 측면이 있다. 첫째, 종교 지도자들이 자신의 행동을 통해 믿음의 진정성을 입증해 보이면, 그런 행동을 목격한 이들은 열광하게 되고 집단 내에서 믿음이 확산된다. 반면 종교 지도자들이 자신의 믿음을 진정성 있게 증명하길 꺼리면 관찰자들―심지어 어린이들도―은 그 믿음에 귀의하는 결정을 보류할지도 모른다. 둘째, 믿는 이들은 종교 지도자들이 한 행동과 유사한 행동을 스스로 행할 가능성이 더 높다. 즉, 과도하고 터무니없는 종교적 행위로써 입증되는 믿음은 다른 사람들에게 확산될 잠재력이 있다. 셋째, 과도하고 터무니없는 종교적 행위들은 내집단 구성원들을 향한 이타적 행위이다. 이런 이타적 행위들은 친사회적 종교집단 내에서 내집단 구성원들 간의 협력의 수준을 더욱 높인다. 따라서 초자연적 감시의 다섯 번째 원칙에 따라, 초자연적 감시에 대한 믿음을 믿음의 진정성을 신뢰할 만한 행동으로 뒷받침하면 목격자(문화적 학습자)들에게 영향을 미칠 가능성이 더 높아지고, 이런 믿음과 행동이 복합적으로 작용하여 서로 다른 문화가 경쟁하는 문화의 시장에서 다른 문화들을 제치고 널리 전파될 유리한 위치를 점할 가능성이 높아진다. 또 그런 관행을 선택한 집단들은 신뢰와 결속력을 담보할 다른 기제를 찾는 데 실패한 다른 집단들을 제치고 경쟁에서 이길 가능성이 높아진다.

신뢰증진 행위에 대해서 명확하게 짚고 넘어가야 할 세 가지 사항이 있다. 첫째, 사람들이 늘 기꺼이 이런 과도하고 터무니없는 과시행위에 참여하는 것은 아니다. 이런 행위를 하겠다는 의지가 어느 정도인지는 사람에 따라 천차만별이다. 특정 문화에서 과도한 종교적 행위가 요구되는 수준은 같은 집단 내에서도 부침이 심하다(예를 들어, 미국 가톨릭 신도들은 과거 한때 엄격한 교리와 의식을 따랐지만, 오늘날 주류 미국 가톨릭 신도들의 생활방식은 상당히 자유분방하다). 사회학자 로저 핑크Roger Finke와 로드니 스타크Rodney Stark는 저서 《미국의 교회활동Churching of America》에서 18세기부터 20세기까지 미국에서 그리스도교 종파들이 어떤 주기적 패턴을 보여왔는지 분석하고 있다. 종파들이 출현하여 추종자들을 확보하고 기반을 구축한 다음, 세월이 흘러 성숙해 주류에 진입하면, 교리의 경직성이 완화되고 추종자들에게 요구하는 바가 줄어들게 된다. 주류 교회가 이완된 데 불만을 품은 이들은 이탈해 새로운 집단을 형성한 뒤 보다 엄격하고 열정적 종파를 만들어 추종자들을 끌어모으지만, 이들도 세가 확장되고 시간이 흐르면서 느슨해지고, 이들로부터 다시 종파가 분열되는 등 이런 현상이 반복해서 계속 일

어난다.[161]

둘째, 과도한 종교적 과시행위는 수많은 친사회적 종교에서 흔히 발견되지만, 종교적 믿음과 보편적으로 관련 있지는 않다. 예컨대, 민속 신화에서 발견되는 많은 초자연적 개념들은 신뢰증진 행위와 관련된 것으로 보이지 않는다. 방금 살펴본 바와 같이, 핑크와 스타크의 분석에 따르면, 주류 종교집단들은 과도한 신앙심 과시행위를 자제하거나 전혀 하지 않는다[유니테리언(Unitarian, 그리스도교의 정통 교리인 삼위일체론을 부정하고 신격의 단일성을 주장하는 그리스도교의 한 종파―옮긴이) 가운데 자기 거세할 사람이 있을까?]. 왜 어떤 종교에서는 신뢰증진 행위가 있고 어떤 종교에서는 없는지 그 이유를 밝혀내는 게 우리가 할 일―이에 관해서는 이 장 말미에 살펴보도록 하겠다―이다.

셋째, 신뢰증진 행위는 친사회적 종교집단의 특징이기는 하지만 친사회적 종교집단에만 나타나는 독특한 특징은 아니다. 무신론자들이 한데 모여서 신을 믿지 않는다는 자신의 투철한 신념을 입증해 보이는 행위를 하는 모습은 상상하기 어렵다. 하지만 정치적 설득, 교육, 스포츠, 군대와 같이 비종교적 상황에서도 신뢰증진 행위와 유사한 행위들은 다양하게 나타난다. 즉, 문화적 지도자들이 문화적 학습자들에게 영향력을 행사하는 삶의 영역이라면 어디서든, 또 문화적 집단들이 진정으로 헌신적 추종자들을 확보하려고 애쓰는 상황에서는 신뢰증진 행위가 보인다. 이 세 가지 특징은 모두 문화적 진화관점과 일맥상통한다. 유전적 진화관점과 달리 문화적 진화관점은 이런 관행들이 종교의 보편적 특징이라거나 종교에서만 나타나는 특징이라고 주장하지는 않는다.

그렇다면 과도한 신앙심 과시행위를 근거로 종교의 '고비용 신호전달 행위'를 설명하는 이론은 어떤가? 사실 이런 접근방식은 고비용 신호전달 행위보다 먼저 등장했다. 진화인류학자 윌리엄 아이언즈William Irons, 리처드 소시스, 조지프 불불리아Joseph Bulbulia를 비롯한 여러 학자들은 이런 과시행위가 유전적으로 진화했다고 주장해왔다. 이런 주장의 출발점은 행동생태학이다. 행동생태학자들은 동물들이 보이는 과도한 고비용 신호전달 행위들에 오래전부터 매료되어왔다. 공작새의 현란하고 화려한 꼬리, 새의 노래, 영장류들이 힘을 과시해 보이는 행위 등이 그런 행위의 사례들이다(이런 행위들은 소중한 가용재원을 소비해야 하고 포식자의 관심을 끌 수 있기 때문에 모두 고비용 행위이다). 고비용 신호전달 행위이론에 따르면, 이런 행위들은 거짓으로 꾸미기 힘든 신호로서 그 행위 저변에 깔린 의미를 행위 관찰자들에게 확실히 전달한다. 예를 들어 성선택설에 따르면, 수컷 공작의 화려한 꼬리는 그 수컷이 자기 짝이 될 만한 자질이 있는지를 암컷이 판단하는 단서가 된다.[162]

이런 동물들의 고비용 신호전달 행위와 마찬가지로, 과도한 종교적 과시행위를, 협력집단이 생존을 위해 적응한 결과 자연적으로 선택된 특징으로서 집단에의 헌신을 입증하는 고비용 신호전달 행위로 보는 학자들도 있다. 이들의 관점에서 신뢰할 만한 신호가 되려면 협력자들보다 무임승차자들에게 거짓으로 꾸미기에는 비용이 많이 드는 행위여야 한다. 종교집단들이 협력적 집단이라면, 이기적 사기꾼들이 집단에 침투해 친사회성을 가장하고 협력의 과실을 누리면서 보답은 하지 않는 사태를 막을 방법은 무엇일까?

종교적 믿음은 거짓으로 꾸미기 쉽기 때문에, 비용편익 분석에 따른

합리적 계산으로는 설명되지 않는 고비용의 종교적 행위를 선호하는 방향으로 진화되어왔다. 따라서 고비용의 종교적 과시행위들은 자연적으로 선택된 정직한 신호로서 집단에 협력하겠다는 의사를 확실하게 전달하는 역할을 한다.[163]

고비용 신호전달 행위와 문화적 진화론 또는 신뢰증진 행위이론은 서로 모순되는 접근방식이 아니다. 오히려 상호보완적이다. 하지만 각각 독특한 방식으로 종교적 과시행위들을 이해하는 데 도움을 준다. 따라서 이 두 가지 해석 가운데는 흥미로운 차이점이 있다. 첫째, 이런 행위들이 정말로 비용이 많이 드는 행위인지 여부이다. 신뢰증진 행위를 설명하면서 나는 의식적으로 '고비용'이라는 용어를 쓰지 않고, 대신 '과도한, 터무니없는'이라는 용어를 썼다. 고비용 신호전달 행위와 달리 신뢰증진 행위는 고비용일 필요가 없기 때문이다.

그 이유는 헨릭이 제시한 한 사례를 통해 알 수 있다. 여러분이 숲 속에서 버섯을 채취한다고 가정해보자. 버섯들 가운데는 독버섯도 있어서 걱정이 된다. 그런데 숲 속에서 만난 낯선 사람이 납작한 노란 버섯은 먹어도 괜찮다고 말해준다. 이 사람의 조언을 신뢰해야 할까? 그런데 이 사람이 납작한 노란 버섯을 식용버섯이라고 말하는 데 그치지 않고 직접 그 버섯을 따서 여러분의 눈앞에서 먹어본다고 하자. 자, 두 번째 상황에서 여러분은 신뢰증진 행위를 목격했다. 이런 신뢰증진 행위로 인해 숲 속의 낯선 사람이 훨씬 더 설득력 있는 문화적 귀감이 된다는 데 여러분도 동의할 것이다. 이 사람은 말과 생각이 다르다면 하기 어려운 행동을 해 보였다. 중요한 점은 이 낯선 이의 행동은 비용이 전혀 들지 않는다는 점이다(먹어도 안전하다고 알고 있는 영양가 있는 버섯을 먹는 데는 아무 비용도 들지 않는다). 그런데도 보는 사람으로 하여금 믿게 해주는 신호이다. 말보다 행동이 진심을 말해주지만, 반드시 비용이 많이 드는 행위여야 믿을 만한 것은 아니다.

신뢰증진 행위와 고비용 신호전달 행위 사이의 두 번째 차이는 고비용 신호전달 행위는 유전적 진화의 산물로 간주된다는 점이다. 따라서 고비용 행위는 모든 종교에서 나타나는 보편적 특징이어야 한다. 반면, 신뢰증진 행위는 문화적 전파이론으로서 그런 보편성을 요구하지도 예측하지도 않는다. 많은 종교적 행동들, 아니 아주 일부 종교적 행동들이 과도하고 터무니없는 과시행위라고 해도 이는 문화적 진화론과 양립가능하다. 반면 유전적 진화론은, 문화적 진화론과 모순되지는 않지만, 이런 행동들이 모든 종교에 보편적으로 나타난다는 주장에 훨씬 가깝다.

세 번째 차이는 고비용 신호전달 행위이론은 과도한 행동이 집단에 대한 헌신/협력을 입증하는 신호라고 보지만, 신뢰증진 행위이론은 그 행위의 저변에 깔린 문화적으로 전파되는 믿음을 반영한다고 본다. 종교적 과시행위를 고비용 신호전달 행위로 보는 이론의 한 가지 문제점은 신도보다 비신도가 그런 행위를 하는 데 더 큰 비용이 드는 이유가 무엇인지 분명히 설명하지 않는다는 점이다.

믿음이란 유전적으로 결정되는 신체적 특징들(체력, 신장, 몸집, 화려한 꼬리)과는 달리 문화적으로 전파되기 때문이다. 따라서 고비용의 종교적 행위들을 설명하려면 이런 행위들의 저변에 깔린 믿음이 문화적으로 전파된다는 이론이 필요하다. 따라서 애초에 믿음들이 어떻게 전파되었는지를 설명하는 문화적 진화론으로 돌아가게 된다.

앞서 살펴본 바와 같이 이 두 가지 접근방식은 상당히 중첩되고 상호 보완적이다. 핵심적 차이점은 이런 과도한 행동이 어디서 비롯되었는지에 대한 해석이 다르다는 점이다. 하나는 유전적 전파를, 다른 하나는 문화적 전파를 주장한다. 이런 차이점 때문에 과도한 종교적 행위에 노출된 사람들이 이런 행동의 저변에 깔린 믿음을 채택하는지 여부에 대해 이 두 가지 접근방식은 서로 다른 예측을 한다. 신뢰증진 행위이론은 과도한 종교적 행위를 목격하면 종교적 믿음의 문화적 전파를 야기한다고 예측한다. 예를 들어 사람들이 누군가가 시바 신에게 제물을 바치는 모습을 목격했다고 하자. 이 행위를 목격한 사람들은 신으로서의 시바가 막강한 위력을 발휘한다는 주장에 설득당할 가능성이 높아지고, 그 결과 시바를 더 열렬히 숭배한다. 간단히 말해 신뢰증진 행위는 그 행위를 지켜보는 사람들의 믿음과 충정을 강화하는 힘이 있다.

고비용 신호전달 행위이론은 고비용 행위가 협력을 이끌어내는 데 유용한 신호라고 본다. 하지만 그 행위를 목격한 사람들에게서 더 강한 믿음이나 충정을 야기하는 효과가 있다고 분명히 주장하지 않는다. 앞에서 제시한 사례를 계속 이용하자면, 시바 신에게 제물을 바치는 행위가 고비용이지만 신뢰를 증진하지는 않는다면, 목격자들은 시바를 숭배하는 이의 자기희생 행위에 보다 호의적인 태도를 보이겠지만 스스로 독실한 시바 신 숭배자가 되지는 않을 것이다. 따라서 과도한 종교적 행위들은 자연선택에 의해 진화한 고비용 신호전달 행위일 뿐 그 이상도 그 이하도 아니며, 이런 신호에 노출된 사람들이 신호 전달자에게 더 협조적 태도를 보이게 만들기는 하지만, 그런 행동이 문화적으로 전파되도록 만들지는 않는다. 반면, 이런 행동들이 신뢰증진 행위이기도 하다면, 이런 행위에 노출된 사람들은 훨씬 협조적 태도를 보이게 되고 이런 행동과 연관된 믿음을 채택할 확률이 높아진다. 역사적 사례들을 살펴보면, 과도한 종교적 행위들은 그 어떤 신호전달 행위보다도 훨씬 신뢰증진 행위와 같은 역할을 한다는 사실이 나타난다. 하지만 이와 같이 서로 다른 가능성들을 구별하기 위해서는 매우 정교하게 구축된 실험이 필요하다.[164]

디미트리스 시갈라타스가 이끄는 연구팀은 모리셔스에서 실시한 현장실험에서 타밀계 힌두교도들을 대상으로 친사회적 행동을 분석했다. 앞서 언급한, 해마다 열리는 타이푸삼 축제에서 카바디 의식에 참여하거나 참가자들의 행위를 목격한 사람들을 대상으로 한 조사였다. 한 가지 흥미로운 조사결과는, 이런 강렬한 의식에 직접 참가한 사람과 이를 목격한 사람 모두 사원에 익명으로 더 많이 기부했고 더 강하게 모리셔스 문화에 동화되었다는 점이다. 참가 못지않게 목격이 막강한 영향력을 발휘했다는 사실로 미루어볼 때 이는 신뢰증진 행위와 같은 효과가 있음을 시사한다.[165]

과도한 종교적 행위 저변에 깔린 정확한 기제가 무엇이든, 그런 행위들이 집단의 결속력을 강화하고 종교적 집단 내에서 친사회성을 공고히 한다는 사실을 보여주는 증거는 많다. 사회학적 분석결과들을 보면, 고비용 요구사항들을 표방하는 집단일수록 집단에 대한 구성원들의 충성도가 높다는 사실을 알 수 있다.

예를 들어 리 아이아나콘Lee Iannacone의 연구결과에 따르면, 사회인구학적으로 타당한 변인들을 통제했을 때, '엄격한' 개신교도와 유대교 종파 신도들(모르몬교, 정통 유대교)일수록 덜 엄격한 종파 신도들(감리교, 개혁파 유대교)보다 교회와 예배당 참석률이 높고, (이들은 덜 엄격한 종파 신도들보다 평균소득 수준은 더 낮은데도 불구하고) 자신이 속한 종교 공동체에 금전적으로 더 많이 기부하는 것으로 나타난다.[166] 이와 같이 종파마다 신심의 깊이가 다른 현실을 빗대어 수많은 우스갯소리가 탄생하였다. 하나만 소개하자면, 정통 유대교 랍비가 개혁파 유대교 랍비에게 물었다.

"바 미츠바(Bar Mitzvah, 유대교 성년축하식―옮긴이) 때 할리Harley를 선물로 받고 싶다는 아이가 있는데, 할리가 뭐요?"

개혁파 유대교 랍비가 다음과 같이 대답한다.

"모터사이클 이름이오. 그런데 바 미츠바가 뭐요?"

이런 연구결과들은 의문을 해결하는 데 매우 중요한 단서이다. 과도한 종교행위들이 그 종교집단에 대한 충성도와 관련이 있음을 보여주기 때문이다. 하지만 그런 행위 자체가 공동체의 생존이나 번성과 연관성이 있다는 점을 입증하지는 않는다. 과도한 과시행위가 집단 결속력을 강화한다는 사실을 직접적으로 보여주는 증거를 찾으려면 인류학자 리처드 소시스의 획기적 연구를 살펴보아야 한다. 1장에서 19세기 미국에서 종교적 공동체와 세속적 공동체들의 생존율에 관한 소시스의 연구를 살펴보았다. 이 연구에서 종교적 공동체는 사회주의 같은 세속적 이념을 바탕으로 형성된 공동체보다 오래 지속된다는 사실이 밝혀졌다. 하지만 여기서 끝이 아니다. 추가로 실시한 연구에서 소시스와 동료 학자들은 한발 더 나아갔다. 상세한 정보 입수가 가능한 이런 종교적 공동체와 세속적 공동체들 83개를 보다 면밀히 분석해 종교적 공동체가 세속적 공동체보다 오래 지속된 이유를 밝혀냈다. 이들은 종교적 공동체와 세속적 공동체들이 집단 구성원들에게 어떤 대가를 요구하는지 집중적으로 살펴보았다. 이를 위해 두 가지 질문을 던졌다. ①종교적 집단이 세속적 집단보다 오래 유지된 이유는 종교적 집단이 세속적 집단보다 집단 구성원들에게 훨씬 고비용 요구조건을 내걸기 때문일까? ②고비용 요구조건을 많이 내거는 종교적 집단이 그런 조건을 덜 내거는 집단보다 오래 유지되었을까?

그들은 고비용 요구조건들을 총 스물두 가지로 분류했는데, 여기에는 음식 금기사항, 금식, 물질적 소유의 제한, 결혼, 성행위, 외부세계와의 소통에 대한 제약 등이 포함된다. 그들은 다음과 같은 놀라운 사실을 발견했다.

- 종교 공동체가 세속적 공동체(대부분 사회주의 공동체)보다 고비용 요구조건을 두 배 이상 내걸었고, 조사대상인 고비용 행동 스물두 가지 모두에서 이런 차이가 나타났다.

- 종교 공동체는 해당 연도에 내부갈등, 경제적 시련, 자연재해 등으로 해체될 확률이 세속적 공동체의 4분의 1에 불과했다. 중요한 사실은 인구규모, 소득, 공동체가 창립된 해 등의 변인들을 통제했을 때(공동체의 수명에 독립적으로 영향을 미칠 가능성이 있는 역사적 사건들의 부침을 통제하기 위해서이다), 고비용 요구조건들의 수로써 종교적 공동체의 수명을 예측할 수 있었다는 점이다.

- 고비용 요구조건의 수를 통계적으로 통제하자 종교는 공동체의 수명을 예측하지 못했다. 이는 종교적 공동체가 생존에 유리한 이유는 구성원들이 고비용 요구조건을 감수하기 때문임을 의미한다.

■ 흥미로운 사실은, 고비용 요구조건의 수는 세속적 공동체의 수명을 예측하는 지표가 되지 못했다는 점이다. 즉, 세속적 공동체의 경우 고비용 요구조건의 수가 많다고 해서 공동체의 수명이 긴 것으로 나타나지 않았지만, 종교적 공동체에서는 고비용 요구조건이 많을수록 그 공동체의 결속력이 강화되며 따라서 공동체의 수명도 긴 것으로 나타났다. 종교적 공동체는 고비용 행위에서 이득을 보는데, 세속적 공동체는 그렇지 못한 이유는 여러 가지가 있을지 모르지만, 초자연적 감시가 과도한 종교적 과시행위로 뒷받침될 경우, 사회적 결속력을 강화하고 증폭시키는 핵심적 요인임은 분명해 보인다.[167]

종교집단은 구성원들 간의 신뢰를 촉진하고 강화할 기제가 없는 집단보다 훨씬 많은 추종자들을 확보한다는 사실이 분명해진다. 또한 다른 모든 조건이 동일하다고 할 때, 구성원들 간의 신뢰도가 높은 집단이 정치적으로 군사적으로 더욱 막강해질 잠재력이 있고, 정치적 강요와 전쟁을 통해 다른 사람들에게 자신의 믿음을 강요할 힘이 생긴다고 할 만한 이유가 된다. 신뢰증진 행위 같은 과도한 행위는 종교적 위선을 줄이고 신뢰를 구축하는 막강한 기제이고, 이는 초자연적 감시와 복합적으로 작용하여 친사회적 종교집단이 다른 경쟁 집단에 비해 우위를 점하도록 해주었다.

이슬람교가 아프리카에 확산된 현상을 분석한 엔스밍어의 연구로 돌아가 보면, 전지전능하고 인간의 도덕성에 지대한 관심이 있는 알라에 대한 믿음은 자선, 금식, 일일기도, 식생활과 성생활에 대한 엄격한 제약 등을 비롯해 신심을 증명해주는 행위들과 더불어, 구성원들 간의 신뢰를 강화하고 경제적 교환활동에 대한 규범들을 만들어냈고, 새롭게 이슬람교로 개종한 사람들 사이에 신용을 바탕으로 한 제도를 확산시켰다. 이는 무역을 더욱 활성화하고 경제적 번영을 촉진했다. 케냐의 목사들을 비롯해 아프리카 내의 다른 집단들도 이슬람교와 함께 이와 관련된 제도와 종교의식을 채택하기 시작했다. 엔스밍어는 다음과 같이 말한다. "이런 집단(이슬람교 개종자들)은 다른 집단보다 추종자들을 더 빨리 더 많이 확보하게 되었고 개종자들의 위상도 높아졌다."[168]

신심을 입증하는 과도한 종교행위가 어떻게 우위를 점하게 되었는지 문화적 진화를 통해 설명했으니 이제 종교를 인지과학적 관점에서 분석하는 학자들이 직면한 또 다른 의문에 대해 살펴보도록 하자. 왜 어떤 초자연적 주체들(예수, 알라)은 열렬한 신봉자들을 배출한 반면 어떤 초자연적 주체들은 단순히 환상(요정), 공상(성인들에게 산타클로스의 존재), 또는 흥미(한때 막강한 신이었지만 더 이상 그런 존재가 아닌 제우스 신)의 대상에 불과한 걸까? 사람들이 어떻게 '참신도'가 되었는지 살펴보면 사람들이 초자연적 주체에 대해 어떻게 생각하는지뿐만 아니라 이런 참신도들이 왜 어떤 신격체는 열렬히 추종하고 어떤 신격체는 추종하지 않는지도 이해할 수 있다. 이에 대한 답을 얻기 위해 다시 한 번 문화적 학습 편향성으로 돌아가 보겠다. 이런 편향성은 사람들이 다른 사람들의 믿음들 가운데, 그 믿음들의 내용이 서로 비슷한 경우에도, 어떤 믿음은 채택하고 어떤 믿음은 채택하지 않는 등 선택적으로 습득하는 경향에 영향을 미친다.

종교적 믿음의 해부

1990년 말 심리학을 공부하는 대학원생이었던 나는 놀라운 책 한 권을 만났다. 파스칼 보이어가 쓴 《종교적 개념의 자연스러움: 종교에 대한 인지이론The Naturalness of Religious Ideas: A Cognitive Theory of Religion》이라는 제목의 책이었다. 나는 순식간에 이 책에 매료되었다. 이때는 심리학자나 인지과학자들이 종교가 무엇이고 인간 심리의 어떤 특징들이 인간을 종교에 귀의하게 만드는지에 대해 관심을 거의 기울이지 않던 시절이었다(오늘날에도 종교는 심리학을 전공하는 학생들의 주요한 관심사가 아니다. 하지만 예전보다 상당히 많은 연구들이 진행되고 있다). 1980년대 종교적 투쟁이 한창이던 레바논에서 성장한 나 같은 사람에게 이 책은 충격이었다. 다른 사람들과 마찬가지로 나도 매우 호기심이 일었고, 더 많은 것을 알고 싶었다. 종교란 무엇인가? 왜 사람들이 신앙을 받아들이게 되는가? 어떤 특징들이 사람들로 하여금 초자연적 존재를 믿도록 만드는가? 왜 사람들은 어떤 신앙을 위해서는 기꺼이 희생을 하거나 남을 죽이고, 어떤 신앙을 위해서는 그런 행위를 하지 않는 걸까?

나는 수많은 심리학 서적들을 들춰 보면서 종교, 믿음, 초자연, 의식과 같은 단어들을 찾아 헤맸지만 소용이 없었다. 단 한 구절도 발견하지 못했다. 심지어 내 전공인 사회심리학에서도 발견하지 못했다. 세계에서 가장 생명이 끈질기고 심오한 영향을 미치는 사회적 삶의 측면들에 대해 지대한 관심을 기울여야 할 사회심리학에서 말이다. 이렇게 정보가 희박한 상황에서 보이어는 대담하게 새로운 이론을 제시했다. 그는 책에서 인간의 심리가 어떻게 종교적 개념들을 낳게 되었는지를 과학적으로 개연성 있게 설명하였다.

보이어의 이론을 비롯해 로버트 매컬리Robert McCauley와 톰 로슨 Tom Lawson, 저스틴 배럿, 스콧 애트런Scott Atran 등과 같은 심리학자와 인류학자들의 이론은 종교를 진화론적으로 연구하는 분야에서 '인지적 부산물Cognitive by-product 이론'으로 알려지게 되었다. 2장에서 이 이론의 핵심적 주장들을 다루면서, 거대한 신이라는 개념이 어떻게 인간의 심리에 내재된 핵심적 직관들에 호소하여 뿌리내리게 되었는지를 이해하는 데 이 이론이 어떤 도움이 되는지 살펴보았다.

인지적 부산물 이론의 기본 개념은 심리적으로 감정을 뒤흔들고 '전염성 있는' 내용이 훨씬 잘 전파된다는 것이다. 따라서 종교적 믿음은 자연선택적 적응의 결과가 아니라 본래 다른 (비종교적) 기능을 수행하도록 진화한 일련의 인지적 성향들이 만들어낸 비적응적 부산물이 된다.[169] 이 개념을 좀 더 구체적으로 살펴보자. 사람들은 세상을 이해하고 예측하는 데 도움을 주는 동시에 세상에 대한 인지적 이해와 (완전히는 아니지만) 어느 정도 양립할 수 있는, 강렬한 감정을 불러일으키는 개념들에 주목하고 이런 개념들을 전파한다.[170]

첫째, 인간의 뇌는 감정에 호소력이 큰 정보에 관심을 집중하고 그런 정보를 더 잘 기억하고 전파하며, 이런 정보들에 대해 긍정적 혹은 부정적 반응을 보인다. 심리학자 댄 길버트Dan Gilbert와 동료 학자들의 연구에 따르면, 사람들은 처음에 어떤 개념을 접하면 즉각적으로 사실로 인식하고 즉시 받아들인다. 하지만 혐오감이나 두려움과 같이 강렬한 정서적 반응을 불러일으키는 개념의 경우 타당한 정보를 찾는 데 인지적 노력을 훨씬 많이 기울인다. 이는 감정적으로 비중이 있는 내용들이 훨씬 강하게 기억에 남거나 그런 기억을 되살리고 문화적으로 전파하는 데 유리한 강렬한 흔적을 남긴다는 뜻이다.[171]

칩 히스Chip Heath, 크리스 벨Chris Bell, 에밀리 스턴버그Emily Sternberg는 괴담이 어떻게 퍼지는지를 통해 강렬한 감정이 문화적 전파에 어떤 영향을 미치는지 보여주었다. 청량음료 병에 쥐가 들어 있다는 괴담을 기억하는가? 아니면 영화배우 항문에서 쥐가 나왔다는 이야기는?(항문 출혈이 있는 한 남자가 응급실로 실려 왔는데, 진단을 해보니 항문에 쥐가 들어 있었다는 괴담으로 주로 동성애자인 유명인사나 영화배우와 관련해 괴담이 퍼져나갔다―옮긴이) 사실로서의 정확성, 실용적 가치, 흥미로서의 가치가 비슷한 이야기들 가운데 사람들은 상대적으로 훨씬 강렬한 감정(혐오감, 분노)을 불러일으키는 이야기를 퍼뜨릴 확률이 높다는 사실이 연구결과로 나타났다. 청량음료 병에 든 쥐 이야기의 경우, 목마른 남자가 음료수를 한 모금 마시기 전에 병에 죽은 쥐가 들어 있는 것을 보게 되었다는 전개보다 음료수를 들이켜 갈증을 해소하고 난 뒤 병 속에서 죽은 쥐의 일부를 발견했다는 이야기로 마무리되면 널리 전파될 가능성이 훨씬 높다.

인터넷으로 괴담을 검색해보면 강렬한 감정을 불러일으키는 괴담들이 보다 합리적 내용의 괴담보다 훨씬 널리 전파된다. 시쳇말로, '생각의 시장에서는 진실이 항상 이기지는 않는다. 이따금 감정이 이기기도 한다'.[172] 감정이 진실보다 중요하다는 이야기가 나왔으니 말인데, 마르완 시나쇠르Marwan Sinaceur와 칩 히스는 이처럼 감정을 뒤흔드는 내용은 사람들이 무엇을 기억하고 전파하느냐에 영향을 미치는 데 그치지 않고, 사람들의 행동에도 영향을 미친다는 사실을 보여준다.

이들은 2000년대 중반 프랑스에서 있었던 광우병 공포를 연구하여 강렬한 감정을 불러일으키는 내용이 구매습관에 영향을 미쳤는지를 조사했다. 같은 질병이라도 (매우 격앙된 감정을 불러일으키는) 광우병으로 부를 때와 소해면상뇌증BSE 또는 크로이츠펠트-야콥병과 같이 감정이 배제된 과학적 명칭으로 부를 때 어감이 다르다. 당연히 미친 소, 즉 '광우'라는 명칭이 생각의 시장에서 가볍게 이겼다. 광우병이라는 명칭은 다른 명칭보다 신문에서 두 배 이상, 인터넷에서는 여섯 배 이상 많이 쓰였다. 더욱 놀라운 점은, 프랑스 소비자들은 매체에서 광우병이라고 하면 쇠고기 소비를 줄였지만, 똑같은 질병인데도 과학적 명칭으로 일컬으면 쇠고기 소비량을 줄이지 않았다.[173]

강렬한 감정을 불러일으키는 개념들이 더 잘 전파되는 두 번째 이유는 이런 개념들은 뇌가 제 기능(삶에서 일어나는 사건들을 이해하고 예측하는 기능)을 잘하도록 도와주기 때문이다(파스칼 보이어는 이를 특정 개념이 지닌 '추론적 잠재력inferential potential'이라고 부른다).[174] 예컨대, 심각한 질병에 걸리는 일과 같은 불운은 무차별적으로 발생한다. 즉, 논리나 목적 없이 언제 어디서 누구에게라도 발생할 수 있다. 이와 같은 명제는 그다지 기억에 남을 만하지도 않고 관심을 끌지도 않는다. 유용하거나 도움이 되는 추론이나 행동으로 이어지지 않기 때문이다. 이 명제가 사실이라고 해도 우리의 행동이 변하지는 않는다. 반면, 다른 사람에게 저주나 질투를 받거나 신의 노여움을 사면 병에 걸린다는 미신은 강렬한 감정을 불러일으키는 정보로서 추가적 생각이나 행동을 유발한다. 이 정보를 접하면 다른 사람들이 선한 의도를 지니지 않았을지 모르니 조심하게 된다든지, 자신의 성과를 다른 사람들에게 알리지 않고 숨긴다든지, 무조건 신의 뜻에 복종한다든지 하게 된다. 행동을 유발하는 개념은 확산되는 경향이 있다.

세상이 어떻게 작동하는지 이해하고자 할 때 사람들이 사용하는 다양한 직관들은 개념이 성공적으로 전파될지 여부를 결정하는 세 번째 요인이다. 믿음은 신뢰할 만한 직관들에 크게 의존한다. 여기에는 무생물, 식물, 동물, 의식과 의도를 지닌 존재들에 대해 사람들이 지닌 직관들이 포함된다. 예를 들어 현대 양자물리학에 따르면, 동일한 입자가 서로 다른 두 개의 장소에 동시에 존재할 수 있는데, 이는 물리적 인과관계의 일반 개념에 대한 직관적 이해에 정면으로 배치된다. 신경과학에 따르면, 정신적 경험은 뇌의 활동에서 발생하는데, 이는 정신-육체 이원론이라는 일반 개념에 정면으로 배치된다. 이런 개념들은 대대적 설명과 제도적 뒷받침이 이루어지지 않는 한 문화라는 시장에서 크게 확산되지 못한다. 또 다른 해석으로 댄 스퍼버의 주장에 따르면, 이런 유형의 개념들은 내용물 없이 뇌 속에서 공간만 차지한다. 성삼위聖三位나 윤회설과 같은 모호한 종교적 개념들과 마찬가지로, 이런 개념들은 껍데기인 명칭만 전파되고 내용물은 모호하고 해석하기 나름인 개념이 된다.[175]

상식과 완전히 배치되는 믿음은 쉽게 전파되지 않지만, 그렇다고 직관적으로 이해하기 쉬운 개념들이 문화적으로 생존하는 데 더 유리하단 뜻은 아니다. 사실 직관에 약간 반하는 내용을 담은 개념이나 이야기가 오히려 문화적 진화과정에서 선택되도록 기억이 왜곡된다. 직관에 반하는 개념이나 사건들은 이 세상에 존재하는 사물의 본성, 즉 의도를 지닌 존재들, 동물, 무생물 또는 사건들에 대해 우리가 지닌 핵심적 가정들과 정면으로 배치된다. 이런 개념들은 우리가 주변의 정보를 이해하고 조직화하는 데 사용하는 기존의 인지적 법칙들로부터 체계적으로, 하지만 아주 살짝만 벗어남으로써 기억에 새겨질 가능성이 훨씬 높아진다. 크리스틴 르가르Cristine Legare와 동료 학자들이 설명한 바와 같이, 어린이와 성인이 질병이나 죽음과 같은 중요한 사건을 이해하려고 애쓸 때 초자연적 해석과 자연적 해석을 동시에 이용하는 이유도 바로 이 때문인지 모른다. 세상을 바라보고 해석하는 방식에는 초자연적 해석도 있고 자연적 해석도 있는데 이 두가지 방식은 서로 양립 불가능한 방식이 아니다.[176]

더욱이 전체적으로 매우 평범한 개념들로 이루어진 이야기에 직관에 반하는 몇 가지 개념들을 끼워 넣으면 그 전체 이야기를 전파하기가 훨씬 쉬워진다. 직관에 반하는 개념들은 대부분 개연성, 적용 가능성, 감정유발 가능성 등을 매우 복합적으로 만들어낸다. 예컨대, 많은 종교적 믿음들은 비종교적 개념이나 설명보다도 적용 가능성이 높고 감정을 유발할 가능성도 높지만 개연성은 더 낮다. 직관에 반하는 개념들은 이를 내포하는 이야기나 존재의 개연성을 낮게(더 믿기 어렵게) 만들기 때문에 직관에 정면으로 배치되는 개념들의 수는 적어야 바람직하다.

스콧 애트런, 마크 셸러Mak Schaller, 제이슨 포크너Jason Faulkner와 나는 그림형제의 동화모음집 가운데 널리 알려진 이야기들과 알려지지 못한 이야기들을 비교해보았다. 《신데렐라》《빨간 모자》와 같이 널리 알려진 동화에는 직관에 반하는 개념이 두세 가지뿐이었다. 널리 알려지지 못한 이야기들(《당나귀 상추Donkey Lettuce》라는 제목의 동화를 들어봤는가?)은 직관에 반하는 개념이 하나도 없든지, 아니면 정반대로 직관에 반하는 개념들이 너무 많았다. 직관에 반하는 개념들을 적절히 사용해 널리 알리는 데 성공한 이야기들은 두려움 같은 강렬한 감정을 불러일으킬 확률이 높았고, 사람들이 본래 이야기에 다른 상상들을 덧붙이게 만들었다.[177]

이런 기억의 편향성은 종교적 믿음에서도 중요한 역할을 한다.[178] 종교에서 보편적으로 발견되는 비범한 주체들에게는 평범한 존재들은 지니지 못한, 강렬한 감정을 유발하는 능력이 있는 것으로 보인다. 이런 주체들은 눈에 보이지 않는다. 그들은 아주 멀리 떨어져 있는 사물도 본다. 그들은 물체를 투과한다. 이런 최소한의 반직관적 개념들은 기억에 각인되기 쉽고 문화적으로 전파되는 데 유리하다. 이와 같이 상식에서 벗어난 개념들은 체계적이기는 하지만 그런 개념들이 담긴 이야기의 전체적 의미를 완전히 파괴해버릴 만큼 과격하지는 않다.

스퍼버가 주장한 바와 같이, 이런 최소한의 반직관성은 이야기에 적당한 신비감을 부여한다. 즉, 직관에 반하는 개념들은 배경지식과는 밀접한 관련이 있지만 이야기의 최종적 해석과는 연결되지 않는다.[179] 직관에 반하는 개념들은 관심을 환기시키고 해석하기 나름이기 때문에 사람들은 이런 개념들에 대해 생각해보고 수없이 다양한 방식으로 그 의미를 해석하게 된다. 이런 특징들 때문에 직관에 반하는 개념을 일정 부분 내포한 이야기들은 문화적으로 생존할 가능성이 높아진다.

미키마우스, 산타클로스, 제우스가 거대한 신이 아닌 이유

지금까지 종교적 개념들이 독특한 인지적 구조를 지니고 있는 이유와 그런 구조가 기억에 남고 전파되는 이유에 대해 알아보았다. 그런데 이런 의문이 든다. 기억에 남기 쉽고 문화적으로 잘 전파된다는 특징이 종교적 개념을 진심으로 믿고 열정적으로 심취하는 태도와 동일하지는 않다는 것이다. 최소한의 반직관적 개념을 지닌 주체들은 수없이 많지만 그 가운데 오직 일부만이 신으로서 숭배를 받는다. 믿음에 내포된 개념들에 대한 이런 인지적 편향성만으로 종교적 믿음이 지속되는 이유를 충분히 설명할 수 있다면, 문화적으로 전파되는 데 유리한 개념이 있는 수많은 주체들 가운데 오직 하나 혹은 소수의 초자연적 개념들만 사람들이 믿게 되는 이유는 무엇일까?

다시 말해서, 종교의 가장 결정적 특징, 즉 초자연적 주체에 대한 열렬한 믿음이나 헌신을 설명해야 한다. 정신적으로 형상화가 가능하나 허구로 취급되는 초자연적 주체들(민화에 등장하는 요정들, 다른 종교에서 숭배하는 신들)과 정신적으로 형상화가 가능하고 숭배받는 초자연적 주체들(자신이 속한 집단이 섬기는 신) 사이에는 심오한 심리적 차이점이 있다. 문화적 학습편향성은 직관에 반하는 표상들 가운데 왜 어떤 것은 심오한 헌신을 불러일으키고 어떤 것은 전파되기에 유리함에도 단순히 호기심을 유발하는 존재로 치부되는지 그 이유를 설명한다. 정신적 형상화와 믿음—헌신을 구분해야 세계 각지의 종교적 헌신의 정도, 무신론의 존재, 왜 제우스처럼 어떤 신들은—오랜 세월 동안 거대한 신과 비슷한 내용물을 담고 있는 존재로 인식되어왔음에도—숭배받던

신적 존재에서 신화와 이야기 속의 허구적 존재로 변하게 되었는지를 설명할 수 있다.

나는 보이어의 《종교적 개념의 자연스러움》을 다 읽고 나서 스콧 애트런을 찾아갔다. 그는 당시에 내가 박사과정을 밟고 있던 미시건 대학교에서 객원교수로 학생들을 가르치고 있었다. 보이어의 설명 가운데 이해가 가지 않는 게 한 가지 있었다. 직관에 반하는 개념들을 일부 담은 이야기가 더 잘 기억된다는 인지적 편향성만으로도 충분히 종교적 믿음을 설명할 수 있다면, 내가 어렸을 때 정말 좋아했던 만화 속 등장인물인 톰과 제리는 왜 신이 아닐까? 그 둘도 중력을 무시하고 개죽음을 모면하고 텔레파시도 통하는 등 초자연적 힘을 지녔는데 말이다. 고양이 톰과 쥐 제리를 위해 자기 한 몸 희생하겠다고 기꺼이 나서는 수많은 인파는 다 어디 있는가 말이다. 이는 훗날 인지과학계에서 '미키마우스 문제'로 불리게 되었다. 이와 관련된 개념이 윌 저베이스와 조지프 헨릭이 '제우스 문제'라고 부르는 개념이다. 똑같은 내용을 지녔고 똑같은 인지적 편향성으로 뒷받침되는 주체가 왜 특정한 장소, 특정한 시기에는 대대적 추종자들을 끌어모으면서 초자연적 존재로 숭배를 받다가 다른 장소 다른 시기에 가서는 단순히 신화나 허구적 이야기 속의 존재로 전락하는가? '산타클로스 문제'도 있다. 예부터 전해 내려오는 산타클로스 노래를 살펴보자.

> 그는 네가 언제 잠드는지 안단다.
> 그는 네가 언제 깨는지도 안단다.
> 그는 네가 착하게 지냈는지 고약하게 굴었는지도 안단다.

그러니까 제발 착하게 굴어라.

어느 모로 보나 산타클로스는 어린이에게 있어 도덕적 심판을 하는 막강한 신이다. 그런데 어린이가 성인이 되면 산타클로스는 신에서 신화로 변한다. 성인이 되어도 여전히 산타클로스라는 존재를 상상할 수 있고 기억해내고 산타클로스라는 신비한 개념을 자기 아이들에게 전파하는데도 말이다![180]

이처럼 상호연관된 세 가지 의문에 대한 해답에서 거대한 신에 관한 여섯 번째 믿음이 도출된다.

숭배 받지 못하는 신은 무력한 신이다.

다시 말해서, 열렬한 추종자들이 독실하게 그 신을 숭배한다는 사실을 보여주는 사회적 증거가 없으면 그 신은 사람들을 개종하게 만들 힘을 발휘하지 못한다. 사람들이 초자연적 주체들 가운데 선택적으로 어떤 것은 숭배하고 어떤 것은 숭배하지 않는 문화적 학습편향성에서 다시 한 번 그 해답을 발견한다. 신심이 말보다 행동을 통해 증명된다면(거대한 신에 대한 제5원칙), 특정한 신적 존재에 대한 진정한 헌신을 증명해주는 행동—고통스럽거나 비용이 많이 드는 의식, 행동에 대한 제약, 시간과 노력과 부의 희생—을 목격하면 그 신을 믿고 헌신하는 사람들이 늘게 된다. 반면 특정 신에 대해 공개적으로 신심을 과시하는 행동에 노출되지 않으면 그 신에 대한 헌신도 쇠퇴한다. 신을 마음속으로 형상화하게 해주는 직관적 주춧돌을 딱히 교란시키지 않고도 말이다.

그런 문화적 노출 없이도, 문화적 학습자(어린이 포함)들이 회의를 품게 되는 그럴듯한 이유들이 있다. 심리학자 폴 해리스Paul Harris와 동료 학자들은 어린이들이 현실과 허구적 개념의 차이를 이해하는 고도의 지적능력을 지녔다는 사실을 발견했다. 어린이들은 직관에 반하는 개념들을 무조건 받아들이지는 않는다. 자신이 믿거나 잘 아는 사이인 성인이 그런 개념을 믿는다고 몸소 입증해 보이지 않는 한 어린이들은 그런 개념에 의문을 제기하는 경우가 많다.[181] 어린이들은 주변 성인들의 언행을 예의주시함으로써 예컨대, 천사는 실제로 있고 해리포터는 허구라고 믿게 된다. 어린이든 성인이든 흥미롭고 기억에 남는 개념이라고 해서 무조건 다 믿지는 않는다. 그들은 자기 부모와 동료 집단이 믿는, 흥미롭고 기억에 남을 만한 종교적 믿음을 받아들인다. 그들은 문화적으로 전파되는 이런 믿음들 가운데 특히 공개적으로 진정성을 보여주는 행동들—공개적 기도, 고통스러운 의식, 희생이 따르는 행위—로 뒷받침되는 믿음들에게 끌린다.

그렇다면 신에 대한 믿음과 신에 대한 헌신은 어떤 차이가 있을까? 대동소이한 개념을 굳이 구별한다고 생각할지 모르지만 심리학적으로 볼 때 이 두 가지는 미묘한 차이가 있다. 헌신은 믿음이라는 개념을 이미 내포하고 있지만, 특정 신에 대해 헌신하지 않고도 그 신의 존재를 믿을 수 있다. 아브라함 계통의 종교들에서는 믿음과 헌신이 혼재해 있으나, 이는 유일신 신앙에서 나타나는 아주 이례적 특성이고, 지난 2천 년 동안 이런 종교들은 문화적으로 전파되는 데 대단히 성공을 거두었지만, 세계 여러 문화들을 통틀어 역사적으로 매우 드문 현상이다. 나는 몇 년 전 네팔을 여행하다가 믿음과 헌신의 분명한 차이를 몸소 체험하게 되었다.

유니테리언교도는 기껏해야 신은 하나밖에 없다고 믿는다는 우스갯소리가 있다(유니테리언교는 성삼위일체를 부인하고 예수가 신에게서 계시를 받아 도덕적 교훈을 설파하긴 했지만 예수는 신격체가 아닌 인간이라 여기며, 원죄, 성서 무오설, 지옥 등과 같이 서구 그리스도교에서 전통적으로 고수하는 개념들을 부정한다. 따라서 유니테리언교가 유일신을 숭배하는 종교로 볼 수 있느냐는 의미에서 이런 우스갯소리가 만들어졌다―옮긴이). 네팔 사람들은 너무 많은 신을 믿는다. 인구 대부분이 힌두교도인 이 나라에는 힌두교, 티베트 불교, 애니미즘(animism, 物活論, 돌 같은 무생물에도 영혼이 있다고 믿는 신앙―옮긴이)이 혼재해 있다. 이런 여러 종교 전통들이 나란히 공존한다. 내가 "어떤 종교를 믿나요?"라고 물으면 마을 사람들은 어리둥절한 표정을 짓는다. 많은 네팔인들은 종교학자들이 제설諸說혼합주의적 믿음이라고 일컫는, 다양한 믿음들이 혼재한 신앙을 지니고 있다. 그들은 보통 특별히 선호하는 신(들)이 있긴 하지만, 서구 사람들이 서로 다른 종교라고 구분하는 종교적 전통들의 경계를 넘나들면서 다양한 신들과 영령들의 존재를 믿는다.

히말라야 지역을 여행하고 카트만두에 있는 성전과 신전들을 돌아보면서 사두sadhu들과 이야기를 나눠보았다. 사두란 힌두교에서 믿는 여러 신 가운데 하나를 독실하게 믿는 떠돌이 성자인데, 그렇다고 해서 이들이 다른 신들의 존재를 부정하지는 않는다. 나는 네팔 사람들에게 종교란 유럽인들에게 축구, 캐나다인들에게 아이스하키 같은 존재라는 사실을 깨닫게 되었다. 맨체스터유나이티드의 열렬한 팬이라고 해서 바르셀로나 팀의 존재를 부인하지는 않는 것처럼 말이다.

이런 관찰을 통해 두 가지 결론에 다다랐다. ①특정한 신에게 헌신한다고 해서 반드시 다른 신의 존재를 부인하지는 않는다(아브라함 계통의 신앙들은 제외). ②특정 신의 존재를 믿는다고 해서 반드시 그 신을 숭배하지는 않는다. 특정 신에 대한 열렬한 헌신은 이 신이 어떤 인지적 내용을 지니고 있는지에 따라 결정된다는 사실을 다시 한 번 확인했다. 하지만 막강하고 거대한 신이 출현하려면 특정 집단이 숭배하는 특정한 신에 사람들이 문화적으로 노출되고 그 신에 대한 헌신을 입증해주는 공개적 행동들을 목격해야 한다.

상호 연관된 세 가지 의문으로 다시 돌아가보자. 특정 믿음이 지닌 특징만으로 그 믿음이 널리 전파된 이유를 충분히 설명할 수 있다면, 어떻게 사람들은 (보통 자신이 속한 공동체가 판단하기에) '참된' 신을 믿거나 그 신에게 헌신하게 될까? 그리스도교도들은 왜 제우스나 시바는 숭배하지 않을까? 힌두교도들은 왜 알라나 예수에게 무관심하거나 적대적일까? 특정한 믿음이 갖추고 있는 특징들(신적 존재들은 하나같이 믿기에 적합한 존재로 생각하게 만드는 인지적 특징들이 있다)에 초점을 맞추다 보면 이런 선택적 헌신이 의아하게 생각될지 모르지만, 문화적 학습을 통해 사람들이 특정 신에 대해 헌신할지 여부를 결정한다고 하면 왜 사람들이 특정 신에게만 선택적으로 헌신하는지 그 이유가 쉽게 설명된다. 문화적 학습은 세월이 흐르면서 신적 존재들의 지위가 변하는 이유도 설명한다. 제우스나 토르 같은 신들은 오랜 세월 동안 인지적으로 안정적 특징들을 유지해왔음에도 불구하고 그들을 문화적으로 뒷받침해온 기반이 사라지면서 숭배받던 신적 존재에서 신화와 이야기에 등장하는 허구적 인물로 지위가 변했다.

문화적 학습편향성은 사람들이 왜 다른 문화집단이 신봉하는 신들에 당혹감을 표현하는지도 설명한다. 다른 집단이 믿는 신들이 새로운 문화적 환경에 놓이면 (적어도 초창기에는) 그들에게 헌신하는 행동을 공개적으로 과시하는 사례가 나타나지 않는다. 그런 문화적 뒷받침이 없는 상태에서는, 열렬한 추종자들이 그 신에 대한 헌신을 공개적으로 입증해 보이는 행동을 하지 않는 한, 사람들은 직관적으로 해당 신을 향해 의구심이나 무관심한 태도를 보인다.

마지막으로, 문화적 학습편향성은 한 사람의 일생을 통해서 초자연적 존재에 대한 믿음이 변해가는 과정도 설명한다. 윌 저베이스와 조지프 헨릭이 지적한 바에 따르면, 대부분의 어린이들은 산타클로스를 실제로 존재하고 도덕성에 관심이 많은 초자연적 존재로서 착한 아이에게는 선물을 주고 못된 아이에게는 벌을 주는 막강한 힘을 휘두르는 주체로 생각한다. 하지만 산타클로스가 허구라는 사실을 들은 어린이들은 나이가 들면서 점점 산타클로스의 존재에 대해 회의적 생각을 하게 된다. 산타클로스가 지닌 특징(그 개념이 지닌 구체적인 특징들)은 대체로 변함이 없어도 말이다. 상황이 바뀌고 나이가 들면서 어린이들은 다른 사람들이 산타클로스에 대한 믿음을 과시하는 행동을 더 이상 목격하지 않게 된다. 따라서 산타클로스는 어린이들에게는 신이지만 성인에게는 흥미로운 신화일 뿐이다. 마찬가지로 미키마우스, 치아 요정, 스펀지밥에 열광하는 아이들은 이런 허구의 주체들에 대해 다른 사람들이 열렬한 헌신을 과시하는 행동들을 본 적이 없다. 다시 말해서, 이런 존재들은 원칙적으로 신격화될 만한 인지적 내용물을 갖추고 있지만 숭배를 받는 존재가 되지는 못한다.

독실한 신앙인들을 결집하여 종교적 결속력 다지기

　친사회적 종교집단이 독실한 구성원들 사이에 신뢰를 촉진시키는 데 성공해왔다는 주장으로 나는 이 장을 시작했다. 초자연적 감시는 거대한 신에 대한 헌신을 입증하는 과도한 행동의 과시와 더불어 독실한 신앙인들로 구성된 공동체를 만들어내고 유지하는 데 기여했고, 독실한 신앙인들은 집단 내에서 높은 수준의 사회적 결속력으로 응집되었다. 친사회적 종교에서 나타나는 이런 사회적 결속력을 토대로 신들은 인간이 상상하고 합리화할 수 있는 표상으로서의 존재를 넘어 열렬하게 헌신하는 대상이 되었다.

　이후 장들에서는 친사회적 종교집단들이 어떻게 전 세계에 확산되었고, 인류 역사를 점철해온 집단 간 갈등에서 승리해 어떻게 일인자로 우뚝 서게 되었는지에 대해 이야기한다. 이는 설명하기에 매우 복잡한 문화적 진화에 관한 이야기이다. 문화적 전파에 성공한 이런 종교집단들―이들은 오늘날 생존하는 사람들 대부분의 문화적 조상이다―은 초자연적 감시와 독실한 믿음을 입증하는 과시적 행동을 바탕으로, 온갖 심리적 기제들을 동원해서 사회적 결속력을 조성하고 공고히 했다. 거대한 신에 대해 헌신을 과시하는 행동들도 이런 친사회적 종교들의 토대가 되었지만, 인간 심리에 내재된 특성들과 문화적으로 학습된 관행들을 통해 만들어진, 사회적 결속력을 다져주는 기제들도 독실한 신도들을 결속시켜 서로 협력하는 도덕적 공동체로 만드는 데 기여했다.

독실한 믿음과 이런 믿음을 입증하는 과시적 행동들이 복합적으로 작용하여 종교적 결속력이 조성되었다. 종교의식에 쓰이는 춤과 음악의 조화, 자기절제 능력의 향상, 가상의 친족관계에 초점을 맞추어 추가적으로 세 가지 기제들에 대해 간단히 살펴보겠다. 하지만 이 연구는 아직 초기단계이므로 추가로 증거가 더 나올 때까지 여기서 우리가 내린 결론은 잠정적이라는 사실을 염두에 두기 바란다.

먼저, 춤과 음악의 조화에 대해 살펴보자. 어떤 종교의식에서든 특정한 종류의 음악과 춤이 빠지지 않고 등장한다. 왜 그럴까? 왜 종교에 음악이 꼭 등장하는지 그 이유는 여러 가지겠지만, 음악은 집단 구성원들이 같은 동작을 하게 만드는 핵심적 특징이 있다. 합창을 하거나 서로 조율해 같은 동작을 하거나 춤을 추면 에밀 뒤르켐이 말하는 '집단적 황홀경collective effervescence' 상태에 놓이게 되는데, 이런 현상은 종교적 문화적 관행에서 흔히 볼 수 있다.[182] 스페인의 이바나 콘발린카Ivana Konvalinka라는 마을에서 열리는, 불 위를 걷는 의식에 대한 연구에서 디미트리스 시갈라타스, 조지프 불불리아를 비롯한 학자들은 의식에 직접 참가한 사람들과 그들의 친구, 친족들은 모두 심장 박동이 비슷하게 빨라졌지만, 지나가던 구경꾼들에게서는 그런 현상이 나타나지 않는다는 사실을 발견했다.[183] 이와 같이 서로 신체리듬이 조율되면 자기절제 능력도 향상되고, 이는 다시 집단의 업무 수행능력을 향상시킨다. 에마 코언Emma Cohen과 동료 학자들이 실시한 한 연구에서는 같은 팀 구성원들이 서로 조율해서 배의 노를 저으면 (혼자 노

를 저을 때와 비교해볼 때) 인내할 수 있는 고통의 수위가 높아진다는 결과가 나왔다.[184]

서로 조율이 필요한 활동은 집단 구성원들에 대한 친사회적 행동을 증진시킬까? 그렇다. 스콧 윌터무스Scott Wiltermuth와 칩 히스는 실험 참가자들에게 이른바 '공동기금게임common resource pool game'을 하게 했다. 이 게임에서 참가자들은 무임승차할 수도 있고, 이기심을 자제하고 집단에 기여할 수도 있었다. 이 집단 경제게임을 하기 전에 참가자들은 실험조건과 여러 가지 통제조건에 무작위로 배치되었다. 실험집단에 배치된 참가자들은 같은 집단에 배치된 구성원들과 함께 조율해서 노래를 부르고 동작을 했다. 여러 가지 통제집단에 배치된 참가자들은 각자 원하는 속도로 노래를 하고 동작을 하거나, 노래나 동작을 하지 않고 음악을 듣기만 했다.

실험결과, 통제집단에 배치된 사람들에 비해서 실험집단에 배치된 사람들이 훨씬 더 서로 신뢰하고 협력하려는 의지를 보였다.[185] 따라서 친사회적 종교들이 박자에 맞춰 노래를 부르고 율동을 하며 사회적 결속력을 다지는 현상은 하나도 놀랍지 않다. 물론 앞서 살펴본 실험에서 나타나듯이, 종교적 상황이 아니어도 이런 조율의 효과는 똑같이 나타난다.[186] 서로 조율하여 노래하고 율동을 하는 의식은 모든 친사회적 종교에서 한결같이 나타나지만, 친사회적 종교에서만 보이는 것은 아니다. 몇 가지 예를 들자면 군대, 대학동아리, 스포츠팀에서도 발견된다. 더욱이 종교적 의식이라고 해서 모두 한결같이 동작을 조율하는 특징이 있지는 않았다. 종교적, 문화적 삶에서 의식이 중요한 이유는 여러 가지이다. 서로 조율하는 행위는 종교에만 독특하게 나타나는 유전적 적응의 산물이 아니라 오랜 시간에 걸쳐서 문화적 진화를 통해 하나둘 다듬어져온 관행들이다.

친사회적 종교들은 조율하는 행위 말고도 다양한 방법을 통해 신도들에게 자기절제를 촉구해왔다. 여기서 자기절제란 바람직한 결과를 낳거나 목적을 달성하기 위해 자신의 행동을 조절하는 경향을 말한다. 유혹에 넘어가지 않고 바람직하지 않은 행동들을 억누르는 일(저 초콜릿 케이크를 먹고 싶지만 참는 행위), 목적을 추구하는 일(어려운 일을 끝까지 마무리하는 행위), 자기 행동을 삼가는 일(특정한 사회적 상황에서 바람직한 행동을 하는 것) 등이 이런 자기절제에 해당한다. 물론 개인의 자제심을 촉진하는 문화적 관행들은 수없이 많지만, 적어도 어떤 측면에서는, 종교 또한 자제력을 길러주는 원천이 되어왔다고 할 만하다. 자제력을 발휘하는 과정은 사회적 결속력을 구성하는 중요한 요소이기 때문이다. 자제력은 종교가 효과적으로 사회적 조율을 하고 집단의 이익을 위해 구성원들이 이기심을 억누르도록 하는 데 기여한다. 마이클 매컬러프Michael McCullough와 브라이언 윌러비Brian Willoughby는 수많은 자료들을 검토한 끝에 다음과 같은 결론을 내렸다. '종교, 자제력, 자기규제는 밀접하게 연관되어 있다.'[187]

케빈 라운딩Kevin Rounding, 앨버트 리Albert Lee, 리준 지Lijun Ji, 질 제이콥슨Jil Jacobson은 최근에 실시한 일련의 실험을 통해 종교, 자제력, 자기규제 간의 밀접한 연관성을 입증했다. 이들은 종교를 상기시키자 사람들이 강인해지고 달갑지 않은 경험을 참아내려는 의지도 강화된다는 사실을 알게 되었다. 예를 들어 신을 상기시키자, 신앙인들은 주스에 식초를 섞은 맛없는 혼합물도 마시겠다는 의지를 더 강하게 보였다. 지연된 보상에서도 비슷한 효과가 나타났다. 종교를 상기시키자 당장 5달러를 받는 대신 일주일 기다렸다가 6달러를 받으려는 경향이 증가했다.

종교를 떠올리게 하면 신앙인들은 해답 없는 애너그램 문제에 더 오랫동안 매달렸다. 반면 종교에는 자제력을 발휘하는 데 방해가 되는 요소들이 있다고 생각할 만한 이유도 있다. 마이클 매컬러프와 브라이언 윌러비는 황홀경에 빠져 방언을 하는 행위가 자제력을 상실했음을 보여주는 현상이라고 지적한다. 종교는 모든 면에서 자제력을 길러주지는 않는 게 분명하다. 크리스틴 로린, 애런 케이, 그레인 피츠시먼스Grainne Fitzsimmons는 많은 신앙인들이 신을 자신의 삶을 제약하는 지배자로 여긴다는 점을 강조한다. 신이 지배자라는 믿음이 팽배할수록 신을 상기시키는 경우 유혹을 이겨내려는 의지가 강해지지만 목적을 추구하는 추진력은 약해진다. 종교가 매우 복잡한 현상임을 고려할 때 종교와 자기규제 간에 단순한 연관성이 있으리라고 기대하는 것은 무리이다. 그럼에도 친사회적 종교들이, 적어도 어떤 상황에서는, 자제력을 길러준다고 생각할 만한 이유는 존재한다.[188]

마지막으로 친사회적 종교집단의 구성원들은, 진화학자 랜돌프 네스Randolph Nesse가 사용해 널리 쓰이게 된 용어를 빌려 말하자면, 서로를 '가상의 친족fictive kin'으로 여긴다. 그래서 '히브리인들과 페니키아인들 사이에서는 (…) 숭배자를 형제(즉, 친족 또는 신의 자매)라고 부른다'. 그리스도교도와 무슬림도 자신들을 형제단brotherhood에 소속된 구성원이라고 묘사하는데, 이는 오늘날 이슬람의 세계형제단(이크완ikhwan)에도 종종 적용되는 용어이다.[189]

이런 현상이 작동하는 방식은 세 가지로 해석가능하다. 먼저 호칭으로만 쓰일 뿐 이 호칭으로 서로에 대한 대우가 눈에 띄게 달라지지는 않을지도 모른다. 둘째 극단적으로 해석하면, 종교집단 내에서 친족의 개념을 사용하면, 신앙인들이 실제로 같은 종교를 믿는 사람들과 진짜 형제자매를 혼동할지도 모른다. 셋째 이보다 훨씬 개연성 있는 해석도 있다. 친족 개념을 사용하면 이와 관련한 이타적 경향과 복합적으로 작용하여, 다른 사람들(실제 형제자매나 친족)을 대할 때 적용하는 적합한 사회적 규범들을 신앙인들에게 상기시킬 가능성도 있다. '이 집단 내에서는 서로를 형제자매처럼 대한다'라는 규범이 있다면 말이다. 이런 서로 다른 가능성들을 살펴본 심리학 연구가 있는지 모르겠으나, 친사회적 종교에서 친족심리가 사람들을 결속시키는 요인이라고 생각할 만한 이유들은 존재한다.

이런 일련의 기제들—서로 조율한 율동과 음악, 자기규제, 가상의 친족개념—은 인간을 감시하고 인간의 도덕성을 심판하는 거대한 신에 대한 믿음을 과시하는 행동과 더불어 종교적 결속력을 강화하고, 유전적 친족과 호혜적 관계인 동업자들을 넘어 생면부지의 남남에게까지 도덕적 관심영역의 경계를 넓혀가는 공동체로서의 친사회적 종교를 만들어내는 중요한 요소들이라고 볼 수 있다. 이후 이어지는 두 장에서는 문화적 진화라는 막강한 힘으로 한데 묶인 이런 요인들이 복합적으로 작용하여 문화적 생존이라는 치열한 경쟁에서 친사회적 종교집단들이 어떻게 유리한 고지를 점령하게 되었는지 설명한다.

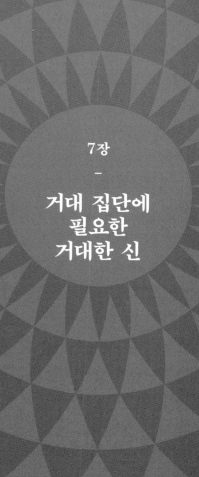

7장

–

거대 집단에
필요한
거대한 신

신전이 먼저 생겼고, 그다음에 도시가 생겼다.

클라우스 슈미트Klaus Schmidt[190]

괴베클리 테페Göbekli Tepe는 세계에서 가장 오래된 종교 구조물로 알려져 있다. 사람 형상을 한 거대한 티T 자 모양의 돌기둥이 원형으로 늘어서 있고, 이 돌기둥들에는 가젤이나 전갈 같은 각종 동물 문양이 새겨져 있다[그림 7.1 참조]. 오랫동안 중세시대의 공동묘지로 잘못 알려진 이 고대 기념 건축물은 지금의 터키 동남부 지역에 있는데, 지어진 시기는 11,500년 전으로 거슬러 올라간다. 스톤헨지(Stonehenge, 4천 년에서 5천 년 전)나 기자Giza의 피라미드(4,500년 전)보다 두 배는 더 오래되었고, 종교적 의미가 있는 또 다른 고대 석조 건축물인 아르메니아의 카라훈지Karahunj보다는 몇천 년 더 오래되었다. 괴베클리 테페가 세워진 당시에 정착된 농경사회의 흔적이 발견되지 않았다는 점에서 이 신전의 의미는 더욱 중요하다. 그렇다면 괴베클리 테페는 수렵채집 생활을 하던 이들이 세운 세계 최초의 신전이라는 해석이 가능해진다. 이게 만약 사실이라면, 우리 시대가 직면한 가장 난해한 수수께끼를 풀 단서를 얻게 될지도 모른다. 어떻게 신석기혁명이 일어났고, 인류 문명이 발생하였는가, 하는 의문 말이다.[191]

이 구조물은 누가 어떻게 세웠을까? 건설 규모만 해도 전례가 없다.

괴베클리 테페 유적에 서 있는 돌 하나의 무게는 7톤에서 10톤 정도 나가고, 당시에 존재한 것으로 알려진 그 어떤 정착지들로부터도 멀리 떨어진 곳에 위치하고 있으며, 정착생활과 그에 따르는 이점들이 아직 존재하지 않던 시대에 만들어졌다. 이 구조물을 세울 당시에는 문자도 없고 석공기술도 없었으며, 금속연장도 없었고 무거운 짐을 나를 가축도 없었다. 이 수렵채집인들은 ─ 이 석조물을 지은 주인공이 수렵채집인이 맞다면 ─ 틀림없이 엄청난 체력과 시간과 노력을 들였을 이런 기념물을 무엇 때문에 세웠을까?

이 고대 유적지를 둘러싼 수수께끼와 아직 답을 찾지 못한 의문들이 수없이 많지만, 앞으로 더 많은 증거가 발견되기를 바란다. 그러나 그때까지는 여전히 갑론을박이 계속되리라고 생각한다. 현재 이 유적지에 대해서 알려진 정보가 별로 없기 때문에 여러 가지 해석이 가능하다. 어쩌면 농경사회 구성원들이 세웠는지도 모른다. 하지만 괴베클리 테페에서 가축과 농경시대에 재배했던 식물의 흔적을 찾으려면 오랜 시간이 필요할 것으로 보인다. 야생에서 식량을 구하던 수렵채집 사회에서 가축을 기르고 곡물을 재배하는 농경사회로 전환된 이유가 여전히 분명치 않고, 여전히 고고학자들이 뜨거운 논쟁을 벌이고 있다는 사실도 이 유적지에 대한 신비감을 더한다. 수렵채집 활동을 통해 얻은 1일 필요열량은 안정적인 반면 가축을 기르는 일은 오랜 시간을 투자해야 하는 위험천만한 일이다.

초기 농경인들의 단백질 섭취량은 수렵채집인들보다 적었다. 선사시대 유적지에서 나온 증거들을 보면, 농경시대 초기 농민들보다 수렵채집인들이 더 건강하고 영양상태도 양호했다.[192] 이와 같이 건강과 식

[그림 7.1]
오늘날 터키 동남부에 있는 괴베클리 테페는 세계에서 가장 오래된 신전으로 손꼽힌다.

생활에 부정적 영향을 미치는데도 불구하고 초기 농경사회는 수렵채집 생활보다 한 가지 유리한 점이 있었다. 장기적으로 볼 때 더 많은 수의 사람들을 먹이고 더 큰 규모의 인구를 지탱할 수 있었다.

우리가 어느 정도 확신할 수 있는 점은 농경문화가 발생한 요람은 괴베클리 테페에서 그리 멀지 않은 중동이었다는 것이다. 이는 수렵채집 사회에서 농경사회로 전환된 시기가 1만 1천 년쯤 전이었음을 보여주는 분명한 증거이다. 이런 전환기에 인구가 폭발적으로 증가했다는 사실도 알려져 있다. 하지만 15년에 걸쳐 조심스럽게 이 유적지 발굴작업을 한 클라우스 슈미트(Klaus Schmidt, 그는 땅속에 묻힌 흙무덤 위에 서 있는 이 석조 건축물을 최초로 발견했다)와 그 이후로도 여전히 발굴작업을 진행하고 있는 여러 사람들은 괴베클리 테페에서 어떤 증거도 발견하지 못했다.

괴베클리 테페를 건설한 사람들과 신앙인들이 정말로 수렵채집인이라면, 초기 형태의 조직화된 종교활동이 농경사회와 농경사회가 낳은 대대적 문화적 변화가 발생하기 전에 존재했었다는 흥미로운 가능성에 직면하게 된다. 이것이 사실로 확인되면, 사제계급, 정교한 의식, 막강하고 거대한 신에게 제물을 바치는 행위 등과 같은 특징을 갖춘 조직화된 종교가 단순히 농경사회로 전환하면서 생겨났다는 상식을 뒤엎게 된다.

괴베클리 테페는 거대한 신을 숭배하는 움직임이 농경사회보다 먼저 출현했고, 이로써 사람들이 초기 형태의 농경생활을 시작하게 되었음을 의미하며, 그 반대 순서로 진행된 것이 아니라는 증거가 된다.[193] 괴베클리 테페 유적지에서 발견된 화산재로 만든 칼날을 분석해보니, 여러 지역에서 순례자들이 답지했던 것으로 나타났다.[194] 슈미트의 주장에 따르면, 중동 지역을 활동무대로 하던 일부 수렵채집인들이 이따금 모여 신을 숭배하는 종교의식을 하면서 괴베클리 테페라는 성역을 중심으로 반영구적으로 정착생활을 하게 되었다. 이후에도 사람들은 오랫동안 수렵채집 생활을 계속했을 가능성이 높다. 하지만 결국 정착생활을 하는 사람들이 늘어났다. 수렵채집만으로는 대규모 인구를 먹여 살리지 못하기 때문이다. 이 때문에 수렵활동과 병행하여 농경생활을 시범적으로 해보려는 동기가 생겼을지 모른다. 야생 동식물을 가축으로 길들이고 경작하면서 식량이 남기 시작했고 인구 규모는 더 커졌다. 이 집단은 인구가 증가하면서 소규모 집단들을 정복하거나 흡수하게 되었고, 이들이 지닌 독특한 종교적 믿음이 문화적으로 확산되었다.

이 가설은 거대한 신을 숭배하는 친사회적 종교를 (단순히 농경정착 생활의 부산물이 아니라) 농경문화가 정착하는 데 기여한 요인으로 보는데, 이 책에서 살펴본 다른 주장들과 훨씬 잘 맞아떨어진다. 이 가설은 초자연적 감시, 감시하는 신에게 믿음을 입증해 보이는 행동들이 협력을 증진하고 신뢰를 구축하는 데 기여하며, 낯선 사람들로 구성된 집단들이 집단행동을 할 수 있게 해준다는 심리학적 증거와도 일치한다. 이 가설은 장거리 무역의 형성 과정에서 이런 믿음-의식의 종교적 복합체들이 중요한 역할을 했음을 보여주는 자료와 같은 역사적 증거와도 일맥상통한다. 이 가설은 또한 농경을 통해 대규모 집단이 출현하는 데 거대한 신이 기여했다고 봄으로써, 농업혁명 초기에 친사회적 종교가 어떻게 문화적으로 확산되었는지를 설명한다. 또한 괴베클리 테페 유적지에서 경작한 곡식 낟알과 가축의 흔적이 발견되지 않은 이유도 설명한다.

소규모 집단이 숭배하는 신

지구 상 최후의 수렵채집 집단으로 손꼽히는 하드자Hadza는 동아프리카 탄자니아 북부에 있는 에야시Eyasi 호수 주변에 거주한다. 하드자 언어를 구사하는 사람은 모두 1천 명쯤 되지만, 이들은 4천 제곱 킬로미터에 이르는 넓은 지역에 흩어져 살고 있고, 함께 이동하는 소집단의 크기는 평균 서른 명이다. 다른 수렵채집인들과 마찬가지로 활과 화살로 사냥을 하고, 야생 구근류, 베리류, 견과류, 꿀, 과일 등을 채집한다. 소집단은 이동생활을 하고 농사를 짓지도 가축을 기르지도 않는다. 하드자는 평등한 사회이고 함께 이동하는 소집단이든 그 규모를 넘어서는 집단이든 어느 집단 내에도 정치조직이 존재하지 않는다. 외부세계나 문명사회 사람들과의 접촉은 거의 없다.

하드자를 비롯한 수렵채집 집단들은 프랭크 말로Frank Marlowe 같은 진화인류학자들에게 대단히 흥미로운 대상이다. 말로는 하드자인들과 함께 살면서 그들의 독특한 생활방식과 문화적 특징들에 대해 방대한 기록을 작성했다.[195] 인류가 존재해온 기간의 99.99퍼센트 동안 인간은 수렵채집 활동을 하며 소규모 집단생활을 했다. 따라서 하드자의 삶은 인간이 과거에 어떻게 살았는지 일별하게 한다. 진화인류학자들은 오늘날의 수렵채집인들의 삶에서 농업혁명이 시작된 충적세 이전에 살았던 우리 조상들의 삶의 여건을 유추할 때는 매우 신중해야 한다고 말한다. 두 집단 사이에는 비슷한 특징들도 있지만, 수렵채집 집단들이 모두 틀로 찍어낸 듯 똑같지는 않다는 게 첫 번째 이유이다.

오늘날의 수렵채집 집단들은 문화적 특징, 사회의 복잡성, 집단의 규모 등이 각양각색이다. 게다가 충적세 이전의 채집생활인들과 달리 오늘날의 채집생활인들은 농경사회가 버리고 떠난 거주지를 점거하고 살며, 그 밖에도 수없이 많은 다양한 방식으로 농경사회의 영향을 받고 산다. 현재의 수렵채집인들에게서 과거의 수렵채집인들의 생활을 유추할 때 또 한 가지 우려되는 점은 '생존자 편향' 때문에 진실이 왜곡될 우려가 있다는 것이다. 오늘날까지 살아남은 현재의 수렵채집 집단들은 그동안 존재해온 대부분의 수렵채집 집단들과 비교할 때 매우 독특한 집단일지도 모르며, 그 이유는 세월이 흐르면서 유실되었을지도 모른다. 이런 어려움이 있긴 하지만, 인간의 기원에 관심이 있는 사람이라면 누구든, 안타깝게도 점점 사라져가고 있는 수렵채집인들에 대해 꼼꼼히 기록한 말로의 방대한 기록을 참조해야 한다.

이들의 생활방식은 무자비한 현대문물의 공격에 위협을 받고 있다.[196] 이들이 사라지면 우리는 인간의 기원에 대한 독특하고 대체불가능한 중요한 정보를 잃게 된다. 말로가 주장한 바와 같이, 이들은 농업과 정착생활이 촉발한 대대적인 문화적 경제적 정치적 전환이 이루어지기 이전에 인간이 어떻게 살았는지를 보여주는 (완벽하지는 않지만) 유일한 단서이다.

이 때문에 하드자 같은 집단들은 종교의 기원을 이해하는 데 매우 중요하다. 특히 세계 주요 종교들이 숭배하는 거대한 신들, 전지전능하고 인간의 도덕성에 깊은 관심을 보이는 신격체들의 기원을 이해하는 데 중요하다. 그리고 여기서 이야기가 훨씬 흥미로워진다. 하드자를 비롯해 수렵채집 집단들은 그런 거대한 신을 섬기지 않는다. 말로는 자신보다 앞서 하드자를 연구한 인류학자들이 하드자에게 종교적 믿음이 있었는지 여부에 관해 설왕설래했었다고 지적하고 하드자의 종교적 믿음에 대해 다음과 같이 말한다.

하드자인들이 종교를 믿었다고 해도 무방하다고 생각한다. 우주관은 분명히 있다. 하지만 복잡한 사회에 사는 우리들이 종교라고 여기는 (그리스도교, 이슬람교, 힌두교 등) 그런 종교와는 전혀 딴판이다. 교회도, 목사도, 지도자도, 종교적 수호자도 없고, 신의 형상이나 이미지, 조직화된 모임, 종교적 도덕성, 내세에 대한 믿음 같은 것들도 없다. 그들의 종교관은 오늘날의 주요 종교들과 전혀 다르다.[197]

　모든 수렵채집 집단들이, 적어도 어느 정도는 물리적 생리적 심리적 한계를 초월하는 영령이나 신을 섬긴다는 데는 더 이상 이견이 없다. 하지만 이들이 섬기는 신격체는 그다지 막강하지도 않고 전지적이지도 않으며 인간사에는 대체로 무관심하다. 하드자 채집생활인들은 조물주로 '하이네Haine'라는 신을 숭배하는데, 이 신은 인간의 도덕성에는 거의 관심이 없다. 다른 채집생활 집단들을 관찰하고 기록한 내용을 보아도 비슷하다. 예를 들어 칼라하리 사막에 거주하는 산San 집단은 '인간이 다른 인간에게 한 악행은 가오나(Gao!na, 지역 신)의 처벌에 맡길 일도 아니고 가오나의 관심사도 아니다. 인간은 자기가 사는 사회 내에서 그런 악행을 바로잡든가 보복을 한다'고 여긴다.[198] 파스칼 보이어도 소규모 사회에서 숭배하는 신들은 인간의 속임수에 넘어가거나 경쟁자인 다른 신들에게 조종당하는 사례들이 많다고 한다. 그들이 숭배하는 신들이 힘이 막강하고 인간사에 관심이 있다고 해도 보통 그런 신들은 신 자신에게 이득이 되는지에 관심이 있지(그들은 인간이 제물을 바치기를 바란다), 공공선에 대해서는 관심이 없다. 이들은 오늘날 세계 주요 종교들이 숭배하는 거대한 신들처럼 전지전능하지도 않고 인간의 도덕성을 심판하지도 않는다.

부족들―수렵채집 집단보다 규모가 크고 보다 위계질서가 있지만 국가보다는 훨씬 규모가 작고 사회적으로 계층의 세분화가 덜 되어 있는 집단―이 숭배하는 신들도 수렵채집인들이 숭배하는 신들보다는 초자연적 힘이 있지만, 전지전능하고 도덕적 심판을 하는 명실상부 거대한 신들이라고 보기는 어렵다. 이들이 숭배하는 신들은 거대한 신으로 완전히 전환되기 이전인 '중간 단계'의 신격체이다.

나의 동료이자 인류학자인 조지프 헨릭은 피지에 있는 외딴 섬인 야사와Yasawa에서 현장연구를 하는데, 그에 따르면 '칼로우–부Kalou-vu'라고 하는 그 지역의 신은 전지적이라고 여겨지지만 실제로는 제한된 능력을 지녔다고 한다. 그 신은 마을 내에서 일어나는 일들은 알지만 마을 경계를 벗어난 곳에서 일어나는 일은 알지 못한다. 누군가가 마을 안에서 물건을 훔치면, 칼로우–부는 그 사실을 알지도 모른다. 하지만 피지섬 본토에서 절도가 발생하면 그곳까지 절도범을 추적해 찾아낼 능력은 없다. 리타 맥나마라Rita McNamara는 칼로우–부에게 부정행위를 막을 능력이 있는지 궁금했다. 야사와 마을 사람들을 대상으로 현장연구를 한 맥나마라는 칼로우–부가, 그리스도교의 신처럼, 부정행위를 막는 효과가 있다는 사실을 발견했다. 하지만 칼로우–부와 신이 초자연적 존재로서 부도덕한 행위를 처벌한다고 생각하는 마을 사람들에게서만 이런 효과가 나타났다.[199]

현대의 세계적 종교에서는 종교와 도덕성의 관계를 당연시 여기지만, 실제로 이 둘의 관계는 인류역사상 오랜 시간을 지나, 아마도 상당히 최근에 와서야 문화적으로 확산되었다는 주장을 이 장에서 제시했다.[200] 이 주장이 사실이라면, 이는 설명이 필요한 놀라운 발견이다. 1장에서 강조했듯이, 오늘날 대부분의 인구들은 거대한 신을 숭배한 조상의 자손들이다. 생존하는 수렵채집 집단을 통해 제한적이고 어렴풋이나마 조상들이 처했던 여건들을 유추해본다면, 거대한 신에 대한 믿음은 매우 희귀한 문화적 믿음의 형태로 처음 시작되었다는 결론에 도달하게 된다. 그렇다면 인간은 그 상태에서 어떻게 지금에 이르렀을까? 이런 문화적 변화는 대규모 협력이 확산되고 안정되도록 하는 데 어떤 역할을 했을까?

그 해답은 초자연적 감시에 대한 일곱 번째 믿음에서 찾을 수 있다.

거대 집단에게는 거대한 신이 필요하다.

인류학 자료들을 보면 인간사회의 규모가 점점 커지고 복잡해지면서 다음과 같은 특징들이 나타난다.

- 드물게 나타나던 거대한 신들이 점점 흔해진다.
- 도덕과 종교가 처음에는 무관하다가 점점 밀접한 관계로 변한다.
- 종교의식을 비롯해 믿음을 증명하는 과시행위들이 점점 조직화되고 균일해지고 규칙적으로 이루어진다.
- 초자연적 존재의 심판이 점점 집단 규범의 위반(사기행위, 이기적 행위뿐만 아니라 불륜, 음식 금기사항)에 집중되고, 초자연적 존재의 처벌 수위도 높아진다(예를 들어 구원, 영원한 저주, 영원한 업보, 지옥).

이제 이런 주장들을 뒷받침하는 문화 간 비교자료와 역사적 증거를 제시하겠다. 역사적으로 시간이 흐르면서 점점 사회의 규모가 커지고, 그 사회를 감시하는 초자연적 존재의 위력도 점점 막강해지는 일반적인 역사적 유형에 고대 중국의 종교들이 들어맞는지 살펴본다. 이 장에서는 10장을 위한 마지막 토대를 정리했다. 10장에서는 문화적 진화를 통해 친사회적 종교에서 벗어나 대규모 협력집단을 세속적 방법으로 조직화하는 데 성공한 몇몇 사회들에 대해 살펴보겠다.

우리는 친구들, 가족과 더불어 산다(이따금 낯선 이들도 끼어든다)

우리가 하드자, 산 그리고 대부분의 수렵채집 집단들에게서 인간사에 개입하고 도덕적 심판을 하는 거대한 신을 거의 발견하지 못하는 이유는 무엇일까? 진화론적으로 볼 때, 집단의 규모가 협력을 제약한다는 사실에서 그 답을 찾을 수 있다. 직접 대면을 통한 교류가 일반화되어 있는, 비교적 투명한 사회에서는 사회적 감시를 벗어나기가 어렵다. 혈족과 친구들과의 결속력은 문화적 관행과 복합적으로 작용하여 협력을 촉진하고 사회적 기반을 공고히 한다.

물론 친족 간의 이타주의와 호혜성이 이런 집단들 내에서 사회적 결속력을 유지해주는 유일한 방법은 결코 아니다. 협력과 조율을 촉진하는 정교한 일련의 문화적 규범도 한몫을 하며, 이따금 친족이나 친구 외에 낯선 사람들도 동참한다.[201] 수렵채집 사회들은 다양한 집단적 행동 문제들을 극복해야 한다. 덩치가 큰 동물을 사냥할 때, 폭넓은 조직망을 만들어 위험을 분산시킬 때, 포식자와 경쟁 집단들로부터 자기 집단을 방어할 때, 전쟁이 일어났을 때, 육아 품앗이를 할 때 등 여러 상황에서 집단적 행동 문제에 직면한다. 게다가 농경사회 이전의 집단들이 보이는 사회의 복잡성 정도는 저마다 다르다. 인구의 규모와 밀도, 보유한 기술, 정착생활이 자리 잡은 정도가 다 다르기 때문이다. 후기 구석기 시대(4만 년에서 10만 년 전)의 기술 수준에 관한 기록을 보면, 사회의 복잡성 정도는 시간이 흐르면서 부침이 있었다. 단순사회에서 점점 복잡한 사회로 일관성 있게 변한 것이 아니란 뜻이다.[202]

이런 복잡성들이 있기는 하지만, 이런 집단의 구성원들은 오늘날 익명성이 보장되는 사회에 사는 사람들처럼 생면부지의 남에게 의존할 일이 끊임없이 일어나는 상황에 직면하지는 않았다는 것도 사실이다. 비교적 규모가 작은 사회는 도덕적 심판을 하는 전지전능한 초자연적 주체에 의존하지 않고도 지역사회의 결속력을 구축할 수 있었다는 뜻이다. 하지만 대규모 집단이라면 이야기가 달라진다. 데이비드 흄은 《인간이란 무엇인가Treatise on Human Nature》에서 대규모 집단 내에서 협력을 촉진하기란 쉽지 않다는 점을 다음과 같이 인식했다.

이웃한 두 사람이 공동으로 소유하고 있는 초원에서 물을 빼기로 합의한다. 양측은 상대방의 마음을 쉽게 헤아린다. 그리고 두 사람은 각자 자기 몫을 하지 않으면 작업이 무산된다는 사실을 잘 알고 있다. 하지만 천 명이나 되는 사람들이 그런 작업에 합의하기란 매우 힘들며 사실상 불가능하다고 보는 게 맞다. 일단 천 명이 각자 자기 몫을 하도록 작업 계획을 짜기가 매우 복잡하고, 계획을 실행에 옮기기는 더더욱 힘들다.

모두들 각자 작업에서 빠지고 비용을 대지 않을 궁리만 하고 부담은 몽땅 다른 사람에게 전가하려고 할 테니 말이다.[203]

서로 협력하면 개인들에게도 엄청난 이득이 되지만, 상호협력은 저절로 생기지 않는다. 서로 잘 지내려면 엄청난 지력智力이 필요하다. 서로 교류하면서 행적을 추적해야 하는 사람의 수가 많을수록 복잡한 사회를 헤쳐 나가는 데 필요한 뇌 피질의 양이 늘어난다. 이런 사실들을 바탕으로 인류학자 로빈 던바Robin Dunbar는 동물 종들 간의 뇌의 크기를 비교했다. 그 결과 영장류들의 경우, 몸집 대비 대뇌 신피질의 양을 가장 잘 예측해주는 지표가 집단의 규모라는 사실을 발견했다. 즉, 집단의 규모가 커질수록 몸집 대비 대뇌 신피질의 양이 증가한다.[204] 매우 협력적 행동들은 집단의 규모가 너무 커지면 와해된다. 집단 내의 역동적 관계에 추가적으로 문화적 해결책이 주입되지 않는 한 말이다. 최소 규모의 수렵채집 정착 집단, 초기 신석기 농경사회, 로마시대 이후 전문직 군대들의 기본단위 집단, 번성하던 종교운동 집단이 쪼개질 시점에 이르렀을 때 이런 현상이 나타난다.

집단의 규모가 지닌 한계는 아라페시Arapesh족에 대한 연구자료에서도 나타난다. 뉴기니 오지에 거주하는 이 민족은 보통 집단의 규모가 3백 명(또는 성인 150명)을 넘으면 마을이 쪼개진다. 인류학자 도널드 터진Donald Tuzin은 1,500명으로 구성된 마을이 출현한 특이한 현상에 대해 언급하면서, 사회조직, 결혼, 의식을 유지하는 문화적 규범과 인간의 도덕성에 관여하는 초자연적 주체들이 복합적으로 작용하여 해당 지역에서는 전례가 없었던 규모의 협력사회가 출현했다고 설명

한다.[205]

친족과의 선별적 협력과 호혜성만으로는 3백 명으로 구성된 소규모 집단에서도 안정적 수준의 협력을 창출해낼 수 없다. 이런 마을 단위의 정착사회에서조차도 상당한 사회적 복잡성이 존재하기 때문에 삶의 문제들을 해결할 온갖 종류의 문화적 해결책들이 필요하다. 하지만 이렇게 비교적 규모가 작은 집단이 안고 있는 문제는 수천 명의 수렵채집인들이 함께 살게 되면서 직면한 문제에 비하면 아무것도 아니다. 농경사회가 동트기 시작한 1만 2천 년 전부터 수렵채집인들은 수천 명씩 농경마을을 형성해 정착생활을 하면서 지중해 동부 지역에서 이른바 나투프Natuf 문화를 형성했다.[206] 오늘날 대도시에서 함께 살아가는 수백만 명이 직면하는 문제는 말할 필요도 없이 복잡하다. 대도시에서는 엄청난 수의 사람들이 생면부지의 남남과 더불어 살면서 전쟁도 하고 무역도 하고 자원봉사도 하고 투표도 하는 등 서로 협력하며 살아간다.

거대 집단, 거대한 신

앞서 살펴본 민족지학 연구자료들도 매우 중요한 내용을 담고 있지만, 보다 확실한 결론을 내리려면 훨씬 체계적인 문화 간 연구가 필요하다. 계량적 분석에서는 다음과 같은 결론이 나타난다. 표본을 수렵채집 집단으로 한정하면 거대한 신은 거의 발견되지 않는다. 인류학자인 크리스토퍼 베임Christopher Boehm은 보다 엄격한 접근방식을 채택하여 열여덟 개 채집사회를 망라하는 마흔세 개 종족들을 분석했다. 특히 베임은 분석대상인 표본을 공간적 이동성, 경제적 독립성, 평등주의, 거대동물 수렵 등의 특징을 지닌 집단들로 제한했다. 이와 같이 엄격히 제한된 하위표본을 분석한 결과 이들 집단이 숭배하는 신과 영령들은 이따금 인간사에 개입하기는 하나, 우리가 도덕적 문제라고 여길 만한 인간사에는 대체로 무관심하다는 사실을 발견하였다.

각 사회를 상당히 포괄적으로 아우르는 종교임에도 거짓말, 절도, 윗사람에 대한 무례함, 불륜, 싸움, 부정행위 등에 대한 초자연적 처벌은 거의 나타나지 않았다. 예를 들어 열여덟 개 사회들 가운데 겨우 네 개만이 부정행위를 금지하는 신을 숭배했고, 겨우 일곱 개 사회가 살인을 금지하는 신을 숭배했다. 연구 대상이던 모든 사회가 이런 행동들을 배척하고 사회적으로 처벌했는데도 말이다.[207] 오늘날 존재하는 수렵채집 사회에서 인류 조상들의 특징을 유추할 때는 매우 신중해야 하지만, 이런 집단들에 대한 조사결과를 보면, 우리 조상들의 종교에는 분명 도덕적 측면이 없었다는 점을 시사한다.

분석 대상의 범위를 넓혀서 (이동생활을 하는 수렵채집 집단뿐만 아니라) 산업화 이전 시기에 존재했던 다양한 문화집단들을 포함해 조사해보면, 거대한 신을 숭배하는 사례가 점점 늘어나기는 하지만 여전히 소수에 불과하다. 사회학자인 로드니 스타크는 인류학자들이 세계 각지에서 수집해 체계적 자료로 만든 427개 문화를 분석하였다. 그 결과 이 가운데 겨우 24퍼센트만이 인간사에 적극적으로 개입하고 특히 인간의 도덕성을 심판하는 신을 믿는 것으로 나타났다.[208]

대규모 집단의 대대적 협력문제에 대한 해결책이 거대한 신이라면,

거대한 신을 숭배하는 소규모 집단은 매우 드물고, 집단의 규모가 커짐에 따라 거대한 신의 사례도 늘어나야 한다. 프랜츠 로스Franz Roes와 미셸 레이먼드Michel Raymond는 전 세계 종족의 문화들을 대표하는 표본인 표준교차 문화표본(Standard Cross-Cultural Sample, 문화 간 비교 연구를 하는 학자들이 사용하는 186개 문화표본—옮긴이)을 바탕으로 이 가설을 검증해보았다. 이 데이터베이스에는 최소 규모의 채집집단부터 근대 민족국가에 이르기까지 온갖 종류의 사회들이 포함되어 있다. 두 학자는 사회 규모와 보통 지고신(至高神, High God)이라 일컬어지는 신, 이 두 가지 변인들을 측정했다. 현대국가를 제외하고는 사회의 규모를 측정하기가 매우 힘들지만, 규모를 대신하는 또 다른 훌륭한 척도가 있다.

세상에 존재하는 사회들은 인류학자들이 말하는 관할권 서열체계 jurisdictional hierarchy가 저마다 다르다. 어떤 사회들은 공동체로서, 분명한 사회적 서열이 없는 작은 집단이다. 하드자를 비롯해 많은 수렵채집 집단들이 이러하다. 어떤 사회들은 크고 작은 부족인데, 이들은 공동체보다 인구가 많고 족장이 있다. 예를 들어 피지에서는 역사적으로 성인 남자인 족장을 필두로 하는 여러 부족들의 집합체가 존재해왔다. 그다음이 스테이트, 마지막으로 사회적 복잡성이 매우 높고 인구가 매우 많은, 세계 인구의 대부분을 아우르는 라지large 스테이트가 있다. 이후 두 학자는 각 문화마다 지고신, 또는 전지전능하고 인간사에 개입하여 도덕적으로 심판을 하는 신을 숭배했는지 여부를 살펴보았다.[209]

초자연적 감시자이자 도덕적 심판관 역할을 하는 신은 관할권 서열이 높은 문화―즉, 집단규모가 크고 사회적으로 복잡한 사회들―에서 발견된다. 따라서 전지전능하고 인간의 도덕성에 지대한 관심을 보이면서 인간의 행동을 직접 감시하고 보상하고 처벌을 내리는 신은 소규모 집단에서는 거의 보이지 않으며, 집단의 규모가 커지면 점점 흔하게 나타난다. 이와 같은 집단의 규모와 거대한 신의 연관성은 분명히 이 두 현상 사이에 상관관계가 있음을 보여준다. 하지만 무엇이 무엇을 야기하는지 그 인과관계는 단정적으로 말할 수 없다.

프랜츠 로스와 미셸 레이먼드가 이 두 현상의 관계를 설명해줄 가능성이 있는 다른 가설들을 통제하고 분석한 결과, 두 현상 사이의 관계는 변하지 않았다. 예를 들어 대규모 사회가 거대한 신을 숭배하는 이유는 단순히 이런 집단들이 그리스도교나 무슬림 전도 활동에 노출될 확률이 더 높았기 때문은 아니다. 또 거대 집단들이 단순히 거대한 신을 이용해 복잡한 사회에 뒤따르는 사회적 경제적 불평등을 정당화했기 때문도 아니다. 거대한 신들이 그런 효과를 낳을지도 모르지만, 사회적 경제적 계층화가 비슷한 사회들을 비교해보아도 규모가 큰 사회일수록 여전히 인간의 도덕성에 개입하는 신을 믿는 사례가 더 많다.

집단의 규모가 커짐에 따라 구성원들 간의 교류에 익명성이 침투하게 되고, 이것이 그 집단의 안정을 위협한다고 볼 때 집단규모와 거대한 신의 연관성은 이해할 만하다. 친족과의 선별적 협력 및 호혜성을 비롯해 소규모 집단생활에 적합한 다양한 문화적 교류 방식들 외에도 추가적 기제들이 있어야 익명의 낯선 사람들이 서로 협력할 수 있다. 문화적 진화에서 나타난 가장 강력한 기제는 초자연적 감시자라는 개념이다. 전지전능하고 인간의 도덕성에 관심이 지대한 신이 감시하고 벌을 내린다는 개념 말이다. 따라서 초자연적 감시자 역할도 하는 거대한 신은 그런 신들이 가장 절실히 필요한 집단들—사회적으로 매우 복잡하고, 익명성이 있고, 구성원들 간에 협조적인 집단들—에게서 더 흔히 발견된다는 사실은 당연한 일이다.

하지만 사회에서 구성원들 간의 협력 및 조율과 관련해 문제를 야기하는 요소들은 집단의 규모와 사회적 복잡성뿐만이 아니다. 또 다른 중요한 요소로 수자원의 희소성이 있다. 폭증하는 인구를 물의 공급량이 따라잡지 못하면 수자원을 과다하게 이용해 고갈시키거나 무임승차자가 생기거나, 사회적으로 수자원 이용을 조율하는 체계가 작동하지 않으면서 사회의 생존 능력에 치명적인 위협을 가하게 된다. 수자원의 경우에는 어리석거나 이기적 행동을 하는 몇 명만 있어도 공동체 전체의 생존이 위험에 빠지게 된다. 러시아 속담에도 있듯이, "바보 한 명이 우물에 던져 넣는 돌 하나를 백 명의 현인들이 건져내지 못한다."

수자원 고갈, 토양 침식, 오랜 가뭄에의 취약성 등과 같은 여건들이 바로 앙코르를 중심으로 만들어진 고대 크메르 제국의 멸망을 초래한 것으로 보인다.[210] 사원인 앙코르와트의 웅장한 유적은 여전히 인류의 소중한 자산이다. 9세기로 거슬러 올라가는 정교한 수력시설 체계의 흔적 또한 소중한 자산이다. 하지만 산업화가 일어나기 전, 한때 세계에서 가장 큰 규모로 번성했던 도시 사회는 더 이상 존재하지 않는다. 따라서 수자원의 공급량이 부족할 때—사람들이 규범을 지키도록 만드는 사회적 기제로서 초자연적 감시가 매우 유용한 역할을 할 바로 그런 여건에서—친사회적 규범의 준수가 절실히 필요하다. 문화적으로 전파되는 데 가장 성공한 거대한 신인 아브라함 계통의 신이 본래 사막의 신이었다는 사실은 어쩌면 우연이 아닐지도 모른다.

아니나 다를까, 세계 민족문화들의 대표성 있는 표본을 분석한 결과, 수자원 공급이 원활한 사회에 비해 만성적 물부족에 시달리는 사회에서 도덕적 문제에 관심을 보이는 신들이 더 흔히 나타났다.[211] 전도 활동에 노출된 사회들을 분석에 포함시키든 제외시키든 분석결과는 변하지 않았다. 강수량이 적어서 물이 부족한 경우나 개울, 강, 호수 등과 같은 지표수의 양이 부족하여 물이 부족한 경우에도 마찬가지 결과가 나왔다. 이런 결과들은 앞서 살펴보았던 연구결과들과 일맥상통한다. 즉, 집단이 규모가 커지고 사회적 복잡성이 증가하고 사회가 균열될 위기에 처할수록 거대한 신의 존재는 더욱 흔해졌다. 스네어리Snarey는 이런 일반적 유형에 들어맞지 않는 흥미로운 예외 사례를 발견했는데, 이는 그 자체로서 시사하는 바가 있다.

인간의 도덕성에 관심이 있는 지고신을 믿는 아홉 개 사회들 가운데 이례적 사회가 하나 있는데 유라시아 지역 콜리마 강 상류를 따라 살던 유카기르Yukaghir족이다. 이들이 사는 지역은 강수량은 적었지만 지표수가 풍부했기 때문에 물이 넉넉했다. 그런데도 이들은 도덕성에 관심이 있고 자비로운 지고신을 믿었다. '폰Pon'이라고 불리는 이 지고신은 가시적 자연현상을 모두 관장했다. 저녁이 되면 그들은 "폰-율렉(Pon-yulec, 지고신이 어둠을 만든다)"이라고 했다. 비가 오면 그들은 "폰-티보이(Pon-tiboi, 지고신이 비를 만든다)"라고 했다. 그들이 거주한 콜리마 강 유역은 시베리아 북부에 위치하고 있으므로 연중 여덟 달 동안 꽁꽁 얼어 있었다. '유카기르족 영역'은 사실 시베리아에서 가장 혹독한 기후를 보였다. 지구 상에 그 어떤 곳도 인간을 비롯해 동물과 식물의 생명에 그토록 혹독한 영향을 미치는 곳은 없다. 이 연구에서 사용한, 유카기르족의 가용 수자원 수준은 수치상으로는 정확하지만, 그들은 지고신을 믿는 사막 지역 사람들 못지않게 위태롭고 불안정한 삶을 영위했던 게 분명하다.[212]

여기에서 초자연적 감시와 관련이 있는 거대한 신의 세 가지 특징을 다시 살펴보아야 한다. 첫 번째 특징은 문화적 진화의 관점에서 볼 때 설계상 중요한 특징이지만, 두 번째와 세 번째 특징은 그다지 중요하지 않을지도 모른다. 첫째, 2장에서 살펴본 바와 같이, 신학적 차원에서 말하자면 이런 신들은 전지전능하지만 실제로 신앙인들은 이런 신들이 주로 '사회적으로 전략적' 가치가 있는 정보, 특히 부정행위, 거짓말, 집단에 대한 배신 등과 같이 부도덕한 행위에 대한 정보에 접근할 능력이 있다고 생각하는 '신학적으로 보면 틀린' 직관을 지니고 있다. 심리학적 관점에서 보면, 이런 종류의 종교적 사고가 이해가 된다. 초자연적 감시자가 지닌 중요한 설계상의 특징은 집단이 사회적으로 중요하다고 여기는 도덕적 문제들에 특히 관심을 보이는, 인간사에 개입하는 주체라는 점이다.[213]

때때로 거대한 신들은 유일신주의와 동일시되고, 조물주인 경우도 종종 있지만, 이 두 가지 특징이 없어도 효과적인 초자연적 감시자가 될 수 있다. 유일신, 조물주 이 두 가지 특징은 아브라함 계열의 문화적 시각이 종교에 침투하면서 생긴 문화적 편향성일 뿐이다. 거대한 신들은 유일신일 필요도 없고(그래서 단수가 아니라 복수로 쓴다), 조물주일 필요도 없다. 거대한 신들은 초자연적 주체들 가운데 매우 드문 문화적 변종으로 출발했지만, 유일신이라는 개념은 더 드물다. 문화적으로 전파되는 데 가장 성공한 거대한 신들이 대부분 아브라함 계통의 신(시간이 흐르면서 조물주이자 유일신이 되었다)이기 때문에 거대한 신을 유일신이자 조물주라고 여길 뿐이며, 원칙적으로 거대한 신이라면 어떤 신도 초자연적 감시라는 책무를 수행할 수 있다. 예를 들어 솔로몬제도에 사는 퀘이오족은 아달로Adalo라고 불리는 조상의 영령을 믿는다.[214] 아달로는 인간사를 끊임없이 감시하고 인간사에 개입하는 영령이다. 이 영령은 착한 사람에게는 행운을 가져다주고, 집단의 규범을 위반하는 사람에게는 불행을 가져다준다. 이 영령은 제물로 돼지를 바치면 사족을 못 쓰는 것으로 보인다. 아달로는 규범을 집행하는 역할을 하는데, 지켜야 할 규범이 많아도 너무 많다고 퀘이오족은 말한다. 아달로는 우주의 창조자로 여겨지기도 한다.[215] 반면, 하드자가 숭배하는 하이네처럼 수렵채집 집단들이 숭배하는 신들은 전지전능하지도 않고 인간의 도덕성에 관심도 없지만 원칙적으로 우주의 창조자이다. 유일신이거나 조물주가 아니어도 초자연적 감시자가 되는 데는 전혀 지장이 없다. 이 두 가지 특징은 역사적 우연일 뿐이며 거대한 신이 반드시 갖춰야 할 중요한 특징은 아니다.

종교의식도 거대한 신의 선례를 밟는 듯하다. 인류학자인 하비 화이트하우스Harvey Whitehouse는 문화와 역사를 통해 반복적으로 나타나는 의식들을 두 가지 유형으로 분류한다. 하나는 교리적 의식이다. 이는 끊임없이 되풀이되는 의식으로서 보통 고도의 생리적 각성을 야기하지 않으며, 교리의 문화적 전파와 관련이 있고 사제나 종교적 권위를 지닌 인물들이 철저하게 관장한다. 매주 정기적으로 똑같은 방식으로 신체의 움직임과 노래가 되풀이되는 전형적 가톨릭 미사가 교리적 의식을 보여주는 좋은 사례이다. 반면 심상적 의식은 가끔 열리지만, 참가자를 감정적으로 각성시키고, 사람을 사로잡는 매우 독특한 힘이 있으며 기억에 깊이 새겨질 만한 영적 체험을 하게 한다. 보통 샤먼이 참석해 의식을 관장하지만, 교리상의 정통성을 따지거나 매번 똑같은 과정을 반복하는 데 집착하지 않는다. 이런 의식에서 겪은 체험의 의미는 개인에 따라 각자 해석하기 나름이다. 전통사회에서 흔히 나타나는 이른바 '공포의 의식rite of terror'이 이런 유형의 의식이다.[216]

화이트하우스와 퀜틴 앳킨슨Quentin Atkinson은 공동연구에서 문화마다 이 두 가지 독특한 의식들 가운데 어떤 유형이 나타날지 예측할 방법이 있다는 사실을 알게 되었다. 한 집단에서 두 가지 의식이 모두 나타날 가능성도 있지만, 한 유형이 더 두드러지면 다른 한 유형은 덜 나타나는 경우가 훨씬 많았다. 조직화된 종교에서는 주로 교리적 의식이 나타났다. 또 농업의존도가 높고, 따라서 집단 내의 협력이 훨씬 중요한 집단일수록 교리적 의식이 나타났다. 역사적으로 볼 때 이런 농경사회는 친사회적 종교집단들이 구축한 사회이다. 반면 흔하지는 않으나 감정을 자극하는 심상적 의식은 농업의존도가 비교적 낮고 도덕에 관여하는 거대한 신을 숭배할 가능성이 낮은, 보다 소규모 집단에서 나타나는 경향이 있었다.[217] 그렇다고 심상적 의식 유형이 조직화된 종교에서 나타나지 않는다는 뜻은 아니다. 조직화된 종교에서도 심상적 의식을 통해 믿음을 새롭게 강화하고 헌신을 촉진하기도 한다. 하지만 심상적 유형은 어떤 식으로 전개될지 예측하기가 어렵기 때문에 종교적 권위를 지닌 인물들이 적극적으로 관리하고 해당 종교의 핵심적 교리와 집단의 이익에 어긋나지 않는 한도 내에서 허용한다.

이 모든 증거들을 통해 우리는 놀라운 결론에 이르게 된다. 세월이 흐르고 집단의 규모가 커지면서 도덕과 종교는 서로 무관한 관계에서 점점 얽히고설킨 관계로 변한다. 집단의 규모가 확장되면서 거대한 신이 출현하고, 이 거대한 신은 인간에게 철저한 헌신을 요구하고 24시간 인간사에 일일이 간섭하며, 부도덕한 행위를 처벌하고 선한 행동에는 보상을 한다. 초자연적 존재를 대하는 생각을 집단이 조율하고 승인하는 데 사용하는 정교하고 반복적인 의식들도 점점 흔해진다.[218]

일찍이 민족지학 자료들을 분석한 인류학자 윌리엄 스완슨William Swanson은 다음과 같은 결론을 내렸다. "현대 서양인들은 종교와 도덕을 한데 묶어놓은 믿음에 지나치게 매몰된 나머지 이 두 가지를 구분하는 사회를 상상하기조차 힘들어한다. 하지만 다수의 인류학자들은 대부분의 원시사회에서 도덕과 종교가 분리되어 있음을 목격한다."[219] 물론 소규모 사회에도 사회생활을 관장하는 정교하고 도덕적인 규범이 있다. 하지만 소규모 사회에서는 초자연적 주체가 이런 규범들을 집행하는 데 관여하지 않는 경우가 흔하다.

초자연적 감시자의 출현_역사적 기록들

민족지학 사료들을 분석한 자료를 바탕으로 인류학자들이 내린 결론은 역사적 기록과도 일맥상통한다. 선사시대 고고학 자료들을 살펴볼 때는 간접적 지표들—즉, 물리적 증거—에 의존할 수밖에 없다. 그리고 이런 증거들을 분석해보면, 세월이 흐르면서 사회는 점점 규모가 확장되고 복잡해지고 더욱더 정교한 의식들이 나타난다. 물론 정교한 의식과 사회의 거대화 및 복잡화 사이의 연관성에 대해서는 여러 가지 서로 다른 해석이 가능하다. 어쩌면 정교한 의식은 보다 복잡해진 사회를 반영한 것인지도 모른다. 하지만 집단의 규모가 커지고 익명성이 강화되고 집단이 분열에 더욱 취약해지면서 이런 의식 형태는 신에 대한 믿음을 강화하고 사회적 유대를 촉진하는 데 기여했다고 볼 수도 있다.

고고학 사료들을 보면, 정기적으로 치르는 의식이 확대되고 종교적으로 의미 있는 기념물이 건축된 시기와, 대규모 사회가 건설되고 정치적으로 복잡해지고 농업의존도가 커진 시기가 일치한다. 이를 보여주는 사례가 차탈회위크Çatalhöyük 유적에서 나온 증거이다. 차탈회위크 유적은 아나톨리아 남쪽 지역에 있는 9,500년 전 신석기 유적으로 괴베클리 테페에서 그리 멀지 않은 곳에 있다. 이 유적에서는 의식이 정교해지던 시기와 식물을 경작하고 가축을 길들이면서 농업의존도가 높아지던 시기가 일치한다는 증거가 나왔다.[220]

앞서 살펴본 바와 같이 괴베클리 테페 유적지에서 발굴된 유물들을 보면, 이 유적이 수렵채집인들이 조직화된 종교적 의식—어쩌면 그 지역에 농경정착 생활이 출현하기 이전일지도 모른다—에 관여했음을 보여주는 세계 최초의 신전임을 시사한다. 또 종교의식과 사회적 변화의 공진화coevolution에 대한 연구자료를 보면, 사회가 무리 지어 수렵채집 생활을 하다가 부족사회와 국가로 발전하면서 종교의식이 정례화되고 정교해지고 비용이 증가했음을 시사한다. 예를 들어 고대 멕시코에서 무리 지어 채집활동을 하던 집단은 오늘날 여전히 채집활동을 하며 사는 사람들과 마찬가지로 정례화되지 않은 비공식적 종교의식에 의존했다. 여러 개의 마을로 이루어진 부족 집단이 출현하면서 종교의식은 보다 정례화되었고 사제계급이 출현했는데, 멕시코에서 국가가 형성된 시기(기원전 2500년)에 바로 이런 현상이 나타났다. 이 사제들은 종교달력에 의존해서 엄청난 비용을 들여 신전을 건설하고 운영했다. 왕조 출현 이전의 이집트와 고대 중국(기원전 4500~3500년)뿐만 아니라 메소포타미아와 인도 지역의 고대 사회에서도 이런 현상이 나타난다. 청동기 시대 이집트(기원전 3100년경)와 중국(기원전 1500년경)에서 무덤의 건축물과 시신을 매장한 관행 등에 변화가 나타나기 시작하는데, 이는 공개적으로 치르는 고비용 종교의식으로 결속력을 다지는 고도로 중앙집중화된 사회가 출현했음을 시사한다.

이런 역사 자료들을 해석할 때는 인과관계를 단정 지을 수 없다는 점을 유의해야 한다. 하지만 이런 증거들과 민족 비교연구 자료들을 종합적으로 고려하고 종교적 믿음이 사회적 행동에 미치는 영향에 대해 우리가 알고 있는 점들을 고려해보면, 이와 같이 막강한 위력을 지닌 도덕적 심판관인 신들은 정례화된 고비용 종교의식들과 동시에 진화해왔고, 거대한 신과 정교한 종교의식이 복합적으로 작용하여 거대 집단이 구성원들 간의 협력과 화목을 증진시키는 한편 보다 규모가 작고 조직화되지 않은 외집단들을 경쟁에서 도태시켰다고 결론을 내려도 무리는 아닐 것이다.

문자를 쓰고 역사를 기록으로 남기기 시작하면서 대규모 협력과, 정례화되고 정교해진 종교의식, 거대한 신, 도덕성 사이의 관계를 분명히 정립하기가 훨씬 쉬워진다. 이런 문화적 진화는 아브라함 계통의 종교들에서 뚜렷이 나타난다. 로버트 라이트Robert Wright는 《신의 진화Evolution of God》에서 사료를 통해, 부족이 숭배하는 독특하고 다혈질인 수많은 전쟁 신들 가운데 하나로 출발한 아브라함 계통의 신이 점차 전지전능하고 인간을 끊임없이 감시하고 도덕적 심판을 내리는 유대교, 그리스도교, 이슬람교—그리스도교와 이슬람교는 세계에서 규모가 가장 큰 친사회적 종교 공동체이다—의 유일신으로 변신하게 된 과정을 보여준다.[221]

중요한 세부사항들을 해석하는 데에는 논란의 여지가 있지만, 근동 지역의 부족 신이 30억 이상의 인구가 숭배하는 거대한 신으로 진화한 대략적 과정을 뒷받침하는 사료들은 충분하다. 역사상 또 다른 대대적 문화 실험인 중국의 통일과정에서 종교가 어떤 역할을 했는지에 대해서는 훨씬 논란이 많다. 세월이 흐르고 중국사회의 규모가 놀랄 정도로 확장되는 과정에서 초자연적 감시는 어떤 역할을 했을까?

고대 중국의 종교들은 초자연적 감시자를 숭배했을까?

중국은 우리가 아는 한 가장 규모가 큰 문명으로 손꼽히고 고대 중국—보다 일반적으로 말하면 동아시아 문화—은 도덕적 심판을 내리는 신이나 심지어 종교가 존재하지 않은 문명으로 간주된다. 따라서 고대 중국 종교에 대해 짤막하나마 살펴볼 필요가 있다. 고대 중국에는 초자연적 감시자가 있었을까? 이 문제는 현재 역사적으로 논쟁이 진행 중이다. 하지만 내 동료이자 고대 중국의 종교를 연구한 사학자 에드워드 슬링얼랜드Edward Slingerland는 초자연적 감시가 고대 중국 문명에서 결정적 역할을 했다는 설득력 있는 주장을 한다.[222]

슬링얼랜드는 '신의 감시'라는 개념이 고대 중국에서 두드러지게 나타난다는 점을 지적한다. 역사적 기록이 존재하는 고대 중국문화권─상商 왕조(기원전 1600~1046년) 시대에 사람들이 신전에서 숭배한 대상이 정확히 무엇이었는지에 대해서는 논란의 여지가 있지만, 이들은 상 왕조 혈통의 조상들, 각종 자연 신들 그리고 조상으로 대우받는 문화적 영웅들을 기렸고, 그 위에는 '상제上帝'라는 최고 신이 군림했다. 역사적 기록이 남아 있는 최초 왕조에 대한 사료는 매우 드물지만, 현존하는 자료만 가지고도 상제는 세상에서 벌어지는 수많은 사건에 관여했고, 상 왕조의 왕들은 종교의식을 통해 상제에게 제물을 바치며 달랬다는 점을 분명히 알 수 있다.

서주西周 왕조(기원전 1046~771년)가 상 왕조를 대체하자 상제는 주 왕조가 숭배하는 지고신인 '천天'과 합쳐지고, 두 용어는 주 왕조 치하에서 같은 의미로 번갈아가며 사용되었다. 상제/천을 묘사한 사료들을 보면 거대한 신과 유사한 특징들이 많다. 상제/천은 자연계를 지배하고, 전지전능하며, 인간의 도덕적 행동에 지대한 관심을 보인다. 왕가의 통치능력은 하늘에서 '위임'을 받았는지 여부에 따라 결정되었고, 위임을 받았는지 여부는 올바르게 행동하고 종교의식에서 요구하는 의무를 성실히 수행하는지 여부로 판단했다. 훗날 중국의 정치체가 독립적이고 서로 경쟁관계인 여러 개의 국가들로 쪼개진 뒤에도, 초자연

적 감시는 국가 간 외교와 각 국가 내부의 정치적 법적 관계에서 계속 중요한 역할을 하였다.[223]

마지막으로, 사료들을 살펴보면 세월이 흐르면서 고대 중국에서 도덕과 종교 사이에 어떤 관계가 형성되었는지 점점 명확히 드러난다. 천은 개인의 도덕적 행동규범들을 관장하고, 규범을 어긴 사람은—겉으로 드러나는 행동뿐만 아니라 개인의 내적 삶에서도—초자연적 감시자로부터 즉각적 처벌을 받는다. '하늘에서 내려온' 도덕적 규범들은 왕조의 권위에 정당성을 부여했고 점점 확장되던 주 왕조의 정치체 구성원들에게 공동의 역사의식과 운명의식을 지니게 만들었으며, 주 왕조에게 군사적 정치적 세력을 확장할 수 있는 전례 없는 능력을 부여해주었다.

고대 중국에서 초자연적 감시자가 얼마나 비중 있는 역할을 했는지에 대해서는 논란의 여지가 있지만, 중국 문명을 형성하는 데 일정 부분 역할을 했다는 사실은 의심할 여지가 적어 보인다. 이 책을 통해 나는 막강한 초자연적 감시자를 숭배하는 집단들이 규모를 확장하여 다른 집단들을 도태시켰다는 주장을 하고 있지만, 그렇다고 해서 초자연적 감시가 집단의 세력 확장을 촉진하는 유일한 기제란 뜻은 아니다. 어쩌면 중국인들은 서구 문명보다도 훨씬 일찍 그리고 훨씬 성공적으로 종교를 대체할 세속적 대안을 만들어냈는지도 모른다. 이는 매우 흥미롭고 중요한 가능성이지만, 그렇다고 거대한 신이 집단의 세력 확장을 촉진시켰다는 주장과 모순되는 것도 아니다. 어느 쪽이 맞든, 중국 문명이 형성되는 과정에서 초자연적 감시가 다른 문명들에서만큼 중심적 역할을 하지 않은 것으로 밝혀진다고 해도 이 책에서 주장하는 중심 논점은 여전히 유효하다.

초자연적 감시는 자연선택적 적응의 결과일까?

지금까지 구성원들 간의 협력이 필요한 대규모 집단이 출현하는 과정에서 초자연적 주체의 감시와 처벌이 중요한 역할을 했다는 문화진화론의 개요를 설명했다. 독자들은 문화적 진화론의 주장과 제시 베링, 도미닉 존슨Dominic Johnson을 비롯해 다수 학자들이 제시한 '초자연적 처벌에 관한 가설supernatural punishment hypothesis'[224]이라는 자연선택적 적응을 바탕으로 한 해석 사이에 비슷한 점들이 있다는 사실을 눈치챘을지도 모르겠다. 이 이론에는 그동안 높은 관심이 집중되어왔고, 이를 검증하려는 수많은 연구가 이루어졌는데, 이 이론은 초자연적 감찰자로서의 신에 대한 믿음을 자연적으로 선택된 적응의 결과라고 본다. 도미닉 존슨은 이 이론의 핵심적인 주장들을 다음과 같이 요약한다.

인간은 자신의 일거수일투족(그리고 생각)을 초자연적 주체가 감시하고 판단하고 처벌한다고 생각하는 편향성이 있으면 생존적합성에서 유리해지는지도 모른다. 이런 믿음을 가지면 행동의 자유와 자신의 이익에 부합하는 행동들을 제약하므로 매우 큰 비용을 치러야 하지만, 그보다도 훨씬 큰 대가를 치르게 되는 실수—실제 세계에서 적발되어 피해자나 집단 내의 다른 구성원들에게 처벌을 받을 가능성이 높은데도 이기적 행동을 하거나 사회적 규범을 위반하는 행위—를 모면하는 데 도움이 된다면 이런 믿음은 자연선택에 의해 선호될지도 모른다. 간단히 말해서, 초자연적 존재에 대한 믿음은 지나치게 이기적인 행동—언어가 진화하고 인간의 사고에 대한 이론이 정교해지면서 점점 투명해진 세상에서 큰 대가를 치러야 하는 위험한 행동—을 스스로 자제하게 만드는 효과적인 기제였을지도 모른다.[225]

존슨과 베링은 초자연적 감시자에 대한 두려움이 인간이 서로의 평판에 대한 정보를 주고받을 능력이 발달하면서 생겨났다는 점을 지적한다. 인간처럼 사회성이 강하고 뒷공론하기 좋아하는 종의 경우, 개인의 생존여부는 집단생활에서 협력적 태도를 보이느냐에 의해 결정되었다. 언어를 사용하게 되고 마음을 헤아리는 능력이 발달하면서 사람들은 누군가가 사회적 규범을 위반하는 행위를 하면 이를 적발하고 그 사실을 집단 내의 다른 구성원들에게 전달할 수 있게 되었다. 따라서 이기적 행동을 하면 사회적 집단에게 적발당할 위험을 감수해야 했고, 적발당하면 처벌을 받게 되고 다윈이 말하는 생존하기에 적합한 능력을 잃게 되었다. 따라서 이기적 행동을 억누르는 능력이야말로 궁극적으로 개인의 차원에서는 적응능력이 되었다.

이런 초자연적 감시자의 처벌을 바탕으로 한 자연선택적 적응설과 이 책에서 제시한 문화적 진화론 사이에는 중요한 유사점들이 있다. 두 가지 가설 모두 초자연적 감시자의 처벌을 인간의 사회성을 촉진하는 핵심적 요소로 보고 있고, 진화론에 바탕을 두고 있으며, 이 책에서 살펴본 증거자료들 가운데 일부를 똑같이 증거로 제시한다.

하지만 몇 가지 세부적 사항들에서는 차이가 있다. 첫째, 문화적 진화론에서는 집단 내의 친사회성을 촉진하기 위해 거대한 신이 문화적으로 선택되었다고 보는 반면, 초자연적 존재의 처벌 가설은 신의 징벌에 대한 내재적 두려움이 유전적 적응genetic adaptation의 결과라고 보았다. 신이 징벌한다는 믿음이 개인들로 하여금 생존적응성을 저해하는 부정행위나 위반행위를 자제하게 한다는 설명이다. 문화적 진화론에서는 집단 구성원들 간의 관계에 익명성이 침투하면서 신들이 점점 더 막강해지고 인간의 도덕성에 관여하게 된다고 설명한다. 초자연적 존재의 처벌 가설에서는 그런 예측을 하지 않는다. 초자연적 처벌에 대한 두려움이 인류가 보편적으로 지닌 개념이라고 본다.

그렇다면 이 책에 제시한 증거들로 미루어볼 때 둘 중 어느 가설이 더 신빙성이 있을까? 초자연적 존재의 처벌 가설이 안고 있는 가장 핵심적 문제점은 소규모 사회, 특히 채집생활을 하는 집단에서는 도덕적 심판을 하는 전지적 신이 거의 존재하지 않는다는 사실을 설명하지 못한다는 점이다. 전 세계적으로 거대한 신과 초자연적 감시자의 처벌은 유독 거대 집단에 편중되어 나타난다는 사실은 초자연적 처벌에 대한 믿음이 인간이 지닌 보편적 특징이라는 주장과 일치하지 않는다. 그렇다면, 초자연적 감시자의 처벌 개념이 자연적으로 선택된 뒤, 무임승차가 크게 문제가 되는 대규모 집단에서 문화적으로 더욱 정교하게 다듬어졌을까? 그럴듯하게 들리기는 하지만 이 해석의 문제점은 대부분의 소규모 사회에 존재하는 신은 완전히 전지적이지도 않고 도덕적 문제에도 관심을 보이지 않는 경향이 있다는 것이다. 좀 더 심층적으로 증거를 분석해보면, 인간사에 개입한 신은 인간의 협력적 태도와 정직성에만 관심이 있는 게 아니다. 신들에 따라서 관심을 보이는 행동들은 천차만별이다. 인간의 부정행위와 이기적 행동에 관심을 보이는 신이 있는가 하면, 인간이 음식에 대한 금기사항을 위반하거나, 게으르거나, 근친상간 행위를 하는 경우에 개입하는 신도 있고, 어떤 신은 공공장소에서 동물의 행동을 규제하기도 한다![226]

초자연적 감시자의 처벌이 협력이라는 문제를 해결하기 위해 유전적으로 적응해온 결과라면 위와 같이 협력과 무관한 인간의 행동에 집착하는 신의 유형을 설명할 도리가 없다. 그렇다면 인간의 행동에 대해 도덕적 심판을 하는 신들이 집단 구성원의 행동 가운데 집단의 협력 자체와는 상관이 없지만 집단이 중요하게 여기는 행동에 관심을 보이는 이유는 무엇일까?

게다가 베임이 소규모 채집생활 집단을 분석한 내용을 보면, 남몰래 저지른 위반행위에 대해 초자연적 존재가 처벌하는 정도는 문화마다 편차가 심했다. 초자연적 존재의 처벌에 대한 두려움이 유전적으로 진화해온 결과라면 남이 보지 않을 때 위반행위를 한 경우에 두려워할 확률이 가장 커야 한다. 하지만 그런 행위들(살인, 싸움, 게으름)은 대부분 사회적으로 배척당하는 행동들이긴 하지만 초자연적 감시자의 처벌 대상은 아니었다. 분석 대상인 열여덟 개 사회들 가운데 겨우 네 개만이 부정행위를 금지하는 신을 숭배하고 겨우 일곱 개 사회가 살인을 금지하는 신을 숭배하는 것으로 나타났다. 더욱이 도덕적 심판을 하는 신들은 인간사에 개입할 때, 남몰래 이기적 행동을 하는 사람을 처벌하거나 협력과 관련한 친사회적 규범을 이행하는지 여부에 관여할 뿐만 아니라 해당 지역의 문화적 규범(집단마다 준수하는 문화적 규범은 천차만별이다)을 준수하는지에도 관여한다.

따라서 초자연적 감시자의 처벌이 유전적 적응에 따른 현상이라면, 채집사회에서 초자연적 감시자의 처벌에 대한 믿음이 분명히 나타나야 하는데도, 이런 사회들이 숭배하는 신은 대부분 도덕에 무관심한 존재들이다. 반면, 수렵채집 집단들과는 달리 보다 최근에 진화해온 익명성이 보장되는 대규모 집단들 가운데에서는 거대한 신의 초자연적 감시 개념이 흔히 발견된다. 앞서 우리가 살펴보았던 이런 추세—집단의 규모가 확장되면서 신들이 인간의 도덕성에 점점 더 깊이 관여하게 된 현상—는 문화적 진화론 가설로는 설명이 되지만, 초자연적 감시자의 처벌 개념이 홍적세(洪積世, 250만 년 전부터 1만 년 전까지의 시대. 흔히 빙하시대라고도 불린다—옮긴이)에 유전적으로 진화한 특징이라는 가설로는 설명이 되지 않는다.

문화적 진화론 가설에 따르면, 집단 내에서는 협력 행동뿐만 아니라 그 어떤 행동도, 적당한 여건만 조성되면 확산되고 보편화될 수 있다. 하부문화 집단이나 전체 문화 집단이 해당 집단과 구성원 개개인 모두에게 해로워 보이는 부적응적 행동들을 고수하며 '평형상태'를 유지하는 사례들을 종종 보는데, 바로 이런 현상도 문화적 진화론 가설로 설명된다.[227] 그 하나의 사례가 구소련과 위성국가들 같은 경찰국가들에서 나타난 집단적 공포와 불신이다. 또 다른 사례는 라이베리아 일부 지역에서 최근 확산된 마녀사냥과 주술에 근거한 살인 현상으로서, 이들 지역에서는 서로에 대한 불신이 극도로 만연하여 가장 기본적 형태의 사회적 협력행위도 확산되지 못했다.[228]

이런 사례들은 문화적이고 종교적인 믿음이라고 해서 한결같이 친사회적 행동을 유발하는 것은 아니라는 사실을 증명한다. 그렇지 않은 문화적 종교적 믿음들이 수없이 많다. 인류의 역사에는 문화적 실패작인 사멸한 종교운동들의 잔해가 널려 있다. 이 책에서 제시한 친사회적 종교의 특징들을 '종교'에서 일반적으로 나타나는 전형적인 특징으로 간주하는 경우가 많은데, 실제로 이런 특징들은 친사회성, 도덕성, 종교의식, 거대한 신에 대한 독실한 믿음과 헌신을 연결시켜준 문화적 진화과정이 성공적으로 만들어낸, 비교적 최근에 나타난 특징이다.

집단 내에서 유전적으로 전파되는 과정도 핵심요인이긴 하지만, 그 자체만으로는 대규모 집단이 처한 협력이라는 딜레마를 해소하는 완벽한 해결책이 되지 못한다. 하지만 (친사회적 종교에서 보이는) 집단 간의 경쟁, 문화적으로 전파되는 믿음과 관행들을 비롯해 문화적 진화의 동력을 고려하면 협력의 규모가 확대되는 현상이 설명된다. 이 과정은 다음 장에서 다룬다.

앞으로 추가 연구를 통해 초자연적 감시자의 처벌에 대한 자연선택적 적응이론이 이런 문제들을 어떻게 해결하는지 정확히 밝혀지기를 바란다. 예를 들어 자연선택적 적응의 압박이 컸다면, (소규모 수렵채집 집단이 아니라) 근대의 친사회적 집단이 삶에 적응하는 과정에서 초자연적 감시자의 처벌 개념이 몇천 년 만에 급속도로 진화했을 가능성도 있다. 하지만 이 해석이 맞는다고 하면 초자연적 감시자의 처벌 개념은 보다 최근에 각 집단에서 독립적으로 나타난 유전적 적응이라는 이야기가 된다.

그렇다고 해도 종교가 협력을 촉진하는 이유가 단순히 초자연적 감시자 개념 때문이 아니라 신의 징벌이라는 위협으로 뒷받침되기 때문이라는 초자연적 감시자의 처벌 가설의 주장은 옳다. 초자연적 감시자와 처벌이라는 개념이 문화적으로 진화했는지 또는 유전적으로 진화했는지, 아니면 둘 다인지 여부는 차치하더라도, 그런 개념들 이면에 있는 심리적 기제에 대해서는 두 가설 간에 대체로 동의가 이루어진다.

문화 간 비교분석과 역사적 근거들을 종합적으로 고려해보면 하나의 추세로 수렴된다. 집단의 규모가 확장되고 사회적 복잡성이 증가하면서 종교는 도덕적 차원을 획득하게 된다. 신들은 더욱 막강해지고 인간사에 개입하며 거짓으로 꾸미기 힘든 행위로 신심을 입증해 보이라고 요구하게 된다. 종교의식들은 더 자주 열리고 정례화되며 교리를 전파하는 데 이용된다. 믿음-종교의식 복합체가 모양을 갖추면 신심을 강화하는 또 다른 기제들(6장에서 살펴보았다)이 문화적 진화의 과정에 추가된다. 조율된 율동(노래와 춤), 자제력을 강화하는 관행(이기심을 비롯해 사회적으로 바람직하지 않은 행동들을 습관적으로 자제하는 태도), 가상의 친족개념(같은 종교를 믿는 신앙인들을 형제자매로 대우하는 태도)이 바로 이런 기제들이다.

초자연적 감시자와 믿음을 과시하는 과도한 행동과 더불어 이런 '문화적 도구들'은 친사회적 종교집단 내에서 구성원들 간의 협력과 사회적 결속력을 한층 강화하고, 익명의 낯선 사람들로 구성된 집단을 도덕적 공동체로 변모시킨다. 이런 과정은 시간이 흐르면서 더욱 규모가 크고 더욱 결속력이 강한 집단을 출현시켰고, 집단들 간에 점점 경쟁이 치열해지고 갈등이 심화되는 상황에서 과정이 진행된다. 이것이 8장에서 다룰 주제이다.

8장

–

협력과 경쟁을
부추기는 신들

막강한 권력과 왕족으로서의 권위를 행사하는 왕조들은 그럴듯한 선전선동을 기반으로 한 종교에서 태동하였다. 우월감은 집단적 정서에서 비롯된다. 합의에 의해 개개인의 욕망들이 하나로 수렴되고 감정이 통일된다. 상호협력과 지지가 꽃핀다. 결과적으로 국가의 세력은 확장되고 왕조는 번성한다.

이븐 할둔 Ibn Khaldûn[229]

종교는 생면부지의 남남을 결속시키는 장점이 있기는 하지만, 사실 종교적 협력은 집단들 간의 경쟁과 갈등에서 비롯되었다. 따라서 종교적 협력은 바로 그런 협력을 위협한다고 여겨지는 갈등(실제 존재하는 갈등이든 상상이든)을 부추긴다(이는 다음 장에서 다룰 주제이다). 이런 종교의 역동성은 종교가 집단 내에서는 협력을 촉진하지만 집단들 간에는 갈등을 조장하는 일견 모순되는 특징을 이해하고, 그 모순을 해결하는 데 도움이 된다. 거대한 신을 섬기는 종교들은 소방관인 동시에 방화범이다.

　다시 말해서 집단들 간의 경쟁이 치열하고, 집단들 간에 전쟁기술, 인구규모와 같은 다른 요인들이 엇비슷할 때, 자기를 희생할 의지가 있고 자기 이익보다 집단의 이익을 우선시하는 특질들을 획득한 구성원들이 있는 집단들―즉, 사회적 결속력이 강한 집단―이 승리하는 경향이 있다. 물론 한 집단 전체가 이기면 그 집단 내의 구성원들도 이기게 되고 집단을 승리로 이끈 자기희생적 전략들은 확산된다. 다윈은 《인간의 유래Descent of Man》에서 인간이 진화하는 과정에서 사회적 결속력이 얼마나 중요한 역할을 했는지 다음과 같이 역설하고 있다.

높은 도덕성을 지닌 개별적 인간이나 그의 자손들은 같은 집단의 다른 사람들에 비해 약간 더 생존에 유리하거나 전혀 유리하지 않지만, 높은 도덕성을 발전시키고 그런 도덕성을 지닌 사람들의 수가 늘어나는 부족은 다른 부족들보다 엄청나게 생존에 유리해진다는 사실을 잊어서는 안 된다. 애국심, 충성심, 복종, 용맹심, 공감능력이 뛰어나 늘 기꺼이 서로 돕고 공공선을 위해 자신을 희생할 자세가 되어 있는 구성원들이 많은 부족이 다른 부족들을 제치고 승리하리라는 점은 의심할 여지가 없다. 이를 자연선택이라고 한다.[230]

진화생물학자 데이비드 슬론 윌슨David Sloan Wilson은《종교는 진화한다Darwin's Cathedral》에서 종교가 다윈의 이론에 정확히 맞아떨어진다고 주장한다. 다음과 같은 그의 주장은 (앞에서 인용한) 이븐 할둔의 주장과 일치한다.

집단은 전체가 하나의 단위로 적응하며 진화한다고 알려져 있다. 하지만 그러려면 일정한 요건이 충족되어야 한다. (…) 인간 집단에서는 그런 일정한 요건을 충족시키는 것이 종교인 경우가 종종 있다. 종교는 오늘날 인간 삶의 목적이나 우주의 질서에 대한 신학적 설명으로서 인류 무대의 중심을 차지하고 있지만 본래 집단이 환경에 적응하는 하나의 단위로 기능하도록 한 진화의 산물이다. 적어도 어느 정도는 말이다.[231]

갈등과 전쟁이 집단의 사회적 결속력을 강화한다는 주장을 뒷받침하는 증거가 있다. 미셸 겔펀드Michele Gelfand를 비롯한 학자들은 서른세 개 민족국가를 대상으로 문화 간 비교조사를 실시하여 사회적 결속력과 관련된 무엇을 측정했다. 그들은 각 나라의 '긴장도緊張度'—즉, 여러 가지 상황에 적용되는 엄격한 사회적 규범들을 갖추고 있는가? 규범으로부터의 일탈은 어느 정도나 허용되고, 이런 규범을 위반한 사람들은 처벌을 받는가?—를 측정한 결과 매우 흥미로운 사실을 발견했다.

첫째, 문화마다 긴장도에서 상당한 편차를 보였는데, 터키, 인도, 한국 같은 일부 문화권들은 긴장도가 매우 높은 반면, 아이슬란드, 우크라이나, 뉴질랜드 같은 국가들은 '이완도弛緩度'가 높았다. 겔펀드를 비롯한 학자들은 이런 문화적 편차를 설명하는 요인들이 무엇인지 조사했다. 왜 어떤 문화에서는 규범이 엄격히 집행되고 어떤 문화에서는 그렇지 않을까? 그들은 중요한 선행요건들을 규명했다. 이런 요건들 가운데는 역사적인 영토분쟁이 있었다. 즉, 다른 모든 조건들이 동일할 때 1백 년 전에 있었던 갈등이 오늘날 규범을 엄격하게 집행할 확률을 증가시켰다. 긴장도가 높은 나라일수록 종교적 성향도 강했다—이 점도 세계 종교가 집단을 동원하는 힘이 있다고 한다면 이해가 간다.[232] 물론 사회적 결속력을 강화하는 요인은 규범의 엄격한 집행 말고도 더 있을 수 있고, 다른 의견을 철저하게 억압하지 않아도 효과적 집단행동은 가능하다.

이와 같은 방대한 조사가 으레 그렇듯이, 인과관계를 규명하기가 항상 쉽지만은 않다. 하지만 겔펀드의 연구결과들은 문화권들이 위협을 느낄 경우 자신들이 인식한 위협에 맞선 집단적 행동에 구성원들을 동원하기 위해 내분을 억누르는 경향이 있다는 점을 지적한다. 이런 사회적 동원은 자생력을 키워 위협이 사라지고 난 한참 뒤에도 종종 지속된다. 게다가 단체 운동경기를 관람해본 사람이라면 알겠지만 '경쟁에서 살아남으려면 협력해야 한다'라는 본능은 집단의 구성원 가운데 호전적 구성원들—청년들—에게서 특히 강하게 나타난다. 심리학자 마크 반 뷔흐트Mark Van Vugt는 이를 '남성의 전사본능 가설male warrior hypothesis'이라고 한다. 그는 남성이 전쟁을 지지하고 참전할 가능성이 훨씬 높다고 지적했다.[233]

반 뷔흐트와 동료 학자들은 우선 남성들과 여성들에게 돈을 주고 이 돈을 본인이 갖거나 자기가 속한 집단의 공동기금에 기부할 수 있게 하는 실험을 하였다. 공동기금에 기부하는 사람의 수가 충족되면 더 큰 이득을 돌려받는 실험이었다. 장기적으로 볼 때 구성원 개개인들은 공동기금에 기부한 금액보다 더 많은 액수로 보상을 받게 된다. 하지만 공동기금에 기부한 사람의 수가 너무 적으면 개인은 공동기금에 기부한 돈을 잃게 된다. 남성으로 구성된 집단들은 다른 집단과 경쟁하는 상황에서 자기 집단의 공동기금에 더 후하게 기부를 했다. 다시 말해서 남성들은 자기가 속한 집단이 위협을 받으면 기꺼이 즉각적으로 이기심을 충족하려는 욕구를 억누른다. 하지만 여성들은 그런 집단 간 경쟁에 영향을 받지 않았다. 여성들은 다른 집단과의 갈등이 있든 없든 후하게 기부를 했다.

리처드 소시스와 동료 학자들은 이 문제를 다른 각도에서 바라보았다. 그들은 빈번한 전쟁이 또 다른 형태의 집단 결속력과 관련이 있는지 알아보았다. 즉, 공포심을 불러일으키고 정신적 충격을 주며 고통스러운 자해행위 등이 따르는 고비용 의식에의 참여와 빈번한 전쟁이 관계가 있는지 알아보았다. 산업화되지 않은 사회를 분석한 결과, 전쟁에 참여하는 빈도가 높을수록 남성들을 대상으로 한 고비용 의식이 거행될 가능성이 높았다.[234] 그들은 이런 현상을 설명할 가능성이 있는 다른 해석들을 세세하게 검토하여 배제했다. 예를 들어 집단 내의 폭력적 내부갈등이 발생한 빈도는 고비용 의식들을 예측하는 지표가 되지 못했다. 남성들 간에 짝을 차지하기 위한 경쟁의 강도도 이런 고비용 의식의 빈도를 설명하지 못한다. 따라서 이런 고비용 행동들은 남성이 여성에게 짝으로서의 자질을 과시하기 위한 신호가 아닐 가능성이 높았다.

소시스는 고통을 동반하는 의식들을 집단에 대한 헌신을 증명하기 위한 고비용 행동으로 보았다. 그는 신체에 상해를 가하는 의례나 폭력이 남성들의 결속력을 강화시키며, 이는 전쟁 중에 무임승차 행위를 제어하는 역할을 한다고 지적한다. 하지만 집단 간 경쟁과 관련한 문화적 진화과정도 작동하고 있을지 모른다. 고비용 의식과 행위를 예측하는 중요한 핵심 지표는 집단 간 전쟁의 빈도란 점을 주목하라. 전쟁의 위협이 상존하는 환경에 놓인 문화적 집단들은 고비용 의식을 만들어내거나 채택해서 남성들 사이에서 더 강력한 협력과 결속력을 창출한다. 집단에 대한 강한 헌신으로 무장한 남성들은 싸움에서 경쟁 집단보다 우위를 점하게 된다. 고비용 의식과 같은 관행들은—이와 같은 관행들이 싸움에서 우위를 점하게 해준다면—이런 관행을 실행하는 집단과 비슷한 처지에 놓인 다른 집단들이 모방하게 되고, 이는 다시 이런 고비용 의식들이 더 확산되는 결과로 이어진다.

진화론으로 인간의 협력을 설명하는 현대이론들은 다윈의 직관이 옳았음을 증명한다. 집단 간 경쟁이 존재하지 않거나 미약하면 이기적 행동이 번성하기 마련이다. 하지만 집단 간 경쟁이 치열해지면 집단은 공공선을 위해 이기심을 억누르는 전략들을 채택한다.[235] 따라서 자기 이익을 추구하는 행동과 자기를 희생하는 행동이 어떤 비율로 나타나느냐는 해당 인구집단이 집단 간 갈등에 노출되었는지 여부에 따라 결정된다. 스콧 아트란이 설명한 바와 같이, 일견 비이성적으로 보이는 관행들은 집단 구성원의 희생정신과 결속력을 강화하기 때문에 보다 합리적으로 자기 이익을 추구하는 구성원들로 이뤄진 집단을 능가할 수 있다.

> 순전히 합리적 이유를 바탕으로 형성된 집단이 와해될 가능성이 더 높은 이유를 이해하기란 어렵지 않다. 배경 여건들이 변하면 한 집단을 포기하고 다른 집단에 투항하는 게 나을지도 모른다. 바로 이런 이유 때문에 표면적으로는 세속적 국가들과 세계적으로 발생하는 다양한 운동들도 보통 종교와 비슷한 의식과 믿음을 앞세운다. 평등과 양도할 수 없는 권리는 '신의 섭리'라느니 '자연의 섭리'라고 외치는 노래, 의식, 논리 들을 생각해보라. 이와 같은 성스러운 가치들은 도덕적 당위와 같은 역할을 하고 전쟁처럼 협력이 필요한 활동에서 개인들이 개인의 이익에 반하는 비합리적 희생을 하겠다는 의지를 불태우게 만든다.[236]

이런 점에 비추어볼 때 친사회적 종교가 인류 역사를 만든 중요한 원동력이 되어왔다는 사실은 놀랍지 않다. 집단 간 경쟁이 치열해지면 거대한 신과 사회적 결속력을 강화하는 관행들로 무장한 친사회적 종교집단은 경쟁 집단에 비해 비교 우위를 점하게 된다.[237] 그리고 친사회적 집단이 경쟁 집단을 물리치거나 흡수하면, 그들의 믿음과 관행이 확산된다. 오늘날 살고 있는 대부분의 사람들이 이런 집단들의 후손인 까닭이다.

낯선 사람들로 도덕적 공동체 구축하기

인류 역사를 점철해온 집단 간 경쟁에 비추어볼 때, 종교적 친사회성이 작동시키는 헌신의 기제가 납득되기 시작한다. 이런 기제들은 공공선을 위해 집단의 구성원들이 자기 이익을 희생하게 만드는데, 이는 개인들—생면부지의 남남일 경우가 많다—을 응집력 있는 도덕적 공동체로 묶어주는 친사회적 종교집단이 보이는 특징이다.[238] 조너선 하이트Jonathan Haidt가 보여주듯이, 도덕으로 일컬어지는 개념들은 대부분 개인들을 응집시켜 '성스러운' 공동체를 형성하는 데 도움이 되는 직관들에서 비롯되었다. 이런 도덕적 응집력은 개인이 익명성의 집단 내에서 생활을 하고 이 집단이 다른 집단과의 경쟁에서 이기게 해준다.

이런 이론은 심리학과 철학에서 면면히 이어 내려온 사상과 정면으로 배치한다. 심리학과 철학은 서로 고립된 합리적 개인들이 추상적 의사결정을 통해 도덕적 판단을 한다고 보았다.[239] 하이트는 도덕적 체계가 친사회적 기능을 한다며 다음과 같이 주장했다.

도덕적 체계란 서로 얽히고설킨 일련의 가치, 미덕, 규범, 관행, 정체성, 제도, 기술, 진화한 심리적 기제들로서 이들이 복합적으로 작용하여 개인의 이기심을 억누르거나 조절하고, 협력적 사회를 만들어낸다.[240]

도덕적 체계가 친사회적 종교와 얼마나 유사한지 주목하라. 도덕적 체계가 집단의 응집력을 강화한다고 할 때, 친사회적 종교에 도덕성을 강화하는 효과가 없다고 하면 매우 놀랄 일이다. 하이트도 인정하듯이, 도덕적 체계라고 해서 모두 종교적인 것은 아니며 종교적 체계가 모두 도덕적 체계는 아니다. 하지만 일부 종교적 체계—친사회성을 강화하는 효과를 낳는 종교적 체계들—는 오랜 세월 동안 도덕적 체계 역할을 해왔다.

퀜틴 앳킨슨과 피에릭 부라Pierrick Bourrat는 친사회적 종교의 다양한 측면들을 살펴보고, 이런 측면들로 인해 도덕적 규범이 보다 엄격하게 집행되는지 알아보았다. 87개 국가를 대상으로 한 대규모 국제 표본을 바탕으로 두 사람은 초자연적 감시자와 처벌이라는 두 가지 서로 연관된 개념—신과 내세 그리고 예배 참석 빈도—에 대한 믿음을 측정했다. 그러고서 탈세, 대중교통 무임승차 등과 같은 도덕적 규범 위반행위의 정당화 가능성을 살펴보았다. 그 결과, 종교적 믿음이 강하고 종교행사에 참여하는 빈도가 높은 나라일수록 도덕을 위반하는 행위를 강력히 규탄하였다.

중요한 사실은 개인사에 관여하는 신에 대한 믿음이 인간사에 무관심한 추상적인 신에 대한 믿음보다 이런 결과와 훨씬 밀접한 관련성이 있다는 점인데, 초자연적 감시가 종교적 도덕성의 핵심적 요소라고 할 때 예측했던 결과이다.[241] 이들의 연구 결과는 앞서 살펴본 샤리프와 렘툴라의 연구결과와 일맥상통한다. 샤리프와 렘툴라는 다른 모든 조건이 동일할 때 특정 국가의 낮은 범죄율은 천국보다는 지옥에 대한 믿음과 더 큰 관련이 있다는 사실을 밝혀냈다.[242] 처벌이라는 책무를 이행하는 거대한 신이 익명이 보장되는 집단 내에서 구성원들 간에 협력적 태도를 촉진하는 데 훨씬 효과적인 것이다.

신 없이도 도덕적이기

친사회적 종교가 집단 내 협력을 촉진한다고 해서 도덕적이기 위해 반드시 종교가 필요하단 뜻은 아니다. 인간이 지닌 도덕적 본능은 인간 집단들 사이에 종교가 널리 확산되기 훨씬 전에 진화했다. 도덕성을 구성하는 기본적 요소들—친족 심리, 호혜성, 지배서열과 연관된 직관과 감정들—은 종교가 생기기 이전에 출현했고, 따라서 종교에 의존하지 않는다. 독실한 신앙인이든 무신론자이든 공히 그런 기본적 요소들을 갖고 있다. 카일리 햄린Kiley Hamlin, 캐런 윈Karen Wynn, 폴 블룸은 아직 말을 하지 못하는 아기들조차 도덕적 판단과 비슷한 행동을 한다는 사실을 발견했다. 생후 여섯 달쯤 되면 아기들은 남을 돕는 사람을 선호하고 남의 목적 달성을 방해하는 사람은 배척한다. 햄린과 동료 학자들은 사회적 질서를 유지시키는 또 다른 도덕성의 선행요건도 발견했다. 바로 반사회적 행동에 대한 처벌이다. 여덟 달 된 아기들은 친사회적 개인들을 선호할 뿐만 아니라 반사회적인 사람에

대해 강경한 태도를 보이는 사람을 선호했다.[243]

인간의 영장류 사촌들도 도덕적 본능을 지니고 있다. 영장류학자 프 랑스 드 발Frans De Waal과 동료 학자들의 수많은 연구결과들을 보면 침팬지들도 상대방의 감정에 동화되고, 상대방을 위로할 줄 알고 슬퍼 할 줄도 안다. 드 발은 이기적 동기에서 유발된 이타주의 행동과 경험 을 통해 동기유발된 이타주의적 상태를 구분해야 한다고 경고한다. 도 덕성의 기원에 관한 논의에서 가장 타당한 행동은 공감에서 우러나와 이타적 행동을 하도록 동기부여된 상태이다. 드 발은 이를 '지향성 이 타주의directed altruism'라고 한다.

> 지향성 이타주의, 즉 상대방의 고통, 요구, 괴로움에 대한 반응으로 생기 는 이타주의는 계통 발생적으로 볼 때 매우 오래전부터 나타났는데, 아 마도 포유류와 조류만큼이나 오래된 것으로 본다.[244]

하지만 프란스 드 발이 설명한 바와 같이, 이런 도덕적 본능들은 이 처럼 오랜 세월 동안 불가피하게 혈연이나 동맹과의 유대를 선호하도 록 진화해온 데서 비롯되었다. 따라서 이런 도덕적 본능들은 이 책에 서 내가 다루고 있는 핵심적 의문에 대해서는 답을 해주지 못한다. 즉, 익명의 낯선 사람들 사이에서 어떻게 강력한 협력관계가 형성되었고, 이런 특징은 왜 인간에게서만 나타나며, 인류의 오랜 진화의 역사에서 왜 최근에야 이런 특징이 나타나게 되었는지에 대한 의문 말이다. 같 은 종교를 믿는다고 입증해 보이면 익명의 낯선 사람도 자기 집단의 도덕적 테두리 안에 편입시켜 세력을 확장하는 방식은 본래 종교가 이룩한 업적이었다. 종교가 세운 이런 이정표는 최근에 와서야 몇몇 사회에서만 보편적 도덕성이라는 세속적 개념에 의해 대체되었다.[245] 우리는 종교가 없이도 도덕적 존재일 수 있다. 하지만 낯선 이들로 구성된 도덕적 공동체는 거대한 신을 숭배하는 종교가 아니었다면 쉽게 진화하지 못했을지 모른다.

집단 간 경쟁과 전쟁

여기서 보다 근본적인 질문이 제기된다. 인류 역사상 얼마나 많은 경쟁과 갈등이 있었을까? 그 추세, 강도, 갈등과 전쟁의 근본적 원인 등은 지금도 계속 논의 중이다. 더욱이 중동 지역에서 농경문화가 동트던 당시, 집단이 규모를 확장하는 과정에서 집단들 간의 전쟁이 어느 정도나 규모 확장에 기여했는지에 대해 우리는 여전히 알지 못한다. 시리아에 있는 선사시대 공동묘지인 텔 브라크Tell Brak에서 출토된 고고학적 증거들은 전쟁이 집단의 규모를 확대하는 데 기여했음을 보여준다. 폭력적, 비폭력적 갈등은 인류가 존재한 이래 끊임없이 발생해왔다는 사실을 보여주는 역사적 민족지학 기록들은 허다하다.[246] 문화적 진화과정에서 집단의 규모를 확장시킨 원동력은 물자와 거주지를 둘러싼 집단 간 경쟁의 치열함이었다. 예를 들어 표준문화 간 비교표본(앞에서 소개함)에 포함된 186개 사회를 분석해보면 사회들 간 갈등의 빈도, 물자가 풍부한 환경, 집단의 규모, 거대한 신에 대한 믿음 등의 사이에는 상관관계가 있다. 천연자원이 풍부한 지역에서 집단 간 갈등이 더 자주 일어나고 집단의 규모도 더 크며, 감시하는 신에 대한 믿음도 더 강하다. 무엇이 무엇을 야기하는지 인과관계를 규명하기란 쉽지 않지만, 자원을 둘러싼 갈등이 경쟁으로 이어지고, 경쟁에서 승리한 집단의 정치적 세력이 확장되고, 이렇게 세력을 확장한 제국들의 언저리에서는 더 많은 갈등이 일어난다는 게 한 가지 가능한 설명이다. 바로 이런 현상이 정치적으로 중앙집권화된 사회들을 출현시킨 선행조건들이다. 찰스 틸리Charles Tilly가 말한 바와 같이, 전쟁은 국가를 탄생시키고 국가는 전쟁을 일으킨다.[247]

역사적 역동성을 과학적으로 연구하는 데 앞장서온 피터 터친Peter Turchin은 사회적 집단의 규모 확장은 주로 국가와 제국들의 변경 지역에서 발생했다고 강조한다. 그는 산업화 이전 시대의 대제국들—영토 크기가 1백만 제곱킬로미터 이상인 통일국가—가운데 90퍼센트가 유라시아 대초원지대 같은 변경 지역에서 생겨났다고 분석했다. 그의 분석에 따르면, 확장 또는 축소되는 제국의 영토 내에서 내륙 지역을 벗어나 집단들이 충돌하는 변경 지역으로 갈수록 전사자의 수가 폭증한다. 따라서 그는 어떤 집단은 세력을 확장하고 어떤 집단은 사라지게 만드는 결정적 요인이 갈등이라고 주장한다. 한편으로 그는 다음과 같이 설명한다.

인간사회는 단순히 더 많은 사람을 확보하며 규모를 키워나간 게 아니다. 규모 확대 과정은 독특한 방식으로 이루어졌다. 행정적으로 장악력을 발휘하는 단계를 추가하며 서열상의 복잡성을 강화했다. 서열을 한 단계 추가할 때마다 상대적으로 낮은 계급 집단들은 서로 협력해야 했

고, 이렇게 함으로써 그들은 경쟁관계인 연합세력들에 맞서 경쟁할 수 있었다.[248]

터친의 주장은 집단이 하나의 단위로서 환경에 적응한다는, 적응 단위로서의 집단이라는 개념을 제시한 윌슨의 주장과 비슷해 보인다. 큰 규모를 유지하는 동시에 사회적 결속력을 강화하는 데 도움이 되는 문화적 특질들을 개발하거나 습득한 집단들이 이런 특질들을 갖추지 못한 집단들을 물리치게 된다는 결론에 이른다. 사실 이 이론은 경쟁자를 물리치는 최고의 방법은 동맹과 협력하는 것이라는 옛 속담과 같다. 중세 아랍 철학자이자 역사학자인 이븐 할둔은 14세기 북아프리카에서 이슬람 왕조들이 흥망성쇠하는 과정을 면밀히 관찰하여 역사를 해석하는 열쇠로 사회적 결속력(그는 이를 아사비야asabiya라고 불렀다)을 들었다. 그는 종교가 아사비야를 창출할 잠재력을 지녔다고 인정했다.[249]

이로써 우리는 거대한 신에 대한 여덟 번째이자 마지막 믿음에 다다르게 된다.

종교적 집단들은 다른 집단과 경쟁하기 위해 자기 집단 내에서 서로 협력한다.

이 오랜 법칙을 통해 우리는 역사적으로 친사회적 종교집단이 어떻게 형성되었고 인구 증가, 개종, 정복을 통해 전 세계로 확장되어 자신의 믿음과 관행을 어떻게 전파하게 되었는지 이해하게 된다. 그들은 상대적으로 규모가 작고 사회적 결속력이 약한 경쟁 집단들을 물리쳤다. 터친의 분석에 따르면, 역사적으로 볼 때 친사회적 종교들은 집단의 규모를 확장하는 데 핵심적 역할을 했고, 특히 갈등이 가장 극심한 변경 지역에서 이런 역할이 두드러졌다고 하는데, 이 이론은 아직 검증되지는 않았다.

친사회적 종교들은 집단 간 문화적 경쟁에서 어떻게 승리했을까

인간의 역사는 일부 집단만이 문화적으로 생존하는 데 성공하게 만드는 끊임없는 전쟁을 비롯하여 집단 간 경쟁으로 점철되어왔다. 이를 통해 우리는 이기심을 억누르고 사회적 결속력을 강화하는 등 집단에 이로운 규범들을 지닌 친사회적 종교들이 경쟁자 집단을 물리쳤다는 결론에 도달했다. 이런 과정이 유전적 진화보다는 문화적 진화에 의해 추진되었다고 할 만한 타당한 이유들이 있다.

첫째, 유전적 진화와 비교할 때, 설사 최근의 문화적 동력으로 급속히 진행된 유전적 진화라고 해도[250] 문화적 진화의 선택적 힘이 훨씬 강하고 더 빠른 속도로 작동한다. 둘째, 문화적 특질에 있어서 집단 간 편차는 유전적 특질의 편차에 비해 몇 배나 크다.[251] 셋째, 집단들 사이에 활발한 유전적 교류가 있다고 해도, 즉 서로 다른 집단 구성원들끼리 혼인관계를 맺거나 전쟁포로를 아내로 삼는 등의 방식을 통해 유전자가 섞인다고 해도, 새로 합류한 구성원들이 새 집단의 문화적 특질을 채택하는 동안(새로 합류한 구성원들은 보통 이런 행태를 보인다)에는 기존의 구성원들과 새로 합류한 구성원들 간에 문화적 차이는 그대로 유지된다. 하지만 집단 내에 존재하는 이질성이 이런 과정을 훼손하지는 않는다. 집단 간에 상당한 문화적 편차가 유지되는 한 말이다. 바로 이런 조건들이 이른바 '문화적 집단 선택설Cultural Group Selection'을 탄생시켰다.[252] 스콧 아트란과 조지프 헨릭은 이 이론을 다음과 같이 요약한다.

> 종교적 믿음과 관행들은, 집단에 이득이 되는 규범들과 마찬가지로, 전쟁, 경제적 생산, 인구 팽창 등 여러 가지 방법을 통한 사회적 집단들 간의 경쟁에 의해 확산된다. 그러한 문화적 표상들은 보다 우호적 교류를 통해 확산될 수도 있다. 한 집단의 구성원들이 자기 집단보다 훨씬 성공한 집단의 행동, 가치, 믿음을 자발적으로 선호하고 습득하는 것처럼 말이다.

역사를 통틀어 볼 때, 인구학적이고 문화적인 패턴은 친사회적 종교집단에 유리하게 형성되어왔다. 그렇기 때문에 오늘날을 살아가는 사람들은 대부분 이런 대대적 성공을 거둔 친사회적 종교집단들의 문화적 후손들인 것이다. 익명성이 존재하는 대규모 집단이 종교를 통해 구성원들 간의 협력을 도모했다는 사실은 그런 집단의 생존력과 확장을 부분적으로 설명해주지만 완전히 설명하지는 못한다. 이런 친사회적 종교집단이 점점 세력을 넓혀가면서 더 많은 개종자들을 편입시켰고, 그 결과 특정한 믿음-의식 복합체가 전 세계에 대대적으로 확산되었다. 어떤 인구학적 요인들이 이런 인구 성장을 야기했을까? 그리고 인구학적 우위와 문화적 생존이라는 패턴은 집단 간 경쟁에서 어떤 식으로 전개되었을까?

　우리가 지닌 지식에는 한계가 있었지만 이 의문에 대한 해답의 윤곽을 그리는 데 도움이 될 만한 다양한 정보들을 동원하여 일말의 증거를 확보할 수 있었다. 제한적이긴 하지만 설득력 있는 증거로 보이는 다음 사항들 즉 ①집단의 안정성과 수명 ②개종, 정복, 동화 ③높은 출산율과 인구성장 등을 중점적으로 살펴보겠다.

집단의 문화적 안정성

　먼저, 친사회적 종교집단의 문화적 안정성을 살펴보자. 뭐니 뭐니해도 결국 문화적으로 볼 때 가장 중요한 점은 집단의 와해를 초래할지 모르는 시련들을 그 집단이 어떻게 잘 극복하느냐, 하는 점이다. 세계의 역사는 각각 중동 일원과 유라시아를 평정했던 아시리아와 몽골제국과 같이, 방대한 영토를 확보했으나 오래가지 못한 제국들의 사례들로 점철되어 있다. 그런 집단들이 얼마나 오랫동안 지속되었는지 정확히 비교할 수 있다면 어떤 사실을 알게 될까? 앞서 언급한 한 연구에서는 믿음을 요란하게 과시하는 관행이 있는 종교집단이 그렇지 않은 집단에 비해 수명이 더 길다는 가설을 검증해보았다.

　19세기 미국에 존재했던 종교 공동체들과 세속적 공동체들의 수명을 살펴본 리처드 소시스의 연구는 이상적인 사례연구이다. 이런 공동체들은 집단의 안정성에 대한 대내외적 위협에 직면한 매우 어려운 상황에서 유지되었기 때문이다. '집단적 행동 문제'―내부 분쟁, 구성원들이 경쟁 집단으로 옮겨 가지 못하게 하는 방법, 가뭄 극복 등—를 해결하지 못한 공동체들은 번성하지 못했다. 실제로 어떤 공동체는 만들어진 지 얼마 지나지 않아 해체된 반면, 어떤 공동체들은 꾸준히 번성했다.

110년이라는 기간 동안, 매년 종교 공동체는 세속 공동체보다 평균 네 배 정도 오래 존속한 것으로 나타났다.[253] 예상대로, 종교 공동체는 세속 공동체보다 음식 금기사항이나 금식 등과 같은 고비용 요구사항을 구성원들에게 두 배 넘게 부과했다. 중요한 점은 인구의 수나 소득, 해당 공동체가 창설된 해 등과 같은 다른 변인들을 통제하여도 고비용 요구사항의 수는 종교적 공동체의 집단 수명을 예측해주었다. 마지막으로, 특정 종교적 공동체가 생존 가능성이 높은지 여부는 그 공동체가 구성원들에게 고비용 요구사항을 부과하는지 살펴보면 알 수 있었다.

방금 살펴본 증거를 통해 두 가지 핵심적 결론을 도출할 수 있다. ① 집단 생존율에서 친사회적 종교집단이 우위를 보인다. ②초자연적 감시자에 대한 믿음, 이런 믿음의 과도한 과시행위, 그 밖에도 독실한 믿음을 증명하는 다양한 기제들이 복합적으로 작용하여 이런 집단들의 문화적 생존을 유리하게 한다. 친사회적 종교들이 문화적 진화과정과 하나로 묶이면 바로 이런 결과를 예측할 수 있다. 개인 차원에서 발생하는 자연선택만으로 이런 연구결과를 설명하기는 어렵다. 이런 결과는, 개인의 생존 적합성의 영향을 받았을지도 모르지만, 개인의 특질로 축소될 수 없는 집단의 특질이 반영된 결과이다. 즉, 세월이 흐르면서 형성된 문화적 안정성이다. 매우 짧은 기간(110년을 약간 웃도는 기간)

동안 발생한 현상이라고 볼 때, 또 19세기 미국 공동체들의 집단 수명의 편차는 유전적 차이에서 비롯되었을 가능성이 낮다는 사실로 미루어볼 때, 유전적 집단 선택설은 이런 효과들을 쉽게 설명하지 못한다.

집단 생존은 문화적 성공을 가늠하는 핵심적 요인이지만 유일한 척도는 아니다. 집단이 오랜 세월 동안 생존할 방법을 생각해낸다고 해도, 그 집단의 인구가 증가할 전망이 어둡다면, 그 집단보다 규모는 크되 안정성은 비슷한 다른 집단들보다 문화시장에서 시장점유율이 낮아진다. 다른 모든 조건들이 같다고 할 때, 비교적 규모가 작은 집단들은 규모가 큰 집단과의 경쟁에서 불리하다. 이런 점에서 친사회적 종교집단에게 유리하게 작용하는 핵심적인 인구학적 요인 두 가지가 있다. 개종(자발적이든 강제적이든)과 출산율이다.

개종자 확보하기

오늘날 '세계적 종교'라는 지위를 내세울 만한 친사회적 종교들은 문화적 모방과 강요, 정복 등을 통해 개종자들을 확보하였고 여러 가지 전략을 구사하여 경쟁자 집단들을 제치고 인구학적으로 군사적으로 세력을 확장하는 데 발군의 실력을 보여왔다. 그리고 지금도 여전히 그러하다. 이슬람교의 아프리카 진출과 확산에 대한 연구에서 엔스밍어는 이슬람교가 알코올 섭취 금지, 혼전 및 혼외 성관계 금지, 돼지고기 섭취 금지, 금식 등과 같이 믿음을 입증하는 강력한 과시행위들로 뒷받침되었기 때문에 개종한 무슬림들 사이에서 신뢰감을 강화하고 거래와 관련한 규범들을 공유하고 신용거래를 하는 제도들을 활용하게끔 했다고 지적한다.[254] 이슬람교의 확산은 다시 교역의 확대로 이어졌고, 신자들 간에 경제적 풍요가 이루어졌다. 케냐의 목축집단인 오르마Orma를 비롯해 아프리카 부족들은 무슬림의 신앙과 이와 관련한 제도와 의식들을 채택하기 시작했다. 무슬림은 자신들이 정복한 집단에게 이슬람교를 강요했고, 그 덕분에 아프리카에서 무슬림의 종교적 믿음과 관행이 확산되었다.

이런 과정은 아프리카나 콜럼버스의 신대륙 도착 이후 북아메리카 지역의 사례에서처럼 소규모 사회들과 경쟁해 이긴 세계 종교들에만 국한되어 나타나는 현상은 아니다. 미국의 종교적 성향이 역사적으로 진화해온 과정에서도 나타난다. 많은 이들이 뜻밖이라고 생각할지 모르겠지만, 사실 예전 미국인들은 오늘날의 미국인들만큼 종교적 성향이 강하지 않았다. 로저 핑크와 로드니 스타크는 1776년 이후 미국에서 종교적 성향이 극적으로 강화된 데는 종교들 간의 경쟁이 큰 역할을 했다고 강조한다.[255]

오늘날 미국에서 벌어지는 종교운동들에 대해 잘 안다면, 오래전부터 서로 다른 종교적 종파들이 회원을 확보하기 위해 치열한 경쟁을 해왔다는 사실 또한 잘 알 것이다. 종교에 무관심한 북유럽인들에 비해 미국인들이 독실한 신앙심을 지니게 된 데에는 미국에서 종교기관들이 치열한 경쟁을 해왔기 때문이었다. 오순절 교회처럼 활기 넘치는 복음주의 종파들이 번성한 데에는 미국이 종교의 자유를 강력하게 보호해온 공이 크다. 이런 종파들은 회원 확보 경쟁을 통해 아프리카, 동남아시아, 심지어 가톨릭 성향이 강한 남아메리카에까지 세력을 넓혀왔다. 이런 활발한 복음활동으로 흥미로운 결과가 나왔는데, 필립 젠킨스Philip Jenkins가 설명한 바와 같이, 그리스도교의 중심이 유럽과 북아메리카에서 아프리카와 아시아로 이동하고 있다는 점이다. 젠킨스의 예측에 따르면, 2050년이 되면 전 세계 그리스도교도들 가운데 유럽인의 후손은 다섯 명 중 겨우 한 명에 불과하게 될 것이다.[256]

출산율

집단의 생존과 번성을 위해 종교집단들은 추종자들을 더 많이 확보하고 추종자들에게 인구 대체율보다 높은 비율로 출산을 하도록 유도하는데, 모르몬교의 신도수가 팽창한 사례에서도 나타나듯이 두 전략을 동시에 구사하는 게 가장 이상적이다. 모르몬교는 불과 170년 만에 신도수가 몇백 명인 작은 집단에서 전 세계적으로 1천5백만 명이 추종하는 종교로 성장했다. 마찬가지로 그리스도교도 로마제국 시대에 그 세력이 일취월장하여, 유대교에서 파생된 이름도 없던 종교에서 3백 년이 채 못 되어 로마제국이 공식적으로 지정한 국교가 되었다.[257] 이슬람교가 부상하고 확산된 과정도 이와 비슷하다.[258] 어떤 종교가 세계적 종교가 되려면 바로 이렇게 인구가 극적으로 확장되어야 한다.

친사회적 종교집단의 문화적 확산에는 출산율 증가가 적지 않은 기여를 한다. 그리고 같은 종교라도 근본주의적 성향이 강한 종파일수록 특히 출산에 발군의 실력을 발휘한다(물론 자녀 출산과 자녀에 대한 투자는 별개의 문제이다). 사회학자 에릭 카우프먼Eric Kauffman은 종교 진영과 세속 진영이 문화전쟁을 벌이며 서로 갑론을박하지만 이런 논쟁을 종식시킬지도 모르는 가장 중요한 요인에 대해서는 양 진영 모두 주목하지 않는다고 비꼰다. 그는 다음과 같이 지적했다.

> 종교적 근본주의자들이 인구 증가를 통해 세계를 접수하는 길에 들어섰다. 우리는 역사상 세속적 자유주의의 취약성이 보다 명백히 드러나는 독특한 시기에 접어들었다. 오늘날 종교적 근본주의자의 인구는 주로 개발도상국에서 늘어나고 있지만, 근본주의의 발호는 개발도상국보다 세속적 서구사회에서 훨씬 뼈저리게 느끼게 된다. 종교적 근본주의와 인구학적 혁명이 동시에 일어나는 역사적 길목에 서 있기 때문이다.[259]

카우프먼의 주장을 기우라고 생각할지 모르지만, 그를 비롯해 여러 학자들이 제시하는 수치를 보면 그의 주장을 반박하기가 어렵다. 종교를 인구학적으로 연구하는 마이클 블룸Michael Bloom은 약 7백만 명의 응답자를 대상으로 2000년 스위스에서 실시한 인구조사 기록을 면밀히 살펴보았다. 그 결과, 교육과 소득 같은 다른 여러 가지 변인들을 통제하여도 그리스도교도, 힌두교도, 무슬림, 유대교도들이 특정 종교를 믿지 않는 사람들보다 훨씬 높은 출산율을 보였다. 출산율의 격차는 1.5배에서 두 배까지 다양했다. 그런데 단순히 신앙인들이 비신앙인들보다 자녀를 더 많이 낳는다는 데서 그치지 않았다. 비신앙인인 스위스 여성들의 출산율은 인구 대체율 이하인 반면, 가장 종교적 성향이 강한 스위스 여성들의 출산율은 인구 대체율보다 높았다.[260]

이런 추세는 전 세계적으로 나타난다. 유럽 유대인들의 출산율을 비교한 연구에서 무신론자는 여성 한 명당 자녀 1.5명(인구 대체율보다 낮다)으로 최저 출산율을 보인 반면, 종교를 믿는 유대인들의 출산율은 거의 평균 세 명이었고, 이스라엘에 거주하는 독실한 정통 유대교 신자들은 여성 한 명당 평균 여섯 명에서 여덟 명의 자녀를 낳았다. 82개 나라들에서 취합한 자료를 분석해보면 예배 참석 빈도와 자녀수 사이에는 선형관계(linear relationship, X와 Y 사이에 완전한 양/음의 상관관계가 존재한다는 의미—옮긴이)가 나타나는데, 일주일에 한 번 이상 예배에 참석하는 사람의 자녀수는 평균 2.5명으로 전혀 참석하지 않는 사람의 평균 자녀수 1.7명(인구 대체율 이하)보다 높았다.

종교적 믿음이 전파되는 경로는 여러 가지가 있겠으나 특히 부모에서 자녀에게로 수직적으로 전파되는 방법이 매우 중요한 경로라고 할 때, 신앙인의 수는 늘어나고 비신앙인의 수는 줄어드는 핵심적 이유가 무엇인지를 이 수치들이 시사한다(여기서 끝이 아니라 더 흥미로운 사실은 이를 상쇄하는 세속적 힘이 작용한다는 것이다. 사회가 부유해질수록, 또 '실존적으로 안전해질수록' 종교적 성향이 약화되는 경향이 있다. 이에 대해서는 10장에서 살펴보도록 하겠다).

피파 노리스Pippa Norris와 로널드 잉글하트Ronald Inglehart는 국가들 간의 출산율을 비교한 결과 국민소득과 교육수준 등의 변인들을 통제하여도 종교적 성향이 강한 사회가 세속적 사회보다 자녀를 더 많이 낳는다는 사실을 발견했다. 게다가 세월이 흐르면서 한 나라의 출산율이 어떻게 변하는지 추세를 분석했더니 똑같은 결과가 나왔다. 세월이 흐르면서 한 사회에서 종교적 성향이 약해지면 출산율도 하락했다(20세기 후반에 서구진영과 동유럽 대부분 국가들에서 이런 세속화 추세가 나타났다). 프랑스와 독일 같은 복지국가에서 출산율을 높이려고 강력한 유인책을 쓰기도 하지만, 이런 추세에 반하는 사례를 찾기가 어렵다. 마이클 블룸은 다음과 같이 설명한다.

> 입수 가능한 모든 자료들과 고대 그리스와 인도까지 거슬러 올라가는 연구자료들을 살펴보았지만, 종교 성향이 없는 집단에서 한 세기 동안 여성 한 명당 자녀 두 명 이상의 출산율을 유지한 단 하나의 사례도 발견하지 못했다. 종교적 공동체가 해체되면 어김없이 인구 감소가 뒤따랐다.[261]

출산율이 집단의 생존에 막강한 영향력을 행사하는 이유는 출산율은 기하급수적으로 감소하기 때문이다. 즉 이변이 없는 한 출산율 감소는 시간이 흐르면서 가속도가 붙는다. '역사의 종말과 마지막 여성 End of History and the Last Woman'이라는 제목의 기사에서 〈이코노미스트〉지의 연구팀은 대부분의 세속적 국가에서 일어나고 있는 인구 감소 추세를 통해 미래를 전망해보았다. 예를 들어 홍콩에서는 여성 1천 명당 547명의 여아를 출산할 것으로 전망했다. 이는 다시 299명의 여아로 줄어들고 이런 하락세는 계속 이어졌다. 이변이 없는 한 홍콩의 375만 인구가 단 한 명으로 줄어드는 데는 겨우 25세대밖에 걸리지 않는다.[262]

종교적 집단들이 여성의 권리, 피임, 낙태, 성적지향성에 대해 보수적 태도를 견지함으로써 높은 출산율을 유지하는 것은 우연이 아니다. 친사회적 종교가 출산율에서 우위를 점한다는 사실도 이들의 문화적 생존과 확산을 설명하는 또 하나의 핵심적 요인이다. 문화적으로 전파된 친사회적 종교에 대한 믿음과 관행들은 협력과 신뢰를 촉진할 뿐만 아니라 그런 종교를 믿는 집단의 구성원 수를 늘리고 대규모 협력집단의 안정성을 공고히 하는 데 기여하므로 다윈이 말하는 생존 적합성에도 직접적으로 영향을 미친다. 물론 종교라고 해서 모두 출산을 장려하지는 않는다(예를 들어, 셰이커교도들은 성관계를 금지했다). 문화적 진화의 논리에서 보면, 종교적 집단이라고 해서 모두 높은 출산율을 보인다고 생각할 이유는 없다는 게 이쯤에서 분명해졌으리라 생각한다. 단지 다른 모든 조건이 비슷하다고 할 때 (개종을 통해서든 높은 출산율을 통해서든 아니면 두 가지 모두를 통해서든) 인구수의 증가를 촉진하는 믿음과 관행을 지닌 종교적 집단들이 (셰이커교도들이나 자기 거세를 하는 스콥치 등과 같이 경쟁관계인 집단들을 비롯해) 경쟁자들을 물리치고 종교시장에서 시장점유율을 높이고 궁극적으로는 이런 집단들이 세계 총인구에서 차지하는 비율도 늘어나게 된다는 뜻이다.

종교적 성향이 출산율에 영향을 미친다는 증거는 명백하지만, 출산율이 종교에 유리하게 작용하는 이유가 무엇인지는 확실하지 않다. 더욱이 그런 이유는 종교 자체에서 비롯될 뿐만 아니라 종교와 아주 가까운 사촌인 보수주의나 근본주의에서 비롯될지도 모른다는 점에서 설명하기가 더욱 복잡해진다. 종교적 집단에 국한하여 분석을 해봐도 해당 공동체가 보수적이고 근본주의적 성향이 강할수록 출산율이 높다는 결론이 나온다.

정확한 원인이 무엇이든 종교가 지닌 이점, 즉 출산율을 높인다는 이점은 협력을 촉진한다는 이점과 더불어 문화적 진화의 과정으로 가장 잘 설명된다. 그렇다고 해서 출산율에 영향을 주는 믿음과 태도(종교)가 확산되는 데 유전적 요소가 작용할지 모른다는 점을 부인하는 것은 아니다. 하지만 이런 가치들은 문화적으로도 전파된다는 사실이 매우 중요하다. 대체로 같은 유전자급원(遺傳子給源, gene pool)을 지닌 동일한 인구집단 내에서도 종교적 성향이 약화되면 어떤 경우에는 겨우 몇십 년 만에 출산율이 급격히 낮아지는 점으로 미루어볼 때 문화적 진화논리는 설득력을 지닌다.

그렇지만 신앙인 집단의 높은 출산율은 유전자-문화공진화gene-culture coevolution라는 과정을 통해 나타난 현상일 가능성도 있다.[263] 우유를 생산하는 소, 염소, 낙타 등을 가축으로 길들인 집단들 내에서 유당분해 대립유전자가 퍼지는 데 1만 년이 채 걸리지 않았듯이, 일부 집단들이 채택한 친사회적 종교적 믿음과 관행들이 이런 집단들의 인간 유전자급원에 선택압(選擇壓, selective pressure, 경쟁에 유리한 형질을 지닌 개체군의 선택적 증식을 촉진하는 요인—옮긴이)을 가했을지도 모를 일이다. 이런 도발적 가설이 이제 막 주목을 받기 시작했다.[264]

이 장에서는 친사회적 종교들이 어떻게 문화적 경쟁자들을 제치고 세계 종교가 되었는지 살펴보았다. 이런 문화적 경쟁은 주로 종교집단들 사이에서 벌어졌고, 이런 과정은 오늘날에도 계속되고 있다. 하지만 지난 3세기에 걸쳐, 종교를 통해 조직화된 협력에 대한 대안과 새로운 문화적 개념이 부상했다. 바로 세속적 사회이다. 9장에서는 종교적 갈등에 대해 살펴보고, 10장에서는 세속주의를 탄생시킨 심리적 근원이 무엇인지 살펴본다. 무신론이란 무엇인가? 초자연적 감시자 없이 어떻게 협력이 가능한가? 등의 의문을 이야기한다.

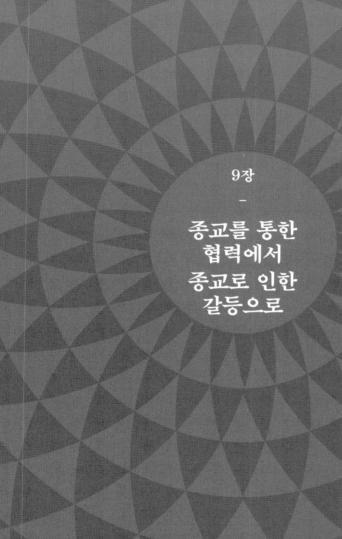

9장
–

종교를 통한
협력에서
종교로 인한
갈등으로

믿음만 무성하고 종교는 결핍된 나라를 긍휼히 여길지어다.

칼릴 지브란 Khalil Gibran [265]

종교적 갈등은 내가 겪어봐서 잘 안다. 1975년 레바논 내전이 발발한 후 15년 동안 나는 지브란의 고국인 레바논에서 성장했다. 집단과 집단이 맞서 싸웠고 이 유혈갈등에서 수만 명이 사망하고 그보다 더 많은 수의 사람들이 자기 나라 안에서 난민이 되었다. 보스니아와 마찬가지로, 한때 활기 넘치는 나라였던 레바논은 스스로 자기 목에 칼을 겨누더니 내부적으로 함몰하고 말았다.[266] 전쟁으로 찢긴 나라에서 청소년기를 보내면서 나는 사회란 과연 무엇인지에 대해 호기심이 일었다. 어른들에게 세상이 어떻게 돌아가는지 설명해달라고 했고, 어른들은 '상대방 진영'의 악행에 대한 비판을 쏟아내거나 어리둥절한 표정으로 나를 바라보았다. 내가 사회심리학자가 된 가장 큰 이유는 인간이 스스로 설명하지 못하는 본성들이 인간을 몰락으로 이끌지도 모른다는 점을 깨달았기 때문이다. 갈등, 원전原電 참사, 생태계 파괴는, 인간의 사고가 오늘날 우리가 살고 있는 복잡한 세상을 어떻게 만들어내고 또 그런 세상들에서 어떤 영향을 받는지를 설명하는 데 진전을 보아야만 해결가능하다.

종교와 편협함, 갈등, 폭력은 어떤 관계가 있을까? 어떻게 종교는 한

편으로는 협력과 신뢰를 촉진하면서 또 한편으로는 적개심과 폭력을 조장할까? 평화적 목적으로 종교를 이용할 수는 없을까? 종교적 갈등이 세계정세를 좌지우지하고 날마다 신문의 표제를 장식하는 현실에서는 인간의 갈등에서 종교가 어떤 역할을 하는지 잘 안다고 생각해도 무리는 아니다. 하지만 놀랍게도, 온갖 구호와 주장을 걷어내고 과학적 사실이라는 측면에서 보았을 때 우리는 종교에 대해 아는 바가 거의 없다.

이 장은 고도로 정치화되었고 뜨거운 논쟁을 불러일으키는 이 문제를 파헤쳐 보려는 시도이다. 이에 대한 주장이나 사고는 매우 혼란스럽고 어설픈 내용이 많다. 우리가 알고 있는 지식과 난제들 사이에 존재하는 수많은 간극은 바람직한 과학적 탐구를 통해 좁혀나가야 한다. 완전한 해답을 구하기까지 시간이 더 필요하겠지만, 일단 잘못된 인식을 바로잡고 질문을 보다 정교하게 만들어나가면 해답의 윤곽을 잡을 수 있다.

출발은 단순하지만 어려운 질문을 던지는 일에서 시작해야 한다. 전 세계 역사를 철저히 조사해볼 때, 폭력적 갈등을 유발하는 데 종교는 얼마나 기여했을까? 종교를 비판하는 이들은 종교가 갈등의 주요 원인이라고 생각하며, 역사적으로도 현시대에서도 그런 사례는 쉽게 발견할 수 있다. 십자군전쟁, 고대 이슬람교의 세계 정벌, 16세기 가톨릭-개신교 간의 종교전쟁들, 오늘날 폭력적인 지하드 운동, 힌두교도-무슬림 폭력사태, 1970년대와 80년대의 레바논, 1990년대 초의 보스니아, 북아일랜드 등이 그런 사례이다. 이런 사례들을 염두에 두고 리처드 도킨스Richard Dawkins는 다음과 같이 주장한다.

종교적 믿음은 전쟁의 기술 연대기에서 따로 한 장章을 할애해 적어야 한다. 활, 군마, 탱크, 수소폭탄과 대등한 분량으로 말이다.[267]

세속화를 비판하고 종교를 변호하는 사람들은 이 같은 비판에 대해 두 가지로 반박한다. 첫째, 종교와 무관한 세속적 이념들로 촉발된 폭력적 갈등의 사례들도 있다. (파시즘과 나치즘이 야기한 대학살을 비롯해) 20세기에 발발한 두 차례의 세계대전, 스탈린과 마오쩌둥의 숙청, 폴 포트 정권의 대량학살 등이다. 이보다 앞선 1915년, 쇠락해가는 (종교를 중심으로 조직화되어 있던) 오토만제국을 서구화하려는 목적으로 설립된, '청년터키당Young Turks'으로 알려진, 통일과진보위원회Committee for Union and Progress는 아르메니아인들을 학살하고 오토만제국 내의 나머지 그리스도교도들을 조상 대대로 살던 터전에서 몰아내며 20세기 들어 처음으로 대량학살을 자행했다. 학살로부터 일부 아르메니아인들을 구해준 쿠르드인, 터키인, 아랍인 들은 대부분 독실한 무슬림이었다.[268]

둘째, 종교를 변호하는 이들은 종교가 야기했다고 알려진 악행들은 사실 종교와 얽힌 다른 무엇인가가 야기했다고 지적한다. 현대 심리학의 창시자로 손꼽히는 윌리엄 제임스William James는 종교에 지대한 관심을 보였다. 그는 다음과 같이 말했다.

흔히 종교의 탓으로 여기는 저열한 행동들은 종교의 잘못이라기보다는 거의 사실상 종교의 사악하고 현실적 동반자인 상업적 태도가 야기했다고 보는 게 옳다. 따라서 편협한 태도도 대부분은 종교의 사악하고 지

적인 동반자인 교조주의적 태도의 탓으로 봐야 한다.[269]

    종교와 갈등의 관계에 대해 먼저 입장을 정해놓고 그 입장을 뒷받침하는 사례들을 열거하면 해답을 찾기가 어렵다는 사실이 분명히 드러난다. 진정한 해답을 얻으려면 체계적으로 접근해야 한다. 특정한 역사 시기에 발생한 폭력적 갈등들을 전수조사해서 종교적 분열이 어느 정도나 갈등에 영향을 미쳤는지 평가한다면 어떤 결과를 얻게 될까? 이런 연구는 매우 드물지만, 찰스 필립스Charles Phillips와 앨런 액슬로드Alan Axelrod가 이런 방대한 분석을 시도했다. 그들은 역사를 통틀어 거의 1,800여 건의 갈등 사례들을 분석했으며 종교가 갈등의 한 요인이었는지 여부와, 요인이었다면 어느 정도나 영향을 미쳤는지를 측정했다. 연구결과 종교가 갈등의 요인으로 조금이라도 작용한 사례는 전체의 10퍼센트가 채 되지 않는 것으로 나타났다.

    BBC가 진행한 '신과 전쟁'을 주제로 한 조사에서 연구자들은 역사에 기록으로 남은 3,500년간의 폭력적 갈등을 면밀히 검토했고, 종교가 어느 정도나 갈등의 요인이었는지 등급을 매겼다. 종교 지도자들이 전쟁을 옹호하는 발언을 한 경우, 종교가 대중을 동원하는 역할을 한 경우, 종교적 목표물이 공격을 받은 경우, 개종이 전쟁의 일차적 목표인 경우 높은 등급을 받았다. 0(종교의 역할 없음)부터 5(종교가 중추적 역할을 함)까지 6점 척도상에서 펠로폰네소스 전쟁(기원전 460~445년)은 0점을 받았다. 이란-이라크 전쟁(1980~1988년)은 1점, 미국과 연합군의 2차 이라크 침공은 3점, 알카에다 테러는 4점, 십자군전쟁(1097~1291년)과 아랍-무슬림 정복(632~732년)은 5점 만점을 받았다.[270]

등급을 매긴 폭력적 갈등 가운데 40퍼센트에서 종교가 요인이라는 결과가 나왔지만, 종교가 갈등의 일차적 요인인 경우는 드물었다. 종교는 갈등의 중요한 요인이긴 하지만 전쟁과 폭력적 갈등의 1차적 요인인 경우는 드물었다. 필립스와 액슬로드 그리고 BBC 조사에서 나온 수치들은 갈등에서 종교가 해온 역할을 입체적으로 살펴보게 하며, 보다 정교하고 해답 찾기가 가능한 질문에 관심을 집중시킨다. 종교는 언제 어느 정도나 폭력적 갈등을 부추길까?

질문 정교하게 다듬기: 종교와 갈등에 관해 밝혀진 세 가지 사실

이 문제를 더 깊이 파고들기 전에 지금까지 분명히 드러난 세 가지 사실을 짚고 넘어가자. 첫째, 종교와 갈등의 관계를 논의한다는 미명 하에 서로 다른 종교를 믿는 사람들이 모이면 어느 종교가 가장 관용적인지 겨루는 경연의 장이 되는 경우가 종종 있다. 사람들은 관용적 종교(불교가 많은 표를 얻는다. 평화주의자인 퀘이커교도 물론이고!)와 편협한 종교(아브라함 계통 종교들 가운데 근본주의적 종파들)로 구분해서 생각한다. 코미디언인 앨 프랭큰Al Franken은 세계 종교를 최고에서 최악까지 등급을 매겼다. 그러고는 혹시 급하게 종교를 골라야 할 경우를 대비하여 지갑 속에 자기가 등급을 매긴 종교목록을 넣어 가지고 다니라고 제안했다. 최고 등급을 받은 종교는 개혁파 유대교이다. 최악은 그리스도교, 유대교, 이슬람교의 근본주의 종파들이고, '불교, 힌두교, 유교 등'은 그 중간쯤 위치한다.[271]

프랭큰이 농담 삼아 위와 같이 등급을 매겼을지 모르지만, 어떤 종교집단이 다른 집단에 비해 더 관용적이고 덜 폭력적이라는 사실은 종교와 갈등의 관계라는 의문에 해답을 제시하지 못한다. 다음과 같이 질문의 범위만 넓힐 뿐이다. 한 집단이 지닌 특정한 종교적 믿음과 관행들의 어떤 점들이 갈등을 부추기는가? 오늘날 앨 프랭큰보다 훨씬 진지한 태도로, 급진적 이슬람교가 21세기의 '문제적 종교'라고 여기는 사람들이 많이 있지만, 1천 년 전에는 그리스도교(주로 가톨릭)가 훨씬 급진적이었고, 이슬람교가 지배하던 스페인은 많은 종교들이 공존하는 세계의 다문화적 중심지로서 중세 그리스도교 제국보다 훨씬 관용적인 사회였다. 어떤 종교들이 다른 종교들보다 본질적으로 훨씬 폭력적이라면, 같은 종교 내에서 발생하는 이런 다양한 변화들은 어떻게 설명해야 할까?

여기서 우리는 두 번째 사실에 이르게 된다. 지금까지 나는 '종교'란 반복발생적인 평범한 직관에 바탕을 둔 특질들과 경향이 뒤섞인 복합체로서 이런 특질과 경향들이 역사적으로 오랜 시간에 걸쳐 문화적 진화를 통해 종교라는 이름 아래 한데 묶였다고 주장해왔다. 그렇다면 '종교는 편협함과 폭력적 갈등을 조장하는가?'라는 질문은 어폐가 있다. 보다 정확하고 과학적인 질문은, '종교의 어떤 면이 갈등 및 편협함과 관련이 있고 그 이유는 무엇인가?'이다.

마지막으로, 분명히 하고 넘어가야 할 세 번째 문제는 종교적 요소들과, 제임스가 말한 바와 같이, '종교'와 보통 한데 묶여서 취급되는 '사악한 동반자들'을 분리해서 생각해야 한다는 점이다. 배타성, 교조주의, 근본주의는 종교와 동일하지 않다. 너무 당연한 말처럼 들리겠지만, 종교를 비판하는 사람들은 종교와 이런 용어들을 흔히 혼용한다. 의미를 따지는 일은 넘어가더라도, 인류의 갈등에서 종교가 어떤 역할을 하는지를 보다 정확하게 이해하고자 한다면 통상적으로 종교와 한데 묶이는 이런 경향들을 종교와 분리하여 바라보아야 한다. 종교에 면죄부를 주자는 게 아니다. 이런 경향들은 편협한 태도와 폭력적 갈등을 조장하는 요인으로 잘 알려져 있고, 이런 경향들이 종교에서 번성하는 이유를 이해하는 것이 우리가 할 일이다.[272] 하지만 이런 경향들은 종교에서만 흔히 나타나는 게 아니다. 수많은 세속적 이념들에서도 이런 경향들이 나타난다. 따라서 종교의 영향력이 쇠퇴한다고 갈등이 제거되지는 않는다. 이유는 간단하다. 종교 외에도 인류의 갈등을 야기하는 원인은 수없이 많기 때문이다.

종교와 '사악한 동반자들'

'종교적 편협함이 여전히 세계를 오염시킨다.' 최근 한 뉴스의 제목이다. 이 기사는 미국 국무성의 연례보고서를 인용하여 세계 곳곳에서 종교의 관용적 태도가 쇠퇴하고 있다고 보도했다.[273] 종교적 편협함은 왜 그토록 세상에 만연해 있으며, 종교 자체가 그런 편협함과 관계가 있을까?

이언 핸슨Ian Hansen과 나는 종교적 편협함에서 종교가 어떤 역할을 하는지 이해하려면 종교를 편협성과 분리하는 일이 제일 중요하다는 사실을 보여주는 연구를 시행했다. 이 연구는 광범위한 여러 문제들을 다루었지만, 여기서는 한 가지 결과를 중점적으로 살펴보겠다. 종교적 희생양 만들기 또는 세계가 안고 있는 문제들을 다른 종교들의 탓으로 돌리는 태도이다. 우리는 이렇게 물었다. 독실한 신앙인일수록 다른 종교집단들을 희생양으로 만드는 경향이 더 강할까? 아니면 덜할까? 이에 대한 답은 '독실한 신심'을 '사악한 동반자들'과 분리해야 얻을 수 있다.

핸슨과 나는 미국, 영국, 이스라엘, 한국, 인도, 인도네시아, 레바논, 러시아, 멕시코, 나이지리아 등 10개국에 거주하는 1만 명 이상의 표본을 살펴보았다. 기도하는 빈도를 독실한 신심의 지표로 삼았다. 제임스가 종교의 '사악하고 지적인 동반자'라고 일컬은 '교조주의적 태도'도 살펴보았다. 종교적 배타성을 측정하는 척도는 '나의 신(믿음)만이 진정한 신(믿음)이다'로 하였다. 이를 종교적 배타성이라 칭한 이유는 자신의 믿음만 진실이라고 생각하고 다른 믿음들은 모두 배척하기 때문이다(제임스가 예측한 대로, 독실한 신심과 배타성은 관련이 있지만 완벽하게 연관되진 않았다. 신앙인들 가운데에도 자신의 믿음만이 진실한 믿음이라고 생각하지 않는 사람들이 많고, 신앙이 없는 사람들 가운데에도 배타적 신념을 지닌 사람들이 있다).

핸슨과 나는 연령, 성별, 직업 등 다른 요인들을 통제한 뒤에도, 배타성이 강한 사람은 희생양을 만들 가능성이 높다는 사실을 발견했다. 놀랍지 않은 결과였다. 교조적 성향이 강한 사람일수록 다른 종교들을 희생양으로 만드는 경향이 강했다. 하지만 더욱 흥미로운 사실은, 배타성을 동일한 수준으로 유지했을 때, 기도를 자주 할수록 희생양을 만드는 태도가 줄어들었다는 점이다. 즉, 자신이 진리를 독점하고 있다고 생각하지 않는 사람들(교조적이지 않은 사람들) 가운데서도 기도를 자주하는 사람들이 기도를 덜하는 사람들보다 희생양을 덜 만든다는 뜻이다. 이런 결과는 표본 전체에서 나타났고, 개별적인 종교적 집단 내에서도 나타났다. 심지어 불교신자들 사이에서도 나타났다.[274]

심리학자 고든 올포트는 이런 결과를 보았다고 해도 놀라지 않았을 것이다. 반세기 전 그는 종교는 편견을 낳기도 하고, 편견을 없애기도 한다고 지적했다.[275] 그로부터 수십 년에 걸쳐 종교와 편견에 대한 연구들이 실시되었지만 아직 확정적 결론이 나오진 않았다.[276] 올포트가 옳았다. '종교'는 서로 모순되는 결과를 낳는 심리적 경향들을 한데 묶어놓는다. 종교를 연구하는 사회학자 필 저커먼도 올포트의 주장에 동의한다.

> 종교는 필연적으로 인류의 영역 내에 존재하는 모든 것들을 내포하고 반영하고 나타낼 수밖에 없다. 좋은 면과 나쁜 면 모두. 인류 문명의 어느 측면을 봐도 다 마찬가지이다. 숭고하고 감화시키는 면도 있고 어처구니없고 위험하기까지 한 면도 있다. 하지만 종교를 해악만 끼치는 존재라고 비난하는 태도는 현실을 전적으로 부정하는 태도이다.[277]

이제, 우리의 지식이 제한되어 있다는 사실을 염두에 두고, 이 질문에 대해 잠정적 결론을 내릴 단계에 이르렀다. 종교성은 적어도 세 가지 방식으로 편협함과 폭력을 조장한다. 첫째, 집단을 형성하는 사회적 장치로서 초자연적 감시가 작동하는 방식과 관련이 있다. 이로 인해 자신이 숭배하는 초자연적 감시자의 관할권 밖에 있는 사람들에 대한 불신이 생긴다. 둘째, 종교의식과 참여는 사회적 결속력을 강화하는 힘이 있는데, 이로 인해 다른 집단과의 갈등을 악화시킬 수 있다. 셋째, 종교는 성스러운 가치를 내세우고 이를 절대 손상해서는 안 되는 가치로 여긴다. 따라서 갈등 상황에서 타협의 여지를 없애버린다. 모순되는 이야기처럼 들릴지 모르겠으나, 종교는 갈등을 조장하는 요인이 되는 만큼이나 갈등을 줄일 잠재력도 지니고 있다. 종교는 갈등을 일으키기도 하고 해소하기도 한다.

초자연적 감시의 한계

종교가 갈등을 조장하는 첫 번째 방식은 폭력적 갈등이 아니라 편협함과 배타성이라는 '온건한' 방식을 통해서이다. 이는 거대한 신을 숭배하는 종교들이 집단 내에서는 신뢰와 협력을 촉진하는 동시에 집단 간에는 갈등을 조장한다는 사실에 근거한다. 친사회적 종교들이 다른 집단과의 경쟁에서 이기는 데 도움이 되는 사회적 결속력을 강화해준다는 점과 같다. 사회적 결속력을 강화하려면 필연적으로 신뢰할 만한 사람과 신뢰할 수 없는 사람을 구분해야 한다. 신학에서는 보편적 사랑과 무차별적 동정심을 가르치지만, 종교적 공동체가 사회적 경계선을 설정하지 않으면 협력 공동체라고 할 수 없다.

초자연적 감시자를 믿는 집단은 같은 규범을 따르지 않는 사람, 자기 집단이 믿는 초자연적 감시자와 동일하거나 비슷한 초자연적 감시자를 믿지 않는 사람은 배척한다. 이 책의 앞부분에서 다른 종교집단에 대한 특정 종교집단의 신뢰는 다른 종교집단이 초자연적 감시라는 개념을 지니지 않거나 이질적인 친사회적 규범들을 따르는 경우 감소한다는 사실을 살펴보았다. 극단적 사례로서, 초자연적 감시는 고사하고 신 자체를 믿지 않는 무신론자들은 다른 집단들과는 비교가 안 될 정도로 배척을 당했다.

아짐 샤리프와 나는 독재자게임에서 이를 검증했다. 이 실험에서 우리는 그리스도교도인 캐나다인들에게 익명성을 보장해주고 게임에 참가한 다른 사람에게 돈을 줄지 여부를 선택하도록 했다. 한 조건에서는 참가자들이 게임을 하는 상대방이 무슬림이라고 생각하게 만들었고, 두 번째 조건에서는 상대방이 같은 그리스도교도라고 생각하게 만들었다. 마지막으로 세 번째 조건에서는 게임을 하는 상대방에 대해 아무 정보도 주지 않았다. 그리스도교도들이 교리에 정통한 신학자라면 그리스도교 교리를 좇아 '선한 사마리아인'처럼 누구에게나 똑같이 너그럽게 대해야 한다. 그런데 그렇지 않았다. 신이라는 개념으로써 자극을 받은 그리스도교도 참가자들은 수혜자가 같은 그리스도교도일 때 가장 후했고, 어떤 종교를 믿는지 알지 못하는 사람에게는 그보다 덜 후했으며, 무슬림 수혜자를 가장 야박하게 대했다(무슬림 수혜자와 게임을 했을 때의 결과는 종교적 단어로 자극을 받지 않았을 때의 결과와 같았다).[278] 이 실험결과를 두고 특정 종교집단이 종교적 외집단에 대해 강한 적개심을 보인다는 의미로 해석할 수는 없지만, 초자연적 감시를 상기시키면 자기 집단의 경계선 밖에 있는 외집단에 대해 신앙인이 보이는 관용적 태도가 그 외집단의 성격에 따라 차이가 난다는 사실을 알 수 있다.

종교 참여도, 사회적 결속력, 갈등

종교가 갈등을 조장하는 두 번째 방식을 살펴보자. 종교적 관행과 의식을 통해 공고해지는 사회적 결속력은 공동체를 응집시키지만 동시에 누가 내부인이고 누가 외부인인지 구분하게 만든다. 흔히 강한 사회적 결속력이 본질적으로 바람직하다고 생각한다. 결속력이 강한 집단의 구성원들이 더 건강하고 더 행복하고 더 친사회적이라는 사실을 보여주는 증거도 많다.[279] 하지만 강력한 사회적 결속력 이면에 존재하는 추한 모습에 대해 이야기하는 사람은 거의 없다. 공동체를 건설하는 바로 그 과정을 통해 자기 집단에 속하지 않은 사람에 대한 배타심이 생기고, 공동체를 위협한다고 여겨지는 사람들을 향해 폭력적 반감을 표출한다. 이런 현상을 '집단 간 폭력에 대한 사회적 결속력 가설'이라고 불러도 무방하다.

일련의 실험에서 심리학자 애덤 웨이츠와 니컬러스 에플리는 얼핏 모순처럼 보이는 이 현상이 해악을 끼치는 집단 간 태도를 어떻게 부추기는지 보여준다. 이는 사회적으로 거리가 먼 타인들의 인간성을 말살하는 태도이다. 한 실험에서 참가자들은 사회적 관계를 체험하는 집단에 무작위로 배치되었다. 한 집단에게는 "친한 친구, 연인, 가족처럼 당신이 자주 교류하는 가까운 사람에 대해 적어보시오"라고 지시했다. 다른 집단에게는 "길 가다 자주 마주치거나 직장, 학교에서 보는 사람, 또는 생면부지의 남남과 같이, 매일 만나긴 하지만 교류하지는 않는 사람에 대해 적어보시오"라고 했다. 그런 다음 이 실험의 구체적 사항에 따라 모든 참가자들에게 사회적으로 거리가 있는 다양한 집단들, 예를 들어, 마약중독자, 장애인, 테러행위 혐의로 붙잡힌 사람들에 대해 물었다. 어떤 사람들이 이 집단의 인간성을 더 강하게 말살할 것인가, 사회적으로 유리되었다고 느끼는 사람들일까 아니면 사회적으로 소속감을 느끼는 사람들일까? 실험의 결과는 직관에 반하기는 하지만 해석의 여지 없이 분명하다. 가까운 이들과의 사회적 연관성을 강하게 느끼는 사람일수록 사회적으로 거리감을 느끼는 타인들에게 인간성을 말살하는 태도를 훨씬 강하게 보이고 그들을 도덕적으로 강력하게 비난했다.[280]

특정집단이 자신이 속한 공동체를 위협한다고 생각하는 불신과 갈등이 만연한 분위기에서는 이런 결과가 특히 강하게 나타난다. 제러미 깅거스Jeremy Ginges, 이언 핸슨과 내가 공동으로 실시한 연구에서 이스라엘-팔레스타인 갈등을 통해 종교의 경우 이런 과정이 어떻게 전개되는지 살펴보았다. 우리는 특히 오늘날 발생하는 갈등의 형태 가운데 가장 처참한 형태의 갈등, 즉 자살공격을 중점적으로 살펴보았다.

자살공격은 정치적 심리적으로 이루 말할 수 없을 정도로 막대한 영향을 줄 뿐만 아니라, 정치인들은 잘 인식하고 있겠지만, 희생자 수를 훨씬 능가하는 여파를 몰고 온다. 더욱이 자살공격은 점점 늘어나고 있다. 1983년부터 2000년까지 전 세계에서 모두 142건의 자살공격이 발생했다. 이 수치는 겨우 3년 만인 2000년부터 2003년까지의 기간 동안 312건으로 폭증하면서 전 세계적으로 증가 추세를 보였다.[281] 자살공격은 연쇄적으로 발생한다. 한 사람의 자기희생 행위는 다른 사람들도 같은 행동을 하도록 부추기고, 폭력적 순교라는 문화적 악순환고리가 만들어진다. 공동체를 선동하고 단결시키는 방법으로서

대의명분을 위해 자기 목숨을 바치는 행위보다 더 효과적인 방법이 어디 있겠는가? 극단적 형태의 편협한 이타주의―자기를 희생함으로써 적으로 간주하는 사람들에게 폭력적 공격을 가하는 행위―로서 자살공격 행위는 갈등의 시기에 공동체를 결속시키고, 그 어떤 폭력적 투쟁 방법으로도 달성하기 어려운 방식으로 공동체에 활력을 불어넣는다.

대부분의 자살공격은 종교적 정치적 목적을 이루기 위한 집단들이 저질러왔다는 점은 누구도 부인하지 않는다.[282] 따라서 집단 간 폭력에서 종교가 하는 역할에 대해 활발한 논쟁이 이루어졌고, 많은 사람들이 이슬람교나 보다 폭넓게는 독실한 신앙을 주범으로 지목했다.[283] 이들은 특정 종교는 다른 종교를 믿는 사람들을 폄하하고 순교자에게는 내세에 보상을 받는다고 약속하고, 경전을 통해 전투적 순교행위를 미화하는 전통을 지녔다고 주장한다. 앞서 살펴본 이론이 사회적 결속력 가설이라면, 이런 이론은 '집단 간 폭력에 대한 종교적 믿음 가설'이라고 할 수 있다. 즉, 종교적 믿음 자체에 내포된 무엇인가가 집단 간 적대감을 유발한다는 이론이다.[284]

종교에 이 모든 것이 내포되어 있음은 의심할 여지가 없다. 하지만 이런 믿음이 사실상의 원인일까? 그럴지도 모른다. 이에 대해서는 그동안 논쟁만 난무해왔다. 종교와 집단 간 갈등의 연관성에 관한 과학적 연구는 거의 이루어지지 않았다. 종교에 내재된 무엇인가가 자살공격을 부추기는가? 그렇다면 그것은 무엇이고 어떤 식으로 부추기는가?

우리는 이 두 가지 이론을 검증하기로 했다. 자살공격을 저지르는 사람들의 실제 동기가 무엇인지를 알아내기란 쉽지 않지만, 그들의 실제 동기에 가장 접근했다고 볼 수 있는 대안을 찾아냈다. 자살공격자들을 길러낸 집단들이 이들의 행동에 대해 어떤 태도를 보이는지 알아보았다. 우리는 종교와 한 묶음인 두 개의 핵심적 요소―기도의 횟수와 예배참석 빈도―가 자살공격과 이와 유사한 극단적이고 편협한 이타주의 사례들에 대한 지지를 부추기는지 알아보았다. 기도와 예배참석은 병행한다고 여겨지며 기도를 자주 하는 사람이 예배에도 자주 참석한다고 생각된다. 하지만 통계적으로 볼 때 그 연관성은 완벽하지 않다. 예배에는 참석하지 않아도 기도는 성실하게 하는 사람들이 많고, 그 반대의 사례도 많다. 이 기회에 우리는 보다 구체적 분석을 통해 각 요소의 상대적 효과를 알아보기로 했다.

우리는 요르단 강 서안에 거주하는 팔레스타인 사람들 가운데 두 가지 개별적 표본들을 중점적으로 살펴보았다. 과거에는 이 지역에서 많은 자살공격자들이 나왔다. 이슬람교 사원에 자주 가는 사람은 자신의 적으로 간주하는 대상(이스라엘인들)에 대한 자살공격을 지지할 확률이 사원에 거의 가지 않거나 전혀 가지 않는 사람들에 비해 두 배에서 3.5배 높았다. 이런 결과는 사회적 결속력 가설을 분명히 뒷받침한다. 하지만 종교적 믿음에 내재된 무엇인가가 폭력적 순교를 부추긴다는 주장과 달리 일단 예배참석 빈도라는 변인을 통제했을 때 기도의 빈도는 폭력적 순교행위에 대한 지지와 통계적으로는 연관성이 없는 것으로 나타났다.

이런 결과는 이슬람교에만 나타나는 독특한 현상일까, 아니면 다른 종교들을 믿는 신앙인들의 예배참석과 기도행태에도 일반화해 적용할 수 있을까? 병행한 자극실험에서 우리는 이 질문에 대한 답을 찾기로 했다. 이스라엘 유대인이 자살공격을 하는 경우는 흔치 않다(공식적 군대를 보유하지 못한 집단들만 이런 방법을 쓴다). 하지만 비교 측정을 위해 여러모로 자살공격과 유사한 다음 사건에 대한 지지 여부를 살펴보았다. 1994년 2월 25일, 무슬림과 유대인 모두 성지로 여기는 요르단 강 서안의 패트리아크 동굴에서 열린 기도회에서 바루크 골드스타인Baruch Goldstein이라는 이스라엘 정착민이 무슬림 스물아홉 명을 살해하고 예순 명을 다치게 한 뒤 본인도 숨졌다. 이스라엘 대중들은 대체로 골드스타인의 행동을 비난했지만 이스라엘인 정착촌에 거주하는 수많은 지지자들은 그를 순교자라 칭했다.[285]

우리는 요르단 강 서안의 이스라엘 정착민들에게서 표본을 추출해 그들에게 골드스타인의 행동이 영웅적 행위라고 생각하는지 물었다. 기도 횟수와 예배참석 빈도를 측정하는 대신 우리는 인지적 자극 절차를 도입해 인과관계를 더 면밀히 살펴보았다. 표본의 절반에게는 신에게 기도를 하도록 했고, 나머지 절반에게는 예배참석에 대해 생각하게 했다. 그리고서 모두에게 골드스타인의 행위에 대해 어떻게 생각하는지 물어보았다. 예배참석을 상기시킨 집단에서는 골드스타인의 폭력적 행위를 높게 지지했다. 기도를 상기시키자 오히려 그의 행위를 지지할 가능성이 줄어들었다. 종교의 어떤 측면은 폭력적 갈등에 연루되어 있지만, 또 어떤 측면은 관계가 없거나 심지어 갈등을 완화하기도 한다는 점을 다시 한 번 확인했다. 게다가 이런 경향은 팔레스타인인과 유대인에게서만 나타나는 독특한 현상도 아니다. 6개국에서 여섯 개 주요 종교들을 대상으로 한 조사에서, 예배에 정기적으로 참석하면 자발적 순교 의지와 외집단에 대한 적개심이 모두 증가하는 것으로 나타났다. 하지만 정기적으로 기도하는 행위는 그런 효과를 보이지 않았다.[286] 예배참석은 사회적 관계를 공고히 하고 집단 결속력을 강화한다. 하지만 서로 다른 집단들 간에 갈등이 생기면 이런 결속력은 적으로 인식된 대상으로부터 집단을 방어하기 위해 기꺼이 자신을 희생하려는 의지로 전환된다. 바로 이 때문에, 조너선 하이트가 말한 바와 같이 '종교가 잔학성을 조장하는 원동력이라기보다는 잔학성을 측면 지원하는 보조적 역할을 한다'고 보는 것이다.[287]

종교적 관행과 의식이 갈등의 불씨에 기름을 붓는 역할을 한다는 점은 의심할 여지가 없다. 하지만 예배참석은 집단의 소속감을 강화하는 데 이용된다는 점을 강조할 필요가 있다. 데이비드 클링잉스미스David Clingingsmith를 비롯한 경제학자들은 하지 참가가 여러 집단들에 대한 사회적 태도에 영향을 미치는지 알아보는 획기적 연구를 실시했다. 사람들은 이런 강렬한 체험을 하면 변할까? 해마다 열리는 이 성지순례에는 세계 각지에서 수백만 명에 달하는 각계각층의 무슬림들이 참가한다. 그들은 메카에 모여 기도하고 금식하고 그 밖에 다양한 형태의 고행을 한다.

자, 여기서 무슬림들을 절반은 하지에 참가하게 하고 절반은 종교와 무관한 다른 일을 하게 한 다음 태도에 어떤 변화가 있는지 측정하는 방법이 가장 이상적이다. 하지만 두말할 필요 없이 그런 실험을 하기란 거의 불가능하다. 하지만 클링잉스미스를 비롯한 학자들은 그와 같은 이상적 실험 여건에 아주 근접한 기발한 방법을 찾아냈다. 메카에는 순례자들을 수용할 공간이 매우 부족하기 때문에, 해마다 하지가 열리는 동안 메카에 들어올 수 있는 순례자 수를 제한하기 위해 지역마다 순례자 수를 정해주는 할당제를 실시하고 있다. 파키스탄과 같은 일부 국가들은 하지에 갈 사람을 무작위 추첨으로 선발한다. 클링잉스미스와 동료 학자들은 무작위 추첨에 당첨되어 하지에 참가한 수니파 파키스탄 순례자들의 사회적 태도와, 추첨에 참가했지만 탈락한 사람들의 태도를 비교해보았다. 이 과정은 무작위 배치가 불가능한 이런 형태의 실험에서 나타나는 고질적 문제점인 '자기선택self-selection' 편향성을 효과적으로 제거하는, 무작위 배치에 가장 가까운 방법이다. '처치집단'과 '통제집단' 사이에 나타나는 차이점이 처치 자체가 아니라 처치집단에 들어갈지 여부를 결정하는 사람들이 보이는 차이점으로 야기되면 자기선택 편향성이 나타난다. 무작위 추첨을 이용하면, 태도에 영향을 미칠 가능성이 있는, 성격과 인구학적 요인들을 통제할 수 있다.

클링잉스미스를 비롯해 여러 학자들이 실시한 이 실험의 결과는 복잡하고 광범위했지만 일관성 있는 결론을 보였다. 하지에 참가한 무슬림들은 다른 무슬림과 무슬림이 아닌 사람들 모두에게 더 관용적 태도를 보였다. 서로 다른 민족, 종교집단들 간의 평등, 화합, 평화를 지지하는 태도가 증가했다. 또한 하지에 참가한 사람들은 여성과 여성이 교육을 받을 권리와 일할 권리에 대해서도 훨씬 호의적인 태도를 보였다.

하지 참가는 어떻게 이런 태도 변화를 유도했고, 그 이유는 무엇일까? 결론을 내리기는 이르지만 추가적 실험결과들을 살펴보면 답을 얻는 데 도움이 될 단서들이 나온다. 하지 참가는 부적符籍이나 신부의 지참금과 같이 파키스탄의 지역적 특성을 반영한 관행과 믿음을 약화시키고 민족이라는 경계를 초월하는 '국제적' 이슬람 관행을 강화시킨다. 게다가 하지 동안 파키스탄인이 아닌 다른 사람들과 교류했다고 말한 순례자들에게서 관용적 태도가 가장 강하게 나타났다.[288]

팔레스타인인들과 요르단 강 서안에 거주하는 이스라엘 정착민들 사이에서는 자신들이 적으로 인식하는 대상에 대한 폭력을 지지하는 태도를 강화시켰다. 그런데 클링잉스미스의 실험에서는 하지 참가가 관용적 태도를 강화했다. 이 두 가지 모순된 결과를 어떻게 해석해야 할까? 왜 이런 차이가 생겼는지 그 이유를 설명하는 두 가지 세부사항이 있다. 자살공격은 매우 끔찍하고 파괴적인 행위이지만 이타주의―집단을 위해 자신의 생명을 희생하는 궁극적 형태의 이타주의―의 한 형태임을 인정해야 한다. 갈등 당사자들이 양측 간에 힘의 불균형이 존재하고 자기가 속한 집단이 위협받고 있다고 강력히 믿는 정치적 상황에서만 이타주의가 폭력적으로 변한다. 공격할 목표물이 없거나 희생양으로 삼을 적이 없을 경우, 즉 갈등 발생에 덜 취약한 상황에서의 예배참석은 공격보다는 희생적 태도를 더 강화한다.

두 번째로, 참석한 예배의 성격 자체가 다르다. 팔레스타인인들과 이스라엘 정착민들의 경우, 예배참석은 지역적 차원에서 이루어진다. 두 집단 모두 자기가 거주하는 지역에서 얼마나 자주 예배에 참석했는지를 측정했다. 반면 하지는 본질적으로 '국제적' 행사이다. 세계 각지에서 온 각계각층의 무슬림들과 만나고 교류할 기회이다. 종교의식이 집단 간 갈등에 미치는 영향과 관련해 두 실험에서 모순된 결과가 나오는 이유를 파악하려면 이와 같은 구분이 중요하다. 종교의식은 보통 지역적 차원에서 거행되고 참석자 자신의 이웃들과의 결속력을 다져준다. 하지만 보다 폭넓게 다양한 사람들과 교류하는 종교적 체험은 도덕의 테두리를 확장한다. 이와 같이 다양한 부류의 신도들과 함께 의식에 참석하면 신앙인들은 더 관용적 태도를 보이게 되고 어쩌면 이런 국제적 의식은 갈등을 완화시키는 방법으로 유용할지도 모른다.[289]

종교와 성역_타협불가 사항을 타협하기

세 번째로, 종교가 갈등으로 이어지는 데는 종교가 특히 발군의 실력을 발휘하는 장기가 한몫한다. 바로 성역화된 가치의 창출이다. 정확히 어떻게 이런 현상이 나타나게 되는지 아직 밝혀지지는 않았지만, 종교의식에 참가하거나 종교의식을 상기시키면 세속적 가치를 성스러운 가치로 여길 확률이 높아진다.[290] 성스러운 가치는 갈등을 해소하기 더 어렵게 만든다. 성스러운 가치란 무엇이고 왜 중요한가?

성스러운 가치가 무엇이고 왜 중요한지 이해하려면 서구사회에서 인간의 행동에 대한 이론 정립과 연구를 대부분 주도하고 있는, 서구적 사고방식을 지니고, 고학력에 산업화된 선진국 출신으로서 민주주의적 가치관을 지닌 사람들, 즉 WEIRD 부류에 대해 살펴보아야 한다. 대부분의 WEIRD 공공정책은 물질적 가치 또는 수단으로서의 가치가 인간 행동의 핵심적 원동력이라는 이념에 바탕을 두고 있다. 예를 들어, 내가 집을 팔려고 할 때 두 가지 제안을 받았다면, 다른 모든 조건이 동일하다고 할 때, 더 비싼 가격을 제시한 사람에게 집을 팔게 된다. 이는 합리적 행위자rational actor 패러다임이다. 이 패러다임은 서구사회의 권력 최상부에서 결정되는 대다수 정책들의 바탕이 된 현대 경제학의 근간이다. 이는 경제정책, 국제적 정치관계, 참전여부, 테러리즘과의 전쟁 등을 결정할 때 지침이 된다. 이 패러다임은 인간의 본성에 대해 어느 정도는 설명해주지만, 주로 WEIRD 성향의 인간들에게 국한되므로 한계가 있다. 지금 우리가 어떻게 해결해야 하는지 그 해답을 찾지 못하고 있는, 문화 간 갈등에서 일어나는 수많은 심각한 문제들이 어디에서 비롯되었는지는 설명하지 못한다.

WEIRD 외의 지역에서 일어나는 수많은 인간의 행동은 사리사욕에 반응하지 않는 또 다른 심리적 경향이 야기한다. 수단으로서의 가치와는 달리, 성스러운 가치에는 헌신적 행위자devoted actor 패러다임에서 주로 나타나는 강력한 도덕적 신념이 수반된다. 성스러운 가치는 타협의 대상이 아니며 결과와 무관하게 고수해야 할 대상이다. 예를 들어 내가 우리 집을 가족사에서 중요한 의미가 있어 '성스러운' 곳으로 여긴다면, 또는 우리 집이 국가적 종교적으로 중요한 상징물이라면, 어떤 가격 제안이 들어와도 절대로 팔지 않는다. 오히려 그런 제안을 한 사람에게 불쾌해하고 매우 화를 낼 것이다.

(자살 폭파를 감행하기 전) 자살 폭파범들과 그들을 지지하는 사람들을 인터뷰한 내용을 보면, 그들은 얼마나 많은 사람이 목숨을 잃든 개의치 않는다. 그들에게 그보다 더 중요한 문제는 그런 행위가 보여주는 의미와, 그런 행위를 통해 그들이 속한 공동체와 적에게 전하는 메시지이다. 누군가와 사랑에 빠지는 일, 물건과 장소에 대한 감성적 애착심 등과 같이 인간의 행동에서 나타나는 비합리적 측면들과 테러집단

이 자살공격을 감행할 청년들을 쉽게 모집하는 이유 등은 합리적 행위자 패러다임으로는 설명되지 않고 헌신적 행위자 패러다임으로 설명해야 훨씬 납득이 쉽다. 오늘날 해결하기 어려운 수많은 갈등들은 헌신적 행위자들이 지닌 성스러운 가치라는 시각을 통해 바라보지 않는 한 이해하기 어렵다. 스콧 아트란과 제러미 깅거스는 다음과 같이 설명한다.

> 역사적으로 다양한 문화권에서 나타난 수많은 증거들을 볼 때, 경쟁관계에 있는 종교적 가치와 성스러운 가치들이 서로 맞서는 갈등에서는 집단 간 폭력이 수십 년, 심지어 수 세기 동안 계속될 수 있다. 성역으로 간주되지 않았다면 별것도 아닐 현상들(인물, 장소, 물건, 사건)을 둘러싸고 벌어지는 논쟁은 실존적 투쟁이 된다. 평범한 영토가 '성지holy land'가 되는 경우처럼 말이다. 세속적 문제가 성역화되고 타협의 여지가 없는 문제로 변한다.[291]

일련의 획기적 연구들을 통해, 깅거스, 아트란, 더글러스 메딘Douglas Medin, 칼릴 시카키Khalil Shikaki는 평화적인 갈등해결 방식이 제시되었을 때, 성스러운 가치가 이에 대한 반대의사를 폭력적인 방식으로 표출하도록 부추기기도 하고 완화시키기도 한다는 사실을 보여준다. 연구자들은 평화협상에서 실제로 논의되어온 내용을 포함한 가상의 타협안에 대해 팔레스타인과 이스라엘의 고위급 지도자들 수백 명과 팔레스타인 난민들에게 물었다. 이를테면 이런 질문이다. "팔레스타인 난민들은 대대적인 경제원조를 받는 대신 그들의 공식적 영토로 귀환

할 권리를 포기할 의향이 있는가?" "이스라엘 정착민들은 팔레스타인이 자살 폭파를 중지하는 대신 그들에게 영토를 돌려줄 의향이 있는가?" 이런 질문에 연구자들은 역효과가 나타났다고 했다. 성스러운 가치를 타협하는 대가로 물질적인 유인책을 제시받자 타협에 반대하는 입장이 오히려 강화되었다. 하지만 상대방이 사과를 하는 등 상징적 화해의 의사표시를 하자 타협에 대한 반대 입장이 완화되었다.

주로 '사과하라'는 요구를 받는 입장인 우위를 점한 집단은 공개적으로 사과하는 게 무슨 소용이냐고 묻는다. 이미 지나간 일인데 사과한다고 뭐가 달라지느냐고 말이다. 하지만 성역에서는 대단한 변화를 일으킬 수 있다. 상대방의 고통을 인정하고 설사 그들의 가치를 공유하지는 않더라도 그들의 소중한 가치를 존중하면, 갈등의 역학관계에 일대 전환이 일어난다. 성스러운 가치에 그 나름대로 독특한 논리가 있다는 점을 인식하면 평화를 향한 새로운 해결책을 모색할 수 있다.

심리학, 경제학, 인지과학에서 범례로 삼는 모델은 WEIRD이므로, 수단으로서의 가치와 물질적인 가치가 인간의 행동에 미치는 영향에 대한 과학적 연구는 많이 축적되어 있다. 하지만 우리는 성스러운 가치에 대해서는—어떻게 출현하고 작동하고 인간의 행동에 영향을 주는지에 대해서는—창피할 정도로 아는 게 없다. 성스러운 가치를 무시하거나, 서구사회의 정책 입안자들이나 협상가들이 주로 그러하듯이, 성스러운 가치를 물질적 가치보다 더 비용이 많이 드는 현실적 가치 정도로만 취급하면, 갈등을 해소하는 데 도움이 되기는커녕 오히려 갈등이 악화시킨다.

이처럼 종교에서 갈등으로 이어지는 세 가지 경로를 살펴보면, 이 세 가지 경로는 단절되어 있지 않고 서로 넘나든다는 점이 눈에 띈다. 초자연적 감시를 받는지 여부에 관한 문제는 신앙인들이 다른 종교집단도 비슷하게 신의 초자연적 감시를 받는다는 점을 인식하면 해결된다. 무신론자들을 위한 해결책도 있다. 신앙인들이 자신들이 생각하는 것보다 무신론자들은 매우 흔하며, 종교가 사람들로 하여금 바르게 살도록 하긴 하지만, 종교 말고도 인간이 바르게 살도록 하는 요인들이 많이 있다는 사실을 깨달으면 된다. 클링잉스미스의 연구결과를 보면, 신앙인들에게 자신이 속한 공동체에 대해 재고하도록 했더니 그들이 도덕적이라고 생각하는 영역이 확장되어 전에는 배척했거나 폄하했던 집단들을 공동체에 포함시켰다. 그리고 스콧 애트런과 로버트 액슬로드가 설명하듯이, 성스러운 가치는 절대적이고 타협의 여지가 없는 대상으로 여겨진다. 하지만 이런 가치들은 해석하기 나름이기 때문에 어떻게 적용하느냐에 따라 운용의 미를 살릴 수 있다. 이는 도덕적 공동체의 경계를 재조정할 수 있듯이, 성스러운 가치들도 재구성할 수 있음을 뜻한다. 이슬람이 자살공격을 방관하거나 부추기는 이유가 단순히 자살공격이 일종의 지하드(이슬람의 적에 대한 성전)이기 때문일까? 이슬람이 자살공격을 금지하는 이유는 《코란》이 자살행위 및 무고한 민간인을 살해하는 행위를 금지하기 때문일까? 자신이 믿는 성스러운 가치를 재구성하면 강경한 입장이 누그러지고 갈등을 극복할 기회가 생기게 된다.

심리학자 톰 피진스키Tom Pyszczynski, 압둘후세인 압돌라히Abdol-hossein Abdolahi, 재커리 로스차일드Zachary Rothschild는 근본주의적 성향의 종교들도 갈등을 조장하는 종교에서 평화를 지향하는 종교로 바뀔 수 있음을 보여준다. 죽음을 상기시키면 사람들은 자기가 지닌 문화적 신념에 방어적으로 매달리고 다른 종교를 믿는 이들을 비롯해 문화적으로 차이가 있는 사람들에게 훨씬 편협한 태도를 보인다. 하지만 실존적 위협이 팽배한 경우더라도 호전주의가 평화주의로 전환될 가능성은 있다. 이란의 무슬림들을 대상으로 한 연구에서는 죽음을 상기시키자 미국인에 대한 자살공격을 지지한다는 사례가 증가했다. 하지만 자비심을 강조하는 이슬람교 가치들("알라는 선행을 하는 자를 사랑하시니 타인에게 선행을 베풀라")을 상기시키자, 죽음을 떠올려도 미국인에 대한 자살공격을 지지하는 수가 줄어들었다.

미국의 근본주의 그리스도교도들을 대상으로도 실험을 하였는데, 죽음을 상기시키자 미국이 군사적으로 중동에 개입하는 정책을 지지하는 사람이 증가했다. 하지만 '자비를 베풀라'는 예수의 가르침 한 구절을 읽어주었더니("네 이웃을 네 자신처럼 사랑하라"), 죽음을 떠올리게 해도, 군사적 해결책에 대한 지지가 자유주의 성향의 미국인의 견해 수준으로 줄어들었다.[292]

이 모든 연구들이 시사하는 바는 종교와 한데 묶여 있는 다양한 요소들은 갈등을 조장하기도 하고 강화하기도 하지만 그 묶음 속에는 갈등을 완화하고 극복하는 데 쓰일 만한 요소들도 있다는 점이다. 갈등을 조장하는 요소와 갈등을 완화하는 요소의 상대적 비중은 종교집단에 따라 다르고, 이런 여러 요소들 간의 비중은 동일한 종교 공동체 내에서도 세월이 흐르면서 변한다. 아무튼 종교라는 집단 속에는 복잡다단한 여러 가지 요소들이 존재하는 점으로 미루어볼 때, 이런 요소들을 재구성하면 놀랄 정도로 막강한 갈등 완화 수단이 될 수 있다. 종교에서 비롯된 적개심을 우호적 태도로 바꿀 기회, 그동안 간과되어온 기회를 얻게 될지도 모를 일이다.

10장
–
신 없는 협력

2007년 여름, 나는 덴마크의 제2의 도시인 아름다운 오르후스를 방문했다. 그곳에서 나는 도시 전역에 있는 몇 군데 대여소에서 누구든지 무료로 자전거를 빌려 탈 수 있다는 사실을 알고 깜짝 놀랐다. 자전거를 빌려서 목적지까지 가고, 그다음 대여소에 반납하면 된다. 내가 머물던 숙소의 주인에게 절도 위험은 없는지 물었더니, 어처구니없다는 표정을 지었다. 누구든지 빌릴 수 있는 걸 왜 훔치느냐는 답변이었다. 덴마크는 협력, 사회적 응집력, 공공신뢰 부문에서 최고 점수를 받는 나라이다. 덴마크는 '복지국가'와 동의어로 인식되며, 1세기가 채 되지 않는 짧은 기간 안에 지구상에서 가장 종교적 성향이 낮은 나라로 손꼽히게 되었다(덴마크인 대부분은 신을 믿지 않으며, 교회에 다니는 사람도 거의 없다. 간다고 해도 특별한 날에만 간다).

　덴마크는 우리에게 수수께끼를 던진다. 덴마크는 어떻게 그렇게 짧은 기간에 그토록 극적으로 종교를 벗어났을까? 덴마크인들은 신 없이도 어떻게 협력이라는 수레바퀴가 계속 굴러가게 만들까?

　역사적으로 볼 때, 거대한 신을 중심으로 한 믿음과 관행은 대규모 협력사회 집단들을 유지하는 원동력이었다. 하지만 서구진영에서 가장 세속화된 지역과 동아시아 같은 일부 지역에서는 아직 초기단계이긴 하지만 상당히 정교한 규범과 제도들이 등장해 낯선 사람들 간에 협력과 신뢰를 촉진하고 있다.[293] 누군가가 자기 물건을 훔쳐 간다고 생각하는 사람은 경찰에 신고한다. 낯선 사람과 돈 문제로 다툼이 생기면 독자적으로 판단해주는 법원을 찾는다. 제도나 기관을 신뢰하면 이런 제도를 존중하는 낯선 사람도 신뢰한다는 뜻이다. 신뢰가 높아지면 거래비용이 줄어들고 상호이득이 늘어나며, 이는 다시 신뢰와 협력을 촉진하는 선순환구조를 만든다. 어디서 많이 듣던 말인가? 과연 덴마크 같은 세속사회들은 어떻게 종교 없이도 협력을 촉진하는 사회를 만들었을까?

이 질문에 대한 답을 얻으려면 이들 제도가 얼마나 생소한 현상인지를 인식할 필요가 있다. 3장에서 설명한 바와 같이, 진화의 관점으로 볼 때 최근에 나타난 이런 제도들과 사회들이 WEIRD 관점에서 본 심리학의 틀을 형성했고, 이들은 역사적으로 문화적으로 이례적 사례이다. 하지만 우리가 완곡하게 표현해서 개발도상국이라고 일컫는, WEIRD 외 나머지 지역에서는 사람들이 경찰, 사법부, 낯선 사람들을 신뢰하지 않는다. 종교적 성향이 대체로 강한 이런 지역에서는 혈연, 의리, 민족적 결속력이 세상을 굴러가게 만든다. 이런 직접적 관계를 벗어나 협력이 일어난다면, 그 협력은 종교적 특성을 띤 협력이다. 거대한 신에 의한 초자연적 감시는 여전히 제대로 작동하는 유일한 신뢰구축 장치이다.

산업혁명 이후 최근에 확산된 세속적 제도와 기관―사법부, 감찰당국, 현대사회에서 계약의 이행 여부를 효과적으로 감시하는 기제―은 신의 도움 없이 대규모 협력이 가능하다는 점을 시사했다. 이런 세속적 사회에서, 거대한 신은 거대 정부로 대체되었다. 하늘에서 내려다보는 거대한 눈으로 상징되던 '신의 방식Way of God'은 사라지지 않았다. 단지 모습만 바뀌었을 뿐이다. 1달러짜리 지폐에 새겨진 문장紋章에는 피라미드가 등장하는데 그 꼭대기에 감시의 눈이 있다.

하지만 종교를 대신하는 이런 사회적 제도와 전통들은 거저 얻어지지 않는다. 이런 제도와 전통들은 유지하는 데 많은 비용이 들고, 와해되기 쉬우며, 끊임없이 미세조정과 보수관리가 필요하다. 전체주의 공산국가에서 하늘에서 감시하는 빅브라더Big Brother가 '당'이라는 빅브라더로 대체된 점은 놀라운 일이 아니다. 경찰국가에서 주로 쓰는 수법인 이런 제도와 전술들은 종교의 기능을 부분적으로 억누르고 대체했지만, 북유럽의 사회민주주의만큼 효과적으로 종교의 힘을 약화시키지는 못했다. 북유럽과 달리 공산주의 국가에서는 아무도 빅브라더가 불편부당하다고 믿지 않았다. 모두가 감시를 받았지만, 사람들은 아무도 신뢰하지 않았다. 특히 바로 옆집에 사는 이웃은 더더욱 신뢰하지 않았다.

여기에는 매우 복잡한 문제들이 작동한다. 예를 들어, 소련이 붕괴된 뒤 러시아에서는 종교가 화려하게 부활했지만, 구동독과 체코에서는 종교가 훨씬 더 쇠퇴했다. 물론 소련이 붕괴한 뒤 러시아에서는 생활수준이 폭락했지만, 동독과 체코의 생활수준은 향상되었다는 핵심적인 차이가 있다. 게다가 러시아에서는 공산주의 대신 또 다른 부패한 전체주의 정권이 들어섰다. 유럽연합에 가입한 중부 유럽 국가들에는 민주주의가 정착했다. 앞서 살펴보았듯이, 소수에게만 이득이 되거나 아무에게도 이득이 되지 않는 역기능적인 체제라고 해도 그 체제가 유지될 만한 적당한 여건이 조성되면 이런 체제는 문화적으로 진화해 안정적으로 '문화적 평형상태'에 도달한다. 공산주의 실험은 종교를 선언만으로 철폐할 수 있다고 순진하게 믿는 사람들에게 경종을 울렸다. 종교가 남긴 문화적 공백을 무엇으로 메우든지, 그것은 친사회적 종교가 해온 사회적 기능을 수행하고 종교가 충족시킨 인간의 심오한 심리적 욕구를 충족시킬 수 있어야 한다.

종교 사다리 걷어차기

서유럽과 스칸디나비아 국가들처럼 집단 구성원들 간에 가장 협조적이고 가장 신뢰하고 가장 부유한 사회들은 종교적 성향이 가장 약하고 사회의 운영을 전적으로 정부에 의존하는 사회들이기도 하다.[294] 이런 사회들은 구성원들 간에 높은 신뢰도를 보이며, 법치체제가 견고한 사회에 사는 사람들은 법치가 취약한 사회에 거주하는 사람들보다 훨씬 협조적인 경향을 보인다. 일련의 자극실험에서 아짐 샤리프와 나는 피실험자들의 무의식을 경찰, 판사와 같은 단어에 노출시키면 신과 관련된 단어에 노출시켰을 때 못지않게 낯선 사람들에 대한 관용적 태도가 증가한다는 사실을 발견했다.

세속적 개념인 이런 단어들은 사람들이 종교와 도덕성을 연관 지어 생각하는 심리적 연관성도 끊어버렸다.[295] 종교를 문화적 진화론의 관점에서 설명하는 이론—이 책에서 제시하는 주장의 근간—이 지닌 장점은 다음과 같이 파급효과가 큰 중요한 사실을 수용한다는 점이다. 즉, 종교는 문화에 따라 그리고 역사시기에 따라 다른 형태를 띨 뿐만 아니라, 종교적 헌신의 수위는 특정 시기에 특정 문화 내에 존재하는 사회적 여건에 따라 예측 가능한 방식으로 오르내린다는 사실이다.

세월이 흘러 미래의 역사학자들이 인간사회가 걸어온 길을 돌아볼 때, 친사회적 종교를 또 하나의 중요한 사회적 변화—인류 진화의 역사 대부분을 지배한 소규모 사회와 현시대 일부 지역에서 출현한 복잡한 세속적 사회를 연결하는 문화적 가교—로 볼지도 모르겠다. 이런 새로운 세속적 제도와 전통이 거대한 신을 숭배하는 종교의 근간을 잠식하기 시작했다. 물론 이는 매우 복잡한 문제이고, 아직도 불확실한 점이 매우 많다. 하지만 강력한 제도를 갖추고 물질적 풍요를 누리는 일부 사회들은 친사회적 종교라는 관문을 통과했고, 대규모 협력이 가능한 사회를 유지하는 데 더 이상 종교가 필요하지 않게 되었다. 간단히 말해서 세속적 사회는 종교라는 사다리를 타고 꼭대기(구성원들 간에 협력적 관계와 신뢰를 구축한다는 목표)에 도달한 다음 그 사다리를 걷어차 버렸다.

과학과 이성을 바탕으로 한 세속주의는 종종 종교에 대한 저주로 묘사되기도 한다. 종교에 비판적인 신新무신론 사상가들 사이에서는 특히 더 그렇다.[296] 하지만 이 책에서 제시한 논리에 따르면, 세속적 사회는 사실상 친사회적 종교에서 발전해 나온 형태이다. 세속적 사회가 본질적으로 대규모 협력을 유지하기 위해 종교와 유사한 방식을 이용하여 종교와 비슷한 기능을 수행하기 때문만은 아니다. 유일신교들은 다른 면에서도 근대 세속사회의 기틀을 마련했다.

역사학자 마르셀 고셰Marcel Gauchet는 3대 유일신교와 이런 종교들을 통해 나타난 세속주의 사이에 놀랄 정도로 연속성이 있는 두 가지 사항을 지적한다. 첫째, 물리적 세계에 존재하는 성스러운 주체와 초자연적 주체들을 그 세계를 창조한 단 하나의 지고신으로 통합한 주인공이 유일신교이다. 따라서 다신교에서 늘 초자연적 주체들과 혼재되어 있던 자연계가 인과관계로 이루어진 물리적 세계가 되었다. 그 덕분에 세상을 창조했지만 세상이 돌아가는 데는 적극적으로 개입하지 않는 거리감 있는 신을 상상하는 사람들이 생기게 되었고, 과학적 방법으로 인과관계를 분석하는 일이 가능해졌다. 둘째, 유일신교는 또 다른 혁신적 사고를 도입했다. 즉, 다른 신들을 가짜 신이라고 폄훼했다. 이렇게 하여 유일신교는 뜻하지 않게 무신론의 씨앗을 심은 셈이다. 다른 신들의 존재를 부인할 수 있다면 그 어떤 신의 존재도 부인하게 되는 것은 시간문제이다.[297]

스콧 아트란은 한발 더 나아가서 19세기와 20세기에 등장한 대부분의 세속적 이념들은 유일신교, 특히 그리스도교의 연장선상에 있다고 다음과 같이 설명한다.

> 보편적 유일신교들을 통해 인간은 두 가지 새로운 개념을 만들어냈다. 개인의 자유로운 선택과 집단적 인류이다. 인종, 종족, 영토를 불문하고 이런 종교를 믿는 문화에서 태어나지 않은 사람들이라고 해도 원칙적으로 이 종교를 믿는 집단에 소속되겠다는(또는 소속되지 않겠다는) 선택을 할 수 있다. 유일신교들이 추구하는 사명은 사람들이 원하든 원하지 않든 모든 사람들을 도덕적으로 구원하는 일이다. 유럽 계몽주의에 의해

세속화된 뒤 근대 역사에서 탄생한, 종교와 유사한 이념들—식민주의,
사회주의, 무정부주의, 파시즘, 공산주의, 민주주의적 자유주의와 이에
수반되는 각종 형태의 절대적 무신론—도 모두 '(다른 이념과의) 경쟁과
협력'이라는, 인류가 석기시대부터 실천해온 사명을 산업과 과학을 동
원해 세계적 규모로 계속 실천해왔다. 인류는 당대의 과학을 이용해 이
런 이념들의 도덕적 가치를 정당화했고 인권을 신장하는 데 대단한 진
전을 보기도 했지만 인류를 구원한다는 미명하에 대량학살을 자행하기
도 했다.[298]

세속적 권위도 친사회적 종교가 해온 일을 방법만 달리해서 계속하
고 있는 것이나 마찬가지이다. 그렇다면 세속적 권위와 친사회적 종교
는 서로 맞바꿔도 되는 기능을 하는 셈이다. 이는 사회가 어떻게 세속
화되었는지를 이해하는 데 도움이 된다. 종교가 하던 기능을 새로운 형
태의 정부에 위임함으로써 사회가 세속화되었다는 한 가지 해석이 가
능하다. 그렇다면 정부의 기능이 취약한 곳에서는 종교가 번성할까? 사
회가 감찰기능을 강화하고 효율적 정부를 구축하는 데 투자하면 신에
대한 믿음이 줄어들까?

신을 정부로, 정부를 신으로

사회에서, 또 사람들의 뇌리에서, 신과 정부가 비슷한 자리를 차지
하고 있음을 보여주는 증거가 늘고 있다. 거대한 신은 정부가 부패하

고 사람들이 정부를 신뢰하지 않는 곳에서 군림한다. 그리고 정부에 대한 신뢰가 강화되면 종교는 사회에 대한 장악력을 잃는다. 이런 현상에 대해서는 적어도 세 가지 설명이 가능하다. 첫째, 신과 정부는 둘 다 구성원들을 감시함으로써 대규모 협력과 신뢰를 촉진시킨다. 둘째, 정부와 종교는 개인이 자신이 처한 상황을 장악하기 어렵다고 느낄 때 통제력과 안정감을 제공하는 외부세력이다.

사회학자들의 연구가 이를 증명한다. 피파 노리스와 로널드 잉글하트는 강력하고 안정적이고 세속적인 제도들이 종교의 힘을 잠식한다는 사실을 발견했다. 종교는 덴마크, 스웨덴, 프랑스 같은 복지국가에서 급격히 쇠퇴했다. 이런 나라들은 생활수준이 세계 최상위이고, 정부는 공공서비스를 통해 요람에서 무덤까지 사회안전망을 제공한다.[299]

하지만 신과 정부가 지위를 서로 맞바꾼 영역은 사회뿐만이 아니다. 사람들의 뇌리에서도 신과 정부는 유동적 존재로 인식된다. 심리학자인 애런 케이, 데이비드 모스코비치David Moscovich, 크리스틴 로린의 연구가 이런 사실을 보여준다. 그들의 연구는 사람들이 사태를 스스로 '장악하고 있다'고 느끼고 싶어 하는 기본적 욕구를 살펴본다. 이런 욕구가 인간의 심리와 문화에서 어떤 역할을 하는지 알아보려면, 사람들이 사태를 장악하고 있다는 느낌을 위협받을 때 어떤 일이 벌어지는지 보면 된다. 케이와 여러 학자들은 사람들에게 장악력을 잃고 있다는 느낌을 줄 기발한 방법을 찾아냈다. 한 자극실험에서, 참가자들은 운chance, 무작위random와 같이 장악력을 훼손시키는 단어들에 노출되었다. 중립적 조건에 배치된 참가자들은 자극조건(장악력을 훼손시키는 단어에 노출되는 조건)에서 제시된 단어들과 마찬가지로 부정적 의미를 지니되 개인의 장악력과는 무관한 단어들(허접스럽게poorly, 불쾌한slimy)에 노출되었다. 또 다른 실험에서는 사태 장악력이 위협받는다는 느낌이 들게 하는 조건에 배치된 참가자들에게 뜻밖에 일어나 속수무책이란 느낌이 들게 한 일을 떠올리게 했다. 비교조건에 배치된 참가자들에게는 앞의 조건의 상황보다 더 부정적이지도 더 긍정적이지도 않지만 예측 불가능했던 사건을 떠올리게 했다. 그런 다음 참가자들에게 신 혹은 정부를 믿는지 물었다. 사람들은 자기 삶에 대한 장악력이 위협받는다고 느끼면 외부에서 사태를 장악해줄 대상을 찾는다. 그것은 신일 수도 있고 정부일 수도 있다. 내가 내 힘으로 어쩔 도리가 없더라도 적어도 나를 도와줄 막강한 누군가가 존재한다는 논리이다. 즉, 어떤 식으로든 모든 게 제대로 돌아가기만 하면 된다.

흥미로운 점은 정부에 대한 믿음과 신에 대한 믿음이 서로 상쇄하는 관계로 보인다는 점이다. 한 연구에서 애런 케이와 동료 학자들은 캐나다인 참가자들에게 캐나다 정부의 불안정한 상황을 보도한 다음과 같은 기사를 읽어주었다. "언제 선거가 개최될지 아무도 예측할 수 없다. 이런 상황이 평범한 캐나다 국민들에게 어떤 의미를 지니는지 불분명하다." 비교집단에게는 비슷한 어휘를 사용하되, 선거가 취소되더라도 혼란이 일지 않을 것이라면서 정치적 안정을 강조하는 기사를 읽어주었다. 그런 뒤 참가자들에게 신에 대한 믿음에 관해 물었다. 정치적 불안을 인식한 집단에서 신에 대한 믿음이 증가했다. 반대로, 별개의 또 다른 연구에서는, 피실험자들이 캐나다 정부가 강력하고 안정적이라고 인식하면 신에 대한 믿음이 감소했는데, 특히 신이 세계를 장악하는 힘이 있다고 믿는 사람들에게서 감소세가 두드러졌다. 케이와 동료 학자들은 피실험자들이 총선 직전에 선거가 개최될지 불확실하다고 인식하는 경우 정부에 대한 믿음이 훼손되었고, 뒤이어 신에 대한 믿음이 증가했다는 사실도 발견했다.[300]

이런 연구결과들은, 사람들이 일반적으로 생각하는 바와는 달리, 종교적 권위와 세속적 권위가 얼마나 얽히고설켜 있는지를 보여준다. 종교적 믿음을 세속적 문화적 믿음과 분리해서 이해하기란 불가능하다. 종교적 권위와 세속적 권위 간의 관계에 대한 이런 이해를 통해 세속화로 가는 경로 하나가 발견된다. 한 사회에서 강력한 정부가 출현하고, 그 정부기관들이 사람들의 믿음을 사게 되면 세속화가 이루어진다.

무교라는 문제

무교는 풀기 어려운 문제이다. 역사적으로 볼 때 사람들은 자신이 본래 지니고 있던 믿음을 상실하면 그 믿음을 대체할 만한 새로운 종교에 이끌렸다. 그런데 근래에는 뭔가 신기한 현상이 일어나고 있다. 수백만 명이, 심지어 사회 전체가 종교라는 개념 자체에 대한 믿음을 상실했다. 세속화라는 힘이 종교를 밀어붙이면서 세계 곳곳에서 자신을 무신론자, 불가지론자, 비신앙인으로 보는 사람이 늘고 있다. 성장하면서 종교에 거의 노출되지 않은 사람들도 있고, 성인이 되면서 종교를 버린 사람들도 있다. 애초에 '종교' 자체를 이해하거나 깨달은 적이 없는 사람들도 있다. 이런 무신론자들은 과연 어떤 사람들일까? 왜 어떤 사람들은 지니고 있던 종교적 믿음을 잃거나 처음부터 종교를 믿지 않았을까?[301]

세속화가 어디에서 비롯되었는지에 대해 역사학자와 사회학자들은 수없이 많은 연구를 해왔지만, 심리학자들은 그동안 이 문제를 거의 파고들지 않았다. 최근 종교를 연구한 몇몇 인지과학자들이 제시한 주장을 보면, 사변적思辨的 무신론자는 있을지언정 인간은 직관적으로는 모두가 유신론자라고 한다. 폴 블룸은 다음과 같이 말했다.

> 모든 사람은 태생적으로 암암리에 초자연적 존재에 대한 믿음을 지니고 있다. 문화를 막론하고 어린아이들에게서도 이런 태도가 나타난다. 예를 들어, 최고의 지성을 갖춘 인지신경과학자라고 해도 직관적 차원에서는 자신의 정신적 삶이 물리적 성질을 초월한다고 믿을지도 모른다.[302]

블룸이 여기서 말하는 것은 정신-육체 이원론—육신과는 별개의 것으로서 육신이 죽어도 살아남는 비물질적인 무엇인가가 사람의 내면에 존재한다는 믿음—에 대한 직관적 믿음이다. 이는 육신이나 뇌와는 별개의 '나'가 존재한다는 느낌이다. 2장에서 살펴보았듯이, 이원론은 종교적 사고를 형성하는 직관적 기본요소이다. 영혼이나 각종 신들이나 영령들이 존재한다고 믿으려면 이런 종류의 이원론을 직관적으로 이해해야 한다. 게다가 이런 직관은 신속하고 자동적인 이해의 산물이기 때문에 인간의 뇌가 사변적 활동을 통해 이런 개념들을 거부하려면 막대한 노력을 기울여야 한다. 파스칼 보이어는 다음과 같이 설명한다.

종교적 사고의 유형 가운데에는 인간의 인지적 체계의 저항을 최소화하는 유형이 있다. 반면, 무교는 일반적으로 인간이 타고난 인지적 기질에 반하는, 의도적 노력이 있어야 도달할 수 있는 상태이다. 절대로 전파하기 쉬운 개념이 아니다.[303]

이런 주장의 논리는 다음과 같다. 인간을 종교에 취약하게 하는 편향성들이 애초에 인간의 사고에 장착되어 있다면, 무교라는 기질이 출현하려면 이런 강력한 편향성에 맞서 힘들게 싸워야 한다. 정신을 인식하는 인간의 뇌가 힘들이지 않고도 눈에 보이지 않는 주체들이 존재한다는 상상을 하고, 구름의 형태에서 사람의 얼굴을 인식하고, 세상이 존재하는 목적과 세상이 어떻게 설계되었는지 생각해낼 수 있다면, 무신론—초자연적 존재나 현상은 없다고 생각하는 이념—이 직관으로 뒷받침되지 않는다는 사실은 전혀 놀랍지 않은 일이 된다.

철학자 로버트 매컬리는 이런 논리를 다른 각도에서 살펴보면서 종교의 직관성과 과학의 반직관성을 대조했다. 저서 《종교는 자연발생적이지만 과학은 그렇지 않은 이유Why Religion Is Natural and Science Is Not》에서 매컬리는 종교는 생각하기 쉬운 직관에서 흘러나오지만 과학은 이런 직관들을 밀어내고 새로운 개념으로 대체해야 하는 힘든 지적노동이 필요하기 때문에 따라서 과학은 무신론과 마찬가지로, 사람들에게 납득시키기 어렵다고 주장한다.[304]

이 가설은 부분적으로는 맞지만 불완전하다. 무신론이 단순히 직관적 유신론을 애써 거부함으로써 도달하게 되는 것이라면 예상보다 훨씬 널리 퍼지고 지속되어야 한다. 게다가 일부 비신앙인들은 때론 무척 애를 써야 유신론적 직관을 극복할 수 있을지 모르지만, 무교는 항상 애써 가시적으로 인지적 노력을 해야 도달하는 상태가 아니다. 대부분의 비신앙인들은 그저 종교적 개념에 대해 그다지 관심이 없다. 또 위의 가설은 지나치게 협소하기 때문에 세상에 존재하는 온갖 다양한 형태의 무교에 대해 설명하지 못한다. 다시 말해서, 사변을 통해 유신론을 거부하는 형태의 무신론은 여러 형태의 무신론 가운데 하나에 불과하다. 정신-육체 이원론과 마음 헤아리기 등과 같은 인지적 직관에 대한 우리의 지식과 문화적 학습 및 문화적 진화에 대한 지식을 복합적으로 고려해보면, 실제로는 독자적인 다양한 경로들을 통해서 발생한 다양한 형태의 무신론이 존재한다는 사실을 알 수 있다.

왜 그런지 그 이유를 이해하려면 우선 종교적 믿음을 발생시키는 경로들에 대해 알아야 한다. 특정한 신격체를 믿기 위해서는 ①직관적으로 초자연적 주체를 머릿속으로 떠올릴 수 있어야 한다. ②삶에 의미와 위안을 주고 삶에 대한 장악력을 유지하도록 해주는 실제적 힘으로서의 초자연적 주체에게 자신을 맡기겠다는 동기부여가 되어 있어야 한다. ③머릿속으로 그릴 수 있는 모든 초자연적 주체들 가운데 자기가 믿는 특정한 신격체야말로 진짜 중요하다는 믿음을 지닐 수 있도록 그 특정한 신격체에 문화적으로 노출된 적이 있어야 한다. ④직관적 믿음을 훼손하는 추가적인 인지적 절차를 겪지 않고 특정 신격체에 대한 믿음을 유지해야 한다. 이런 논리의 틀로 접근하면 믿음과 무교에 도달하는 경로들이 똑같으며, 이 네 가지 기본 경로가 수정되면 종교를 믿지 않게 된다.

이런 논리를 바탕으로 윌 저베이스와 나는 종교를 믿지 않게 되는 네 가지 경로를 다음과 같이 제시했다. ①심맹적 무신론mind-blind atheism, 신의 마음을 헤아리는 기능이 결핍된 데서 비롯되는 무신론. ②분석적 무신론analytic atheism, 일상적으로 분석적 사고를 하는 데서 비롯되는 종교에 대한 회의론. ③무관심 무신론apatheism, 사람들이 안전한 삶을 누릴 수 있는 지역에서 발견되는, 종교에 대해 무관심한 태도. ④비노출 무신론inCREDdulous atheism, 무관심 무신론과 밀접하게 연관된 형태의 무신론으로서, 공개적으로 독실한 믿음을 과시하는 행위, 즉 신을 믿어야겠다고 생각하게 만들 만한 그럴듯한 공개적 행위가 이루어지지 않는 문화적 환경에서 발견된다.

자, 이제 이 네 가지 무신론에 대해 자세히 알아보자.[305]

심맹적 무신론

앞에서 살펴본 바와 같이, 신앙인들은 직관적으로 자신이 믿는 신격체를 인간의 욕구와 행동을 예견하고 반응을 보이며 인간의 행동을 감시하는 정신적 상태를 지닌 존재로 의인화한다. 따라서 신과 관계를 맺으려면 사람들은 신의 마음을 헤아려야 한다. 사람들이 신에게 기도할 때는 다른 사람들을 이해할 때처럼 마음을 헤아리는 기능을 통해 신을 이해한다.

주님이 땅 위에 사람 지으셨음을 한탄하사 마음에 근심하시고.

《창세기》(6장 6절)에 나오는 위 구절을 직관적으로 이해하려면, 신도 생각을 하고 감정이 있으며 생각과 감정에 따라 행동한다고 무의식적으로 이해해야 한다. 신에게도 의도와 믿음이 있다고 직관적으로 이해하지 못하면 신에게 기도하는 행위는 불가능하다. 마음을 헤아리는 기능이 제대로 작동하지 않으면 종교적 믿음은 직관적으로 받아들여지지 않는다. 중증 자폐증의 경우 마음을 헤아리는 기능이 손상되었다는 사실은 오래전부터 알려져 있다.[306] 자폐증과 이와 밀접하게 연관된 아스퍼거증후군Asperger syndrome은 매우 복잡하고 다면적인 발달장애이다. 이 증상이 있는 사람은 사람과 눈을 마주치지 않고, 다른 사람에 대해 무관심하거나 다른 사람의 감정에 둔감하며, 같은 동작을 반복하는 등 비언어적 의사소통 능력이 결핍되어 있고, 기계의 구조나 숫자에 높은 호기심과 뛰어난 재능을 보이는 사례가 많다. 이 증후군은 장애의 유무가 아니라 정도의 차이로 판단해야 하는 장애이다. 즉, 가벼운 사례에서 중증 사례까지, 범위가 있는 장애로 봐야 한다는 뜻이다. 중증일 경우는 일상생활이 불가능하지만, 증상이 가벼운 사람인 경우에는 지능이 매우 높고 일상생활을 큰 문제 없이 할 수 있는 사람들도 있다.

위에서 열거한 증상들 가운데 사회생활을 하는 데 가장 큰 어려움을 야기하는 자폐증상은 아마도 다른 사람의 마음을 헤아리는 기능의 결핍일지 모른다. 자폐증상이 심할수록 다른 사람들의 행동에서 그들의 정신적 상태를 유추하는 기능, 겉으로 하는 말과 속뜻을 구분하고 감정을 헤아리는 기능이 떨어진다. 이를 통해 종교를 연구하는 유수의 인지과학자들은 거의 만장일치로 놀라운 가설을 제시했다. 바로 자폐증과 무신론의 연관성이다.[307] 타인의 정신적 상태를 헤아리는 데 어려움을 겪는 자폐증이 있는 사람들이 신이나 신격체들을 정신적 상태를 지닌 인간과 같은 주체로 개념화할 능력이 떨어진다는 가설이다.[308] 신을 의인화하지 못하면 자신의 삶에서 신/신격체의 존재가 어떤 중요한 의미를 지니는지 이해하기 어렵다. 따라서 자폐증이 있는 사람들은 신앙인이 되기가, 불가능한 것은 아니나 매우 어렵다.

자폐증이 있는 사람들이 종교에 무관심하며, 자신의 종교적 믿음에 대해 성찰을 하는 경우에도 인간과 직접 관계를 맺는 그런 종류의 신으로는 생각하지 않는다는 사실을 보여주는 사례들이 상당히 있다. 자폐증이 있는 사람들이 자신의 종교적 믿음에 대해 (또는 그러한 믿음이 없는 이유에 대해) 성찰한 내용을 담은 자전적 글들을 분석한 제시 베링은 다음과 같은 결론을 내린다.

> 자폐증이 있는 사람들의 글에서는 숭배자와 신격체 간의 깊고 사적인 관계가 존재한다는 느낌, 자신의 경험과 존재 자체를 장악하겠다는 의도를 지닌 주체에 감정적으로 의존한다는 느낌이 전혀 감지되지 않는다. 신이 자신의 의도가 무엇인지에 대해 인간과 소통하는 주체로 여겨지지 않는다.[309]

베링은 자폐증 환자이자 동물의 권리를 옹호하는 운동가로 널리 알려진 템플 그랜딘Temple Grandin이 한 말을 다음과 같이 인용한다.

자연계에서 입자들은 수백만 개의 다른 입자들과 얽히고설켜 있고, 모든 입자들이 상호작용을 한다. 이렇게 얽히고설켜 있는 입자들이 우주의 의식을 형성할지도 모르겠다. 이게 현재 내가 생각하는 신의 개념이다.[310]

그랜딘이 생각하는 신은 추상적이고 인간사에 개입하지 않는 보편적 의식이라고 해석하는 게 가장 타당하다. 열렬한 신앙을 고백하는 언사는 전혀 아니다.

윌 저베이스, 칼리 체스네프스키Kali Trzesniewski 그리고 나 세 사람은 과연 자폐증과 무신론 사이에 관련이 있는지, 있다면 사람의 마음을 헤아리는 기능의 결핍 때문으로 해석할 수 있는지 알아보기로 했다. 의인화된 주체에서 추상적 힘으로 변한 신은 직관에 호소하는 힘을 잃게 되고, 그런 신에 대한 믿음이 사라지게 된다는 가설을 세웠다. 실험결과는 이런 가설과 거의 맞아떨어졌다. 자폐증 진단에서 높은 점수를 받은 사람일수록 의인화된 신에 대한 믿음의 수위가 낮았는데, 그 이유는 그들이 마음을 헤아리는 기능이 떨어지기 때문이었다. 인성, 연령, 학력, 소득, 지능지수, 과학에 대한 관심도 등과 같은 다른 요인들도 참작했지만 실험결과가 바뀌진 않았다.[311]

우리는 이와 밀접히 관련된 또 다른 가설도 검증해보았다. 중증 자폐인 사람들 외에 또 어떤 집단이 마음을 헤아리는 기능이 떨어질까? 바로 남성 집단이다. 물론 같은 남성들이라도 마음을 헤아리는 기능은 편차가 크다. 하지만 마음을 헤아리는 기능을 측정하는 다양한 실험에서 남성은 여성보다 평균적으로 낮은 점수를 받는다. 당연히 중증 자폐증을 보이는 사람 가운데도 남자가 훨씬 많다.[312]

마음을 헤아리는 기능의 결핍이 신에 대한 직관적 믿음을 저해한다면, 여성에 비해 남성 가운데 무신론자가 더 많으리라고 예측할 수 있다. 사실 이는 이미 입증되었다. 사회학자들은 50년 전에 이미 남성이 여성보다 종교적 성향이 약하다는 사실을 파악했다. 여성보다 남성 가운데 무신론자가 훨씬 많다(여자를 사귀고 싶은 총각들에게 무신론자 총회 같은 행사는 영양가가 없다).[313] 종교 성향에 있어 이렇게 성별 차이가 나는 이유는 여러 가지겠지만, 우리가 알고자 하는 바는 이런 성별 격차가 마음을 헤아리는 기능의 차이에서 비롯되었는지 여부였다. 실제로 그랬다. 통계적으로 볼 때 연령, 학력, 소득과 같은 인구학적 변인들을 참작한 뒤에도 종교적 성향이 낮은 남성일수록 마음을 헤아리는 기능이 떨어졌다.

물론 이런 연구결과는 단지 상관관계만을 보여주기 때문에 실험결과를 해석할 때는 신중해야 한다. 확실하게 인과관계를 규명하기는 어렵지만, 대체로 다음과 같은 결론으로 방향을 잡을 수 있다. 마음을 헤아리는 기능이 결핍된 사람들은 의인화된 신이라는 개념을 받아들이지 않는다. 물론 이런 연구결과들은 심맹증이 무신론의 주요 원인임을 입증하지는 못한다. 단지 하나의 요인이라는 점을 보여줄 뿐이며 다른 요인들도 있다.

자, 이제 마음을 헤아리는 기능이 제대로 작동해도 종교를 믿지 않게 만드는 또 다른 심리적 요인이 무엇인지 살펴보자.

분석적 무신론

무신론의 기원에 대한 두 번째 가설은 앞서 보이어가 인용한 문구에 나타난 개념과 훨씬 가깝다. 저절로 생성되는 암묵적 유신론을 사변과 성찰을 통해 부인하는 경우이다. 이 가설을 좀 더 심층적으로 파고들기 위해서 우선 암묵적 유신론이 어떤 의미인지 해석해보자. 2장에서 인간의 뇌가 종교적 사고를 하게 만드는 온갖 직관에 대해 살펴보았다. 우리 뇌는 앞서 살펴본 일상적으로 마음속으로 헤아려보는 경향이 바로 그런 직관이다. 마음속으로 헤아려보면 정신-육체 이원론혹은 육신과 구분되는 비물질적인 무엇인가가 존재한다는 느낌을 받게 된다. 심리적 불멸 또는 비물질적이고 육신과 별개인 이 '무엇'인가는 육신이 죽어도 살아남는다는 느낌도 있다. 그리고 목적론적 사고혹은 사물이 존재하는 데는 목적이 있고 목적은 조물주를 뜻한다는느낌도 있다. 이런 인지적 종합체를 우리는 통상적으로 암묵적 유신론이라고 한다.[314] 암묵적 유신론에 내포된 모든 요소들은 신속하고 자동적이고 대체로 무의식적인 직관적 체계(체계 1)에 의해 작동한다. 직감을 빠르게 생성해내는 뇌신경망이다. 이런 신경망의 좌우명은 '일단실행하고 질문은 나중에 하자'이다. 이는 바로 17세기 프랑스 철학자이자 수학자로서 독실한 그리스도교 신자요, 인간이 처한 여건을 날카롭게 관찰한 블레즈 파스칼Blaise Pascal이 한 다음과 같은 말을 현대과학의 관점에서 재해석한 것이다.

신을 인식하는 주체는 이성이 아니라 마음이다. 그게 믿음이다. 신은 이

성이 아니라 마음이 인식한다.[315]

그러니 당연히 파스칼은 신의 존재를 이성과 증거로 증명하려 한 중세 그리스도교 신학자들, 이른바 그리스도교 변증론자(Christian Apologetics, 역사적 증거, 철학적 논증, 과학적 증거를 바탕으로 그리스도교를 변호하려는 사람들―옮긴이)들의 행태를 못마땅해했다. 파스칼은 그들의 이런 시도는 잘못되었고, 논점을 벗어났다고 생각했다. 파스칼이 제대로 짚었다. 철학적 시도로서 그리스도교 변증론은 실패하였다. 인간이 종교적 믿음의 개연성을 심리적으로 어떻게 납득하는지 포착하지 못했기 때문이다.

그리스도교 변증론자들이 증거를 바탕으로 신의 존재를 입증하려는 시도는 의심, 의문, 회의의 영역에 속한다. 이런 활동은 훨씬 느리고 보다 신중하고 보다 사변적인 뇌신경망(체계 2)에서 비롯된다. 체계 2는 체계 1에서 비롯되는 직감을 대체로 수용하는 관리감독체계이다. 하지만 체계 2는 의심의 씨앗을 심기도 한다. 따라서 체계 2는 이따금 처음에 보인 반응이 옳았는지 재고하고 번복하기도 한다.

체계 2는 항상 정답을 생산하고 체계 1은 늘 오판을 한다고 생각할지 모르겠다. 하지만 그렇지 않다. 잘못된 직관을 사변적 체계가 바로잡는 사례들이 많이 있기도 하지만, 직감이 신중한 사고보다 훨씬 좋은 결과를 낳는 사례들도 있다.[316] 직관과 합리적 사고의 상대적 가치에 대해서는 논란의 여지가 있지만, 인간의 직관에서 비롯한 민속신앙이 체계 1을 통한 사고의 특징들을 모두 갖추고 있다는 점은 부인할 수 없다. 무신론, 적어도 심사숙고한 끝에 믿음을 거부하는 태도로 규

정되는 무신론만큼은 체계 2의 결과물이다.[317]

　이런 식의 논리를 따라가다 보면 다음과 같은 여러 가지 흥미로운 유추가 가능하다. 첫째, 일상적으로 직관적 사고를 하는 사람들은 종교적 성향이 더 강하고, 반대로 일상적으로 분석적 사고를 하는 사람들은 종교에 의문을 품는 회의론자들이다. 둘째, 사람들로 하여금 직관적으로 생각하도록 유도하면 종교적 성향이 강화되고 분석적으로 사고하게 만들면 종교에 대해 회의적 태도가 일시적으로 강화된다. 셋째, 분석적 사고를 배양하는 습관을 오랫동안 유지하거나 그런 체험을 오랜 기간 하게 되면 종교에 대해 회의를 품게 된다.

　윌 저베이스와 나는 이런 가설들을 검증해보기로 했다. 그런데 당시 두 개의 심리학자 팀들도 이와 같은 질문에 대해 답을 찾고 있었다. 우리는 이를 전혀 몰랐다. 그런데 독자적으로 연구한 세 팀 모두 서로 수렴되는 비슷한 결과를 얻었다. 종교적 믿음은 직관적 사고의 결과물이고, 종교에 대한 회의는 분석적 사고라는 경로를 통해서 발생한다는 것이다. 아미타이 셰나브Amitai Shenhav, 데이비드 랜드David Rand, 조슈어 그린Joshua Greene이 가장 먼저 연구결과를 발표했다. 일련의 연구를 통해 그들은 직관적 사고경향과 분석적 사고경향, 신을 믿는 경향을 측정했다.

　한 연구에서 이 연구자들은 인지적 성찰실험으로 알려진 일련의 산수 문제들을 사람들에게 주고 직관에 호소력은 있으나 옳지는 않은 답을 포기하는지 알아보았다. 이를테면 이런 문제를 풀게 했다. "야구방망이와 야구공 가격이 합해서 1달러 10센트이다. 야구방망이는 야구공보다 1달러가 더 비싸다. 야구공은 얼마일까?" 직관적으로 답을

고르면 10센트이다. 하지만 오답이다. 조금만 생각해보면 정답은 5센트임을 알게 된다.[318]

직관적 답을 신뢰하지 않을 확률이 높은 참가자일수록 신을 믿을 확률이 더 낮았다. 셰나브를 비롯한 학자들은 결과에 영향을 미칠 가능성이 있는 다른 요인들도 살펴보았지만, 다른 해석이 나올 가능성은 모두 배제할 수 있었다. 그들은 분석적 사고를 하는 사람들이 신을 믿는 수준이 낮은 이유가 학력, 일반지능, 인성, 소득, 연령, 정치적 성향, 성별 때문이 아니라는 사실을 보여주었다. 성인이 된 뒤 종교적 믿음을 잃게 된 경우도 분석적 사고로 설명되는 점을 미루어볼 때, 분석적 사고를 하는 사람은 설사 종교를 믿는 환경에서 성장했다고 해도 신앙심을 잃게 되는 경향이 있다. 마지막으로, 후속 연구에서 참가자들 가운데 한 집단에게는 중요한 결정을 내려야 하는 순간에 직관에 따라 결정한 경우를 떠올려보라고 했다. 또 다른 집단에게는 심사숙고한 끝에 중요한 결정을 내린 사례를 떠올리게 하였다. 분석적 사고에 비해 직관적 사고를 하도록 조건화된 참가자들이 일시적으로 신에 대한 믿음이 상승했다.

고든 페니쿡Gordon Pennycook이 이끄는 팀이 실시한 연구에서는 종교에 대한 회의론과 초자연적 현상에 대한 회의론이, 연구결과를 혼탁하게 만들 가능성이 있는 다른 요인들을 통제하고도, 분석적 사고를 하는 사람들에게서 더 많이 나타났다. 여기서 더 나아가 그들은 분석적 사고를 하는 사람들이, 종교적 믿음을 받아들인다고 해도, 인간사에는 개입하지 않고 인간과 거리를 두는 신(Deism, 이신론理神論)을 믿거나, 우주와 신은 동일하다고(pantheism, 범신론汎神論) 믿는 등, 통상적 관행에

서 훨씬 벗어나 신에 대한 열정이 덜한 경향을 보인다는 사실을 밝혀냈다.[319]

월 저베이스와 함께 분석적 사고가 실제로 믿음을 쇠퇴시키는지 여부를 검증하는 일에 착수했을 당시에는 이런 연구결과들이 나왔는지 알지 못했다. 우리는 분석적 사고를 유도하기 위해 여러 가지 검증된 기법들을 이용했고, 분석적 사고를 하게 한 뒤 신에 대한 믿음의 수위를 측정했다. 중요한 점은, 우리가 사용한 기법들 가운데 그 어느 기법도 종교의 합리성이나 진실에 대한 논쟁과 관련된 내용이 들어 있지 않았다는 사실이다. 이 실험은 종교에 대한 합리적 논쟁이 목적이 아니었다. 사람들로 하여금 분석적 사고를 하게 유도한 뒤 그들의 종교적 신념에 변화가 있는지를 측정하는 게 목적이었다.

한 실험에서 우리는 참가자들을 무작위로 나누어 한 집단에게는 오귀스트 로댕Auguste Rodin의 조각 작품인 〈생각하는 사람〉[그림 10.1]을 찍은 사진을 보여주었다. 다른 집단에게는 고대 그리스 조각 작품인 〈원반 던지는 사람〉을 찍은 사진을 보여주었다. 우리가 이 두 작품을 고른 이유는, 두 작품은 여러 가지 면에서 비슷하지만, 단 한 가지 다른 점이 있었기 때문이다. 바로 〈생각하는 사람〉이 생각에 잠긴 사람의 자세를 취하고 있다는 점이었다. 이는 매우 새로운 기법이었기 때문에, 우리는 따로 한 가지 실험을 했고, 그 결과 예상했던 대로 〈원반 던지는 사람〉과 〈생각하는 사람〉을 보여주고 난 뒤 연역적 사고가 필요한 작업을 시켰을 때, 〈생각하는 사람〉의 사진을 본 참가자들이 직관적 답을 포기하고 논리적 답을 고를 확률이 훨씬 높게 나타났다. 이 실험에서 〈생각하는 사람〉의 사진을 본 참가자들은 신을 믿는 경향이 낮게 나왔다. 100점 척도상 평균 41점을 보였다. 반면 〈원반 던지는 사람〉의 사진을 본 참가자 집단은 평균 61점이 나왔다.

또 다른 실험에서, 우리는 분석적 사고를 유도하기 위해 피실험자들이 보다 알아채기 어려운 방법을 썼다. 우리는 참가자들에게 심리학자들이 말하는 지각적 비유창성perceptual disfluency을 체험하도록 유도했다. 이 현상은 처리하거나 이해하기 어려운 정보를 접했을 때 발생한다. 정보가 인지체계를 순조롭게 통과하지 못하면 사람들은 더 성찰적이고 더 회의적인 태도를 보인다. 또한 의문을 제기하고 학습하려는 열의를 더 강하게 보인다. 당연한 결과이겠지만, 수많은 실험을 통해 비유창성—예를 들어, 알아보기 어려운 서체로 쓰인 정보—은 앞서 살펴본 인지적 성찰실험과 연역적 사고실험을 비롯해 분석적 사고가 필요한 작업에서 수행능력을 향상시킨다는 결과가 나타난다.[320]

우리는 실험 참가자들을 무작위로 나누어 한 집단은 알아보기 쉽게 '샘플'이라고 쓰인 질문지를 읽게 하고, 다른 집단은 알아보기 힘들게 '샘플'이라고 쓰인 질문지를 읽게 했다. 그 결과, 비유창성을 유발하는 질문지를 읽은 집단에서 신, 천사, 악마의 존재에 대한 믿음이 감소했다. 흥미로운 점은, 비유창성을 유발하는 정보를 통해 분석적 사고를 하도록 유도된 참가자들은 본래 지니고 있던 종교적 신념의 수준에 상관없이 모두 믿음이 감소했다는 사실이다.[321]

이런 실험결과들은 오해하기 쉬우니, 우선 이 결과들이 의미하지 않는 사항들부터 분명히 짚고 넘어가자. 분석적 사고를 하도록 유도하면 종교적 믿음이 감소한다는 결과가 나왔지만, 실험에 단 한 번 참가시킨다고 열렬한 신앙인을 무신론자로 바꿀 수 있다는 뜻은 아니다. 게다가

A

B

[그림 10.1]

사진 (A): 오귀스트 로댕의 〈생각하는 사람〉
사진 (B): 미론Myron의 〈원반 던지는 사람〉.
〈원반 던지는 사람〉을 본 경우와 비교하여 〈생
각하는 사람〉을 본 경우 종교적 믿음이 감소
했다. 분석적 사고가 종교에 대해 회의적 태도
를 일으키는 하나의 원인임을 보여주는 다양
한 증거가 있다.

단순히 분석적 사고를 하도록 유도하면 이 세상에서 종교를 완전히 없 앨 수 있다는 뜻도 아니다. 왜 그런가? 종교적 믿음이라는 불길이 계속 타오르게 하는 연료는 여러 가지이기 때문이다. 따라서 한 가지 연료(직 관적 호소력)의 공급이 줄어도 신앙의 불길은 계속 타오른다. 신앙에 불을 지피는 어떤 연료는 인간이 지닌 끊임없는 불안감(죽음과 돌발적 상황에 대 한 불안) 깊숙이 자리 잡고 있다. 사람들에게 믿음을 강요하는 막강한 문 화적 압력도 그런 연료이다(이에 대해서는 아래에서 살펴보겠다).

그럼에도 이 연구결과들은 무신론에 이르는 하나의 경로를 보여준 다. 연구과정에서 우리가 참가자들에게 분석적 사고를 하도록 유도할 기회는 단 한 번밖에 없었다. 그런데 단 한 번만으로도 종교적 믿음을 감소시키기에 충분했다. 하지만 셰나브, 페니쿡을 비롯한 학자들은 분 석적 사고를 타고난 사람들이 역시 타고난 무신론자임을 밝혀냈다. 여 기서 한발 더 나아가 "사람들에게 정기적으로 분석적인 사고를 하도 록 유도하면 어떻게 될까?"라는 질문을 던질 수 있다. 분석적 사고를 금과옥조로 여기고 날마다 분석적 사고를 장려하는 하부문화에서는 어떻게 될까? 이 하부문화란 대학을 말한다. 실제로 고학력자 집단에 무신론자가 많이 분포한다는 사실은 분석적 사고와 무신론이 연관이 있음을 보여주는 증거일지도 모른다. 이 가운데 일부 사례는 물론 자 기선택 편향성의 결과이지만(무신론자일수록 고등교육, 특히 과학에 관심이 많 다), 대학교육에 노출되면 종교적 믿음이 훼손되는 것도 사실이다. 인 구학적 요인들을 참작한 뒤에도, 일반지능이 높을수록 종교적 믿음의 수준이 낮다는, 적지만 통계적으로 신뢰할 만한 연관성이 발견되는 이 유도 분석적 사고로 설명가능할 수 있다. 지성은 분석적 사고를 촉진하고, 분석적 사고는 종교에 회의적 태도를 지니게 한다. 하지만 그 연관성이 압도적이라고는 기대하지 않는다. 앞서 말했듯이, 분석적 사고를 하는 사람들조차도 종교적 믿음에 불을 지피는 다른 연료들을 저장해두고 있기 때문이다.[322]

무관심 무신론과 비노출 무신론

이제 무신론에 이르는 나머지 두 가지 경로, 무관심 무신론과 비노출 무신론에 대해 살펴보겠다. 앞서 보았듯이, 친사회적 종교의 사회적 기능을 대신 수행할 강력한 제도들이 발전한 사회에서는 종교적 성향이 쇠퇴한다. 이에 못지않게 중요한 점은, 사회적 경제적 여건들이 개선되면, 피파 노리스와 로널드 잉글하트의 말을 빌리자면, 사회가 실존적으로 안정existentially secure된다는 점이다. 수명과 소득수준이 높아지면, 영양상태와 의료 서비스가 개선되고, 높은 유아사망률은 과거의 일이 된다. 게다가 실업수당과 노후연금 지원, 보편적 의료보험, 빈곤퇴치 정책 등을 통해 어려운 시기나 불확실한 시기에 사람들이 의존할 수 있는 사회안전망이 생긴다.

일부 국가들, 특히 북유럽과 서유럽 지역에서 지난 1백 년 동안 바로 이런 변화들이 일어났다. 사람들이 골고루 안락한 삶을 누리도록 해주는 각종 사회적 제도들은 종교의 쇠퇴를 촉진했다. 노리스와 잉글하트는 이런 주장을 뒷받침하는 두 가지 핵심적 증거를 제시한다. 첫째, 실존적 안정성이 확고하게 자리 잡은 나라일수록 종교적 성향이 훨씬 약하다. 그리고 시간이 흐르면서 실존적 안정감이 점차 개선되는 사회는 점진적으로 종교적 성향이 쇠퇴한다. 실존적 안정감과 밀접하게 관련된 개념이 경제적 평등인데, 문화 간 비교분석에서, 국내총생산과 같은 여러 경제적 인구학적인 요인들을 감안한 뒤에도, 경제적 평등 수준이 높은 나라일수록—즉, 보다 공평하게 부가 분배되는 나라일수록—종교적 성향이 낮게 나타났다.[323]

이런 경향은 미국 내에서도 나타난다. 심리학자인 커트 그레이와 댄 웨그너Dan Wegner는 유아사망률, 암 사망률, 감염성 질병의 확산 정도, 폭력적 범죄 발생률 등과 같은 지수들을 통해 각 주마다 삶의 여건들을 조사했다. 그 결과, 삶의 여건이 양호할수록 종교적 성향이 낮은 것으로 나타났다.[324] 구성원들 간의 협력을 촉진하는 강력한 세속적 제도들과 실존적 안정감이 한데 뭉치면 종교에 맞설 강적이 탄생한다.[325]

어쩌면 앨 프랭큰이 저서 《내가 아는 것들Oh the Things I Know!》에서 한 장 전체를 할애해 '제발 그냥 골라라, 아무 종교나Oh Pick a Religion, Any Religion!'라는 부제를 붙이고 종교에 대해 쓴 이유도 바로 이 때문일지도 모른다. 그는 막 대학을 졸업한 젊은이들에게 다음과 같은 조언을 한다.

> 종교는 소화기와 같다. 언제 필요할지 모른다. 그러니 하나쯤 마련해놓는 게 좋다.

그는 다음과 같이 조언을 이어간다.

여러분이 어떤 귀신 씻나락 까먹는 소리를 믿든 개의치 않는다. 장담하 건대, 시련이 닥치면 종교는 여러분이 기댈 목발이 되어줄 것이다.[326]

프로이트에서 포이어바흐에 이르기까지 근대의 위대한 사상가들은 프랭클의 말에 동의했을지도 모른다. 종교적 믿음이 번성하는 이유는 인간의 마음 깊은 곳에 자리한 실존적 두려움을 어느 정도 달래주기 때문이다. 이성, 논리, 과학은 인간이 죽음, 혼돈, 외로움, 무의미함과 같은 강렬한 불안감에 직면했을 때 아무 도움을 주지 못한다. 그렇다고 실존적 불안감을 달래려는 욕구에서 종교가 비롯되었다는 말은 아니다. 물론 신과 영령들은 첫 번째 인지적 관문을 통과해야 한다. 즉, 직관적으로 호소력 있는 개념이어야 한다. 하지만 일단 보편적 직관에 울림이 일고 나면 이런 개념에는 다른 특질들이 보태어지고 실존적 불안감을 해소해준다. 영생, 질서, 사회적 관계, 의미를 보장해주는 유형의 신들은 문화적으로 확산되는 데 훨씬 적합하다.

죽음과 고통이 종교적 성향을 강화시킨다는 점이 뜻밖이라고 생각하는 사람들이 있을지 모르겠다. 죽음과 고통 같은 여건들은 오히려 사람들로 하여금 믿음에서 등을 돌리게 만들지는 않을까? 이는 일부 신학자와 철학자들을 괴롭혀온 신정론[神正論, theodicy, 그리스 단어 'theos(신)'와 'dike(정당성)'가 합쳐진 단어로서 악(인간의 고통)의 존재도 신의 섭리로 보는 이론―옮긴이]으로 널리 알려진 문제이다. 전지전능하고 자비로운 신과 인간의 고통이 어떻게 공존할 수 있을까? 물론 고통에 대해 이런 질문을 하며 합리적 반응을 보이는 사치를 부릴 여유가 있는 사람은 거의 없다. 실존적 고통에 직면했을 때 신앙인들은 보통 종교에서 피난처를 찾는다. 심리학 연구들을 보면 실존적 불안이 강화되면 종교적 성향이 증가한다. 반대로 실존적 불안이 해소되면 종교적인 신념은 쇠퇴한다.

이언 핸슨과 함께한 일련의 실험에서 우리는 미국인과 캐나다인 참가자들에게 우선 자신의 죽음에 대해 구체적이고 생생하게 적게 하여 죽음이 그리 멀리 있지 않음을 상기시켰다. 또 다른 연구에서는 자동차 사고로 다친 아이가 나중에 병원에서 숨지는 이야기를 생생하게 묘사해주었다. 통제조건에 배치된 참가자들은 죽음과는 무관하지만 피하고 싶은 주제(예를 들어, 치통)에 대해 적어내게 하거나, 자동차 사고에서 살아남은 아이 이야기를 들려주었다. 그러고서 초자연적 현상을 보도한 신문기사에 대해 어떻게 생각하는지 조사하는 별개의 실험인 것처럼 가장하고, 사람들에게 신을 얼마나 믿는지 물어보았다. 그 결과, 죽음을 인식한 집단에서는 일시적으로 신에 대한 믿음이 증가했다. 죽음을 상기시키자 그리스도교도들은 그리스도교 신에 대한 신심이 더 깊어졌지만, 부처나 무속신앙의 혼령들과 같은 다른 종교의 신들에게조차 조금 더 우호적으로 생각하거나 의구심이 줄었다. 다음과 같은 옛말은 틀리지 않는다. "폭풍을 만나면 항해사들은 아무 신에게나 기도한다."327

이런 실험결과들은 재앙이 닥쳤을 때 세상에서 통상적으로 일어나는 일들을 그대로 보여준다. 크리스 시블리Chris Sibley와 조지프 불불리아는 2011년 2월 22일 뉴질랜드의 크라이스트처치에서 발생해 185명의 목숨을 앗아가고 이 도시의 상징물인 성공회 성당을 파괴하는 등 엄청난 피해를 초래한 지진이 일어나기 전과 후의 신앙의 수위를 비교해보았다. 뉴질랜드의 나머지 지역에서는 2009년부터 2011년 사이에 종교적 성향이 다소 하락했다. 지난 반세기에 걸쳐 뉴질랜드에서 목격된 전체적인 세속화 추세와 일치했다. 하지만 지진의 직접적 영향을 받은 사람들 가운데서는 같은 기간 동안 신앙심이 증가했다. '교회의 첨탑이 무너진 곳에서 믿음이 솟구친다'라는 말 그대로였다.[328]

자신의 삶과 안녕에 가해지는 외부의 위협은 신앙심을 부추긴다. 전세계 8백 개 지역을 대상으로 한 분석에서 천재지변(지진, 화산폭발, 열대 폭풍)에 노출된 사람들은 소득, 학력, 종파 등과 같은 요인들을 모두 감안하더라도, 종교적 성향이 훨씬 강한 것으로 나타났다. 더욱이 유럽의 이민자들 가운데 어머니가 천재지변에 취약한 지역 출신인 사람들이 훨씬 종교적 성향이 강한 것으로 나타났다. 이것은 천재지변에 취약한 지역 사람들이 종교적 성향이 높은 이유는 종교를 믿는 사람들이 (인간의 힘으로 어쩔 수 없는 일들은 신의 섭리라고 생각하기 때문에) 그 지역에 남을 가능성이 높다는 가설과 정면으로 배치된다.[329]

죽음은 가장 큰 실존적 근심일지는 몰라도 유일한 실존적 근심은 아니다. 혼돈과 외로움에 대한 두려움도 죽음과 마찬가지로 종교를 믿도록 유도하는 효과가 있다. 앞서 살펴보았듯이, 애런 케이와 동료 학자들이 실시한 연구에서 임의성을 상기시키면, 죽음을 떠올렸을 때와 마찬가지로, 신에 대한 믿음이 강화된다는 결과가 나왔다.[330]

바스티안 루첸스Bastiaan Rutjens와 동료 학자들은 임의성을 상기시키면 철저히 세속적인 네덜란드인 참가자들도 임의성을 상기시키면 지적설계(intelligent design, 과학적 전문용어로 위장한 창조론) 쪽으로 이끌린다는 사실을 발견했다. 그리고 사람들에게 외롭다는 느낌이 들게 했더니 인간사에 개입하는 신에 대한 믿음이 강해졌다. 걱정거리를 안겨준 뒤에 종교적 신념이 증가했다는 사실은 종교가 걱정을 덜어주는 효과가 있다는 뜻이다. 한 연구에서는 누군가와 사별하면 신앙심이 증가하고 종교에 더 많이 의존할수록 슬픔도 덜 느낀다는 결과가 나왔다.

이 때문에 진화심리학자 리 커크패트릭Lee Kirkpatrick은 신과 영령들을 시련의 시기에 안정감과 위안을 주는, 애정을 베푸는 존재로 보았다. 부모와 연인이 우리가 겪는 고통의 원인이자 해결책인 것과 마찬가지로, 신의 사랑은 위안이 될 수도 있지만 신의 분노는 불안을 자아내기도 한다. 죄를 범하게 될지 모른다는 두려움은 종교에서 매우 중요하게 생각하는 문제이다. 종교에는 영혼을 괴롭히는 무서운 요물들이 많이 등장한다. 이는 흥미로운 의문을 던진다. 실존적 위협에 직면했을 때 사람들이 종교에 귀의하게 되고 이때 종교의 여러 가지 특징들 가운데 자신에게 이로운 점만을 받아들이는 것은 아님을 보여주는 광범위한 증거들을 어떻게 설명해야 할까? 무섭지만 예측 가능한 세계가 무질서하고 종잡을 수 없는 세상보다는 훨씬 위안이 되기 때문일지 모른다. 모든 종교가 하나같이 이런 불안감을 달래는 데 능숙하진 않다. 다른 모든 조건이 동일할 때, 인간의 불안감을 달래는 데 성공한 종교들은 불안감보다 더 엄중한 위협을 하기도 하지만, 이런 불안감에 직면했을 때 훨씬 큰 위안이 되어주기도 한다. 이로써 우리는 다시 출발점으로 돌아가게 된다.

사람들이 서로 선하게 대하도록 만드는 초자연적 감시자의 처벌과, 사람들이 깊은 불안감에 대처하도록 도와주는 초자연적 감시자의 자비 사이에 적절한 균형을 유지하는 게 중요하다. 이런 상반된 효과를 낳는 종교는 방화범인 동시에 소방관이라는 사실이 다시 한 번 드러난다.[331] 그렇다면 통제 가능한 환경에서 오랫동안 안정적 삶을 누리며 즐겁게 사는 사람들에게 종교는 원하지도 않고 필요하지도 않은 목발인 셈이다. 이는 무교에 도달하는 세 번째 경로이다.

무교는 종교에 반대하는 태도라기보다 무관심한 태도이다. 무관심 무신론이라는 용어를 누가 만들어냈는지는 모르지만, 이런 성격의 무종교를 매우 잘 포착했다고 생각한다. 기자이자 저술가이며 '무관심 무신론'이라는 단어를 만들어낸 당사자일 가능성이 있는 조너선 라우쉬Jonathan Rauch는 무관심 무신론을 다음과 같이 설명한다.

> 무관심 무신론—종교를 갖는 데 별로 관심이 없고, 다른 사람들의 종교가 무엇인지에 대해서는 더더욱 개의치 않는 태도—은 이 세상에 새로 나타난 현상일 가능성도 있고 그렇지 않을 가능성도 있지만, 요즘 들어 활짝 꽃피고 있다는 사실은 매우 고무적이다.[332]

라우쉬는 무관심 무신론이 교조적 종교들 간의 문화적 전쟁이나 세속주의와 종교 간의 문화적 전쟁에 대한 대안으로서 원칙적이고 관용적인 태도라며 그 장점들에 대해 칭송한다. 필 저커먼은 네덜란드인들과의 인터뷰에서, 미국의 일부 무신론자들과 달리, 무관심 무신론자들은 종교에 대한 반감이 거의 없다는 사실을 발견했다. 그는 네덜란드인들 사이에서는 대체로 종교에 대해 호의적이지만 무관심한 태도가 널리 퍼져 있다는 사실을 알게 되었고, 덴마크는 본질적으로 무관심

무신론자들의 나라라고 하였다.[333]

　마지막으로 무관심 무신론과 매우 가까운 사촌이라고 할 수 있는 것이 비노출 무신론이다. 이 용어는 물론 조지프 헨릭의 주장을 인용해 만들었다. 그는 친사회적 종교와 문화적 집단들에게서 발견할 수 있는 과도한 의식과 관행들이 설득기능을 한다는 점을 들어 '신뢰를 증진시키는 과시적 행동Credulity-Enhancing Displays, CRED'이라는 용어를 만들었다. 사람들이 진정한 헌신이나 믿음을 입증하는 행동을 목격하면―즉, 말보다 행동에 노출되면―이런 믿음들이 진심이라고 생각하고, 자신도 그 믿음을 기꺼이 받아들이게 된다. 그리고 이런 믿음을 받아들인 사람들은 똑같은 행동을 다른 사람들에게 과시한다. 이런 식으로 믿음을 과시하는 행동들이 반복되면 이런 행동은 문화적으로 확산된다. 종교가 집단 내에서 확산된다 함은 바로 이런 뜻이다. 하지만 자칭 그리스도교도이지만 일요일 아침에 예배에 참석하러 교회에 가지 않는 부모 밑에서 자란 자녀들은 성장하면 이들 또한 열렬한 신자가 될 가능성이 낮아진다. 종교적 성향이 한 세대에서 다음 세대로 이어지는 현상과 반대로 무종교 성향이 한 세대에서 다음 세대로 이어지는 현상이 일어나게 된다. 실제로 이와 일치하는 연구결과가 있다. 인류학자 조너선 랜먼Jonathan Lanman이 스칸디나비아 지역에서 종교가 쇠퇴한 이유를 연구한 결과에 따르면 앞서 언급한 그런 부모 밑에서 자란 성인들이―부모들이 신을 믿는다고 한 경우조차도―비신앙인이 되었다.[334]

　강력하고 신뢰할 만한 정부도 비노출 무신론을 촉진하는 또 다른 요인이다. 인간사를 지켜보고 개입하고 감시하는 신에 대한 믿음은 익명의 낯선 사람들로 구성된 집단들 간에 협력을 촉진해 그 집단의 규모를 확장시키고 이를 통해 믿음이 문화적으로 확산된다. 하지만 정부, 사법부, 경찰과 같은 신뢰할 만한 세속적 기관들도 이와 똑같은 기능을 하며 따라서 이들이 종교를 대체할 수 있다. 앞서 우리는 사람들이 신과 정부를 외부환경을 통제하고 안정성을 유지하는 주체로서, 상호 대체가능한 존재로 여긴다는 사실을 알게 되었다.

신에 대한 믿음, 초자연적 감시자에 대한 헌신, 무신론자에 대한 불신은 사회가 종교를 대체할 강력하고 세속적인 대안을 개발하면서 모두 쇠퇴한다. 실존적 안정감이 확보되고 신심을 과시하는 행위에 덜 노출된다는 조건들과 복합적으로 작용하여, 효과적이고 세속적인 기관들은 사회에서 종교를 쇠퇴시키고 그 입지를 약화시킨다. 종교가 사회에서 하는 역할의 비중이 줄어들면, 종교는 더욱 쇠퇴한다. 종교적 과시행위를 통해 문화적 학습자들에게 영향력을 행사할 기회가 줄어들기 때문이다.

다양한 무신론들을 한자리에

요약하자면, 심맹적 무신론은 종교를 이해하지 못한다. 분석적 무신론은 종교를 거부한다. 무관심 무신론과 비노출 무신론은 종교에 무관심하다. 무교에 도달하는 이 네 가지 경로를 각각 따로 살펴본 이유는 네 가지가 서로 다른 특성을 지니고 있고, 그 근원도 다르기 때문이다. 하지만 이 네 가지 무신론이 서로 무관하다고 생각한다면 오해이다. 실제로 이 네 가지 길은 늘 서로 교차한다. 일례로, 과학자 집단이 일반적 인구 집단보다 훨씬 종교적 성향이 약한 이유를 생각해보자.[335] 애초부터 분석적 사고를 하는 사람들이 직관적 사고를 하는 사람보다 더 과학에 끌린다. 과학적으로 사고하는 훈련을 받으면 일상적으로 분석적 사고를 하는 성향이 발달한다. 게다가 과학은 체계화, 분류, 치밀함, 세상을 목적과 의도가 배제된 물질적 관점에서 바라보려는 태도 등과 같은 경향과 능력에 의존한다. 이는 이런 능력과 경향을 지닌 사람들은 자폐증 스펙트럼상에서 가장 높은 수준을 보이는 사람들로서 이들이 과학, 특히 순수과학에 종사하게 되는 경우가 많다는 뜻이다.[336] 과학자들이 비교적 안전하고 예측 가능한, 자기들끼리 어울리는 상황에 놓이게 되면, 종교적 믿음을 오히려 비직관적이고 비합리적이라고 여기며, 열정적 믿음을 공개적으로 과시하는 동료 과학자들은 거의 찾아보기 힘든 무신론자들로 구성된 하부문화를 형성한다.

마찬가지로, 이런 네 가지 경로들이 서로 교차하는 현상을 통해 스칸디나비아 국가들이 세계에서 종교적 성향이 가장 낮은 나라들로 손꼽히는 이유를 설명할 수 있다. 유신론적 믿음을 뒷받침하는 직관들—정신-육체 이원론과 목적론—은 그대로 유지되어왔을지 모르지만, 유신론에 도달하는 다른 경로들에는 변화가 생기면서 무교 성향이 확산되었다. 무관심 무신론자들과 비노출 무신론자들로 구성된 이런 사회들은 구성원들이 높은 수준의 실존적 안정감을 누리고 사회안전망을 제공해주는 강력하고 안정적인 정부가 존재하며 공개적으로 열렬한 신앙심을 과시하는 행위들도 눈에 띄지 않는다.

이런 요인들은 상호작용을 통해 동반 상승효과를 낳는다. 즉, 실존적 안정감이 확보되면 종교행사에 참석하고 싶은 동기가 약화되고, 이는 다시 종교적 믿음이 쇠퇴하는 결과를 낳으며, 공적 영역에서 믿음을 과시하는 행동들이 줄어든다. 이들 사회에서 과학교육이 널리 확산되면서 이런 변화들은 한층 촉진되고, 종교에 대해 회의를 품게 만드는 분석적 사고를 한층 더 활성화시킨다.

그렇다면 무신론은, 진화론을 연구하는 많은 과학자들이 주장해온 바와 같이, 사람들에게 납득시키기 어려운 개념일까? 나는 그들의 주장이 옳다고 생각한다. 인간의 두뇌 구조상 종교는 무신론과 과학보다 인지적으로 유리한 위치에 놓여 있다. 하지만 우리가 시야를 넓혀서 무교에 이르는 많은 경로들을 수용하고 이런 경로들이 상호작용을 통해 동반상승하는 효과가 있다는 사실을 바탕으로, 적합한 여건들을 조성하면 무신론은 번성하여 안정적인 문화적 평형상태에 도달할 수 있다. 이를 문맹퇴치에 비유해보자. 문맹(文盲, illiteracy)은 문해(文解, literacy)보다 훨씬 직관적이고 발생하기 쉽다. 인류가 진화해온 역사를 통틀어 99.99퍼센트의 기간을 인류는 문맹 상태로 살았다. 하지만 문해 현상은 처음에 발생하기는 힘들지만, 일단 문해를 촉진할 모든 여건이 조성되면, 문해는 문화적으로 안정적인 현상이 되고, 오늘날처럼 인류 역사상 처음으로 전 인구가 보편적으로 문해 능력을 보유하는 상황에 이르게 된다. 어쩌면 우리는 새로운 현상을 맞고 있는지도 모른다. 바로 신의 도움 없이 구성원들 간에 협력을 이루는 사회라는 새로운 현상 말이다.

인간의 뇌는 종교를 쉽게 받아들이지만 과학과 무신론을 받아들이려면 상당한 노력이 필요하다는 로버트 매컬리를 비롯한 과학자들의 주장을 과소평가하지는 않겠다. 종교는 인류 역사상 어느 시기든 존재해왔지만, 과학은 겨우 세 번 출현했다. 고대 그리스, 중세 이슬람 그리고 근현대 서구사회에서이다. 그리고 이 세 차례의 과학의 부상은 문화적으로 서로에게 의존하고 있다. 그리스는 이슬람 과학발전에 기여했고, 이슬람은 망각 속으로 사라질 뻔한 과학을 구원해 그 뿌리를 근대 서구사회에 이식했으며, 그 뿌리는 근현대 서구사회에서 꽃을 피웠다. 《안나 카레니나》의 첫 문장에서 톨스토이는 다음과 같이 유명한 말을 남겼다. "행복한 가족들은 모두 엇비슷하다. 불행한 가족들이 불행한 이유는 제각각이다."[337]

문해, 무신론, 과학에도 《안나 카레리나》의 원칙이 적용된다. 도달하기 어렵다. 이 세 가지는 복잡하고 훼손되기 쉽다는 점에서 엇비슷하다. 문해, 무신론, 과학 이 세 가지가 존속하려면 많은 요건들이 동시에 충족되어야 한다. 단 한 가지 결정적 요인만 누락되어도 전체가 무너질 수 있다. 하지만 일단 필요한 모든 여건이 확고하게 자리를 잡으면 이 세 가지는 활짝 피어나게 된다.

종교의 미래

그럼에도 세속적 사회의 문화적 수명이 종교의 문화적 수명을 능가할지는 분명치 않다. 일부 지역에서 세속화를 촉진하는 막강한 힘들이 작용하면서 세속화가 입지를 넓혀가고 있다. 경제적으로 더욱 풍요로워지고, 실존적 안정이 확보되고, 세속적으로 막강한 제도들이 구축되고 보다 많은 사람들이 고등교육과 과학과 분석적 사고에 노출되고 있다. 이런 사회에 사는 사람들은 친사회적 종교를 극복할 상황에 도달했다. 하지만 친사회적 종교는 세속적 제도들에 비해 한 가지 결정적으로 유리한 점이 있다. 신앙인들의 높은 출산율이라는 횡재이다. 종교가 지닌 이런 우위는 세속주의자들에게는 치명적 약점이다. 실제로 가장 세속화된 사회들이 출산율이 가장 낮다. 친사회적 종교집단들이 세속화 세력에 맞서기에 불리한 여러 약점들을 출산율에서 만회하고 있다는 뜻이다.

오늘날 세계 대부분의 지역은 여전히 종교적 성향이 강하고 압도적 다수의 사람들이 거대한 신을 숭배하는 거대한 친사회적 종교에 귀의하고 있다. 인류가 어떻게 지금의 상황에 이르게 되었는지에 대해 우리는 이제야 비로소 이해하기 시작했을 뿐이다. 종교의 미래를 예측하기에는 아직 정보가 태부족이다. 하지만 서로 다른 다양한 종교들 간의 갈등, 종교와 세속적 삶의 방식 간의 알력은 다음 세기에도 계속해서 이 세상의 모습을 만들어나가리라는 점만은 분명하다.

거대한 신, 그리고 그 너머

오강남
(캐나다 리자이나 대학교 비교종교학 명예교수)

종교의 기원과 발달을 다룬 이론서는 많다. 그럼에도 불구하고 《거대한 신, 우리는 무엇을 믿는가》는 거듭 눈여겨보게 하는 힘이 있다. 종교사회학의 거장 에밀 뒤르켐이나 인지과학의 서두를 연 데이비드 흄 같은 거장을 필두로 최근의 문화진화론, 인지과학, 사회과학, 종교심리학 분야에서 활동하는 수많은 학자들의 이론들을 모두 아우를 뿐만 아니라, 동서고금의 문화와 역사에서 찾을 수 있는 실증적 예를 제시하며 논의의 기초를 튼튼히 다지고 있다. 가히 저자가 주장하는 그대로 '통섭'을 통한 '제3의 길'을 열고 있다.

김영사에게서 이 책의 해제를 써달라는 부탁을 받고 저자가 누구인가 찾아보니 캐나다 밴쿠버에 있는 브리티시컬럼비아 대학교 심리학과 교수였다. 마침 여름에 필자가 밴쿠버에 기거하고 있었고, 또 학회 관계로 그 대학교에 갈 일이 있어서 만나자고 이메일을 보냈다. 즉시 "좋다"라는 답신이 왔다. 학회 도중 잠시 밖으로 나와 아시아학과 도서관 앞 라운지에서 그와 한 시간 남짓 이야기할 기회가 있었다. 그는 칼릴 지브란의 고향 레바논 출신으로 미국 미시간 대학교에서 학위를 취득한 젊은 교수였다. 차분하면서도 지적인 분위기가 인상적이었다. 종교에 관한 자신의 이론을 서슴없이 이야기하면서도 그 이론이 결함이 있을 수 있다는 점을 인정하는 겸허한 태도가 눈길을 끌었다. 함께 서로의 종교관을 이야기하면서, 기본 방향에서 둘의 의견이 거의 의기투합이라고 할 만큼 통한다는 사실을 발견했다. 유쾌한 대화를 맺으며 저자에게서 원서를 선물로 받았다. 영어 원문도 깔끔하고 명쾌했다.

이 책이 던지는 기본적인 질문은 인류 역사 초기의 극히 개인주의적이고 고립된 소규모 수렵채집 사회가 어떻게 오늘날처럼 대규모의 협력적이고 도덕적인 사회로 발전해왔는가, 하는 것이다. 저자에 의하면 인류 초기 오직 제한된 공간에서 혈연으로만 얽힌 소규모 집단들이 자연스런 인지기능의 진화를 통해 자기들을 감시하는 '초자연적 감시자들'이라는 종교적 개념을 발전시키게 되었고, 이에 따라 점점 친사회적이고 도덕적인 사회, 자기 집단 내에서의 친화력이 커질 뿐 아니라 낯선 이웃 집단과도 협력관계를 유지하는 거대 규모의 사회로 발전해왔다는 것이다. 집단의 규모가 커지면서 초자연적인 감시자들도 커져왔는데, 이들이 곧 '거대한 신Big Gods'이 되었다는 주장이다. 책 제목이 말해주듯 '거대한 신'이 바로 이 책의 키워드인 셈이다.

저자에 의하면 세계 거대 종교들 사이에서 발견되는 이 거대한 신이라는 종교적 개념이 인간사회가 발달하여 오늘날의 형태를 이루는 데 결정적인 역할을 했다는 것이다. 거대한 신의 가장 중요한 특성은 부정행위, 거짓말, 집단에 대한 배신 등과 같이 부도덕한 행위를 감찰하고 통제할 능력이 있다는 것이다. 이런 거대한 신의 개념이 없을 때는 오로지 믿을 것이라고는 가까운 친족뿐이었는데, 거대한 신이라는 개념이 생기면서 그 거대한 신이 지켜보기 때문에 나 스스로도 나쁜 짓은 멀리하고 착한 삶을 살게 될 뿐 아니라, 다른 이들도 그렇게 살리라는 생각을 가지게 되었다. 자연히 타인에 대한 신뢰와 유대관계가 성립하고 협력과 결속력이 증가하면서 혈연과 지연을 뛰어넘는 대규모 사회로 발전하게 되었다는 것이다.

그리스도교나 이슬람, 유대교 같은 유일신관의 경우는 단수의 'Big God'이고, 힌두교처럼 여러 신을 모시는 종교의 경우는 복수의 'Big Gods'이라 할 수 있는데, 초기에 인격신을 인정하지 않았고 중요하게 여기지 않았던 불교의 경우는 어떤가? 저자는 불교의 경우도 교리적으로는 인격화된 절대자를 상정하지 않지만 일반 신도 차원에서는 수많은 천상의 존재들과 악마들을 믿고 신봉한다는 의미에서 다른 유신론 종교들과 그다지 다를 것이 없다고 한다. 한국 불자들의 신앙이나 신행 내용을 보면 쉽게 수긍할 수 있는 주장이다. 나아가 중국에서도 상제上帝라든가 천天과 같은 인간사에 직간접으로 간여하는 초자연적 감시자가 존재했다고 본다. 우리 조상들도 비윤리적인 행동을 하는 사람을 보면 "하늘이 무섭지 않은가?" 하는 말을 자주 했다. 이때 하늘이란 물론 여기서 말하는 '거대한 신'이다.

이런 이야기를 들으면서 제일 먼저 생각난 것이 산타 할아버지 이야기이다. 어린아이는 천성적으로 도덕적 성향을 가지고 있다고 하지만 일반적으로 이기적이다. 자기만 알고 자기 마음에 들지 않으면 떼를 쓰고 울고불고 하는 것이 정상이다. 그러다 엄마에게서 산타 할아버지 이야기를 듣게 된다. 착한 일을 하면, 산타 할아버지가 크리스마스 저녁 사슴들이 끄는 썰매를 타고 와 집 안 벽난로 옆에 걸린 양말에 선물을 잔뜩 넣고 간다는 이야기이다. 이 이야기를 문자 그대로 믿는 믿음은 아이에게 새로운 삶을 안겨준다. 산타 할아버지가 자기가 착하게 사는지 착하지 않게 사는지 지켜보고 있다가 착하게 살면 선물을 잔뜩 주고 간다는 믿음은 이 아이에게는 어쩌면 삶의 의미이자 목적이요, 착하게 살겠다고 하는 결의와 용기의 원천이 된다. 이런 믿음에 따라 이 아이는 부모의 말도 잘 듣고, 동생들과도 사이좋게 지내고, 나아가 이웃 친구들과도 친하게 지내게 된다. 그뿐 아니라 나이가 들면서 남에게 사랑을 나누는 것이 산타 정신이라는 사실을 깨닫게 되면 가족이나 친구들뿐 아니라 온 동네, 온 사회, 나아가 온 누리에 사랑의 선물을 나누는 경지까지 나아가게 될 수도 있다. 저자는 6장에서 산타 클로스가 거대한 신으로 등극하지 못한 이유를 밝힌다.

　종교의 기원과 발달, 거기에 얽힌 사회심리적 현상에 대한 자세한 설명이 매 장마다 자세하게 그리고 설득력 있게 전개되는데, 필자에게는 마지막 10장이 특히 흥미로웠다. 저자가 덴마크에 가서 겪었던 경험을 이야기한다. 덴마크 사람들은 누구나 도시 곳곳에 있는 자전거 비치소에서 자전거를 빌려 자유롭게 목적지까지 이동한 다음 목적지

근처에 있는 비치소에 가져다 놓기만 하면 되었다. 이것을 보고 저자가 도둑은 없는지 묻자, 덴마크 사람들이 놀라는 표정을 지으며, "누구나 마음대로 탈 수 있는데 뭐 하러 훔치겠느냐"고 했다고 한다. 《신 없는 사회》라는 책을 쓴 미국 종교사회학자 필 저커먼이 지적한 것과 같이 덴마크는 '신이 없는 사회'이다. 그런데 어떻게 협력, 사회적 응집력, 공공신뢰 부문에서 최고 점수를 받는 나라가 되었을까? 저자의 분석에 의하면 경찰이라든가 사법부 등 신뢰할 수 있는 제도나 기관이 등장하면서 거대한 신이 하던 역할을 대신해주기 때문이라는 것이다. 이제 더 이상 부정부패나 억울함을 감시하던 거대한 신이 없어도 믿을 만한 정부가 그 일을 대신한다. 서유럽과 스칸디나비아 국가들처럼 물질적인 풍요를 누리면서 강력한 법질서와 잘 짜인 사회제도를 갖춘 나라들에서는 구성원 간의 협력이나 신뢰 등을 위해 더 이상 거대한 신을 상정하는 종교에 의존할 필요가 없어진 셈이다. 저자는 이런 현상을 두고 "종교라는 사다리를 타고 꼭대기에 도달한 다음 그 사다리를 걷어차 버렸다"는 말로 표현한다.

불안, 공포, 외로움, 시련 등 실존적 정황에서는 위안과 안정감을 주는 신을 찾는 것이 보통이지만, 현재 북유럽이나 서유럽 국가에서는 종교를 갖지 않는 무종교인, 무신론자 들이 대부분이다. 무신론에도 몇 가지 유형이 있지만, '분석적 무신론'의 경우 일반적으로 분석적인 사고를 가진 사람들, 고등교육을 받거나 과학을 좋아하는 사람들, 지능이 높은 사람들일수록 신에 대한 믿음이 약화되는 경향을 보인다고 한다. 또 사법부를 비롯한 정부에 대한 신뢰 수준이나 사회적 경제적으로 더 평등한 사회일수록 종교에 의존하려는 성향이 낮아진다고 한다. 한국에 열성 종교인들이 많은 것은 무엇을 말해주는가.

마지막으로 저자는 종교의 미래를 점친다. 세계 일부 지역에서 경제적으로 풍요로워지고 사회적으로 안정되고 점점 많은 사람들이 고등교육과 과학에 기반한 분석적 사고를 하게 되면서 종래까지의 종교를 극복할 수 있게 되었다고 본다. 하지만 전 세계로 볼 때 신앙인들이 비신앙인들보다 출산율이 월등히 높기 때문에, 그리고 사하라사막 이남의 아프리카 지역이나 기타 믿을 수 없는 독재정권에 시달리는 곳에서는 거대한 신을 필요로 하기 때문에, 거대한 신을 섬기는 종교가 완전히 없어지지는 않을 것이라고 하였다.

필자는 이 책의 주장을 원칙적으로 거의 다 받아들인다. 하지만 개인적으로 거대한 신을 모시는 재래종교라는 사다리를 걷어차 버린 뒤 사람들은 어떤 종교를 가지게 될까, 하는 물음을 제기하며 필자 나름대로 몇 가지 사족을 붙이고 싶다. 단도직입적으로 말해서, 종교가 저 위에서 나와 내 이웃의 일거수일투족을 감시하는 신을 전제로 하고, 그 신의 눈치를 보는 단계라면 아직 미성숙한 종교라고 보는 것이다. 이제 심판이나 상벌을 무서워하는 종교는 저자도 지적한 것처럼 대부분의 현대인들에게는 별 의미가 없다.

최근 달라이 라마는 《달라이 라마의 종교를 넘어》라는 책을 냈는데, 여기서 그는 착한 일을 하면 천당이나 극락에 가고 나쁜 일을 하면 지옥에 떨어진다고 가르치는 종래까지의 율법주의적 종교는 이제 그 설득력을 잃어버렸다고 진단한다. 이런 인과응보적이고 율법주의적인 종교를 넘어서야 한다고 주장한다. 그는 인지과학에서 말해주듯 착한 일을 하면 그 자체로 행복해지고 나쁜 일을 하면 그 자체로 불행해지는 인간 본연의 성향을 깨달을 때 가능해지는 윤리, 이른바 '종교와 관계없는 윤리secular ethics', 비종교적 윤리를 계발해야 한다고 했다.

비틀스의 창립멤버인 존 레논이 부른 〈이매진〉에 보면 "천국이 없다고 상상해봐요. 해보면 쉬운 일이죠. 우리 아래에는 지옥도 없고 우리 위에는 오로지 하늘이 있을 뿐……. 뭘 위해 죽일 일도, 죽을 일도 없고, 종교도 없고, 모든 사람들 다 평화롭게 살아가는 삶을 상상해봐요"라는 노랫말이 나온다.

여기에서 존 레논이 노래하는 이상사회는 천국/지옥 같은 것을 문제 삼지 않는 종교, 아예 종교라는 것이 없이 평화롭게 사는 사회라는 뜻이다. 문자 그대로 천당, 극락, 지옥 등이 있느냐 없느냐를 따지려는 것이 아니다. 그런 것들의 유무와 상관없이 우리의 신앙이 아직도 그런 것에 의존해 있다면 그 신앙이라는 것이 덜 성숙한 것이 아닌가, 하는 이야기이다.

한국 조계종의 창시자인 지눌知訥의 사상에 크게 영향을 준 당나라 승려 종밀(宗密, 780~841)은 그의 저술인 《원인론原人論》에서 종교의 교의를 다섯 가지로 분류하고, '인천교人天教'를 제일 하급이라고 하였다. 인천교란 죽어서 사람으로 태어나느냐 천상에 태어나느냐를 궁극적인 관심으로 삼는 태도를 말한다. 이런 인과응보적 태도는 '내 속에 불성이 있다'는 것을 깨달으라는 제5단계 '일승현성교一乘顯性教'의 가르침과 너무 먼 신앙 형태라는 것이다.

이를 그리스도교적 용어로 고치면 죽어서 천당에 가느냐, 지옥에 떨어지느냐 하는 문제가 신앙생활을 하는 데 가장 중요한 관심사가 된다면 그런 신앙은 여전히 '하질'이라는 뜻이다. 미국에서 영향력이 큰 신학자인 마커스 보그Marcus J. Borg는 이런 신앙 형태의 그리스도교를 '재래식 그리스도교conventional Christianity' 혹은 '천당/지옥 그리스도교heaven/hell Christianity'라고 하고, 이제 이런 식의 그리스도교는 더 이상 받들기 힘들다고 했다. '새롭게 등장하는' 성숙한 그리스도교 신앙은 저 위에서 인간을 살피는 신을 섬기는 것이 아니라, 내 속에 신이 계시고 내가 신 속에 있다는 것을 체득하는 체험적 신앙이어야 할 것이라는 주장이다.

어느 면에서 종교의 기본은 자기중심주의의 극복이라고 할 수 있다. 진정한 신앙의 방향과 상관없이 무슨 일이 있어도 나만은 천국에 가겠다고 애쓰는 사람이 있다면 그가 그처럼 바라는 천국에 들어갈 수 있을까 의심스럽다. 이 책의 저자가 거대한 신을 상정하면 자기중심주의에서 벗어난다고 했는데, 이처럼 나만은 천국에 간다고 하는 사람들은 이런 '거대한 신' 신앙조차도 제대로 가지고 있지 못하다는 뜻이다.

8세기 유명한 수피의 성녀 라비아의 기도가 생각난다. "오, 주님. 제가 주님을 섬김이 지옥의 두려움 때문이라면 저를 지옥에서 불살라주시고, 낙원의 소망 때문이라면 저를 낙원에서 쫓아내주소서. 그러나 그것이 오로지 주님만을 위한 것이라면 주님의 영원한 아름다움을 제게서 거두지 마소서." '거대한 신' 신앙을 넘어선 사람의 아름다운 고백이 아닌가.

거대한 신을 받드는 종교가 역사를 통해 심리적으로나 사회적으로 긍정적인 역할을 했고 또 세계 여러 곳에서는 아직도 그 역할을 계속할 수 있다는 주장에 동의하면서, 그럼에도 이런 '사다리'를 걷어찬 사람들에게는 보다 심화된 '심층종교'가 필요한 것 아닌가, 하는 점을 덧붙이고 싶다.

이 책은 종교에 대해 학문적 관심이 있는 전문 연구자들은 물론 종교가 어떻게 생겨나고 어떤 역할을 했는가, 종교라는 복잡한 문제에 얽힌 여러 가지 이론들은 어떤 것인가, 심지어 종교의 앞날은 어떻게 전개될 것인가, 하는 데 관심이 있는 일반 독자들에게도 좋은 길라잡이가 되리라 믿는다.

| 주석 |

1장

1   모르몬 교회: Ostling and Ostling, 1999.
2   모르몬 교회의 성장: Stark, 2005; 로마제국에서 그리스도교도 인구가 어느 정
    도나 확장되었는지 알려면 Stark, 1996 참조.
3   특히 근본주의 그리스도교의 성장: Jenkins, 2002.
4   미국인들의 종교적 믿음: Newport and Strausberg, 2001.
5   인문학계에서는 오랜 세월 동안 종교를 어떻게 정의하느냐를 둘러싸고 논쟁이
    벌어져왔다. 관심 있는 독자들은 Horton, 1960과 Clarke and Byrne, 1993을
    참조할 것. 심리학적 접근방식은 Saroglou, 2011 참조. 이 책에서 내가 추구하
    는 접근방식도 비슷한 논리를 따르지만, 한발 더 나아간다. 종교를 구성하는 특
    정 요소들을 정밀하게 조작화하기는 하지만 보다 광범위하게 정의하는 문제는
    다루지 않고, 의미론적 논쟁과 개념적 경계를 규정하는 데는 관여하지 않고 있
    다. 첫째, 사람들은 종교를 자연발생적으로 습득하는 게 아니라 자기 가족이 믿
    는 종교를 따르는 경향이 강하다. 따라서 필요조건도 충분조건도 필요하지 않
    고 그런 조건이 있다고 기대되지도 않는다. 둘째, 문화적 진화를 바탕으로 한
    이론에서는 시간이 흐르면서 여러 집단이 융합되는 등 점점 사회의 규모가 커
    지고 그 결과 여러 요소들이 독특한 방식으로 합쳐지는 현상을 구체적으로 명
    시하고 있다. 다시 말해서, 종교라는 이름이 붙는 특질들의 집합체는 반복적으
    로 나타나는 특질들을 공유하지만, 이 집합체 자체도 진화하면서 시대에 따라,
    집단에 따라 다른 형태를 띠게 된다.
6   세계에 존재하는 모든 종교의 성장세, 숫자, 분포(Barrett et al., 2001). 세계 종

교의 기원과 성장에 대한 심층적 분석은 Bellah, 2011을 참조할 것. 종교를 배경으로 한 문화적 역동성에 대한 흥미로운 논의는 Lester, 2002를 참조할 것. Lester는 다음과 같이 말한다. "새로운 종교는 끊임없이 태어난다. 기존의 종교는 극적으로 변신한다. 분열, 진화, 소멸, 부활이 늘 일어난다."

7 미국에서 발생한 이상향을 추구하는 종교운동: Pitzer, 1997; Oved, 1997.

8 미국에서 이상향을 추구한 공동체에 대한 계량적 분석: Sosis, 2000; Sosis and Bressler, 2003; Kitts, 2009도 참조.

9 종교적 개념, 전통, 집단마다 문화적 생존율이 천차만별로 나타나는 자료를 해석할 때는 문화적 생존을 문화적 우월성이나 도덕적 우월성으로 해석하지 않도록 조심해야 한다. 현상에서 당위를 유추하면 자연주의적 오류를 범하게 된다. 사라지는 문화적 전통이나 집단은 생존하는 문화적 전통이나 집단보다 더 도덕적이지도, 덜 도덕적이지도 않다. 노예제도나 전쟁과 같이 문화적으로 끈질긴 생명력을 보여준 인류의 관행들 가운데 일부는 가장 도덕적 반감을 불러일으키며, 전쟁 중에 민간인을 보호하거나 책임지는 정부기관 등과 같이 가장 도덕적으로 칭송받을 만한 관행들은 문화적으로 확산되는 데 그다지 성공하지 못했다는 사실을 역사가 증명하고 있다.

10 오나이더 완벽주의자들: (Klaw, 1993; Bering 2010도 참조).

11 상상 속의 공동체라고 불리기도 한다: Anderson, 1983.

12 대규모 협력의 출현: Seabright, 2004; Henrich and Henrich, 2007. 농경사회 이전 충적세 초기의 수렵채집 집단들 내에서 구성원들 간에 어느 정도나 협력이 이루어졌는지는 집단마다 시기마다 달랐을 가능성이 높다. 이들 수렵채집 집단들 가운데 적어도 일부는 물물교환, 집단적 수렵, 전쟁 등과 같이 직속 집단의 테두리를 넘어서 협력하는 관행들이 있었음을 보여주는 증거가 있다. 적어도 어떤 때는 낯선 사람들 간의 협력을 촉진하는 문화적 제도에 의존했음을 시사한다(Kelly, 1995; Klein, 2009; Powell et al., 2009 참조). 그러나 농경사회 이전의 수렵채집 집단들의 협력과 사회적 복잡성은 중요한 문제이기는 하나 이 책에서 제시하는 이론을 근본적으로 바꾸지는 않는다. 거대한 신을 숭배하는 종교들은, 필수적 요인은 아니어도 사회의 협력의 규모를 극적으로 확장시켰다. 하지만 종교 말고 다른 문화적 제도들도 비슷한 효과를 낳을 수 있다.

13 혈연선택: Hamilton, 1964.

14 호혜적 이타주의: Trivers, 1971; Axelrod, 1984; Fischbacher, 2003.

15 이는 협력을 진화론적으로 설명하는 이론이 풀어야 할 선별 문제이다. 협력이 이루어지려면, 협력자들이 다른 협력자들을 찾아내고 그들과만 선별적으로

교류해야 한다. 이 문제에 대한 해결책은 여러 가지이다. 일례로 Chudek and Henrich, 2011을 참조할 것.

16 대규모 협력을 안정화시키는 요인으로서의 고비용 처벌: Henrich et al., 2006.

17 Kummerli, 2011.

18 흡혈박쥐들 간의 먹이 공유: Wilkinson, 1990. 침팬지의 입양: Boesch et al., 2010.

19 게마인샤프트와 게젤샤프트: Tonnies, 1887/2001.

20 일부 진화학자들은 혈연선택과 호혜성 이타주의라는 심리가 낯선 사람들과의 협력을 촉진하기 위해서 과다하게 확장되었다고 주장함으로써 이 의문을 해결한다(Dawkins, 2006; Burnham and Johnson, 2005). 이 주장에 따르면, 대규모 협력은 '큰 실수'이다. 혈연선택과 호혜성은 인간의 협력이라는 현상의 상당 부분을 설명해주지만, 완벽한 설명에는 못 미친다. 다른 영장류 집단들에게서도 혈연선택과 호혜성 현상이 나타나지만 오직 인간들에게서만 대규모 협력이 발생한다는 점을 이 이론은 쉽게 설명하지 못한다. 게다가 대규모 협력이라는 현상이 왜 1만 2천 년 전에야 나타났고 그 이전에는 나타나지 않았는지도 설명하지 못한다. 마지막으로 이 이론은 인간들에게서 나타나는 협력과 초사회성의 정도가 인구 집단마다 편차가 크다는 사실에 대해서는 침묵하고 있으며, 혈연선택과 호혜성이 훨씬 막강한 위력을 발휘하는 소규모 직접대면 사회에서 낯선 사람들에 대한 친사회성이 낮게 나타나는 이유를 설명하지 못한다(Henrich et al., 2006 참조).

21 불교를 초자연적 존재를 숭배하지 않는 세계 종교로 꼽는 사람들이 있다. 불교가 신을 숭배하지 않는 믿음 체계로서 신을 의인화하지 않는다는 점은 인정한다. 그러나 이런 주장은 신학적 교리와 일반 신도들이 날마다 마주하는 자연종교를 혼동하고 있다. 천사와 악마는 불교에서 무수히 등장한다. 불교 승려들은 불교의식에서 자비로운 신격체들을 동원해 사악한 신격체들을 물리치고, 일반 신도들은 불교의 신학적 가르침과는 달리 부처를 신격화한다(Pyysiäinen, 2003). 인도, 네팔, 중국, 일본, 태국, 베트남에는 부처의 힘이 서려 있는 마법의 산과 숲들이 있고 불교 전통이 스며든 민속신앙에서는 부처(들)를 둘러싸고 초자연적 사건들이 등장한다(Atran and Norenzayan, 2004).

22 중동에서 인류 최초로 집단들(나투프 문화권의 마을들로 알려져 있음)이 급속도로 규모가 확장되기 시작한 1만 년에서 1만 2천 년 전 사이를 편의상 출발점으로 삼고 있다. Diamond, 2005, 512쪽도 문화가 분화되어 진화하는 현상을 언급할 때 이 시점을 기준으로 삼고 있다. 그러나 이런 집단의 규모가 확장되는

과정은 지역에 따라 발생하는 시기가 다르다. 게다가 인류 역사상 나타난 이런 포괄적 현상은 충적세 동안에 나타난 집단들조차도 그 규모와 사회적 복잡성이 천차만별이었다는 사실을 은폐시킨다. 이런 구체적 사항들도 중요하긴 하지만 인간사회들 가운데는 규모를 확장하지 못한 경쟁 집단들을 물리치고 몸집을 키워 규모를 확장한 사회들이 있다는 일반적 이론을 변경시키지는 않는다.

23 수렵채집 집단들이 숭배하는 신들이 인간사에 개입하는 정도는 신마다 다르지만 대체로 도덕에 무관심하다. Marshall, 1962; Marlowe, 2010 참조. 이에 대해 흥미롭고 이해하기 쉬운 민족지학적인 자료들을 원한다면 Wright, 2009; Swanson, 1966을 참조할 것. 이 문제에 대한 구체적인 내용은 7장을 참조할 것.

24 농업혁명 초기에 발생한 세계 종교의 확산: Cauvin, 1999.

25 Joseph Bulbulia, 2009, 519쪽도 독자적으로 다음과 같이 비슷한 주장을 한다. "대규모 협력이라는 의문과 종교의 끈질긴 생명력이라는 의문은 서로에 대한 해답을 품고 있다."

26 종교의 인지적 토대: Atran and Norenzyan, 2004; Barrett, 2004; Boyer, 2001; Lawson and McCauley, 1990; Pyysiäinen and Hauser, 2010.

27 자연발생적 직관으로서의 이원론. Bloom, 2004, 7-8장.

28 이 논쟁은 오늘날 종교의 발생과 관련해 적응론을 주장하는 사람들과 인지적인 부산물 이론을 주장하는 사람들 간의 대결 속에 숨겨져 있다. 적응론자 주장을 보려면, Bering, 2011; Johnson and Bering, 2006; Johnson, 2009; Johnson, 2011; Sosis and Alcorta, 2003; Bulbulia, 2004를 참조할 것. 인지적 부산물 이론을 보려면, Boyer, 2001; Lawson and McCauley, 1990; Barrett, 2004를 참조할 것.

29 이 책에서 제시하는 이론과 마찬가지로 종교를 믿음과 사회적 결속력의 합체로 보는 통합이론은 Haidt, 2012, 11장을 참조할 것.

30 집단 간 문화적 경쟁: Khaldûn, 1958; Atran and Henrich, 2010; Turchin, 2007; Durkheim, 1912/1915; Wilson, 2002.

31 E. O. Wilson, 1998; 통섭이라는 개념이 제시하는 희망적 요소와 극복해야 할 문제에 대해 포괄적으로 다룬 자료를 원한다면, Slingerland and Collard, 2012를 참조할 것.

2장

32 신성재판: Leeson, 2010a and 2010b.

33 종교의 인지적 토대: Atran and Norenzayan, 2004; Barrett, 2004; Boyer, 2001; Lawson and McCauley, 1990; Pyysiäinen and Hauser, 2010.

34 마음 인식, 마음 헤아리기, 마음을 헤아리는 능력: Waytz et al., 2010; Bloom, 2004, 1장; Birch and Bloom, 2004; Frith and Frith, 2003; Mitchell, 2009.

35 자연발생적 직관으로서의 이원론: Bloom, 2004, 7-8장.

36 심리적 불멸에 대해서 알고 싶다면, Bering, 2006, 2011 참조. Bloom, 2004도 참조할 것.

37 Kelemen, 2004; Kelemen and Rosset, 2009; Kelemen et al., 출간 예정. 창조론자의 사고에 대해 알고 싶다면 Evans, 2001을 참조할 것.

38 Willard and Norenzayan, 출간 예정. 흥미롭게도 인간의 특징들을 자연에 투사하는 경향—의인화 또는 인격화anthropomorphism—은 믿음과 연관이 없다. 아마도 이런 경향을 그리스도교가 억압했기 때문일지 모른다. 이 결과는 Stewart Guthrie 외 다수가 개발한 개념, 즉 종교적 사고는 의인화에서 비롯되었다는 주장을 희석시킨다. 신앙인들이 영과 신들을 의인화한다는 의미에서는 옳다. 하지만 만물에서 '인간의 모습을 보는' 경향이 반드시 신을 믿을 확률을 높인다고 볼 수는 없다. 적어도 그리스도교도들 사이에서는 그렇지 않다.

39 이런 요인들이 어떻게 복합적으로 작용해서 다양한 형태의 무신론들을 출현시켰는지 알고 싶다면 10장을 볼 것.

40 인간의 정신적 상태들을 신도 지니고 있다고 생각하는 경향: Guthrie, 1993; Barrett and Keil, 1996.

41 이 주장을 세상을 의인화하는 일반적 경향의 산물로 종교를 보는 주장과 혼동해서는 안 된다. 만물에서 인간과 같은 존재를 보는 경향은 "방심했다가 화를 입느니보다 극도로 조심하는 게 좋다"라는 전략에 따른 것이며, 이런 경향이 세상은 신과 영들로 가득 차 있다는 믿음을 지니게 만든다(Guthrie, 1996; Barrett, 2000). 이런 주장이 많은 문화집단들이 물활론적 믿음을 지닌 이유를 어느 정도는 설명해준다. 그러나 실험 연구결과들은 의인화의 기원과 관련해서 다른 주장을 제시한다. 의인화 경향이 신속하고 자동적이고 무차별적으로 나타난다고 하기보다는 사람들은 일정한 여건하에서 이따금 인간이 아닌 주체에게 인간의 마음을 투영한다는 연구결과들이 나왔다. 인간이 아닌 주체가 예측불가능하게 행동할 때(예컨대, 컴퓨터 오작동), 인간의 모습이 엄연히 나타날

때(예컨대, 인간의 모습을 한 로봇), 인간과의 접촉이 그리울 때(예컨대, 자기 애완동물을 의인화하는 외로운 사람들) 사람들이 의인화 경향을 보인다: Epley et al., 2007; Waytz et al., 2010.

42 신경영상 증거 자료: Schjoedt et al., 2009; Kapogiannis et al., 2009.

43 자폐증과 신을 마음을 지닌 존재로 여기지 않는 경향과의 관계: Gray et al., 2011. 마음 인식 능력의 결핍과 무종교의 관계: Norenzayan et al., 2012.

44 존재의 근거: Tilich, 1951.

45 경제게임에서, 평판을 유지하게 만드는 유인책이나 사회적 감시가 결여되어 있는 상황이라 해도 어느 정도 협력적 태도를 보이는 사람들이 일부 있다. 이런 성향을 강력한 호혜성이라고도 하는데, 진화생물학계에서는 논란이 많은 용어이다. Fehr and Henrich, 2003; Gintis et al., 2003; Warneken and Tomasello, 2009.

46 익명성이 보장되면 사람들은 더 이기적으로 행동한다: Hoffman et al., 1994.

47 반복적 교류가 이루어지지 않는 경우에도 사람들이 더 이기적으로 행동한다: Fehr and Gaechter, 2000; Fehr and Fischbacker, 2003; Nowak and Sigmund, 1998.

48 주변이 어둡거나 렌즈 색이 짙은 안경을 쓰면 부정직하고 이기적인 경향이 증가한다: Zhong et al., 2010.

49 뇌의 방추상 신경망: Tong et al., 2000.

50 뚫어지게 쳐다보는 눈을 의식하지 않으려 해도 어쩔 수 없이 의식하게 되는 경향: Driver et al., 1999. 여기서 종종 제기되는 의문은, 사람들은 얼굴에 주목할까? 아니면 얼굴의 중앙에 위치한 눈에 주목할까? 하는 점이다. 눈과 얼굴 둘 다 중요하지만, 최근의 연구결과를 보면 눈이 얼굴보다 심리적으로 훨씬 주목을 받는다. 실험 참가자들에게 신체의 다른 부위에 눈이 달린 괴물을 보여주었더니, 본능적으로 눈을 먼저 보고 나서 얼굴을 보았다. "괴물도 사람이다Monsters are People Too", Levy et al., 출간 예정.

51 눈에 민감하게 반응하는 경향(조류): Stevens, 2005; (어류): Neudecker, 1989.

52 인간의 눈을 그린 그림을 얼핏 보여주기만 해도 익명성이 보장되는 경제게임에서 친사회적 행동이 증가한다: Haley and Fessler, 2005; Rigdon et al., 2009. 이런 연구들에 대해 비판한 자료를 보고 싶다면 Fehr and Schneider, 2010을 참조.

53 Rigdon et al., 2009.

54 인간의 눈에 노출되면 실험실이 아니라 자연스러운 실제 상황에서도 부정행위가 줄어든다는 증거: Bateson et al., 2006.

55 초자연적 감시: Norenzayan and Shariff, 2008; Bering, 2006, 2011.

56 아브라함 계통의 신: Peters and Esposito, 2006.

57 부처의 눈: Coleman, 1993.

58 고대 이집트 종교에 나타난 두 눈 달린 호루스와 라의 눈: Wilkinson, 2003.

59 잉카제국에서 숭배한 비라코차 신: Steele and Allen, 1994.

60 퀘이오족들이 숭배한 조상의 혼령들 아달로: Keesing, 1982.

61 신을 의인화하는 경향과 신에 대한 믿음: Norenzayan et al., 2012; Waytz et al., 2010; Guthrie, 1993.

62 인간은 일상적으로 신을 의인화한다: Barrett and Keil, 1996; Epley et al., 2010; Guthrie, 1993.

63 "신학적으로 올바르지 않음"에 대해 심층적으로 다룬 자료를 원한다면: Barrett, 2004; Slone, 2004.

64 "모든 것에 대한 접근 권한을 지닌 전략적 사회 주체": Boyer, 2001, 156-157쪽.

65 신앙인들은 사회에 전략적으로 중요한 정보를 아는 신에게 훨씬 빠르게 반응한다: Purzycki et al., 2012.

66 카터 전 대통령의 발언을 인용한 내용과, 유대교도와 개신교도가 불순한 생각에 대해 어떤 도덕적 직관을 보이는지 비교한 연구를 알고 싶다면: Cohen and Rozin, 2001 참조.

67 신은 높이 있다: Meier et al., 2007; Chasteen et al., 2010도 참조할 것.

68 인간은 초사회성 덕분에 지구를 지배하게 되었다는 내용에 대해 알고 싶다면 E. O. Wilson, 2012 참조.

69 문화적 학습과 문화적 진화: Richerson and Boyd, 2005; Henrich and Henrich, 2007; 이와 관련이 있지만 독특한 시각으로 문화적 진화를 바라본 자료를 원한다면: Sperber, 1996; Cavalli-Sforza and Feldman, 1981을 참조할 것.

70 이 문제에 대해 논의한 자료는, Sperber, 1996; Atran, 2001; Henrich and Boyd, 2002를 참조할 것.

71 초자연적 믿음에서 나타나는 내용 편향성: Boyer and Ramble, 2001; Barrett and Nyhof, 2001; Norenzayan et al., 2006.

72 보이어의 말을 인용한 부분: Boyer, 2001, 78-79쪽.

73 종교에서 다양한 문화적 학습편향성이 하는 역할: Gervais et al., 2011.

74 신뢰증진 행위: Henrich, 2009; 어린이들이 다른 사람들로부터 새로운 믿음을 받아들이는 데 있어서 믿을 만한 증언이 얼마나 중요한지 알고 싶다면, Harris and Koenig, 2006; Harris, 2012를 참조할 것. 인식적 경계심에 대한 폭넓은 증

거: Sperber et al., 2010.

75 고비용 신호로서의 과도한 종교적 행위들: Sosis and Alcotta, 2003; Bulbulia, 2004.

3장

76 이 장의 제목은 여기서 거론된 연구결과들을 보도한 기사에도 나온다. Chin 2007을 참조할 것.

77 이런 조사결과들은 Brooks, 2006, Putnam and Campbell, 2010에도 수록되어 있다. 이런 결과들은 상관관계를 나타낼 뿐이며 인과관계는 유추할 수 없다. 게다가 종교적 행사 참석여부, 신앙심, 자비심에 대해 응답자 스스로 자신을 평가한 내용을 바탕으로 한 조사이다. 무의식적이든 의식적이든 설문 응답자들은 자선활동 빈도, 예배참석 빈도를 부풀리는 경향이 있다. 더욱 심각한 문제는 종교적 성향이 강한 사람들일수록 이와 같이 신앙심을 부풀리는 경향이 강하게 나타난다는 점이다. 예컨대, Sedikides and Gebauer를 참조할 것. 미국 신앙인들이 예배참석 빈도를 실제보다 부풀린다는 증거는 Brenner, 2011을 참조할 것. 이런 조사결과들을 비판한 자료는 Norenzayan and Shariff, 2008을 참조할 것.

78 앨리스 공주 연구: Bering, 2006; Piazza et al., 2011.

79 무의식 자극을 통한 부정행위 연구: Randolph-Seng and Nielsen, 2007.

80 십계명 연구: Mazar et al., 2008.

81 종교적 자극을 주면 관용적 태도와 협력적 태도가 증가한다: Shariff and Norenzayan, 2007; Norenzayan and Shariff, 2008; Ahmed and Salas, 2009; Pichon et al., 2007. 종교적 자극은 큰 대가를 치르더라도 이기적 행위를 처벌하겠다는 의지를 높여준다: McKay et al., 2011; Laurin et al., 2012b.

82 일요일 효과: Edelman, 2009; Malhotra, D., 2008.

83 행동은 레빈이 말하는 '사회적 장'을 배경으로 발생한다: Ross and Nisbett, 1991.

84 기본적 귀인 오류: Ross and Nisbett, 1991.

85 마라케시 '기도 시간 고지' 연구: Dunhaime, 2011.

86 모리셔스 연구: Xygalatas, 출간 예정.

87 종교적 자극을 주면 외부의 주체가 행동을 유발시켰다고 생각하게 만든다:

Dijksterhuis et al., 2008; 공적 자기인식과 사회적 적합성에 관해서는 Gervais and Norenzayan, 2012b를 참조할 것.

88 무신론은 뿌리 깊은 인간의 심리가 아니라고 여겨짐: Boyer, 2008, 1039쪽; Bloom, 2007, 148쪽. 공개된 모든 종교적 자극 연구들을 통계적으로 분석한 결과, 종교적 자극은 신앙인들에게서는 친사회적 행동을 증가시킨다는 통계적으로 신뢰할 만한 결과가 나왔지만, 비신앙인들에게서는 엇갈리는 효과가 나오거나 통계적으로 신뢰할 만한 효과가 나타나지 않았다. (Shariff, Willard, Anderson & Norenzayan, 비공개 자료)

89 무자비한 신이 사람들을 선하게 만든다: Shariff and Norenzayan, 2011; Debono et al., 2012; Shariff and Rhemtulla, 2012.

90 Laurin et al., 2012.

91 사적 교신 내용, 2012년 7월 24일.

92 Shariff and Rhemtulla, 2012. 경제가 발전할수록 종교적 성향이 쇠퇴하는데, 특히 지옥에 대한 믿음이 경제적 생산성과 연관이 있다는 증거를 보고 싶다면 McCleary and Barro, 2006을 참조할 것.

93 종교적 자극에 대한 환상운동 이론: Bargh et al., 2001; Bargh and Chartrand, 1999; Bargh et al., 1996.

94 선한 사마리아인 실험: Darley and Batson, 1973.

95 실험실 상황에서 종교적 성향과 타인을 돕는 행위 연구: Batson et al., 1993.

96 이스라엘 키부츠 연구: Sosis and Ruffle, 2003; 두 개의 다른 연구들에서도 비슷한 결과가 나왔다. 칸돔블레 연구: Soler, 2012; 마드라사 연구: Ahmed, 2010.

97 15개 사회 비교 연구: Henrich et al., 2010.

98 WEIRD: Henrich et al., 2010; Norenzayan and Heine, 2005; Arnett, 2008. 심리학적으로 인구집단에 따라 편차가 나타난다고 해서 인간의 행동에 규칙이나 원칙이 존재하지 않는다는 뜻은 아니다. 인간의 행동을 설명하고 이론을 구축할 때 총체적인 인간의 다양성을 고려하지 않는 한 이런 규칙들은 발견되지 않는다는 뜻이다.

4장

99 마 타리니 코코넛 사원 운송 서비스: Jena, 2006.

100 로마 델로스 지역, 상업에서 신의 역할: Rauh, 1993, 129쪽 인용.

101 16-19세기, 뉴 줄파 지역 출신의 아르메니아인 교역망: Aslanian, 2011, 110쪽 인용.

102 11-12세기, 유대인 마그레비 교역망, Grief, 1993.

103 아프리카에서 이슬람교의 전파: Ensminger, 1997, 7-8쪽 인용.

104 베버 인용: Gerth and Wrigh Mills, 1946, 303쪽.

105 슐레신저 인용: Blumner, 2011.

106 신앙인이 더 신뢰를 받는다: Edgell et al., 2006; Sosis, 2005.

107 대부분의 미국인들은 종교와 도덕성이 관련이 있다고 생각한다: Hout and Fisher, 2001; 퓨 리서치센터 2007도 참조할 것.

108 전 세계적으로 나타나는 종교에 대한 신뢰: Inglehart et al., 2004.

109 전 세계적으로 무신론자를 차별하는 법과 정책들에 대한 증거를 보려면 국제 인본주의와윤리연합, 2012를 참조할 것.

110 오리건 주 유진 시와 유타 주에서 실시된 협력게임 실험: Orbell et al., 1992.

111 종교와 신뢰에 대한 훌륭한 논의는 소시스, 2005를 참조할 것.

112 뉴요커들은 모르몬교도 보모를 신뢰한다: Frank, 1988.

113 믿음직스러운 시크교도: Sosis, 2005 참조.

114 존 로크, 1689-1983, 51쪽 인용.

115 전미세속연합: Harris, P., 2011. 2012년 미국 총선 당시 애리조나에서 출마해 의회에 입성한 커스틴 시네마Kyrsten Sinema는 스타크가 의회를 떠난 뒤 공개적으로 무신론자임을 밝힌 유일한 의원으로 여겨졌다. 그러나 양성애자임을 공개적으로 밝힌 시네마지만, 그녀의 선거 팀은 그녀가 종교적 믿음 유무를 밝히기는 원하지 않는다는 점을 "분명히 했다". Lombrozo, 2012 참조. Ryan, 2012도 참조할 것.

116 2008 퓨 포럼 여론조사: Pew Forum, 2008.

117 1999 갤럽 여론조사: Edgell et al., 2006 참조.

118 Franklin, 1757, 293쪽 인용.

119 미국에서 무신론자에 대한 반감과 편견: Edgell et al., 2006. 217-218쪽에서 인용.

120 세계에서 무신론자의 수: Zuckerman, 2007. 다양한 유형의 무신론에 대해서는 10장에서 심층적으로 논의.

121 Ricky Gervais 인용: Gervais, 2010.

122 공감과 동정심: Keltner and Haidt, 2001; Haidt, 2007.

123 도덕적 테두리의 확장: Singer, 2011.

124 비신앙인들에게서 나타나는 온정적인 친사회성: Saslow et al., 2013. 동정심을

별로 느끼지 않는 사람들 가운데는 신앙인이 비신앙인보다 더 친사회적이라는 결과가 나왔다. 그러나 이런 경향은 동정심이 강한 사람들 사이에서는 뒤바뀌었다. 신앙심과 동정심은 통계적으로 무관하다. 종교만 동정심을 유발하는 것도 아니고 무신론만 동정심을 유발하는 것도 아니다. 초자연적 감시와 동정심은 각기 독자적으로 사람들로 하여금 다른 사람에게 친절하게 대하도록 만든다는 뜻이다.

125 무신론자들이 친사회적 태도를 보이도록 동기부여하는 다른 요인들도 있다: Beit-Hallahmi, 2010; Saslow et al., 2013.

126 자선행동에 나타나는 일요일 효과: Malhotra, 2009.

127 신앙인이 비신앙인보다 이타적일 확률이 더 높다고 볼 수 없다: Batson et al., 1993.

128 선한 사마리아인 연구: Darley and Batson, 1973.

129 기도시간을 고지하면 무슬림들이 더 자비로운 행동을 보인다: Dunhaime, 2011.

130 세속적 제도가 취약한 나라에서는 신앙심이 친사회적 행동을 예측해주는 지표가 된다: Ahmed, 2009; Soler, 2011.

131 문화 간 비교연구를 보면 도덕적 심판을 하는 거대한 신을 숭배하는 종교를 믿는 경우 경제게임에서 친사회적 행동이 증가한다: Henrich et al., 2010.

132 신앙심 배지, Sosis 2006.

133 덴마크와 스웨덴: Zuckerman, 2008. 이런 추세들에 배치되는 유일한 현상은 스칸디나비아 국가들에서 자살률이 높다는 점이다.

5장

134 도스토옙스키, 1990, 589쪽 인용.

135 무신론자에 대한 반감과 편견의 심리: Gervais et al., 2011; Gervais and Norenzayan, 2012c.

136 '린다 문제'와 대표성 추단: Tversky and Kahneman, 1983.

137 묵시적 연상검사: Greenwald et al., 1998.

138 비신앙인을 불신하는 신앙인과 신앙인을 불신하는 비신앙인의 비대칭 현상: Gervais et al., 2011.

138 덴마크와 스웨덴에서 실시된 인터뷰에서는 무신론자들이 신앙인을 불신하는 사례가 거의 나타나지 않았다: Zuckerman, 2008.

140 믿음에 대한 믿음: Dennett, 2006.

141 종교적 관여도와 각종 형태의 편견들과의 복잡한 관계에 대한 자료들을 보려면, Hansen and Norenzayan, 2006을 참조할 것.

142 편견 내용 모델: Fiske, 2010; Cuddy et al., 2007; Fiske et al., 2007.

143 외집단 구성원들을 도덕성에 대한 위협으로 여김: Leach et al., 2007.

144 문화적 규범의 진화심리학: Henrich and Henrich, 2007; Sripada and Stich, 2005.

145 지난 20세기 동안 전반적인 종교적 성향은 안정적으로 유지되어왔다: Norris and Inglehart, 2004.

146 강력한 제도들이 확립된 사회의 구성원들이 신뢰수준이 높고 친사회성도 높으며 무임승차자를 처벌하겠다는 의지도 더 강하다: Kauffman et al., 2003; Knack and Keefer, 1007; Herrmann et al., 2008.

147 실험실 상황에서 세속적 권위를 상기시키면 관용적 태도가 증가한다: Shariff and Norenzayan, 2007.

148 문화 간 비교연구 결과를 보면 강력한 세속적 제도로 뒷받침되는 나라에 사는 신앙인들이 무신론자를 덜 불신한다: Norenzayan and Gervais, 출간 예정.

149 흑인에 대한 편견과 반감은 두려움이라는 반응을 수반한다: Cottrell and Neuberg, 2005.

150 미국에서 인종적 편견은 외집단의 실제 규모나 인식되는 규모에 따라 증가한다: Allport, 1954; Fosset and Kiecolt, 1989.

151 무신론자들이 흔하다는 인식이 증가할수록 무신론자에 대한 불신이 줄어든다: Gervais, 2011, 553쪽 인용.

152 종교적 전통에서 믿음과 관행 중 어느 것을 어느 정도나 더 우선시하는지도 또 다른 요인일지 모른다. 애덤 코언Adam Cohen과 동료 학자들은 개신교 종파들과는 달리 유대교와 같은 일부 종교적 전통에서는 종교적 행사에 참여하는 게 종교적 믿음만큼 중요하거나 때로는 더 중요하다는 점을 지적한다. 그리스도교 일부 정통 종파들은 이런 점에서 유대교와 유사하다. 이런 종교적 전통들에서는 초자연적 감시자에 대한 두려움이 줄어들고 다른 기제에 의해 대체될 가능성도 있다. 따라서 이런 종교적 전통들에서는 무신론자에 대한 편견이 비교적 낮을지 모른다: Cohen et al., 2005 참조.

6장

153 잡초에 대한 우화:《마태복음》13장 24-30절 참조.

154 몰리에르 작 타르튀프, 번역 Martin Sorrel, 2002.

155 종교적 위선에 대한 진화론적 분석, Schloss, 2008 참조.

156 로마제국 초기에 키벨레의 종교적 부활: Burkert, 1982.

157 19세기 러시아에서 발생한 스콥치 자기 거세 종교운동: Engelstein, 1999.

158 타밀계 힌두교도들의 타이푸삼 축제: Ward, 1984. 모리셔스에서 열린 타밀계 힌두교도 타이푸삼 축제에서 강렬한 카바디 의식에 참가했거나 목격한 사람들이 신전에 기부하는 기부액이 증가했다, Xygalatas et al., 출간 예정 참조.

159 사랑에 빠지는 비이성적 행위는 헌신하겠다는 신호: Gonzaga and Haselton, 2008.

160 신뢰증진 행위 또는 CREDs: Henrich, 2009. Sperber와 동료 학자들(2010)은 인간의 사고는 다양한 인지적 편향성을 보이는데, 이런 편향성이 인간들로 하여금 속거나 잘못된 정보를 받아들이는 위험에 대해 경계를 하게 만든다.

161 종교적 헌신의 문화적 주기: Finke and Stark, 2005.

162 동물의 행동에 대한 고비용 신호전달 행위이론: Maynard Smith and Harper, 2003.

163 과도한 종교적 과시행위에 대한 고비용 신호전달 행위이론: Irons, 2001; Sosis and Alcotta, 2003; Bulbulia, 2004, 2008.

164 종교에 대한 고비용 신호전달 행위이론들에 대한 진지한 논의, Henrich, 2009; Bulbulia, 2008 참조. 조지프 불불리아는 이런 우려사항을 감안해서 고비용 신호전달 행위이론을 재구성해 '헌신-신호전달' 행위라고 부른다. 예컨대, 비용이 많이 들지 않더라도 거짓으로 꾸미기 어려운 행위라면 신뢰할 만한 신호전달 행위로 간주한다. 온몸을 들썩이며 눈물을 흘리거나, 온몸을 떨거나, 방언을 하는 등 본의 아니게 무의식적으로 종교적 감정을 표출하는 행위들이 그러한 행위들이다.

165 Xygalatas et al., 출간 예정 참조.

166 엄격한 종파들일수록 결속력이 강하다는 증거: Iannacone, 1992.

167 행동에 대한 제약과 공동체의 수명: Sosis and Alcotta, 2003; Sosis and Bressler, 2003. 종교적 공동체가 세속적 공동체보다 수명이 길다는 사실을 보여주는 증거가 추가로 필요하다면, Kitts, 2009를 참조할 것. Cristine Legare와 André Souza(2012)는 사람들, 특히 신앙인들은 초자연적 주체와 연관된 의식

이 훨씬 효과적이라고 보는데, 이 점이 의식이 종교와 결합되면 훨씬 효력이 강해지는 이유를 설명해줄지 모른다.

168 이슬람교에서 신도들에게 요구하는 고비용 행동 덕분에 아프리카에서 이슬람교가 성공적으로 전파되었을지도 모른다: Ensminger, 1997, 26-27쪽.

169 인지적 부산물로서의 종교적 믿음에 대한 설명, Boyer, 1994와 2001 참조; Barrett, 2004도 참조할 것; Pyysiäinen and Antonnen, 2002.

170 이 부분에 수록된 논의 내용은 대부분 Gevais et al., 2010에서 인용함.

171 믿음은 처음에는 사실로 처리된다: Gilbert, 1991; Gilbert et al., 1993.

172 격렬한 감정을 불러일으키는 정보가 더 잘 기억되고 문화적으로 전파되기가 더 쉽다: Heath et al., 2001.

173 광우병이라는 명칭이 전파되기에 유리하다: Sinaceur and Heath, 2005.

174 추론적 잠재력, Boyer, 2001 참조.

175 Sperber, 1996 참조.

176 Legare et al., 2012 참조.

177 그림형제 동화에서 최소한의 반직관성: Norenzayan et al., 2006.

178 종교와 문화에서 최소한의 반직관성: Barrett and Nyhof, 2001; Boyer and Ramble, 2001; Atran and Norenzayan, 2004.

179 적당한 신비감: Sperver, 1996, 73쪽.

180 미키마우스 문제, Atran and Norenzayan, 2004 참조; 제우스 문제와 산타클로스 문제, Gervais and Henrich, 2010 참조; Gervais et al., 2011.

181 어린이들에게서 나타나는 회의적 사고: Birch et al., 2010; Harris and Koenig, 2006; Harris, 2012; Bergstrom et al., 2006.

182 집단적 황홀경: Durkheim, 1915/1995.

183 불 위를 걷는 의식에서 나타나는 심장박동의 조율: Konvalinka et al., 2011.

184 함께 노를 저으면 고통인내력이 상승한다: Cohen et al., 2009.

185 조율한 행동은 집단 내에서 친사회적 행동을 증가시킨다: Wiltermuth and Heath, 2009. 조율이 사회적 소속감에 미치는 효과: Hover and Risen, 2009; Valdesolo et al., 2010도 참조할 것. 역사적 사례들, McNeill, 1995 참조.

186 모든 의식에 조율이 수반되지는 않는다: Whitehouse, 2004.

187 종교는 자기규제에 기여한다: McCullough and Wiloughby, 2009, 88쪽 인용.

188 실험적 증거: Rounding et al., 2012; Laurin et al., 2012a; Inzlicht and Tullett, 2010도 참조할 것.

189 부분적으로 가상의 친족개념에서 유래한 종교: Nesse, 1999; Robertson Smith,

1891/1972, 44쪽 2번 주석에서 인용; Atran and Norenzayan, 2004도 참조할 것.

7장

190   Klaus Schmidt, 2000, 5쪽 인용.

191   괴베클리 테페를 둘러싼 신비로운 이야기들, Mann, 2011 참조. 구체적인 과학적 분석과 발굴과정에 대한 자료, Schmidt, 2000, 2010를 참조할 것.

192   이를 뒷받침해주는 증거에 대한 논의, Clark, 2007을 참조할 것.

193   종교적 사고가 어떻게 농경문화 형성에 기여했는지에 대한 설명: Cauvin, 1999.

194   괴베클리 테페에서 발굴된 칼날에 대한 분석: Carter et al., 2012.

195   하드자: Marlowe, 2010, Apicella et al., 2011.

196   농경사회 이전의 수렵채집인들의 삶을 오늘날의 수렵채집인들의 삶에서 유추하는 방법의 장단점에 대한 논의: Marlowe, 2005. 상당한 사회적 복잡성을 지닌 수렵채집인 집단에 대한 자료, Powell et al., 2009를 참조할 것. 채집사회와 현대사회들이 채집사회로부터 얻을 수 있는 교훈들에 대한 논의, Diamond, 2012를 참조할 것.

197   하드자 종교에 대한 인용: Marlowe, 2010, 61쪽.

198   Marshall, 1962, 245쪽 인용.

199   McNamara, 2012를 참조할 것.

200   세상을 WEIRD의 시각(3장에서 다룸)으로 바라볼 때 본의 아니게 나타나는 또 다른 맹점은 종교들이 보편적으로 도덕과 관련 있다고 생각하는 경향이다. WEIRD 사고의 틀을 바탕으로 연구를 하는 심리학자들은 종종 '종교'를 자신들에게 가장 친숙한 종교와 동일시하는데, 아브라함 계통의 신을 숭배하는 종교가 바로 그런 종교이다. 그런 점에서, 종교의 기원에 관한 단서를 제시해줄 수 있는, 채집집단이 숭배하는 신격체들에 대한 민족지학적 사료들이 매우 중요하다.

201   Apicella et al., 2011을 참조할 것; Hill et al., 2011; Kelly, 1995도 참조할 것; Klein, 2009.

202   Powell et al., 2009 참조.

203   Hume, 1888, 18쪽 인용.

204   영장류에 속하는 모든 동물 종에게서 사회적 집단의 규모와 뇌의 크기가 상관

관계가 있는 것으로 나타난다: Dunbar, 2003. 이런 일반적 추세를 보여주는 자료들은 많이 축적되어 있다. 그러나 인간의 사회적 집단이 도달할 수 있는 규모에는 '자연적 한계'가 있다는 주장은 논란의 여지가 있다. 이를 비판한 자료는, Smith, 1996을 참조할 것.

205 뉴기니 지역 집단들의 분열: Tuzin, 2001.

206 Bar-Yosef, 1990.

207 베임은 '후기 홍적세'의 사회적 여건들을 반영하는지 여부를 바탕으로 이 집단들을 선별했다. 그러나 후기 홍적세의 수렵채집 사회들이 모두 소규모였다는 의미는 아니다. 실제로 당시 수렵채집 사회들은 규모와 사회적 복잡성이 천차만별이었다. 그러나 최소 규모의 채집사회에서 숭배하는 신과 영령들은 인간의 도덕적 행동에 대해 아주 제한적인 관심만 있거나 거의 관심이 없다는 사실은 여전히 유효하다.

208 거대한 신이 여러 문화에 걸쳐 널리 나타나는 현상: Stark, 2001.

209 거대한 신들은 규모가 크고 사회적으로 복잡한 집단에서 더 흔하게 나타난다: Roes and Raymond, 2003; Sanderson and Roberts, 2008; Johnson, 2005도 참조할 것. 이보다 앞서 실시된 연구는, Underhill, 1975와 Swanson, 1964를 참조할 것.

210 크메르 제국의 중심이었던 앙코르의 붕괴는 수자원 부족 때문이었다: Day t al., 2012.

211 수자원 부족과 거대한 신: Snarey, 1996.

212 Snarey, 1996, 93-94쪽 인용.

213 '모든 것에 대한 접근권을 지닌 전략적 주체'로서의 신: Boyer, 2001; 실험적 증거는, Purzycki et al., 2012를 참조할 것.

214 아달로 조상 영령들에 대한 퀘이오족의 믿음: Keesing, 1982.

215 인간사에 개입하는 조상신들은 여러 가지 중요한 면에서 거대한 신과는 다르다. 조상신들은 특정 지역에 얽매여 있고 어떤 사람들에게는 영향을 미치지만 어떤 사람들에게는 영향을 미치지 않는다. 이런 신들의 전지전능한 능력과 초자연적 힘은 제한적이다. Wright, 2009; Boyer, 2001을 참조할 것. Purzycki(2011)에 따르면, 시베리아에 있는 한 러시아 공화국의 티반(Tyvan 또는 Tuvan) 문화에서 존재하는 체르 이지Cher eezi라는 지역 '영주spirit masters'들은 일반적으로 사람들이 사회적 교류를 통해 보이는 행동에 대해 무관심하다. 그러나 이 영주들은 제물을 바치면 흡족해하고, 자신들이 관장하는 자원들을 남용하면 분노한다. 그들은 원추형 돌무덤이 위치한 지정된 지역에서만 제한

적으로 영향력을 행사하고 먼 지역에서는 무슨 일이 일어나는지 보지 못하고 개입하지도 않는다.

216 두 가지 종교의식, '교리적' 의식과 '심상적' 의식: Whitehouse, 2004를 참조할 것.

217 이 두 가지 종교의식은 예측 가능한 방식으로 나타난다: Atkinson and White-house, 2011.

218 거대한 신들은 거대 집단들과 공진화했다: Norenzayan and Shariff, 2008; Shariff, 2011; Shariff et al., 2010; Atran and Henrich, 2010.

219 Swanson, 1966, 153쪽 인용.

220 기념비 성격의 건축물은 사회의 규모가 커지고 정치적 복잡성이 가중되고 농업의존성이 커지면서 함께 등장했다: Marcus and Flannery, 2004. 차탈회위크에 대한 논의: Whitehouse and Hodder, 2010. 멕시코에서 종교의식의 역사적 진화: Marcus and Flannery, 2004; 중국: Thote, 2009.

221 역사를 통해 아브라함 계통의 신이 문화적으로 진화해온 과정: Wright, 2009.

222 중국에는 도덕적 심판을 하는 신도 없었고 종교도 없었다는 주장: Granet, 1934; Rosemont and Ames, 2009도 참조할 것. 이런 주장에 대한 비판과 고대 중국 종교에 초자연적 감시자 개념이 존재했다는 역사적 증거는 Slingerland, 2012; Slingerland et al., 출간 예정; Clark and Winslett, 2011을 참조할 것. 상 왕조의 종교는 Eno(2009)를 볼 것. 동주東周 시대에 관해서는 Poo, 2009를 참조할 것. 비판적 논의에 대해서는 Paper, 2012를 참조할 것.

223 묵자墨子 시대(기원전 5세기)에는 초자연적 존재의 처벌을 주장하는 철학자들이 등장한다. 많은 묵자 사상가들은 당대의 혼돈이 인간을 감시하고 처벌과 보상을 하는 혼령에 대한 믿음을 상실한 데서 비롯되었다고 믿었다. 현대의 학자들은 이런 주장이 어떤 의미인지에 대해 갑론을박한다. 묵자 사상가들 본인들은 진심으로 초자연적 감시를 믿었을까? 아니면 믿지는 않지만 그저 사회를 통치하는 효과적 도구로 생각했을까? 어느 쪽이 맞든, 초자연적 존재의 처벌에 대한 믿음이 어느 정도 존재하는 문화적 배경을 바탕으로 이런 주장이 제기되었다고 봐야 타당하다. Wong and Loy, 2004; Hansen, 2000.

224 유전적 적응으로서의 초자연적 존재의 처벌 가설: Johnson, 2009; Bering, 2006; Bering, 2011. 이에 대한 논의는 (이와 관련되어 언급된 내용과 더불어), Schloss and Murray, 2011; Shariff et al., 2010을 참조할 것.

225 Johnson, 2009, 169-170쪽.

226 Boehm, 2008; Wright, 2009를 참조할 것.

227 Henrich et al., 2006; Henrich and Henrich, 2007; Panchanathan and Boyd,

2004를 참조할 것. D. Cohen(2001)도 문화적 편차를 다원적 안정적 평형상태multiple stable equilibriums의 결과로 본다. Herrmann et al.(2008)은 게임실험을 바탕으로 한 문화 간 비교연구에서, 터키, 그리스, 사우디아라비아 등 일부 문화에서는 무임승차자가 아니라 협력자를 처벌하는 '반사회적 처벌antisocial punishment'이 존재한다는 사실이 드러났다! 반사회적 처벌은 서구사회에서는 찾아보기 힘든데, 문화 간 비교실험이 아니었다면 아마 발견되지 않았을지도 모른다.

228 〈이코노미스트The Economist〉, 2011년 2월 5일, '참혹한 사건: 라이베리아에서 발생한 살인Nasty Business: Killing in Liberia'을 참조할 것.

8장

229 Ibn Khaldûn, 1377/2005, 3장 3절 125쪽 인용.

230 Darwin, 1871, 66쪽 인용.

231 D. S. Wilson, 2002, 6쪽 인용.

232 Gelfand et al., 2011을 참조할 것.

233 남성의 전사본능 가설: Van Vugt et al., 2007을 참조할 것; Connor, 2006도 참조할 것.

234 Sosis et al., 2007을 참조할 것.

235 Bowles, 2008을 참조할 것; Choi and Bowles, 2007.

236 Atran, 2012.

237 역사적 사례들은, D. S. Wilson, 2002를 참조할 것.

238 집단생활을 위한 적응으로서의 도덕: Graham and Haidt, 2010; Haidt et al., 2008; Haidt, 2012.

239 개인의 이성적 사고의 산물로서의 도덕적 판단: Turiel, 1983; Kohlberg et al., 1983을 참조할 것. 이 견해에 대한 비판은, Haidt et al., 2008; Graham et Haidt, 2010, Haidt, 2012를 참조할 것.

240 Haidt, 2012, 270쪽 인용.

241 종교 관여는 도덕적 판단과 연관되어 있다: Atkinson and Bourrat, 2011.

242 Shariff and Rhemtulla, 2012.

243 Hamilton et al., 2007, 2011. 종교와 도덕에 대한 훌륭한 토론은, Bloom, 2012를 참조할 것.

244 영장류에게서 나타나는 도덕적 감정: de Waal, 2006을 참조할 것; 공감의 진화론적 기원에 대해서는, de Waal, 2008; van Wolkentenet et al., 2007; de Waal, 2008, 279쪽을 참조할 것.

245 세속화에 대한 역사적 설명은 Taylor, 2007을 참조할 것.

246 집단 간 폭력과 편협한 이타주의: Alexander, 1987; Bowles, 2008; Turchin, 2003. 궁극적 협력행위로서의 전쟁: Tilly, 1975; Otterbein, 1970; Keely, 1996. 세월이 흐르면서 폭력이 감소하는 현상과 관련된 증거는, Pinker, 2011을 참조할 것. 중동에서 발굴된 고고학 증거, 특히 텔 브라크와 관련된 증거 관련 내용은 Lawler, 2012를 참조할 것.

247 집단 간 갈등, 집단 규모, 자원이 풍부한 환경은 동시에 발생한다: Roes and Raymond, 2003. 정치적으로 중앙집권적 국가들의 기원: Carneiro, 1970; Turchin, 2003; Tilly, 1975를 참조할 것.

248 Turchin, 2010, 25쪽 인용.

249 역사에서 아사비야 혹은 사회적 결속력이 중요한 역할을 했다는 이론: Ibn Khaldûn, 1318/1958; Turchin, 2007을 참조할 것.

250 Voight et al., 2006.

251 Richerson and Boyd, 2005; Soltis et al., 1995를 참조할 것; 집단 간 유전적 편차와 문화적 편차의 비교는 Bell et al., 2009를 참조할 것.

252 '다차원 선택multilevel selection'이론에 속하는 문화적 집단 선택설은 수학적 모델에 의해서도 뒷받침되고 민족지학, 역사, 실험을 통해서도 입증된다. 다차원 선택을 수용하는 모델들과 그렇지 않은 모델들은 수적으로 볼 때 비슷하다는 데 대체로 합의가 이루어진다. Henrich and Henrich, 2007; Turchin, 2010, Sigmund et al., 2010; D. S. Wilson, 2007; Hayek, 1988을 참조할 것; Atran and Henrich, 2010, 26쪽도 참조할 것. 비판, 반박, 논의 및 관련된 언급은, Pinker, 2012를 참조할 것.

253 Sosis, 2000; Sosis and Bressler, 2003; Sosis and Alcorta, 2003.

254 Ensminger, 1997.

255 Finke and Stark, 2005.

256 Jenkins, 2002; 세계 그리스도교 인구의 인구학적 구성 전망에 대해서는 2-3쪽을 참조할 것.

257 Stark, 1996을 참조할 것.

258 Levy, 1957.

259 Kaufman, 2010, ix쪽 참조.

260 종교와 출산율: Blume, 2009; Norris and Inglehart, 2004.

261 사적인 이메일 교신, 2013년 1월 4일.

262 〈이코노미스트〉, 2011.

263 문화-유전자 공진화에 대한 논의와 증거는 Laland et al., 2010을 참조할 것. 종교적 믿음과 관행이 인간의 게놈에 선택압을 가해 문화집단들 가운데 일부에서만 발견되는 심리적 특질들이 선택되도록 했는지 여부는 앞으로 검증되어야 한다.

264 그와 같은 사례는 Rowthorn, 2011을 참조할 것.

9장

265 Kahlil Gibran 인용문: Gibran, 1985, 그의 시 〈Pity the Nation〉에서 인용.

266 레바논 내전 당시 일어난 복잡한 사건들에 대한 자세한 내용은, Fiske, 1990을 참조할 것.

267 Dawkins, 1989, 330-331쪽 인용.

268 아르메니아 대량학살과 국가적 차원에서 이를 부정하는 입장을 고수하고 있는 터키에 대해서 Akcam, 2007을 참조할 것.

269 James, 1982/1902, 337쪽 인용.

270 종교와 전쟁: Phillips and Axelrod, 2007; BBC 보도; Austin et al., 2003.

271 Franken, 2002, 50쪽.

272 이런 경향들이 종교에서 확산되는 한 가지 이유는 종교적 믿음이 불확실성과 불안감으로부터 사람들을 보호해주는 이념으로 쓰이기 때문이다; Inzlicht et al., 2009를 참조할 것.

273 Radio Free Europe Radio Liberty, 2012.

274 추가로 구체적 내용과 분석, 종교와 편견에 대해 논의한 내용은 Hansen and Norenzayan, 2006을 참조할 것.

275 Allport, 1950.

276 종교와 편견에 관한 연구 논문들에서는 확정적 결과가 나타나지 않았다. 논문 검토 내용은 Batson et al., 1993; Kirkpatrick and Hood, 1990; Hansen and Norenzayan, 2006을 참조할 것. 보통 연구 대상인 편견이나 통제되는 변인들에 따라 결과가 다르게 나온다. 최근 실시된 포괄적 분석(Hall et al., 2010)에는 미국 내의 대다수 백인 그리스도교도들이 참가한 55개 연구자료가 포함되어

있는데, 이 분석에서는 참가자 스스로 평가한 본인의 신앙심과 인종적 편견 간에 작지만 통계적으로 신뢰할 만한 연관관계가 발견되었다.

277 Zuckerman, 2011.

278 Shariff and Norenzayan, 2012.

279 일례로 House et al., 1988; Putnam, 2000을 참조할 것.

280 Waytz and Epley, 2012.

281 Atran, 2003; Pape, 2005를 참조할 것.

282 Atran, 2006을 참조할 것.

283 종교에 대해 일괄적으로 비난하는 글은, 예컨대 Harris, 2005를 참조할 것. 종교와 폭력적 극단주의의 연관성을 실험을 바탕으로 분석한 내용은 Atran, 2010을 참조할 것.

284 이런 주장의 사례는 Harris, 2005; Dawkins, 2003; Gambetta, 2005를 참조할 것.

285 Sprinzak, 2000을 참조할 것.

286 추가로 구체적 내용은 Ginges et al., 2009를 참조할 것. 이런 결과들은 집단 간 적개심이 종교적 믿음에서 비롯되었다는 가설에 타격을 준다. 특히 사람들이 종교가 자신의 삶에 얼마나 중요한지를 판단하는 요인으로서는 기도가 종교 의식 참여보다 훨씬 결정적 요인인 것으로 나타났기 때문이다. 연령, 성별, 직업과 같은 인구학적 변인들을 통제한 뒤에도 이런 결과는 유지되었다. 샤리아 (sharia, 이슬람 율법)에 대한 지지 정도, 오슬로 평화협상에 대한 지지 정도, 테러를 지원하는 주요 팔레스타인 집단들에 대한 지지 정도도 참작되었지만 결과는 변하지 않았다.

287 Haidt, 2012, 268쪽 인용.

288 하지 연구: Clingingsmith et al., 2009.

289 이와 비슷한 주장은 Bulbulia, 2009를 참조할 것. Xygalatas와 동료 학자들은 (출간 예정) 고통을 수반하는 힌두교 의식(Kavadi 또는 Cavadee로 알려져 있음)에 참여하면 다민족적인 모리셔스 국가 정체성과 동일시하는 경향이 증가했는데, 이는 종교의식이 보다 폭넓게 다양한 사람들과의 교류를 촉진하는 경우 인종과 종교의 경계를 초월해 사람들을 하나로 만들 잠재력이 있음을 보여준다.

290 종교의식은 가치를 성스러운 것으로 만든다: Sheikh et al., 2012. 합리적 행위자와 헌신적 행위자 그리고 성스러운 가치들이 어떻게 재구성되는지에 대해서는 Atran and Axelrod, 2008; Tetlock, 2003을 참조할 것.

291 Atran and Ginges, 2012, 857쪽 인용. 스콧 아트란은 성스러운 가치와 종교에

대한 어설픈 과학적 해석 때문에 서구사회가 종교적 극단주의에 맞서는 정책을 수립할 때 심각한 오류를 범하게 되었다고 지적한다. 성스러운 가치를 평화에 반하는 태도를 누그러뜨리는 힘으로 전환시키는 방법에 대한 논의는 Atran, 2010을 참조할 것.

292 Pyszczynski et al., 2009를 참조할 것.

10장

293 '세속적secular'이라는 단어는 여러 가지 다른 의미가 있고 매우 풍부한 지적 역사를 자랑한다. 여기서 나는 종교적 믿음과 관행의 쇠퇴나 부재의 의미로서, 무종교irreligious와 같은 의미로 이 단어를 사용하고 있다. 그러나 정교분리 사회가 존재하는 데서 알 수 있듯이 세속적 사회가 종교와 반드시 양립불가능하지는 않다. 세속주의에 대한 심층적 논의는 Taylor, 2007; Gauchet, 1997을 참조할 것.

294 구성원들 간에 높은 신뢰와 협력적 태도가 나타나는 세속적 사회들: Zuckerman, 2008; Norris and Inglehart, 2004를 참조할 것.

295 게임실험에서 법치는 친사회적 행동을 예측해준다: Hermann et al., 2008을 참조할 것. 세속적 권위 자극: Shariff and Norenzayan, 2007; Norenzayan and Shariff, 2008; Gervais and Norenzayan, 2012도 참조할 것.

296 예컨대 Dawkins, 2006; Harris, 2010을 참조할 것.

297 Gauchet, 2007을 참조할 것.

298 Atran, 2011.

299 Norris and Inglehart, 2004.

300 현실 장악력에 위협이 가해지면 정부에 대한 신뢰가 감소한다는 증거는 Kay et al., 2010을 참조할 것. 논평은 Kay et al., 2010을 참조할 것. 신과 정부의 상호 대체 가능성은 Kay et al., 2008, 2010을 참조할 것; Purzycki, 2012도 참조할 것.

301 무신론을 진화론적으로 설명하는 새로운 이론들과 이와 관련된 논의는 Johnson, 2010을 참조할 것. 이에 대한 반박은 Geertz and Markússon, 2010을 참조할 것.

302 Bloom, 2007, 148쪽 인용.

303 Boyer, 2008, 1039쪽 인용.

304 McCauley, 2011.

305 무신론의 기원에 대한 논의는 Norenzayan and Gervais, 2013을 바탕으로 함.

Lanman(2011) 또한 무신론의 형태와 기원은 다양하다고 주장한다.

306 자폐증 환자의 마음을 헤아리는 능력의 결핍에 대해서는 방대한 자료가 있다. 일례로 Baron-Cohen et al., 2001; Badcock, 2009; Crespi and Badcock, 2008을 참조할 것.

307 예컨대 Bering, 2001; McCauley, 2011; Bloom, 2004; Barret, 2004를 참조할 것.

308 이를 뒷받침하는 증거는 Gray et al., 2011을 참조할 것.

309 Bering, 2002, 14쪽 인용.

310 Grandin, 1995, 200쪽 참조.

311 Norenzayan et al., 2012를 참조할 것. Caldwell-Harris et al., 2011도 비슷한 결론을 내렸다. 우리는 이런 연관성을 설명해줄 다른 대안들을 고려해보았다. 예컨대, 자폐증이 중증이면 인간관계가 원만하지 않기 때문에 예배에 참석하지 않게 되고, 이는 다시 종교적 믿음의 감소로 이어진다는 해석이 가능하다. 그러나 이런 해석과는 달리, 종교행사 참석의 역할을 통계적으로 제거한 뒤에도 자폐증이 신에 대한 믿음에 미치는 영향은 여전히 강하게 나타났다. 자폐증/종교적 성향과 관련된 일반지능이나 지능지수, 성격요인 들도 모두 이런 연관성을 설명하지 못했다. 마음을 헤아리는 능력이 자폐증과 무종교의 연관성을 설명해주는 핵심적 변인이었다.

312 Baron-Cohen et al., 2001; Badcock, 2009를 참조할 것. 이런 차이는 청소년기 초기에 나타나기 시작한다. 이를 보여주는 증거에 대한 논의는, Bloom, 2004를 참조할 것.

313 종교적 성향의 양성 격차를 논하는 사회학적 연구자료들이 방대하다. 예컨대 Roth and Kroll, 2007; Stark, 2002; Walter and Davie, 1998을 참조할 것. 양성 격차의 정도는 인구 집단에 따라 다르게 나타나지만, 서로 다른 다양한 설문 내용을 이용해 조사한 광범위한 연구자료들에서 양성 격차가 나타난다. 종교적 성향에 있어서 남녀 간에 차이가 난다는 점은 정설로 받아들여지지만, 그 이유는 여전히 뜨거운 논쟁거리이다.

314 비신앙인들에게서 발견되는 유신론적 직관의 잔재들이 더 있다. 예컨대 Jesse Bering(2011)은 대부분의 비신앙인들은 인간이 무목적적 자연적 과정의 산물이라는 데 분명히 동의한다고 해도 자신의 삶에는 목적이 있다고 생각한다. 마찬가지로, 삶에서 발생하는 중요한 사건들은 예정되어 있었다는 직관은 신앙인들 사이에서 훨씬 팽배하지만, 비신앙인들에게서도 발견된다(Norenzayan and Lee, 2010).

315 파스칼 인용: O'Connell, 1997, xi쪽.

316 이 문제와 관련해 심리학자들의 의견이 갈리고 연구결과도 엇갈린다. 특정한 여건하에서는 심사숙고하기보다 직감을 따르는 경우 월등히 나은 결과가 나온다는 의견이 있다—즉, 의사 결정자가 전문가일 경우 그리고 결정을 요하는 영역 자체가 복잡할 경우에 그러하다. 이 문제에 대한 유명한 연구는 Wilson and Schooler, 1991을 참조할 것; Dijksterhuis et al., 2000도 참조할 것. 사례 연구자료는 Gladwell, 2005를 참조할 것. 심리학에서 이 분야 연구를 주도하는 학자들이 체계 1과 체계 2 사고에 대해 알기 쉽게 논의한 자료를 보려면 Kahneman, 2011을 참조할 것.

317 종교에서 내세우는 주장들에 대한 믿음뿐만 아니라 어떤 주장에 대한 믿음도 신속하고 자동적으로 발생하지만, 무신론을 받아들이거나 회의적 사고를 하려면 인지적 노력이 필요하다는 증거가 있다. Gilbert, 1991을 참조할 것.

318 이는 인지적 성찰 실험이다: Frederick, 2005를 참조할 것. 이 실험은 분석적 경향이 직관적 경향을 압도하는 정도를 측정하려는 실험이라는 점을 인식해야 한다. (분석적 사고와 일반적 지능이 관련되어 있기는 하지만) 일반적 지능을 측정하는 실험이 아니다.

319 Shenhav et al., 2011; Pennycook et al., 2012.

320 일례로 Alter et al., 2007을 참조할 것. 지각적 비유창성이 유쾌함과 아름다움에 대한 판단에 미치는 효과는 Reber et al., 1998을 참조할 것.

321 Gervais and Norenzayan, 2012a를 참조할 것.

322 캐나다에서의 학력과 무종교의 관계는 Hungerman, 2011을 참조할 것. 지적 능력과 무종교에 대해서는 Lewis et al., 2011; Zuckerman et al., 2013을 참조할 것. 그러나 무종교에 영향을 미치는 요인들은 여러 가지이기 때문에, 이 두 연구결과에 대해서는 여전히 활발한 논쟁이 진행되고 있다.

323 Norris and Inglehart, 2004; Inglehart and Baker, 2000도 참조할 것. 경제적 불평등이 감소하면 종교적 성향도 쇠퇴한다: Solt et al., 2011을 참조할 것. 실존적으로 불안정한 여건에서 사는 사람들이 종교적 성향이 더 강하지만, 흥미롭게도 경제적으로 불평등한 사회에서 사는 사람들은 부자이든 가난하든 모두 종교적 성향이 증가한다.

324 Gray and Wegner, 2010을 참조할 것.

325 이런 세계적 추세에 역행하는 이례적 나라가 세계에서 가장 부유한 사회로 손꼽히는 미국이다. 이유는 여러 가지로 해석된다. 미국은 강한 종교적 신념을 지닌 인물들이 건국했고 빈곤율도 높았었다. 어쩌면 더 중요한 이유는, 미국이 경제적으로 풍요한 나라임에도 불구하고 선진국들 가운데는 이례적으로 경제적

불평등 수준이 높고 사회안전망은 매우 취약하기 때문일지도 모른다(Solt et al., 2011을 참조할 것).

326 Franken, 2002, 9장, 47쪽, 52쪽 인용.

327 죽음을 상기시키면 믿음이 강화된다: Norenzayan and Hansen, 2005를 참조할 것; Vail et al., 2012도 참조할 것. 흥미롭게도 베일과 동료 학자들은 죽음을 인식하게 하면 불가지론자들은 믿음이 강화되지만 무신론자들에게서는 그런 효과가 나타나지 않는다는 결과를 보여준다. 의존 체계로서의 종교: Kirkpatrick, 2005.

328 Sibley and Bulbulia, 2012를 참조할 것.

329 Bentzen, 2013을 참조할 것.

330 임의성에 관해서는 Kay et al., 2010; Rutjens et al., 2010을 참조할 것. Tracy et al.(2011)은 임의성을 상기시킨 경우와 마찬가지로 죽음을 상기시키면 지적설계 이론에 솔깃하는 경향이 증가한다는 사실을 입증했다. 외로움에 대해서는 Epley et al., 2008을 참조할 것. 누군가를 여의었을 때 슬픔을 극복하도록 해주는 기제로서의 종교는 Brown et al., 2004를 참조할 것.

331 인간이 시련과 고통에 직면했을 때 종교가 위안을 준다는 주장은 개연성이 없다며 비판을 받아왔다. 뭔가 필요할 때 단순히 그것을 갖고 있다고 상상한다고 욕구가 충족되지는 않는다는 논리이다. 그러나 나는 종교적 믿음이 희망사항에서 비롯된다는 황당한 주장을 하고 있는 게 아니다. 종교는 평범한 인지적 작동과정에서 비롯되고, 인간이 지닌 동기가 종교에 담긴 내용을 결정하기에 앞서 종교는 애초부터 직관적 설득력을 지니고 있다. 우리가 배고플 때 음식이 가득 차 있는 냉장고를 상상한다고 해서 허기가 가시지는 않는다. 그러나 인간은 세상을 있는 그대로 인식하지도 않는다. 인간이 세상을 보는 시각은 비합리적 희망과 희망사항으로 왜곡되기 마련이다. 실제로 배가 고픈 사람들은 막 음식을 먹은 사람들보다 음식과 관련된 단어들을 더 빨리 더 분명하게 인식한다(Radel and Clément-Guillotin, 2012). 이와 같이 사람들이 무의식적으로 자신이 희망하는 대로 현상을 증명한 연구들도 있다(Dunning and Balcetis, 2013). 인간은 합리적 사고와 깊이 내재된 동기를 구분하는 능력이나 희망사항과 현실적 기대를 구분하는 능력이 형편없다(예컨대, Kunda, 1990을 참조할 것). 여러 가지 그릇된 믿음들이 얼마나 팽배해 있고, 진화적으로 적응하는 과정에서 어떻게 형성되어왔는지에 대한 논의는 McCay and Dennett, 2009를 참조할 것.

332 Rauch, 2005. 종교와 관련된 문제들, 특히 종교가 제기하는 형이상학적인 의문들에 대해 따분해하는 태도를 보이는 권태적 무신론이라는 개념 그리고 이와

유사한 개념에 대해서는 Joseph Bulbulia, 출간 예정을 참조할 것.

333 Zuckerman, 2008.

334 신뢰증진 행위CREDs에 대해서는 Henrich, 2009를 참조할 것. 스칸디나비아 지역에서 세속화와 관련해 종교적 신뢰증진 행위의 중요성과 관련한 자료는 Lanman, 2012를 참조할 것.

335 과학자들 가운데 무신론자의 비율은 일반 인구 가운데 무신론자의 비율보다 훨씬 높고, 권위 있는 과학자들일수록 종교적 성향이 낮다; Larson and Witham, 1998을 참조할 것.

336 Baron-Cohen et al., 2001을 참조할 것.

337 《안나 카레니나》첫 문장: Tolstoy, 1886을 참조할 것.

- Ahmed, A. M. (2009). Are religious people more prosocial? A quasi-experimental study with Madrasah pupils in a rural community in India. *Journal for the Scientific Study of Religion*, 48, 368-374.
- Ahmed, A. M., and Salas, O. (2011). Implicit influences of Christian religious representations on dictator and prisoner's dilemma game decisions. *Journal of Socio-Economics*, 40, 242-246.
- Akcam, T. (2007). *A Shameful Act: The Armenian Genocide and the Question of Turkish Responsibility*. New York: Holt.
- Alexander, R. (1987). *The Biology of Moral Systems*. New York: Aldine De Gruyter.
- Allport, G. (1950). *The Individual and His Religion*. New York: Macmillan Press.
- _____. (1954). *The Natural of Prejudice*. Cambridge, MA: Addison-Wesley.
- Alter, L., Oppenheimer, D. M., Epley, N., and Eyre, R. N. (2007). Overcoming intuition: Metacognitive difficulty activates analytic reasoning. *Journal of Experimental Psychology: General*, 136, 569-576.
- Anderson, B. (1983). *Imagined Communities: Reflections on the Origin and Spread of Nationalism*. New York: Verso.
- Apicella, C. L., Marlowe, F., Fowler, J. H., and Christakis, N. A. (2012). Social net-works and cooperation in hunter-gatherers. *Nature*, 481, 497-501.
- Arnett, J. (2008). The neglected 95%: Why American psychology needs to become less American. *American Psychologist*, 63, 602-614.
- Aslanian, S. D. (2011). *From the Indian Ocean to the Mediterranean: The Global Trade Networks of Armenian Merchants from New Julfa*. Berkeley: University of California Press.
- Atkinson, Q. D., and Bourrat, P. (2010). Beliefs about God, the afterlife and

morality support the role of supernatural policing in human cooperation. *Evolution and Human Behavior, 32*, 41-49.

- Atkinson, Q. D., and Whitehouse, H. (2011). The cultural morphospace of ritual form: Examining modes of religiosity cross-culturally. *Evolution and Human Behavior, 32*, 50-62.
- Atran, S. (2001). The trouble with memes: Inference versus imitation in cultural creation. *Human Nature, 12*, 351-381.
- _____. (2003). Genesis of suicide terrorism. *Science, 299*, 1534-1535.
- _____. (2006). The moral logic and growth of suicide terrorism. *The Washington Quarterly, 29*, 127-147.
- _____. (2010). *Talking to the Enemy: Faith, Brotherhood and the (Un)making of Terrorists*. New York: Harper Collins.
- _____. (2011, February). Sam Harris' guide to nearly everything. *The National Interest*. Available at http://nationalinterest.org/bookreview/sam-hariss-guide-nearly-everything-4893 (accessed 03/12/2013).
- _____. (2012, August). God and the ivory tower: What we don't understand about religion just might kill us. *Foreign Policy Online*. Available at http://www.foreignpolicy.com/articles/2012/08/06/god_and_the_ivory_tower? (accessed 03/12/2013).
- Atran, S., and Axelrod, R. (2008). Reframing sacred values. *Negotiation Journal, 24*, 221-246.
- Atran, S., and Ginges, J. (2012). Religious and sacred imperatives in human conflict. *Science, 336*, 855-857.
- Atran, S., and Henrich, J. (2010). The evolution of religion: How cognitive by-products, adaptive learning heuristics, ritual displays, and group competition generate deep commitments to prosocial religions. *Biological Theory: Integrating Development, Evolution, and Cognition*, 5, 18-30.
- Atran, S., and Norenzayan, A. (2004). Religion's evolutionary landscape: Counterintuition, commitment, compassion, communion. *Behavioral and Brain Sciences, 27*, 713-770.
- Austin, G., Kranock, T., and Oommen, T. (2003). God and War: An Audit and exploration. Available at http://news.bbc.co.uk/2/shared/spl/hi/world/04/war_audit_pdf/pdf/war_audit.pdf (accessed 03/12/2013).
- Axelrod, R. (1984). *The Evolution of Cooperation*. Cambridge, MA: Basic Books.
- Badcock, C. (2009). *The Imprinted Brain: How Genes Set the Balance between Autism and Psychosis*. London: Jessica Kingsley Publishers.
- Bargh, J. A., and Chartrand, T. L. (1999). The unbearable automaticity of being. *American Psychologist, 54*, 462-479.

- Bargh, J. A., Chen, M., and Burrows, L. (1996). Automaticity of social behavior: Direct effects of trait construct and stereotype activation on action. *Journal of Personality and Social Psychology, 71*, 230-244.
- Bargh, J. A., Gollwitzer, P. M., Lee-Chai, A., Barndollar, K., and Troetschel, R. (2001). Automating the will: Nonconscious activation and pursuit of behavioral goals. *Journal of Personality and Social Psychology, 81*, 1014-1027.
- Baron-Cohen, S., Wheelwright, S., Skinner, R., and Clubley, E. (2001). The autism spectrum quotient (AQ): Evidence from Asperger syndrome/high functioning autism, males and females, scientists and mathematicians. *Journal of Autism and Developmental Disorders, 31*, 5-17.
- Barrett, D. B., Kurian, G. T., and Johnson, T. M. (eds.). (2001). *World Christian Encyclopaedia*, 2nd ed. Oxford, UK: Oxford University Press.
- Barrett, J. L. (2004). *Why Would Anyone Believe in God?* Walnut Creek, CA: AltaMira Press.
- Barrett, J. L., and Keil, F. C. (1996). Conceptualizing a nonnatural entity: anthropomorphism in god concepts. *Cognitive Psychology, 31*, 219-247.
- Barrett, J. L., and Nyhof, M. A. (2001). Spreading nonnatural concepts: The role of intuitive conceptual structures in memory and transmission of cultural materials. *Journal of Cognition and Culture, 1*, 69-100.
- Bar-Yosef, O. (1998). The Natufian culture in the Levant, threshold to the origins of agriculture. *Evolutionary Anthropology, 6*, 159-177.
- Bateson, M., Nettle, D., and Roberts, G. (2006). Cues of being watched enhance cooperation in a real-world setting. *Biology Letters, 2*, 412-414.
- Batson, C. D., Schoenrade, P., and Ventis, W. L. (1993). *Religion and the individual: A Social-psychological Perspective*. New York: Oxford University Press.
- Beit-Hallahmi, B. (2010). Morality and immorality among the irreligious. In *Atheism and Secularity*, ed. P. Zuckerman, pp. 113-148. Westport, CT: Greenwood Publishing Group.
- Bell, A. V., Richerson, P. J., and McElreath, R. (2009). Culture rather than genes provides greater scope for the evolution of large-scale human prosociality. *Proceedings of the National Academy of Sciences*, 106, 17671-17674.
- Bellah, R. (2011). *Religion in Human Evolution: From the Paleolithic to the Axial Age*. Cambridge, MA: Harvard University Press.
- Benjamin, D. J., Choi, J. J., and Fisher, G. (2010). *Religious Identity and Economic Behavior*, Working Paper No. 15925. Cambridge, MA: National Bureau of Economic Research.
- Bentzen, J. S. (2013, February). Origins of religiousness: The role of natural

disasters. University of Copenhagen, Department of Economics, Discussion Paper No. 13-02. Available at http://ssrn.com/abstract=2221859 (accessed 03/12/2013)

- Bergstrom, B., Moehlmann, B., and Boyer, P. (2006). Extending the testimony problem: Evaluating the truth, scope and source of cultural information. *Child Development, 77*, 531-538.
- Bering, J. (2002). The existential theory of mind. *Review of General Psychology, 6*, 3-24.
- _____. (2010, December). God's little rabbits: Religious people out-reproduce secular ones by a landslide. *Scientific American*. Available at http://blogs.scientificamerican.com/bering-in-mind/2010/12/22/gods-little-rabbits-religious-people-out-reproduce-secular-ones-by-a-landslide/ (accessed 03/12/2013).
- _____. (2011). *The Belief Instinct: The Psychology of Souls, Destiny, and the Meaning of Life*. New York: W. W. Norton.
- _____. (2011). The folk psychology of souls. *Behavioral and Brain Sciences, 29*, 453-498.
- Birch, S. A., and Bloom, P. (2004). Understanding children's and adult's limitation in mental state reasoning. *Trends in Cognitive Science, 8*, 255-260.
- Birch, S. A., Akmal, N., and Frampton, K. L. (2010). Two-year-olds are vigilant of others' non-verbal cues to credibility. *Developmental Science, 13*, 363-369.
- Bloom, P. (2004). *Descartes' Baby*. New York: Basic Books.
- _____. (2007). Religion is natural. *Developmental Science, 10*, 147-151.
- _____. (2012). Religion, morality, evolution. *Annual Review of Psychology, 63*, 179-199.
- Blume, M. (2009). The reproductive benefits of religious affiliation. In *The Biological Evolution of Religious Mind and Behavior*, ed. E. Voland and W. Schiefenhövel, pp. 117-126. Berlin: Springer-Verlag.
- Blumner, R. E. (2011, July). Goodness without God. St. *Petersburg Times*.
- Boehm, C. (2008). A biocultural evolutionary exploration of supernatural sanctioning. In *The Evolution of Religion: Studies, Theories, and Critiques*, ed. J. Bulbulia, R. Sosis, C. Genet, R. Genet, E. Harris, and K. Wyman, pp. 143-150. Santa Margarita, CA: Collins Foundation Press.
- Boesch, C., Bolé, C., Eckhardt, N., and Boesch, H. (2010). Altruism in forest chimpanzees: The case of adoption, *Plos ONE, 5*, e8901.
- Bowles, S. (2006). Group competition, reproductive leveling, and the evolution of human altruism. *Science, 314*, 1569-1572.
- _____. (2008). Conflict: Altruism's midwife. *Science, 456*, 326-327.
- Boyer, P. (1994). *The Naturalness of Religious Ideas: A Cognitive Theory of*

Religion. Berkeley: University of California Press.

• _____. (2001). *Religion Explained.* New York: Basic Books.

• _____. (2008). Religion: Bound to believe? *Nature, 455*, 1038-1039.

• Boyer, P., and Ramble, C. (2001). Cognitive templates for religious concepts: Cross-cultural evidence for recall of counter-intuitive representations. *Cognitive Science, 25*, 535-564.

• Brenner, P. S. (2011). Exceptional behavior or exceptional identity? Overreporting of church attendance in the US. *Public Opinion Quarterly, 75*, 19-41.

• Brewer, M. B., and Brown, R. (1998). Intergroup relations. In *The Handbook of Social Psychology*, 4th ed., ed. D. T. Gilbert, S. T. Fiske, and G. Lindzey, pp. 554-594. New York: McGraw-Hill.

• Brooks, A. C. (2006). *Who Really Cares: The Surprising Truth about Compassionate Conservatism.* New York: Basic Books.

• Brown, S. L., Nesse, R. M., House, J. S., and Utz, R. L. (2004). Religion and emotional compensation: Results from a prospective study of widowhood. *Personality and Social Psychology Bulletin, 30*, 1165-1174.

• Bulbulia, J. (2004). Religious costs as adaptations that signal altruistic intention. *Evolution and Cognition, 10*, 19-38.

• Bulbulia, J. (2008). Free love: Religious solidarity on the cheap. In *The Evolution of Religion: Studies, Theories and Critiques*, ed. J. Bulbulia, R. Sosis, R. Genet, E. Harris, K. Wynan, and C. Genet, pp. 153-160. Santa Margarita, CA: Collins Foundation Press.

• _____. (2009). Charismatic signalling. *Journal for the Study of Religion, Nature, Culture, 3*, 518-551.

• _____. (in press). *Ennuitheism.* In *Science and the World's Religion. Volume II: Religion, Disease, and Health*, ed. W. Wildman and P. McNamara. Westport, CT: Greenwood Publishing Group.

• Burkert, W. (1982). *Ancient Mystery Cults.* Cambridge, MA: Harvard University press.

• Burnham, T. C., and Johnson, D. D. (2005). The biological and evolutionary logic of human cooperation. *Analyse and Kritik, 27*, 113-115.

• Byrne, R. W., and Whiten, A. (1988). *Machiavellian Intelligence: Social Expertise and the Evolution of Intellect in Monkeys, Apes and Humans.* Oxford, UK: Oxford University Press.

• Caldwell-Harris, C., Murphy, C. F., Velazquez, T., and McNamara, P. (2011). Religious belief systems of persons with high functioning autism. *Proceedings of the Thirty-third Annual Meeting of the Cognitive Sciences Society.* Available at http://www.academia.edu/628798/Religious_Belief_System_of_Persons_with_High_Functioning_Autism (accessed 03/12/2013).

- Carneiro, R. L. (1970). A theory of the origin of the state. *Science, 169*, 733-738.
- Carter, T., Le Bourdonnec, F.-X., Poupeau, G., and Schmidt, K. (2012, February). Towards an archaelogy of pilgrimage: Sourcing obsidian from the PPN Temple Complex of Göbekli Tepe. Presented at the 7th International Conference on the Chipped and Ground Stone Industries of the Pre-Pottery Neolithic, Barcelona, Spain.
- Cauvin, J. (1999). *The Birth of the Gods and the Origins of Agriculture.* trans. T. Watkins. Cambridge, UK: Cambridge University Press.
- Cavailli-Sforza, L. L., and Feldman, M. (1981). *Cultural Transmission and Evolution.* Princeton, NJ: Princeton University Press.
- Chasteen, A. L., Burdzy, D. C., and Pratt, J. (2010). Thinking of god moves attention. *Neuropsychologia, 48*, 627-630.
- Chin, G. (2007, September). Pressure from above. *Science, 317*, 1473.
- Choi, J. K., and Bowles, S. (2007). The coevolution of parochial altruism and war. *Science, 318*, 636-640.
- Chudek, M., and Henrich, J. (2011). Culture-gene coevolution, norm-psychology, and the emergence of human prosociality. *Trends in Cognitive Science, 15*, 218-226.
- Clark, G. (2007). *A Farewell to Alms: A Brief Economic History of the World.* Princeton, NJ: Princeton University Press.
- Clark, K. J., and Winslett, J. T. (2011). The evolutionary psychology of Chinese religion: Pre-Qin high gods as punishers and rewarders. *Journal of the American Academy of Religion, 79(4)*, 928-960.
- Clarke, P., and Byrne, P. (1993). *Religion Defined and Explained.* London: Macmillian Press.
- Clingingsmith, D., Khwaja, D., and Kremer, M. (2009). Estimating the impact of the hajj: Religion and tolerance in Islam's global gathering. *The Quarterly Journal of Economics, 124*, 1133-1170.
- Cohen, A. B., Hall, D. E., Koenig, H. G., and Meador, K. G. (2005). Social versus individual motivation: Implications for normative definitions of religious orientation. *Personality and Social Psychology Review, 9*, 48-61.
- Cohen, A. B., and Rozin, P. (2001). Religion and the morality of mentality. *Journal of Personality and Social Psychology, 81*, 697-710.
- Cohen, D. (2001). Cultural variation: Considerations and implications. *Psychological Bulletin, 127*, 451-471.
- Cohen, E., Ejsmond-Frey, R., Knight, N., and Dunbar, R. I. M. (2010). Rowers'

high: behavioural synchrony is correlated with elevated pain thresholds. *Biology Letters, 6,* 106-108.

- Coleman, G. (ed.). (1993). *A Handbook of Tibetan Culture.* Boston: Shambhala Publications, Inc.
- Connor, S. (2006, September). "Male warrior" effect makes men more likely to support war. *The Independent.* Available at http://www.independent.co.uk/news/science/male-warrior-effect-makes-men-more-likely- to-support-war-415239.html (accessed 03/12/2013).
- Cottrell, C. A., and Neuberg, S. L. (2005). Different emotional reactions to different groups: A sociofunctional threat-based approach to prejudice. *Journal of Personality and Social Psychology, 88,* 770-789.
- Crespi, B. J., and Badcock, C. (2008). Psychosis and autism as diametrical disorders of the social brain. *Behavioral and Brain Sciences,* 31, 284-320.
- Cuddy, A. J. C., Fiske, S. T., and Glick, P. (2007). The BIAS map: Behaviors from intergroup affect and stereotypes. *Journal of Personality and Social Psychology, 92,* 631-648.
- Darley, J. M., and Batson, C. D. (1973). "From Jerusalem to Jericho": A study of situational and dispositional variables in helping behavior. *Journal of Personality and Social Psychology, 27,* 100-108.
- Darwin, C. (1871). *The Descent of Man, and Selection in Relation to Sex.* London: John Murray.
- Dawkins, R. (1989). *The selfish gene.* Oxford, UK: Oxford University Press.
- _____. (2003). *A Devil's Chaplain: Reflections on Hope, Lies, Science, and Love.* Boston: Houghton Mifflin.
- Day, M. B., Hodell, D. A., Brenner, M., Chapman, H. J., Curtis, J. H., Kenney, W. F., Kolata, A. L., et al. (2012). Paleoenvironmental history of the West Baray, Angkor (Cambodia). *Proceedings of the National Academy of Sciences, 109(4),* 1046-1051.
- Debono, A., Shariff, A. F., and Muraven, M. (2012). Forgive us our trespasses: Priming a forgiving (but not a punishing) god increases theft. Unpublished manuscript, Winston-Salem State University.
- Dennett, D. C. (2006). *Breaking the Spell.* New York: Viking.
- de Waal, F. (2006). *Primates and Philosophers: How Morality Evolved.* Princeton, NJ: Princeton University Press.
- _____. (2008). Putting the altruism back into altruism: The evolution of empathy. *Annual Review of Psychology, 59,* 279-300.
- Diamond, J. (2005). *Guns, Germs, and Steel: The Fates of Human Societies.* New york: W.W. Norton and Company.

- _____. (2012). *The World until Yesterday: What Can We Learn from Traditional Societies?* New York: Viking Press.
- Dijksterhuis, A., Preston, J., Wegner, D. M., and Aarts, H. (2008). Effects of subliminal priming of self and God on self-attribution of authorship for events. *Journal of Experimental Social Psychology*, 44, 2-9.
- Dijksterhuis, B., Van, D. L., and Baaren, V. (2000). Predicting soccer matches after unconscious and conscious thought as a function of expertise. *Psychological Science, 20(11)*, 1381-1387.
- Dostoevsky, F. (1990). *The Brothers Karamazov.* trans. R. Pevear and L. Volokhonsky, San Francisco: North Point Press.
- Driver, J., Davis, G., Ricciardelli, P., Kidd, P., Maxwell, E., and Baron-Cohen, S. (1999). Gaze perception triggers reflexive visuospatial orienting. *Visual Cognition, 6*, 509-540.
- Duhaime, E. (2011). Did religion facilitate the evolution of large-scale cooperative societies? Religious salience and the "Ritual Effect" on prosocial behavior. Unpublished MA thesis, Cambridge University.
- Dunbar, R. I. M. (2003). The social brain: Mind, language, and society in evolutionary perspective. *Annual Review of Anthropology, 32*, 163-181.
- Dunning, D. and Balcetis, D. (2013). Wishful seeing: How preferences shape visual perception. *Current Directions in Psychological Science, 22*, 33-37.
- Durkheim, E. (1915). *The Elementary Forms of the Religious Life.* New York: New York Free Press.
- *The Economist* (2011). Nasty business: A spate of ritual killings unnerves Liberia. Available at http://www.economist.com/node/18073315 (accessed 03/12/2013)
- Edelman, J. (2009). Red light states: Who buys online adult entertainment? *Journal of Economic Perspectives, 23*, 209-220.
- Edgell, P., Gerteis, J., and Hartmann, D. (2006). Atheists as "other": Moral boundaries and cultural membership in American society. *American Sociological Review, 71*, 211-234.
- Engelstein, L. (1999). *Castration and the Heavenly Kingdom: A Russian Folktale.* Ithaca, NY: Cornell University Press.
- Eno, R. (2009). Shang state religion and the pantheon of the oracle texts. In *Early Chinese Religion: Part One: Shang through Han (1250 BC-22AD)*, ed. J. Lagerwey and M. Kalinowski, pp. 41-102. Leiden: Brill.
- Ensminger, J. (1997). Transaction costs and Islam: Explaining conversion in Africa. *Journal of Institutional and Theoretical Economics, 153*, 4-28.
- Epley, N., Akalis, S., Waytz, A., and Cacioppo, J. T. (2008). Creating social connection through inferential reproduction: Loneliness and perceived agency

in gadgets, gods, and greyhounds. *Psychological Science, 19*, 114-120.

- Epley, N., Waytz, A., and Cacioppo, J. T. (2007). On seeing human: A three-factor theory of anthropomorphism. *Psychological Review, 114*, 864-886.

- Evans, E. M. (2001). Cognitive and contextual factors in the emergence of diverse belief systems: Creation versus evolution. *Cognitive Psychology, 42*, 217-266.

- Fehr, E., and Fischbacher, U. (2003). The nature of human altruism. *Nature, 425*, 785-791.

- Fehr, E., and Gächter, S. (2000). Fairness and retaliation: The economics of reciprocity. *Journal of Economic Perspectives, 14*, 159-181.

- Fehr, E., and Henrich, J. (2003). Is strong reciprocity a maladaptation? In *Genetic and Culture Evolution of Cooperation*. ed. P. Hammerstein, pp. 55-82. Cambridge, MA: MIT Press.

- Fehr, E., and Schneider, F. (2010). Eyes are on us, but nobody cares: Are eye cues relevant for strong reciprocity? *Proceedings of the Royal Society B, 277*, 1315-1323.

- Finke, R., and Stark, R. (2005). *The Churching of America, 1776-2005: Winners and Losers in Our Religious Economy*. New Brunswick, NJ: Rutgers University Press.

- Fiske, R. (1990). *Pity the Nation: The Abduction of Lebanon*. New York: Nation Books.

- Fiske, S. T. (2010). *Social Beings: Core Motives in Social Psychology*. New York: Wiley.

- Fiske, S. T., Cuddy, A.J.C., and Glick, P. (2007). Universal dimensions of social cognition: Warmth, then competence. *Trends in Cognitive Sciences, 11*, 77-83.

- Fosset, M. A., and Kiecolt, K. J. (1989). The relative size of minority population and White racial attitudes. *Social Science Qaurterly, 70*, 820-835.

- Frank, R. H. (1988). *Passions within Reason: The Strategic Role of the Emotions*. New York: W. W. Norton.

- Franken, A. (2002). *Oh, the Things I Know!* New York: Dutton.

- Franklin, B. (1757). The papers of Benjamin Franklin. *The American Philosophical Society*. Available at http://franklinpapers.org/franklin/ (accessed 03/12/2013)

- Frederick, S. (2005). Cognitive reflection and decision making. *Journal of Economic Perspectives, 19*, 25-42.

- Frith, U., and Frith, C. D. (2003). Development and neurophysiology of mentalizing. *Philosophical Transactions of the Royal Society B: Biological Science, 358(1431)*, 459-473.

- Gambetta, D. (ed.). (2005). *Making Sense of Suicide Missions*. New York: Oxford University Press.
- Gauchet, M. (2007). *The Disenchantment of the World: A Political History of Religion*. Princeton, NJ: Princeton University Press.
- Geertz, A. W., and Markusson, G. I. (2010). Religion is natural, atheism is not: On why everybody is both right and wrong. *Religion, 40*, 152-165.
- Gelfand, M. J., Raver, J. L., Nishii, L., Leslie, L. M., and Lun, J. (2011). Differences between tight and loose cultures: A 33-nation study. *Science, 332*, 1100-1104.
- Gerth, H., and Mills, W. (eds.). (1946). *From Max Weber: Essays in Sociology*. New York: Oxford University Press.
- Gervais, R. (2010). Does God exist? Ricky Gervais takes your questions. *The Wall Street Journal*. Available at http://blogs.wsj.com/speakeasy/2010/12/22/does-god-exist-ricky-gervais-takes-your-questions/ (accessed 03/12/2013)
- Gervais, W. M. (2011). Finding the faithless: Perceived atheist prevalence reduces anti-atheist prejudice. *Personality and Social Psychology Bulletin, 37*, 543-556.
- Gervais, W. M., and Henrich, J. (2010). The Zeus Problem: Why representational content biases cannot explain faith in gods. *Journal of Cognition and Culture, 10*, 383-389.
- Gervais, W. M., and Norenzayan, A. (2012a). Analytic thinking promotes religious disbelief. *Science, 336*, 493-496.
- _____. (2012b). Like a camera in the sky? Thinking about God increases public self-awareness and socially desirable responding. *Journal of Experimental Social Psychology, 48*, 298-302.
- _____. (2012c). Reminders of secular authority reduce believers' distrust of atheists. *Psychological Science, 23*, 483-491.
- Gervais, W. M., Shariff, A. F., and Norenzayan, A. (2011a). Do you believe in atheists? Distrust is central to anti-atheist prejudice. *Journal of Personality and Social Psychology, 101*, 1189-1206.
- Gervais, W. M., Willard, A. K., Norenzayan, A., and Henrich, J. (2011b). The cultural transmission of faith: Why innate intuitions are necessary, but insufficient, to explain religious belief. *Religion, 41*, 389-410.
- Gibran, K. (1985). *The Treasured Writings of Kahlil Gibran*. Seacaucus, NJ: Castle.
- Gilbert, D. (1991). How mental systems believe. *American Psychologist, 46*, 107-119.
- Gilbert, D., Tafarodi, R., and Malone, P. (1993). You can't not believe everything you read. *Journal of Personality and Social Psychology, 65*, 221-233.

- Ginges, J., Atran, S., Medin, D., and Shikaki, K. (2007). Sacred bounds on rational resolution of violent political conflict. *Proceedings of the National Academy of Sciences, 104*, 7357-7360.
- Ginges, J., Hansen, I., and Norenzayan, A.(2009). Religion and support for suicide attacks. *Psychological Science, 20(2)*, 224-230.
- Gintis, H., Bowles, S., Boyd, R., and Fehr, E. (2003). Explaining altruistic behavior in humans. *Evolution and Human Behavior, 24*, 153-172.
- Gladwell, M. (2005). *Blink: The Power of Thinking wihtout Thinking*. New York: Back Bay Books.
- Gonzaga, G., and Haselton, M. G. (2008). The evolution of love and long-term bonds. In *Social Relationships: Cognitive, Affective, and Motivational Processes*, ed. J. P. Forgas and J. Fitness, pp. 39-54. New York: Psychology Press.
- Graham, J., and Haidt, J. (2010). Beyond beliefs: Religions bind individuals into moral communities. *Personality and Social Psychology Review, 14*, 140-150.
- Grandin, T. (1995). *Thinking in Pictures: And Other Reports from My Life with Autism*. New York: Doubleday.
- Granet, M. (1934). *La Pensée Chinoise*. Paris: La Renaissance du livre.
- Gray, K., Jenkins, A. C., Heberlein, A. H., and Wegner, D. M. (2011). Distortions of mind perception in psychopathology. *Proceedings of the National Academy of Sciences, 108*, 477-479.
- Gray, K., and Wegner, D. M. (2010). Blaming God for our pain: Human suffering and the divine mind. *Personality and Social Psychology Review, 14*, 7-16.
- Greenwald, A. G., and Banaji, M. (1995). Implicit social cognition: Attitudes, self-esteem, and stereotypes. *Psychological Review, 102*, 4-27.
- Greenwald, A. G., McGhee, D. E., and Schwartz, J. L. (1998). Measuring individual differences in implicit cognition: the implicit association test. *Journal of Personality and Social Psychology, 74*, 1464-1480.
- Greif, A. (1993). Contract enforceablity and economic institutions in early trade: The Maghribi traders. *American Economic Review, 83*, 525-548.
- Guthrie, S. (1993). *Faces in the Clouds*. Oxford, UK: Oxford University Press.
- Haidt, J. (2007). The new synthesis in moral psychology. *Science, 316*, 998-1002.
- _____. (2012). *The Righteous Mind: Why Good People Are Divided by Politics and Religion*. New York: Pantheon Books.
- Haidt, J., and Graham, J. (2009). Planet of the Durkheimians, where community, authority, and sacredness are foundations of morality. In *Social and psychological bases of ideaology and system justification*, ed. J. Jost, A. C. Kay, and H. Thorisdottir, pp. 371-401. New York: Oxford University Press.

- Haidt, J., Seder, J. P., and Kesebir, S. (2008). Hive Psychology, Happiness, and Public Policy. *Journal of Legal Studides, 37*, 133-156.
- Haley, K. J., and Fessler, D.M.T. (2005). Nobody's watching? Subtle cues affects generosity in an anonymous economic game. *Evolution and Human Behavior, 26*, 245-256.
- Hall, D. L., Matz, D. C., and Wood, W. (2010). Why don't we practice what we preach? A meta-analytic review of religious racism. *Personality and Social Psychology Review, 14*, 126-139.
- Hamilton, W. D. (1964). The Genetical evolution of social behavior. *Journal of Theoretical Biology, 7*, 1-52.
- Hamlin, J. K., Wynn, K., and Bloom, P. (2007). Social evaluation by preverbal infants. *Nature, 450*, 557-559.
- Hamlin, J. K., Wynn, K., Bloom, P., and Mahajan, N. (2011). How infants and toddlers react to antisocial others. *Proceedings of the National Academy of Sciences, 108*, 19931-19936.
- Hansen, C. (2000). *A Daoist Theory of Chinese Thought: A Philosophical Interpretation.* Oxford, UK: Oxford University Press.
- Hansen, I. G., and Norenzayan, A. (2006). Between yang and yin and heaven and hell: Untangling the complex relationship between religion and intolerance. In *Where God and Science Meet: how Brain and Evolutionary Studies Alter Our Understanding of Religion,* ed. P. McNamara, Vol. 3, pp. 187-211. Wesport, CT: Greenwood Press-Praeger Publishers.
- Harris, P. (2011). Rising atheism in America puts religous right on the defensive. *The Gaurdian.* Available at http://www.guardian.co.uk/world/2011/oct/01/atheism-america-religious-right (accessed 03/12/2013)
- Harris, P. L. (2012). *Trusting What We're Told: How Children Learn from Others.* Cambridge, MA: Harvard University Press.
- Harris, P. L., and Koenig, M. A. (2006). Trust in testimony: How children learn about science and religion. *Child Development, 77*, 505-524.
- Harris, S. (2005). *The End of faith: Religion, Terror and the Future of Reason.* New York: W.W. Norton and Company.
- _____. (2010). *The Moral Landscape: How Science Can Determine Human Values.* New York: New York Free Press.
- Hayek, F. (1988). *The Fatal Conceit.* Volume I in *The Collected Works of F. A. Hayek,* ed. W. Bartley. Chicago: University of Chicago Press.
- Heath, C., Bell, C., and Sternberg, E. (2001). Emotional selection in memes: The case of urban legends. *Journal of Personality and Social Psychology, 81*, 1028-1041.

• Henrich, J. (2006). Cooperation, punishment, and the evolution of human institutions. *Science, 312,* 60-61.

• _____. (2009). The evolution of costly displays, cooperation, and religion: Credibility enhancing displays and their implications for cultural evolution. *Evolution and Human Behavior, 30(4),* 244-260.

• Henrich, J., and Boyd, R. (2002). On modeling cognition and culture: Why replicators are not necessary for cultural evolution. *Journal of Cognition and Culture, 2,* 87-112.

• Henrich, J., Ensimger, J., McElreath, R., Barr, A., Barrett, C., Bolyanatz, A., Cardenas, J., et al. (2010a). Markets, religion, community size, and the evolution of fairness and punishment. *Science, 327,* 1480-1484.

• Henrich, J., Heine, S. J., and Norenzayan, A. (2010b). The weirdest people in the world? *Behavioral and Brain Sciences, 33(2-3),* 61-83.

• Henrich, J., McElreath, R., Barr, A., Ensimger, J., Barrett, C., Bolyanatz, A., Cardenas, J., et al. (2006). Costly Punishment Across Human Societies. *Science, 312,* 1767-1770.

• Henrich, N. S., and Henrich, J. (2007). *Why Humans Cooperate: A Cultural and Evolutionary Explanation.* Oxford: Oxford University Press.

• Herrmann, B., Thoeni, C., and Gaechter, S. (2008). Antisocial punishment across societies. *Science, 319,* 1362-1367.

• Hill, K, R., Walker, R. S., Božičević, M., Eder., J., Headland, T., Hewlett, B., Hurtado, A. M., et al. (2011). Co-residence patterns in hunter-gatherer societies show unique human social structure. *Science, 331(6022),* 1286-1289.

• Hoffman, E., McCabe, K., Shachat, K., and Smith, V. (1994). Preferences, Property rights, and anonymity in bargaining games. *Games and Economic Behavior, 7,* 346-380.

• Horton, R. (1960). A definition of religion, and its uses. *Journal of the Royal Anthropological Institute, 90,* 201-226.

• House, J. S., Landis, K. R., and Umberson, D. (1988). Social relationships and health. *Science, 241,* 540-545.

• Hout, M., and Fischer, C. (2001). Religious diversity in America, 1940-2000. A century of difference. Availabe at http://ucdata.berkeley.edu/rsfcensus/papers/Fischer-Hout_Ch7_june05.pdf (accessed 03/12/2013)

• Hove, M. J., and Rise, J. L. (2009). It's All in the Timing: Interpersonal Synchrony increases affiliation. *Social Cognition, 27,* 949-961.

• Hume, D. (1888). *A Treatise of Human Nature,* Oxford, UK: Clarendon Press.

• Hungerman, D. M. (2011). The effect of education on religion: evidence from compulsory schooling laws. *NBER Working Paper, 16973.* Available at http://

papers.nber.org/papers/w16973 (accessed 03/12/2013)

- Iannacone, L. R. (1992). Sacrifice and stigma: Reducing free-riding in cults, communes, and other collectives. *The Journal of Political Economy, 100*, 271-291.

- _____. (1994). Why strict churches are stong. *American Journal of Sociology, 99*, 1180-1211.

- Inglehart, R., and Baker, W. (2000). Modernization, Cultural change, and the Persistence of Traditional Values. *American Sociological Review, 65*, 19-51.

- Inglehart, R., Basanez, M., Diez-Medrano, J., Halman, L., and Luijkx, R. (eds.). (2004). *Human beliefs and values: A Cross-Cultural Sourcebook Based on the 1999-2002 Value Surveys.* Mexico City: Siglo XXI.

- International Humanist and Ethical Union (2012). Freedom of thought report 2012. *iheu.org.* Available at http://www.iheu.org/files/IHEU%20Freedom%20 of%20Thought%202012.pdf (accessed 03/12/2013)

- Inzlicht, M., McGregor, I., Hirsh, J, B., and Nash, K. (2009). Neural markers of religious conviction. *Psychological Science, 20*, 385-392.

- Inzlicht, M., and Tullett, A. M. (2010). Reflecting on God: Religious primes can reduce neuropsychological response to errors. *Psychological Science, 21*, 1181-1190.

- Irons, W. (2001). Religion as a Hard-to-Fake Sign of commitment. In *Evolution and the Capacity for Commitment*, ed. R. Nesse, pp. 292-309. New York: Russell Sage Foundation.

- James, W. (1902/1982). *The Varieties of Religious Experience.* New York: Penguin Books.

- Jena, S. (2006, February). The coconut temple courier service. BBC News.

- Jenkins, P. (2002). *The next Christendom.* Oxford, UK: Oxford University Press.

- Johnson, D.D.P. (2009). The error of God: Error management theory, religion and the evolution of cooperation. In *Games, Groups and the Global Good*, ed. S. A. Levin, pp. 169-180. Berlin: Springer-Verlag.

- Johnson, D. D. P., and Bering, J. M. (2006). Hand of God, mind of man: Punishment and cognition in the evolution of cooperation. *Evolutionary Psychology, 4*, 219-233.

- Kahneman, D. (2011). *Thinking, Fast and Slow.* New York: Farrar, straus, and Giroux.

- Kapogiannis, D., Barbey, A. K., Su, M., Zamboni, G., Krueger, F., and Grafman, J. (2009). Cognitive and neural foundations of religious belief. *Proceedings of the National Academy of Sciences, 106*, 4876-4881.

- Kauffman, D. A., Kraay, A., and Mastruzzi, M. (2003). Governance matters III:

Governance Indicators for 1996-2002. *World Bank Economic Review, 18,* 253-287.

* Kaufmann, E. (2010). *Shall the Religious Inherit the Earth?: Demography and Politics in the Twenty-first Century.* London: Profile Books.

* Kay, A. C., Gaucher, D., McGregor, I., and Nash, K. (2010a). Religion conviction as compensatory control. *Personality and Social Psychology Review, 14,* 37-48.

* Kay, A. C., Gaucher, D., Napier, J. L., Callan, M. j., and Laurin, K. (2008). God and the government: Testing a compensatory control mechanism for the support of external systems. *Journal of Personality and Social Psychology, 95,* 18-35.

* Kay, A. C., Moscovitch, D. M., and Laurin, K. (2010b). Randomness, attributions of arousal, and belief in God. *Psychological Science, 21,* 216-218.

* Kay, A. C., Shepherd, S., Blatz, C. W., Chua, S. N., and Galinsky, A. D. (2010C). For God (or) country: The hydraulic relation between government instablity and belief in religious sources of control. *Journal of Personality and Social Psychology Review, 99,* 725-739.

* Keeley, L, H. (1996). *War before Civilization: The Myth of the Peaceful Savage.* Oxford, UK: Oxford University Press.

* Keesing, R. (1982). *Kwaio religion: The living and the Dead in a Solomon Island society.* New York: Columbia University Press.

* Kelemen, D. (2004). Are children "intuitive theists?": Reasoning about purpose and design in nature. *Psychological Science, 15,* 295-301.

* Kelemen, D., and Rosset, E. (2009). The human function compunction: Teleological explanation in adults. *Cognitive Development, 111,* 138-143.

* Kelemen, D., Rottman, J., and Seston, R. (in press). Professional physical scientists display tenacious teleological tendencies: Purpose-based reasoning as a cognitive default. *Journal of Experimental Psychology: General.*

* Kelly, R. L. (1995). *The Foraging Spectrum: Diversity in Hunter-Gatherer Lifeways.* Washington, DC: Smithsonian Institution Press.

* Keltner, D., and Haidt, J. (2001). Social functions of emotions. In *Emotions: Current Issues and Future Directions,* ed. T. Mayne and A. Bonanno, pp. 192–213. New York: Guilford.

* Khaldûn, I. (1958). *The Muqaddimah: An Introduction to History.* trans. F. Rosenthal, London: Routledge and Kegan Paul.

* Kirkpatrick, L. A. (2005). *Attachment, Evolution and the Psychology of Religion.* New York: Guilford.

* Kirkpatrick, L. A., and Hood, R. W. (1990). Intrinsic-extrinsic religious orientation: The boon or bane of contemporary psychology of religion? *Journal*

for the Scientific Study of Religion, 29, 442-462.

- Kitts, J. A. (2009). Paradise lost: Age-dependent mortality of American communes, 1609-1965. *Social Forces, 87*, 1193-1222.
- Klaw, S. (1993). *Without Sin: The Life and Death of the Oneida Community.* New York: Penguin Books.
- Klein, R. G. (2009). *The Human Career: Human Career: Human Biological and Cultural Origins*, 3rd ed. Chicago: University of Chicago Press.
- Knack, S., and Keefer, P. (1997). Does social capital have an economic payoff? *Quarterly Journal of Economics, 112*, 1251-1288.
- Kohlberg, L., Levine, C., and Hewer, A. (1983). Moral Stages: *A Current Formulation and a Response to Critics.* Basel, Switzerland: Karger.
- Konvalinka, I., Xygalatas, D., Bulbulia, J., Schjoedt, U., Jegindo, E.-M., and Wallot, S. (2001). Synchronized arousal between performers and related spectators in a fire-walking ritual. *Proceedings of the National Academy of Sciences, 108*, 8514-8519.
- Krebs, D. (1975). Empathy and altruism. *Journal of Personality and Social Psychology, 32*, 1134-1146.
- Kummerli, R. (2011). A test of evolutionary policing theory with data from human societies. *PLoS ONE, 6(9)*, e24350.
- Kunda, Z. (1990). The case for motivated reasoning. Psychological Bulletin, 108, 480-498.
- Kurzban, R., and Leary, M. R. (2001). Evolutionary origins of stigmatization: The functions of social exclusion. *Psychological Bulletin, 127*, 187-208.
- Laland, K. N., Odling-Smee, J., and Myles, S. (2010). How culture shaped the human genome: bringing genetics and the human sciences together. *Nature Reviews Genetics, 11(2)*, 137-148.
- Lanman, J. (2011, March). Thou shalt believe-or not. *New Scientist, 2805*, 38-39.
- _____. (2012). The importance of religious displays for belief acquisition and secularization. *Journal of Contemporary Religion, 27*, 49-65.
- Larson, E. J., and Witham, L. (1998). Leading scientists still reject God. *Nature, 394*, 313-314.
- Laurin, K., Kay, A. C., and Fitzsimons, G. M. (2012a). Divergent effects of activating thoughts of god on self- regulation. *Journal of Personality and Social Psychology, 102*, 4-21.
- Laurin, K., Shariff, A. F., Henrich, J., and Kay, A. C. (2012b). Outsourcing punishment to god: Beliefs in divine control reduce earthly punishment. *Proceedings of the Royal Society B: Biological Sciences, 279*, 3272-3281.
- Lawler, A. (2012). Civilization's double-edged sword. *Science, 336*, 832-833.

- Lawson, E. T., and McCauley, R. N. (1990). *Rethinking Religion: Connecting cognition and culture*. Oxford: Oxford University Press.
- Leach, C. W., Ellemers, N., and Barreto, M. (2007). Group virtue: The importance of morality (vs. competence and sociability) in the positive evaluation of in-groups. *Journal of Personality and Social Psychology, 93*, 234-249.
- Leeson, P. (2010a, January). Justice, medieval style. *The Boston Globe.*
- _____. (2010b). Ordeals. Available at http://www.peterleeson.com/Ordeals. pdf (accessed 03/12/2013)
- Legare, C. H., Evans, E. M., Rosengren, K. S., and Harris, P. L. (2012). The coexistence of natural and supernatural explanations across cultures and development. *Child Development, 83*, 779-793.
- Legare, C. H., and Souza, A. (2012). Evaluating ritual efficacy: Evidence from the supernatural. *Cognitive Development, 124*, 1-15.
- Lester, T. (2002, February). Oh, Gods! *The Atlantic Monthly*, 37-45.
- Levine, R. A., and Campbell, D. T. (1972). *Ethnocentrism*. New York: Wiley.
- Levy, J., Foulsham, T., and Kingstone, A. (in press). Monsters are people too. *Biology Letters.*
- Lewis, G. J., Ritchie, S. J., and Bates, T. C. (2011). The relationship between intelligence and multiple domains of religious belief: Evidence from a large adult US sample. *Intelligence, 39*, 468-472.
- Locke, J. (1983). *A Letter Concerning Toleration*. Indianapolis: Hackett.
- Lombrozo, T. (2012, November). Would you vote for an atheist? Tell the truth. *NPR: National Public Radio*. Available at http://www.npr.org/ blogs/13.7/2012/11/13/164963163/would-you-vote-for-an-atheist-tell-the-truth (accessed 03/12/2013).
- Mann, C. C. (2011, June). The birth of religion. *National Geographic Magazine.* Available at http://ngm.nationalgeographic.com/2011/06/gobekli-tepe/mann-text (accessed 03/12/2013).
- Malhotra, D. (2008). (When) Are religious people nicer? Religious salience and the "Sunday effect" on prosocial behavior. *Judgment and Decision Making, 5*, 138-143.
- Marcus, J., and Flannery, K. V. (2004). The coevolution of ritual and society: New C-14 dates from ancient Mexico. *Proceedings of the National Academy of Sciences, 101*, 18257-18261.
- Marlowe, F. W. (2005). Hunter-gatherers and human evolution. *Evolutionary An thropology, 14*, 54-67.
- _____. (2010). *The Hadza: Hunter-Gatherers of Tanzania*. Berkeley: University of California Press.

- Marshall, L. (1962). !Kung bushman religious beliefs. *Journal of the International African Institute, 32*, 221-252.
- Maynard Smith, J., and Harper, D. (2003). *Animal Signals*. Oxford: Oxford University Press.
- Mazar, N., Amir, O., and Ariely, D. (2008). The dishonesty of honest people: A theory of self-concept maintenance. *Journal of Marketing Research, 45*, 633-644.
- McCauley, R. (2011). Why Religion Is Natural and Science Is Not. Oxford, UK: Oxford University Press.
- McCleary, R. M., and Barro, R. J. (2006). Religion and political economy in an international panel. *Journal for the Scientific Study of Religion, 45*, 149-175.
- McCullough, M. E., and Willoughby, B. L. B. (2009). Religion, self-regulation, and self-control: Associations, explanations, and implications. *Psychological Bulletin, 135*, 69-93.
- McKay, R. T., and Dennett, D. C. (2009). The evolution of misbelief. *Behavioral and Brain Sciences, 32*, 493-510.
- McKay, R., Efferson, C., Whitehouse, H., and Fehr, E. (2011). Wrath of God: Religious primes and punishment. *Proceedings fo the Royal Society B: Biological Sciences, 278*, 1858-1863.
- McNamara, R. A. (2012). When does it matter that God is watching? Differential effects of large and small gods on cheating as a function of material insecurity in Yasawa, Fiji. MA dissertation, University of British Columbia.
- McNeill, W. H. (1995). *Keeping Together in Time*. Cambridge, MA: Harvard University Press.
- Meier, B. P., Hauser, D. J., Robinson, M. D., Friesen, C. K., and Schjeldahl, K. (2007). What's "up" with God?: Vertical space as a representationof the divine. *Journal of Personality and Social Psychology, 93*, 699-710.
- Mitchell, J. (2009). Inferences about mental states. *Philosophical Transactions of the Royal Society B: Biological Sciences, 364*, 1309-1316.
- Molière. (2002). *Tartuffe. trans.* M. Sorrel. London: Nick Hern Books.
- Nesse, R. (1999). Evolution of commitment and the origins of religion. *Science and Spirit, 10*, 32-36.
- Neudecker, S. (1989). Eye camouflage and false eyespots: Chaetodontid responses to predators. *Environmental Biology of Fishes, 25*, 143-157.
- Newport, F., and Strausberg, M. (2001). Americans' belief in psychic and paranormal phenomena is up over the last decade. Available at http://www.gallup.com/poll/4483/americans-belief-psychic-paranormal-phenomena-over-last-decade.aspx (accessed 03/12/2013).
- Norenzayan, A., Atran, S., Faulkner, J., and Schaller, M. (2006). Memory and

mystery: The cultural selection of minimally counterintuitive narratives. *Cognitive Science, 30*, 531-553.

- Norenzayan, A., and Gervais, W. M. (in press). Secular rule of law erodes believers' political intolerance of atheists. *Religion, Brains and Behavior.*

- _____. (2013). The origins of religious disbelief. Trends in Cognitive Science, 17, 20-25.

- Norenzayan, A., and Gervais, W. M., and Trzesniewski, K. (2012). Mentalizing deficits constrain belief in a personal God. *PLoS ONE, 7*, e36880.

- Norenzayan, A., and Hansen, I. G. (2006). Belief in supernatural agents in the face of death. *Personality and Social Psychology Bulletin, 32*, 174-187.

- Norenzayan, A., and Heine, S. J. (2005). Psychological universals: What are they and how can we know? *Psychology Bulletin, 131*, 763-784.

- Norenzayan, A., and Lee, A. (2010). It was meant to happen: Explaining cultural variations in fate attributions. *Journal of Personality and Social Psychology, 98*, 702-720.

- Norenzayan, A., and Shariff, A. F. (2008). The origin and evolution of religious prosociality. *Science, 322*, 58-62.

- Norris, P., and Inglehart, R. (2004). *Sacred and Secular: Religion and Politics Worldwide.* Cambridge: Cambridge University Press.

- Nowak, M. A., and Sigmund, K. (2005). Indirect reciprocity. *Nature, 437*, 1291-1298.

- O'Connell, M. R. (1997). *Blaise Pascal: Reasons of the Heart.* Grand Rapids, MI: Wm. B. Eerdmans Publishing.

- Orbell, J., Goldman, M., Mulford, M., and Dawes, R. (1992). Religion, context and constraint towards strangers. *Rationality and Society, 4*, 291-307.

- Ostling, R. N., and Ostling, J. K. (1999). *Mormon America: The Power and the Promise.* San Francisco: Harper San Francisco.

- Otterbein, K. F. (1970). *The Evolution of War: A Cross-Cultural Study.* New Haven, CT: HRAF Press.

- Oved, Y. (1997). The lesson of the communes. In *Kibbutz: An Alternative Lifestyle*, ed. D. Leichman and I. Paz, pp. 159-165. Efal, Israel: Yad Tabenkin.

- Panchanathan, K., and Boyd, R. (2003). A tale of two defectors: The importance of standing for the evolution of indirect reciprocity. *Journal of Theoretical Biology, 224*, 115-126.

- Pape, R. A. (2005). *Dying to win: The strategic logic of suicide terrorism.* New York: Random House.

- Paper, J. (2012). Response to Kelly James Clark and Justin T. Winslett, "The evolutionary psychology of Chinese religion: Pre-Qin high gods as punishers and rewarders." *Journal of the American Academy of Religion, 80*, 518-521.

• Paulhus, D. L. (1984). Two-component models of socially desirable responding. *Journal of Personality and Social Psychology, 46*, 598-609.

• Pennycook, G., Cheyne, J. A., Seli, P., Koehler, D. J., and Fugelsang, J. A. (2012). Analytic cognitive style predicts religious and paranormal belief. *Cognitive Development, 123*, 335-346.

• Peters, F. E., and Esposito, J. L. (2006). *The Children of Abraham: Judaism, Christianity, Islam*. Princeton: Princeton University Press.

• Pew Forum. (2008). Many Americans say other faiths can lead to eternal life. Available at http://pewforum.org/Many-Americans-Say-Other-Faiths-Can-Lead-to-Eternal-Life.aspx (accessed 03/12/2013).

• Pew Research Center. (2007). Voters remain in neutral as presidential campaign moves into high gear. Available at http:// www.people-press.org/2007/02/23/voters-remain-in-neutral-as-presidential-campaign-moves-into-high-gear (accessed 03/12/2013).

• Phillips, C., and Axelrod, A. (2007). *Encyclopedia of Wars*. New York: Facts on File.

• Piazza, J., Bering, J. M., and Ingram, G. (2011). "Princess Alice is watching you": Children's belief in an invisible person inhibits cheating. *Journal of Experimental Child Psychology, 109*, 311-320.

• Pichon, I., Boccato, G., and Saroglou, V. (2007). Nonconscious influences of religion on prosociality: A priming study. European Journal of Social Psychology, 37, 1032-1045.

• Pinker, S. (2011). *The Better Angels of Our Nature: Why Violence Has Declined*. New York: Viking.

• _____. (2012). The false allure of group selection. Edge. Available at http:// edge.org/conversation/the-false-allure-of-group-selection (accessed 03/12/2013).

• Pitzer, D. (1997). *America's Communal Utopias*. Chapel Hill: University of North Carolina Press.

• Poo, M.-C. (2009). *Rethinking Ghosts in World Religions*. Leiden: Brill.

• Powell, A., Shennan, S., and Thomas, M. G. (2009). Late Pleistocene demography and the appearance of modern human behavior. *Science, 324*, 1298-1301.

• Purzycki, B. G. (2011). Tyvan cher eezi and the sociological constraints of supernatural agents' minds. *Religion, Brain and Behavior*, 1, 31-45.

• Purzycki, B. G., Finkel, D. N., Shaver, J., Wales, N., Cohen, A., and Sosis, R. (2012). What does God know? Supernatural agents' access to socially strategic and non-strategic information. *Cognitive Science, 36*, 846–869.

• Putnam, R. (2000). *Bowling Alone: The Collapse and Revival of American Community*. New York: Simon and Schuster.

• Putnam, R., and Campbell, R. (2010). *American Grace: How Religion Divides and Unites Us*. New York: Simon and Schuster.

• Pyszczynski, T., Abdollahi, A., and Rothschild, Z. (2009). Does peace have a prayer? The effects of mortality salience, compassionate values, and religious fundamentalism on hostility towards out-groups. *Journal of Experimental Social Psychology, 45*, 816-827.

• Pyysiäinen, I. (2003). Buddhism, religion, and the concept of "god." *Numen, 50*, 147-171.

• Pyysiäinen, I., and Antonnen, V. (eds.). (2002). *Current Approaches in the Cognitive Science of Religion*. New York: Continuum.

• Pyysiäinen, I., and Hauser, M. (2010). The origins of religion: Evolved adaptation or by-product? *Trends in Cognitive Sciences, 14*, 104-109.

• Radel, R., and Clément-Guillotin, C. (2012). Evidence of motivational influences in early visual perception: Hunger modulates conscious access. Psychological Science, 23, 232-234.

• Radio Free Europe Radio Liberty (2012, July). U.S.: Religion intolerance still plagues globe. Available at http://www.rferl.org/content/us-says-religious-intolerance-still-plagues-globe/24661614.html (accessed 03/12/2013).

• Randolph-Seng, B., and Nielsen, M. E. (2007). Honesty: One effect of primed religious representations. *International Journal for the Psychology of Religion, 17*, 303-315.

• Rauch, J. (2003, May). Let it be: Three cheers for apatheism. *The Atlantic Monthly*. Available at http://www.theatlantic.com/magazine/archive/2003/05/let-it-be/2726/ (accessed 03/12/2013).

• Rauh, N. K. (1993). *The Sacred Bonds of Commerce: Religion, Economy, and Trade Society at Hellensitic Roman Delos, 166-87 B.C.* Amsterdam: Gieben.

• Reber, R., Winkielman, P., and Schwarz, N. (1998). Effects of perceptual fluency on affective judgments. *Psychological Science, 9*, 45-48.

• Richerson, P. J., and Boyd, R. (2005). *Not by Genes Alone: How Culture Transformed Human Evolution*. Chicago: University of Chicago Press.

• Rigdon, M. L., Ishii, K., Watabe, M., and Kitayama, S. (2009). Minimal social cues in the dictator game. *Journal of Economic Psychology, 30*, 358-367.

• Robertson Smith, W. (1972). *The religion of the Semites: Lectures on the Religion of the Semites*. London: A & C Black.

• Roes, F. L., and Raymond, M. (2003). Belief in moralizing gods. *Evolution and Human Behavior, 24*, 126-135.

- Rosemont, H. J., and Ames, R. (2009). The Chinese Classic of Family Reverence: *A Philosophical Translation of the Xiaojing*. Honolulu: University of Hawai'i Press.
- Ross, L., and Nisbett, R. E. (1991). The Person and the Situation: Perspectives of Social Psychology. New York: McGraw-Hill.
- Roth, L., and Kroll, J. C. (2007). Risky business: Assessing risk-preference explanations for gender differences in religiosity. *American Sociological Review, 27*, 205-220.
- Rounding, K., Lee, A., Jacobson, J. A., and Ji, L. J. (2012). Religion replenishes self-control. *Psychological Science, 23*, 635-642.
- Rowthorn, R. (2011). Religion, fertility and genes: A dual inheritance model. *Proceedings of the Royal Society B: Biological Sciences, 278*, 2519-2527.
- Rutjens, B., van der Pligt, J., and van Harreveld, F. (2010). Deus or Darwin: Randomness and belief in theories about the origins of life. Journal of *Experimental Social Psychology, 46*, 1078-1080.
- Ryan, E. G. (2012, November). Arizona is this close to electing an openly bisexual woman to Congress. Jezebel. Available at http://jezebel.com/5958864/arizona-is-thisclose-to-openly-electing-bisexual-atheist-woman-to-congress (accessed 03/12/2013).
- Sanderson, S. K., and Roberts, W. W. (2008). The evolutionary forms of the religious life: A cross-cultural, quantitative analysis. *American Anthropologist, 110*, 454-466.
- Saroglou, V. (2011). Believing, bonding, behaving, and belonging: The big four religious dimensions and cultural variation. *Journal of Cross-Cultural Psychology, 42*, 1320-1340.
- Saslow, L. R., Willer, R., Feinberg, M., Piff, P. K., Clark, K., Keltner, D., and Saturn, S. R. (2012). My brother's Keeper? Compassion predicts generoisty more among less religious individuals. *Social Psychological and Personality Science, 4*, 31-38.
- Schaller, M., and Neuberg, S. L. (2008). Intergroup prejudices and intergroup conflicts. In Foundations of Evolutionary Psychology, ed. C. Crawford and D. L.
- Krebs, pp. 399-412. Mahwah, NJ: Lawrence Erlbaum Associates.
- Schjoedt, U., Stødkilde-Jørgensen, H., Geertz, A. W., and Roepstorff, A. (2009). Highly religious participants recruit areas of social cognition in personal prayer. *Social Cognitive and Affective Neuroscience, 4*, 199-207.
- Schloss, J. P. (2008). He who laughs best: Involuntary religious affect as a solution to recursive cooperative defection. In *The Evolution of Religion: Studies, Theories, and Critiques*, ed. J. Bulbulia, R. Sosis, C. Genet, R. Genet,

E. Harris, and K. Wyman, pp. 197-207. Santa Margarita, CA: Collins Foundation Press.

• _____. (2009). Evolutionary theories of religion: Science set free or naturalism run wild? *In The Believing Primate: Scientific, Philosophical, and Theological Perspectives on the Origin of Religion,* ed. J. P. Schloss and M. J. Murray, pp. 1-15. Oxford, UK: Oxford University Press.

• Schloss, J. P., and Murray, M. J. (2011). Evolutionary accounts of belief in supernatural punishment: A critical review. *Religion, Brain and Behavior, 1,* 46-99.

• Schmidt, K. (2000). "Zuerst kam der Tempel, dann die Stadt." Vorläufiger Bericht zu den Grabungen am Göbekli Tepe und am Gürcütepe 1995-1999. *Istanbuler Mitteilungen, 50,* 5-41.

• Seabright, P. (2004). *The Company of Strangers: A Natural History of Economic Life.* Princeton: Princeton University Press.

• Sedikides, C., and Gebauer, J. E. (2010). Religiosity as self-enhancement: A metaAnalysis of the relation between socially desirable responding and religiosity. *Personality and Social Psychology Review, 14,* 17-36.

• Shariff, A. F. (2011). Big gods were made for big groups: Commentary on Schloss and Murray. *Religion, Brain and Behavior, 1,* 89-93.

• Shariff, A. F., and Norenzayan, A. (2007). God Is watching you: Priming god concepts increases prosocial behavior in an anonymous economic game. *Psychological Science, 18,* 803-809.

• _____. (2011). Mean gods make good people: Different views of god predict cheating behavior. *International Journal for the Psychology of Religion, 21,* 85-96.

• _____. (2012). Religious priming effects are sensitive to religious group boundaries. Unpublished data, University of Oregon.

• Shariff, A. F., and Norenzayan, A., and Henrich, J. (2010). The birth of high gods. In *Evolution, Culture, and the Human Mind,* ed. M. Schaller, A. Norenzayan, S. J. Heine, T. Yamagishi, and T. Kameda, pp. 119-136. New York: Psychology Press.

• Shariff, A. F., and Rhemtulla, M. (2012). Divergent effects of belief in heaven and hell on national crime rates. *PLoS ONE, 7,* e39048.

• Sheikh, H., Ginges, J., Coman, A., and Atran, S. (2012). Religion, group threat, and sacred values. *Judgment and Decision Making, 7,* 110-118.

• Shenhav, A., Rand, D. G., and Greene, J. D. (2012). Divine intuition: Cognitive style influences belief in God. *Journal of Experimental Psychology: General, 141,* 423-428.

- Sidanius, J., and Kurzban, R. (2003). Evolutionary approaches to political psychology. In *Handbook of Political Psychology*, ed. D. O. Sears, L. Huddy, and R. Jervis, pp. 146-181. Oxford: Oxford University Press.
- Sigmund, K., de Silva, H., Traulsen, A., and Hauert, C. (2010). Social learning promotes institutions for governing the commons. *Nature, 466*, 861-863.
- Sinaceur, M., and Heath, C. (2005). Emotional and deliberative reactions to a public crisis: Mad Cow disease in France. *Psychological Science, 16*, 247-254.
- Sinclair, L., and Kunda, Z. (1999). Reactions to a black professional: Motivated inhibition and activation of conflicting stereotypes. *Journal of Personality and Social Psychology, 77*, 885-904.
- Singer, P. (2011). *The Expanding Circle: Ethics, Evolution and Moral Progress*. Princeton: Princeton University Press.
- Slingerland, E. (2013). Body and mind in early China: An intergrated humanities-science approach. *Journal of the American Academy of Religion, 81*, 6-55.
- Slingerland, E., and Collard, M. (eds.). (2012). *Creating Consilience: Integrating science and the Humanities*. Oxford, UK: Oxford University Press.
- Slingerland, E., Henrich, J., and Norenzayan, A. (in press). The evolution of prosocial religions. In *Cultural Evolution*, ed. P. Richerson and M. Christiansen. Cambridge, MA: MIT Press.
- Slone, D. J. (2004). *Theological Incorrectness: Why Religious People Believe What They Shouldn't. Oxford*: Oxford University Press.
- Smith, R. J. (1996). Biology and body size in human evolution: statistical inference misapplied. *Current Anthropology, 37*(3), 451-481.
- Snarey, J. (1996). The natural environment's impact upon religious ethics: a crosscultural study. *Journal for the Scientific Study of Religion, 80*, 85-96.
- Soler, M. (2012). Costly signaling, ritual and cooperation: Evidence from Candomblé, an Afro-Brazilian religion. *Evolution and Human Behavior, 33*, 346-356.
- Soltis, F., Habel, F., and Grant, J. T. (2011). Economic inequality, relative power, and religiosity. *Social Science Quartely, 92*, 447-465.
- Soltis, J., Boyd, R., and Richerson, P. J. (1995). Can group-functional behaviors evolve by cultural group selection? An empirical test. *Current Anthropology, 63*, 473-494.
- Sosis, R. (2000). Religion and intra-group cooperation: Preliminary results of a comparative analysis of utopian communities. *Cross-Cultural Research, 34*, 70-87.
- _____. (2005). Does religion promote trust? The Role of signaling, reputation, and Punishment. *Interdisciplinary Journal of Research on Religion, 1*, 1-30.

- _____. (2006). Religious behaviors, badges, and bans: Signaling theory and the evolution of religion. In *Where God and Science Meet: How Brain and Evolutionary Studies Alter Our Understanding of Religion, Volume 1: Evolution, Genes, and the Religious Brain*, ed. P. McNamara, pp. 61-86. Westport, CT: Praeger Publishers.
- Sosis, R., and Alcorta, C. (2003). Signaling, solidarity, and the sacred: The evolution of religious behavior. *Evolutionary Anthropology, 12*, 264-274.
- Sosis, R., and Bressler, E. (2003). Cooperation and commune longevity: A test of the costly signaling theory of religion. *Cross-Cultural Research, 37*, 211-239.
- Sosis, R., Kress, H., and Boster, J. (2007). Scars for War: Evaluating Alternative signlaing explanations for cross-cultural variance in ritual costs. *Evolution and Human Behavior, 28*, 234-247.
- Sosis, R., and Ruffle, B. J. (2003). Religious ritual and cooperation: Testing for a relationship on Israeli religious and secular kibbutzim. *Current Anthropology, 44*, 713-722.
- Sperber, D. (1996). *Explaining Culture: A Naturalistic Approach*. Cambridge, MA: Blackwell.
- Sperber, D., Clément, F., Heintz, C., Mascaro, O., Mercier, H., Origgi, G., and Wilson, D. (2010). Epistemic vigilance. *Mind and Language, 25*, 359-393.
- Sprinzak, E. (2000). Israel's radical right and the countdown to the Rabin assassination. In *The assassination of Yitzhak Rabin*, ed. P. Carruthers, S. Laurence, and S. Stich, pp. 96-128. Stanford, CA: Stanford University Press.
- Sripada, C. S., and Stich, S. (2005). A framework for the psychology of norms. In *Innateness and the Structure of the Mind*, Vol. 2, ed. P. Carruthers, S. Laurence, and S. Stich, pp. 280-301. Oxford: Oxford University Press.
- Stark, R. (1996). *The Rise of Christianity: How the Obscure, Marginal, Jesus Movement Became the Dominant Religious Force*. Princeton: HarperOne.
- _____. (2001). Gods, rituals, and the moral order. *Journal for the Scientific Study of Religion, 40*, 619-636.
- _____. (2002). Physiology and faith: Addressing the "universal" gender difference in religious commitment. *Journal for the Scientific Study of Religion, 41*, 495-507.
- Steele, P. R., and Allen, C. J. (1994). Handbook of *Inca mythology*. Santa Barbara, CA: ABC-CLIO.
- Stevens, M. (2005). The role of eyespots as anti-predator mechanisms, principally demonstrated in the Lepidoptera. *Biological Reviews, 80*, 573-588.
- Swanson, G. E. (1966). *The Birth of the Gods*. Ann Arbor: University of Michigan Press.

- Taves, A. (2009). *Religious Experience Reconsidered: A Building-block Approach to the Study of Religion and Other Special Things.* Princeton, NJ: Princeton University Press.
- Taylor, C. (2007). *A secular age.* Cambridge, MA: Belknap Harvard.
- Tetlock, P. (2003). Thinking the unthinkable: Sacred values and taboo cognitions. *Trends in Cognitive Science, 7,* 320-324.
- Tetlock, P. (2003). Thinking the unthinkable: Sacred values and taboo cognitions. *Trends in Cognitive Science, 7,* 320-324.
- Thote, A. (2009). Shang and Zhou funeral practices: Interpretation of material vestiges. In *Early Chinese Religion: Part One: Shang though Han (1250 BC-22 AD),* ed. J. Lagerwey and M. Kalinowski, pp. 103-142. Leiden: Brill.
- Tilich, P. (1951). *Systematic Theology.* Chicago: University of Chicago Press.
- Tilly, C. (1975). *The Formation of National States in Western Europe.* Princeton, NJ: Princeton University Press.
- Tong, F., Nakayama, K., Moscovitch, M., Weinrib, O., and Kanwisher, N. (2000). Response properties of the human fusiform face area. *Cognitive Neuropsychology, 17,* 257-279.
- Tonnies, F. (2001). Community and Civil Society, trans. J. Harris and M. Hollis. Cambridge, UK: Cambridge University Press.
- Tracy, J. L., Hart, J., and Martens, J. P. (2011). Death and science: The existential underpinnings of belief in intelligence design and discomfort with evolution. *PLoS ONE, 6,* e17349.
- Trimble, D. E. (1997). The religious orientation scale: Review and meta-analysis of social desirability effects. *Educational and Psychological Measurement, 57,* 970-986.
- Trivers, R. L. (1971). The evolution of reciprocal altruism. *The Quarterly Review of Biology, 46,* 35-57.
- Turchin, P. (2003). *Historical Dynamics: Why States Rise and Fall.* Princeton: Princeton University Press.
- _____. (2007). *War and Peace and War: The Rise and Fall of Empires.* New York: Plume.
- _____. (2010). Warfare and the evolution of social complexity: A multilevel-selection approach. *Structure and Dynamics, 4,* 1-37.
- Turiel, E. (1983). *The Development of Social Knowledge: Morality and Convention.* Cambridge, UK: Cambridge University Press.
- Tuzin, D. (2001). *Social Complexity in the Making: A Case Study among the Arapesh of New Guinea.* London: Routledge.
- Tversky, A., and Kahneman, D. (1983). Extension versus intuitive reasoning:

The conjunction fallacy in probability judgment. *Psychological Review, 90,* 293-315.

- Underhill, R. (1975). Economic and political antecedents of monotheism: A crosscultural study. *American Journal of Sociology, 80,* 841-861.
- Vail, K. E., III, Arndt, J., and Abdollahi, A. (2012). Exploring the existential function of religion and supernatural agent beliefs among Christians, Muslims, Atheists, and Agnostics. *Personality and Social Psychology Bulletin, 38,* 1288-1300.
- Valdesolo, P., Ouyang, *J., and DeSteno, D. (2010). The rhythm of joint action: Synchrony promotes cooperative ability. Journal of Experimental Social Psychology, 46(4),* 693-695.
- Van Vugt, M., De Cremer, D., and Janssen, D. P. (2007). Gender differences in cooperation and competition: The male-warrior hypothesis. *Psychological Science, 18,* 19-23.
- van Wolkenten, M., Brosnan, S. F., and de Waal, F.B.M. (2007). Inequity responses of monkeys modified by effort. Proceedings of the National Academy of Sciences, 104, 18854-18859.
- Voight, B. F., Kudaravalli, S., Wen, X., and Pritchard, J. K. (2006). A map of recent positive selection in the human genome. *PLoS Biology, 4,* e72.
- Walter, T., and Davie, G. (1998). The religiosity of women in the modern west. *British Journal of Sociology, 49,* 640-660.
- Ward, C. (1984). Thaipusam in Malaysia: A psycho-anthropological analysis of ritual trance, ceremonial possession and self-mortification practices. *Ethos, 12,* 307-334.
- Warneken, F., and Tomasello, M. (2009). Varieties of altruism in children and chimpanzees. *Trends in Cognitive Sciences, 13,* 397-482.
- Waytz, A., Cacioppo, J. T., and Epley, N. (2010a). Who sees human? The stablity and importance of individual differences in anthropomorphism. *Perspectives on Psychological Science, 5,* 219-232.
- Waytz, A., and Epley, N. (2012). Social connection enables dehumanization. *Journal of Experimental Social Psychology, 48,* 70-76.
- Waytz, A., Gray, K., Epley, N., and Wegner, D. M. (2010b). Causes and consequences of mind perception. *Trends in Cognitive Sciences, 14,* 383-388.
- Whitehouse, H. (2004). *Modes of Religiosity: Towards a Cognitive Explanation of the Sociopolitical Dynamics of Religion.* Walnut Creek, CA: AltaMira Press.
- Wilkinson, G. S. (1990, February). Food sharing in vampire bats. Scientific American, 76-82.
- Wilkinson, R. H. (2003). *Complete Gods and Goddesses of Ancient Egypt.*

London: Thames and Hudson.

- Willard, A. K., and Norenzayan, A. (in press). Intuitive biases increase belief in God, in paranormal beliefs and in belief in life's purpose. *Cognition*.
- Wilson, D. S. (2002). *Darwin's Cathedral*. Chicago: Chicago University Press.
- _____. (2007). *Evolution for everyone*. New York: Delacorte Press.
- Wilson, E. O. (1998). *Consilience: The Unity of Knowledge*. New York: Knopf.
- _____. (2012). *The Social Conquest of Earth*. New York: Liveright.
- Wilson, T. D., and Schooler, J. W. (1991). Thinking too much: Introspection can reduce the quality of preferences and decisions. *Journal of Personality and Social Psychology, 60(2)*, 181-192.
- Wiltermuth, S. S., and Heath, C. (2009). Synchrony and cooperation. *Psychological Science, 20(1)*, 1-5.
- Wong, B., and Loy, H. C. (2004). War and ghosts in Mozi's political philosophy. *Philosophy East and West, 54(3)*, 343-363.
- Wright, R. (2009). *The Evolution of God*. New York: Little Brown.
- Xygalatas, D. (in press). Effects of religious setting on cooperative behaviour: A case study from Mauritius. *Religion, Brain and Behavior*.
- Xygalatas, D., Mitkidis, P., Fischer, R., Reddish, P., Skewes, J., Geertz, A. W., Roepstorff, A., and Bulbulia, J. (in press). Extreme rituals promote prosociality. *Psychological Science*.
- Zhong, C. B., Bohns, V. B., and Gino, F. (2010). A good lamp is the best police: Darkness increases dishonesty and self-interested behavior. *Psychological Science, 21*, 311-314.
- Zuckerman, M., Silberman, J., and Hall, J. A. (2013). *The relation between intelligence and religiosity: A meta-analysis and some proposed explanations*. Unpublished manuscript, University of Rochester.
- Zuckerman, P. (2007). Atheism: Contemporary numbers and patterns. In *The Cambridge Companion to Atheism*, ed. M. Martin, pp. 47-65. Cambridge, UK: Cambridge University Press.
- _____. (2008). *Society without God*. New York: New York University Press.
- _____. (2011, February). The top mistakes atheists make. The Huffington Post. Available at http://www.huffingtonpost.com/phil-zuckerman/mistakes-atheists-make-th_b_822252.html (accessed 03/12/2013).

D. S. 윌슨Wilson 24

WEIRD 100~103, 304, 305, 307, 314, 369, 375

ㄱ

감찰기구 17, 18

강성무신론자 93, 94

개신교 10, 53, 56, 191, 286, 367, 372

개인주의 167, 168, 172, 353

개종자 21, 23, 112, 181, 195, 271, 274

거대 집단 14, 18, 217, 232, 243

거대한 신 21, 22, 23, 25, 27, 41, 42, 51, 57, 71, 77, 85, 97~99, 103, 105, 114~116, 138, 140, 163, 182, 197, 203, 205, 208, 210, 215, 217, 222, 223, 225, 227~229, 232~241, 243~246, 249, 251, 252, 257, 262, 265, 267, 269, 294, 313~317, 319, 351~357, 359, 362, 371, 376

거대한 신들 19, 20~23, 53, 63, 72, 77, 108, 116, 225~228, 235, 238, 239, 376,

377

게마인샤프트 18, 19, 363

게젤샤프트 19, 363

결속력 13, 18, 22~24, 26, 104, 109, 112, 114, 115, 133, 136, 141, 174, 179, 182, 185, 191, 192, 194, 210~213, 215, 229, 230, 243, 253, 257~262, 269, 270, 293, 294, 296, 298, 299, 301, 304, 314, 354, 364, 373, 379

경제게임 16, 71, 80, 84, 97, 121, 136, 140, 170, 212, 366, 371

경제역사학자 32

고든 올포트Gordon Allport 171, 293

고든 잉그램Gordon Ingram 69

고든 페니쿡Gordon Pennycook 334, 338

공공재게임 95, 96

공동기도회 96

'공적 자기인식' 76, 369

공동기금 80, 96, 137, 260

공동기금게임 212

공산주의 131, 315, 316, 319

괴베클리 테페Göbekli Tepe 219~223, 242, 375

교리 33, 41, 53, 77, 112, 157, 185, 186, 239~241, 253, 295, 354, 363, 377

교회 9, 74, 75, 111, 117, 120, 139, 177, 185, 192, 226, 313, 343, 346

《구약성경》 49

그레인 피츠시먼스Grainne Fitzsimmons 214

그리스도교 10, 75, 89, 98, 139, 177, 180, 184~186, 207, 226, 227, 235, 244, 276, 289, 290, 295, 318, 331, 332, 342, 354, 358, 359, 361, 365, 372, 379

그리스도교도 19, 40, 74~76, 119, 123, 124, 126, 132, 138, 148, 152, 161, 162, 179, 208, 214, 276, 277, 287, 295, 309, 342, 346, 361, 365, 380

그리스도교 변증론자 332

금식 22, 180, 182, 193, 194, 273, 274, 301

기도시간 79, 139, 371

기독교 10, 141

기본적 귀인 오류 78, 368

기부 67, 79, 80, 191, 192, 260, 373

기부금 111

긴장도 259

ㄴ

나투프 문화 232, 363

내집단 157, 160, 161, 183, 184

네팔 49, 50, 139, 207, 363

노예 96, 109, 362

농경사회 15, 97, 98, 219, 222, 224, 230, 232, 240, 362, 375

농업혁명 14, 223, 224, 364

니컬러스 라우Nicholas Rauh 109, 110

니컬러스 에플리Nicholas Epley 39, 296

ㄷ

다윈 진화론 24

단발성 독재자게임 44, 45

대니얼 데닛Daniel Dennett 157

대니얼 카너먼Daniel Kahneman 150

대표성 추단 151, 371

댄 길버트Dan Gilbert 197

댄 스퍼버Dan Sperber 62, 200, 202

댄 페슬러Dan Fessler 45

데버러 켈러먼Deborah Keleman 36

데이비드 슬론 윌슨David Sloan Wilson 258

덴마크 40, 132, 141, 156, 168, 174, 313, 314, 320, 345, 355, 356, 371

도널드 터진Donald Tuzin 231

도덕성 20, 23, 33, 48, 97, 130, 134, 135, 138, 140, 148, 160, 161, 194, 209, 215, 225~227, 231, 233, 235, 237, 239, 244, 249, 251, 252, 258, 264, 267, 316, 370, 372

도덕적 체계 264

돌출규범 78

동남아시아 10, 115, 275

동성애자 126, 127, 131, 148~150, 152, 161, 162, 170, 173, 198

동정심 80, 136, 137, 141, 294, 370, 371

디미트리스 시갈라타스Dimitris Xygalatas 79, 191, 211

디팍 말호트라Deepak Malhotra 74

라이언 매케이Ryan Mackay 73, 88
랜돌프 네스Randolph Nesse 214
로드니 스타크Rodney Stark 185, 186,
  233, 275
로라 새슬로Laura Saslow 136
로라 슐레신저Laura Schlessinger 118,
  119, 370
로마가톨릭 181
로버트 라이트Robert Wright 244
로버트 매컬리Robert McCauley 197, 324,
  349
로버트 보이드Robert Boyd 58
로버트 프랭크Robert Frank 124
로빈 던바Robin Dunbar 231
로이 라파포트Roy Rappaport 24
로저 키싱Roger Keesing 51
로저 핑크Roger Finke 185, 186, 275
리처드 도킨스Richard Dawkins 173, 286
리처드 소시스Richard Sosis 12, 62, 95,
  124, 140, 187, 192, 260, 261, 272, 370
리타 맥나마라Rita McNamara 227
'린다 문제' 150, 371

ㅁ

마그레비 유대인 112
마녀사냥 251
마드라사 96, 369
마르셀 고셰Marcel Gauchet 318
마이크 렘툴라Mijke Rhemtulla 89, 90,
  265
마이클 닐슨Michael Nielsen 70
마이클 매컬러프Michael McCullough 213,
  214
마이클 블룸Michael Bloom 277, 279
마치에크 추데크Maciek Chudek 61
마크 머레이븐Mark Muraven 86
마크 셸러Mak Schaller 201
마 타리니 여신 107, 108
《마태복음》 11, 177, 373
'마태복음 효과' 11
마틴 루서 킹 141
마하트마 간디 141
막스 베버Max Weber 117, 370
말일성도운동 9
매사추세츠 공과대학교 70
메르쿠리우스 109
모르몬교 9, 10, 124, 126, 132, 191, 276,
  370
목사 33, 118, 195, 226
목적론적 직관 36, 37
몰리에르Moliere 178, 373
무관심 무신론 339, 345
무슬림 79, 96, 112, 113, 123, 127,
  129~132, 139, 148, 152, 161, 162, 170,
  181, 214, 235, 274, 275, 277, 286~288,
  295, 300~303, 309, 371
무신론 84, 92~94, 120, 132~135, 140,
  145, 156, 173, 174, 203, 281, 318, 319,
  324~326, 328, 338, 339, 345~347, 349,
  350, 356, 365, 369~371, 382~385
무신론자 19, 23, 26, 91~94, 115, 116,
  118, 119, 124~135, 138, 141, 142,
  145~174, 186, 265, 278, 295, 308, 322,
  323, 330, 336, 338, 345~348, 356,
  370~372, 385, 386
무의식 72, 73, 82~84, 91, 94, 154, 316,
  327, 331, 368, 373, 385

무임승차 17, 62, 73, 88, 118, 134, 143, 151, 154, 157, 165, 187, 212, 236, 249, 261, 264, 372, 378
묵시적 연상검사 154, 371
문화적 돌연변이 25
문화적 진화 59, 215, 229, 235, 238, 244, 248, 249, 251~253, 261, 267, 270, 273, 280, 281, 290, 316, 325, 361, 367
문화적 특질 59, 63, 269, 270
문화적 학습편향성 203, 205, 209, 367
문화적 형질체계 58
문화적 진화론 162, 188, 189, 247, 248, 251, 316
미국 9, 11, 40, 101, 117, 119, 120, 124~131, 148~150, 167~169, 171, 185, 192, 272, 274, 275, 288, 291, 292, 309, 340, 345, 353, 356, 358, 362, 368, 370, 372, 380, 384
미국인 11, 54, 124, 126, 127, 130, 131, 148, 149, 150, 168, 275, 309, 342, 361, 370
미셸 레이먼드Michel Raymond 234, 235
미키마우스 203, 204, 209, 374
민족지학民族誌學 60, 232, 241, 267, 364, 375, 379

ㅂ

방추상 영역 44, 46
배교背教 129
벤저민 퍼지키Benjamin Purzycki 54, 55
벤저민 프랭클린 129, 130, 157
보상 46, 53, 68, 84, 113, 118, 214, 235, 241, 260, 298

복음주의 126, 275
복음활동 276
부정행위 49, 68~71, 81, 86, 87, 137, 233, 238, 249, 250, 354, 366, 368
부처 49~51, 139, 141, 342, 363
'부처의 눈' 49, 50, 139, 367
북유럽 23, 167, 275, 315, 339, 356
불가지론자 19, 126, 322, 385
불교도 19
브라이언 윌러비Brian Willoughby 213
비노출 무신론 326, 339, 346~348
비신앙인 26, 68, 74, 76, 81, 83, 84, 86, 88, 92~94, 118, 122~124, 132, 135~138, 153, 155~157, 277, 278, 322, 324, 325, 369~371, 383

ㅅ

사도교회 111
사두 207
사우디아라비아 112, 129, 378
사하라사막 11, 113, 357
사회감시 의무 27
사회과학 24, 25, 352
사회민주주의 315
사회심리학 43, 77, 78, 95, 115, 160, 196, 285
사회적 감시 48
사회적 결속력 296
사회통제 48
산업혁명 15, 314
산타클로스 195, 203~205, 209, 355
삼위일체론 186
상 왕조 245, 377

샤먼 33, 240
샤크티 35
선교활동 111
선한 사마리아인 실험 96, 97, 138, 369
성경 39, 52, 95
성선택설 187
성지순례 181, 301
'생존자 편향' 225
세속사회 138, 141, 314, 317
세속적 제도 100, 314
세속주의 27, 281, 317, 318, 351, 382
셰이커교도 280
소규모 집단 20, 223~235, 240, 353
소련 131, 156, 315
솔로몬제도 51, 239
수도원 49
수렵채집인 14, 220, 222, 224, 225, 227, 232, 242, 375
수렵채집 사회 229, 233, 353, 376
수렵채집 생활 141, 222, 242
수전 피스크Susan Fiske 158
수피 신비주의자 141
스칸디나비아 131, 316, 346, 356, 371, 386
스칸디나비아 반도 23, 27, 164, 174
스콧 애트런Scott Atran 197, 201, 204, 308
스투파 49, 50
스튜어트 거스리Stewart Guthrie 39
스티브 하인Steve Heine 100
시바 신 35, 190
《시편》 57
시크교 124
시크교도 124, 370
신격체 20, 37, 48, 51, 83, 195, 207, 363, 375
신도수 10, 21, 112, 132, 180, 276
신뢰증진 행위 183~186, 188~191, 194, 367, 373, 386
《신명기》 85, 87
신부 33, 302
신성재판 31~33, 365
신앙심 6, 11, 21, 27, 61, 62, 80, 90, 91, 94~96, 98, 99, 102, 103, 112, 114, 120~122, 132, 136~140, 146, 147, 149, 155, 161, 165, 168, 169, 179, 181, 184, 186, 187, 275, 343, 344, 348, 368, 371
신앙심 배지 140, 371
신앙인 11, 21, 22, 26, 33, 37, 73, 78, 86, 92, 93, 116, 118~120, 122~124, 131, 132, 134, 137~139, 146, 147
신앙인들 21, 22, 33, 35, 38, 41, 42, 52, 54, 56, 58, 67, 73, 75, 77, 78, 83, 84, 86, 88, 92, 93, 103, 114~116, 123, 127, 128, 133~138, 141, 142, 148, 162
《신약성경》 49
신정론 341
신흥종교 11
실험 참가자 38, 39, 43~46, 57, 67, 69, 71, 74, 76, 83, 86, 87, 92, 95, 96, 152, 154, 155, 171, 212, 336, 366
심리학자 36, 39, 46, 70, 83, 99, 100, 197, 206, 293, 296, 308, 320, 323, 333, 340, 375, 384
십계명 70
십자군전쟁 286, 288

ㅇ

아나톨리아 179, 242

아랍어 131

아르메니아 101, 110, 111, 115, 219, 287, 380

아르메니아 상인 110

아브라함 계통 10, 20, 55, 206, 208, 236, 239, 244, 289, 367, 375, 377

아브라함 종교 49, 50

아이아나 윌러드Aiyana Willard 36

아짐 샤리프Azim Shariff 71, 86, 88~90, 102, 146, 265, 295, 316

아프 데익스터르후이스Ap Dijksterhuis 83, 93

악마 19, 336, 354, 363

알라 194, 195, 208, 309

앙코르와트 236

《야고보서》 85, 87

애너그램 87, 214

애니미즘 207

애덤 웨이츠Adam Waytz 39, 296

애덤 코언Adam Cohen 56, 372

애런 케이Aaron Kay 88, 214, 320, 321, 343

에마 코언Emma Cohen 211

에릭 듀하임Erik Duhaime 79

에밀 뒤르켐Emile Durkeim 24, 25, 211, 352

에밀리 스턴버그Emily Sternberg 198

에이모스 트버스키Amos Tversky 150

여론 선도자 61, 62

여호와 57, 58

연성무신론자 92~94

영령 35, 60, 207, 226, 233, 239, 323, 341, 344, 376

영적 체험 9, 240

이완도 259

영혼 19, 22, 33, 35, 36, 207, 323, 344

예수 12, 177, 195, 207, 208, 309

오나이더 12, 13, 362

오나이더 리미티드 13

오순절주의 10

오토만제국 287

완전주의자들 12, 13

외국인혐오증 131, 145, 146

외집단 145, 157, 159, 161, 162, 170~172, 243, 295, 301, 372

윌리엄 스완슨William Swanson 241

윌리엄 아이언즈William Irons 187

윌리엄 제임스William James 287, 290, 292

윌 저베이스Will Gervais 41, 75, 84, 93, 146, 151, 166, 169, 171~173, 204, 209, 325, 329, 333, 335

유니테리언 186, 207

유대교 10, 53, 126, 132, 191, 192, 244, 276, 278, 289, 354, 372

유대교도 19, 56, 277, 367

유일신 207, 238, 239, 244, 318

유일신 신앙 206

유일신주의 238

유추능력 42

윤회설 200

이기주의 18

이븐 할둔Ibn Khaldun 256, 258, 269

이스라엘 95, 278, 292, 297, 299, 300, 303, 306, 307, 369

이슬람 사원 79, 299

이슬람교 10, 53, 112, 113, 115, 126, 131, 194, 195, 226, 244, 274~276, 286, 289, 290, 298, 299, 309, 370, 374

이슬람교도 10, 19
이질감 112, 133, 145
이집트 14, 50, 51, 112, 129, 243, 367
이타주의 18, 139, 229, 266, 298, 299, 303, 362, 363, 379
익명성 13, 43, 45, 48, 49, 68, 81, 90, 95, 97, 103, 104, 109, 139, 230, 235, 236, 242, 249, 251, 263, 271, 295, 366
인간개발지수 167, 168, 172
인간사 20, 21, 22, 41, 52, 53, 91, 226, 229, 233, 234, 238, 239, 241, 249, 250, 253, 264, 329, 334, 344, 346, 354, 364, 376
인간사회 18, 24, 125, 228, 268, 317, 354, 364
인도 96, 107, 110, 111, 115, 140, 243, 259, 279, 292, 363
인도네시아 112, 129, 292
인류학자 12, 20, 39, 51, 54, 61, 62, 115, 124, 182, 192, 197, 225, 227, 231~234, 239, 241, 346
인식능력 34
인지과학 24, 25, 195, 196, 204, 307, 323, 327, 352, 357
인지적 부산물 이론 197, 364
인지적 우월성 78
일요일 효과 73, 75, 76, 80, 81, 84, 138, 368, 371
잉카제국 50, 51, 367

ㅈ

자기선택 편향성 302, 338
자기절제 211, 213

자기중심주의 359
자살공격 297, 298, 299, 300, 303, 306, 308, 309
자선활동 74, 368
자연선택 190, 197, 247, 248, 252, 258, 273
자연종교 24, 33, 363
자유사상가 134, 143, 157
자폐증 40, 327~329, 348, 366, 383
저스틴 배럿Justin Barrett 38, 39, 197
정보화 시대 15
정신-육체 이원론 35, 37, 200, 323, 325, 331, 348
제러드 피아차Jared Piazza 69
제시 베링Jesse Bering 36, 69, 247, 248, 328
제우스 195, 203, 304, 208, 374
제이슨 포크너Jason Faulkner 201
제프리 아넷Jeffrey Arnett 100
조너선 탠Jonathan Tan 121, 122
조너선 하이트Jonathan Haidt 263, 264, 301
조지프 불불리아Joseph Bulbulia 187, 211, 342, 373
조지프 스미스Joseph Smith 9
조지프 헨릭Joseph Henrich 61, 88, 97, 100, 140, 182, 204, 209, 227, 271, 346
존 달리John Darley 95
종교 공동체 12, 113, 115, 146, 192~194, 244, 272, 273, 279, 294, 373
종교국가 129
종교운동 9~13, 19, 231, 252, 275, 362, 373
종교운동 단체 9
종교의식 22, 24, 25, 62, 97, 107, 132,

158, 179, 195, 211, 222, 228, 239,
242~245, 252, 253, 293, 303, 304, 377,
381
종교이론가들 24
종교적 과시행위 183, 186~189, 194,
347, 373
종교적 위선 116, 177~179, 194, 373
종교적 위선자 142, 179
종교적 직관 22, 160
종교 지도자 183, 184, 288
죄수의 딜레마게임 120
주술 251
죽음 38, 201, 309, 338, 341~343, 385
중국 10, 132, 156, 229, 243~246, 354,
363, 377
중동 112, 131, 221, 222, 267, 272, 309,
363, 379
중앙아시아 131
중앙집권화된 사회 268
지옥 6, 11, 85, 89, 141, 207, 228, 265,
357, 358, 359, 369
지적설계 343, 385
지하드 286, 308
지향성 이타주의 266
직관능력 37, 48
직관적 편향성 37
진 엔스밍어Jean Ensminger 112, 113,
194, 195, 274
진화론 16, 24~26, 58, 59, 162, 182, 183,
188, 189, 197, 229, 247~249, 251, 261,
316, 349, 352, 362, 373, 379, 382
진화생물학 15, 24, 258, 366

ㅊ
차탈회위크Çatalhöyük 242, 377
'착시적 익명성' 43
찰스 틸리Charles Tilly 268
창조론적 사고 36
《창세기》 11, 327
창조주 36, 51
처벌 16~18, 46, 53, 68, 73, 76, 81, 84,
88~90, 94, 110, 113, 129, 137, 163, 165,
226~228, 233, 235, 241, 246~253, 259,
264, 265, 344, 363, 368, 372, 377, 378
천국 6, 11, 85, 89, 177, 265, 358, 359
청교도 사상 131
초능력 37
초승달지대 14
초자연적 감시자 25, 26, 33, 42, 47~50,
52~54, 56~58, 61, 63, 67, 69, 82, 83,
85, 90, 91, 103, 114, 116, 118, 123, 124,
134~137, 139, 141, 146, 155, 157, 160,
161, 163, 178, 179, 234~236, 238, 239,
241, 244~246, 248~253, 264, 273, 281,
293, 294, 344, 347, 353, 354, 372, 377
초자연적 감시자 효과 82, 84
초자연적 존재 18, 19, 21, 22, 25, 35, 37,
40, 42, 47, 48, 53, 54, 59, 60, 67, 81, 83,
84, 88, 90, 146, 196, 204, 209, 227~229,
241, 248~250, 323, 324, 363, 377
최후통첩게임 97, 98
출산율 23, 272, 274, 276~281, 351, 357,
380
충적세 14, 15, 19, 21, 224, 362, 364
친사회적 경향 47
친사회적 종교 19, 21, 25~28, 47, 50, 58,
59, 63, 97, 99, 103, 104, 108, 115, 116,
141, 146, 155, 158, 163, 181, 182, 184,

186, 210~215, 223, 229, 244, 252, 262, 264, 265, 270, 273, 274, 279, 280, 281, 294, 316, 317, 319, 339, 346, 351
친사회적 종교집단 27, 73, 80, 114, 116, 179, 184, 186, 194, 210, 214, 240, 253, 263, 269, 271~274, 276, 351
칩 히스Chip Heath 198, 212

ㅋ

칸돔블레 96, 97, 369
칼릴 지브란Khalil Gibran 284, 353
커트 그레이Kurt Gray 40, 340
케빈 헤일리Kevin Haley 45
《코란》 49, 308
콜럼버스 275
쿠르트 레빈Kurt Lewin 77, 368
퀘이오족 51, 239, 367, 376
크리스 벨Chris Bell 198
크리스토퍼 베임Christopher Boehm 232, 233, 250, 376
크리스틴 로린Kristin Laurin 88, 94, 214, 320
클로디아 보겔Claudia Vogel 121, 122
크메르 제국 236, 376
키벨레 여신 179, 180, 183

ㅍ

파스칼 보이어Pascal Boyer 35, 54, 60, 196, 197, 199, 204, 226, 323, 331, 367
페르시아제국 110
페미니스트 148, 151, 152, 159, 160

펠로폰네소스 전쟁 288
폴 로진Paul Rozin 56
폴 블룸Paul Bloom 35, 265, 323
표준교차 문화표본 234
프란스 드 발Frans De Waal 266
프랭크 말로Frank Marlowe 224
프랭크 케일Frank Keil 38, 39
피터 글릭Peter Glick 158
피터 리슨Peter Leeson 32
피터 싱어Peter Singer 136
필 저커먼Phil Zuckerman 132, 133, 141, 156, 293, 345, 356
필립 젠킨스Philip Jenkins 276

ㅌ

타이푸삼 180, 181, 191, 373
테러공격 131
텔 브라크 267, 379
톰 로슨Tom Lawson 197
통제집단 45, 46, 72, 169, 170, 212, 302
티베트 49, 110, 139
티베트 불교 207

ㅎ

하드자 223~226, 229, 234, 239, 375
하비 화이트하우스Harvey Whitehouse 239, 240
합리적 행위자 패러다임 305, 306
해밀턴의 법칙 15
행동생태학 187
헌신적 행위자 패러다임 305, 306

헤르쿨레스 109

혈연선택 15, 18, 362, 363

협력공동체 62, 177

협력사회 27, 28, 57, 115, 141, 231, 313

호루스 50, 51, 367

호혜성 16, 43, 71, 229, 232, 235, 265,
  363, 366

호혜성 이타주의 18, 363

홍적세 251, 376

환상운동 81~85, 88, 90, 91, 369

희생양 292, 293, 303

《히브리서》 30

히브리인 214

힌두교 89, 107, 126, 180, 207, 226, 289,
  354, 381

힌두교 신화 35

힌두교 현인 141

힌두교도 19, 79, 107, 123, 124, 132,
  162, 180, 181, 191, 207, 208, 277, 286